GEORG WILHELM FRIEDRICH HEGEL

Jenaer Systementwürfe III

Naturphilosophie und Philosophie des Geistes

Neu herausgegeben von
ROLF-PETER HORSTMANN

FELIX MEINER VERLAG
HAMBURG

PHILOSOPHISCHE BIBLIOTHEK BAND 333

Im Digitaldruck »on demand« hergestelltes, inhaltlich mit der ursprünglichen Ausgabe identisches Exemplar. Wir bitten um Verständnis für unvermeidliche Abweichungen in der Ausstattung, die der Einzelfertigung geschuldet sind. Weitere Informationen unter: www.meiner.de/bod.

Bibliographische Information der Deutschen Nationalbibliothek

Die Deutsche Nationalbibliothek verzeichnet diese Publikation in der Deutschen Nationalbibliographie; detaillierte bibliographische Daten sind im Internet abrufbar über ‹http://portal.dnb.de›.

ISBN 978-3-7873-0684-8

ISBN eBook: 978-3-7873-3232-8

www.meiner.de

Gesamtherstellung: BoD, Norderstedt. Gedruckt auf alterungsbeständigem Werkdruckpapier, hergestellt aus 100% chlorfrei gebleichtem Zellstoff. Printed in Germany.

INHALT

Georg Wilhelm Friedrich Hegel
Naturphilosophie und Philosophie des Geistes

EINLEITUNG

Der hier vorgelegte Band enthält die Hegelschen Texte, die im Rahmen der historisch-kritischen Ausgabe von *Hegels Gesammelten Werken* (Felix Meiner Verlag, Hamburg 1968ff.) als Band 8 unter dem Titel *Jenaer Systementwürfe III* (unter Mitarbeit von Johann Heinrich Trede hrsg. v. Rolf-Peter Horstmann, Hamburg 1976) erschienen sind. Bei diesen Texten handelt es sich um ein Vorlesungsmanuskript zur *Naturphilosophie und Philosophie des Geistes* aus den Jahren 1805/06 sowie um zwei als Beilagen abgedruckte kürzere Texte, die thematisch und zeitlich mit dem genannten Vorlesungsmanuskript zusammenhängen. Da dieser Band als Studienausgabe des Bandes 8 der historisch-kritischen Ausgabe angelegt worden ist, ist vor allem darauf geachtet worden, ihn von dem sehr umfangreichen textkritischen Apparat der historisch-kritischen Ausgabe soweit wie möglich zu entlasten, und die Lesbarkeit des Textes dadurch zu verbessern, daß Orthographie und Zeichensetzung den heutigen Regeln angenähert worden ist. Wie diese Annäherung im einzelnen gehandhabt worden ist, wird am Ende dieser Einleitung erwähnt werden. Die einzelnen Abschnitte dieser Einleitung sollen Auskunft geben über (I) die Stellung der *Naturphilosophie und Philosophie des Geistes* von 1805/06 in Hegels Jenaer Arbeiten, (II) die Überlieferung der hier abgedruckten Manuskripte, (III) die Entstehungsgeschichte dieser Texte und schließlich (IV) die Textgestaltung und den Textbefund.[1]

I

Das Vorlesungsmanuskript zur *Naturphilosophie und Philosophie des Geistes* von 1805/06 stellt den spätesten der drei erhaltenen Systementwürfe aus der Jenaer Zeit Hegels dar.[2] Seine ihm eigentümliche Bedeutung sowohl als (partielle) Realisation der Hegelschen Idee eines Systems der Philosophie als auch im Kontext der anderen Jenaer Schriften und Systementwürfe läßt sich am besten vor dem Hintergrund der Entwicklung des Hegelschen Denkens in Jena ermessen.[3]

Die *systematischen* Arbeiten Hegels aus der Jenaer Zeit lassen sich verhältnismäßig grob in drei Gruppen aufteilen, wenn man von der *Phänomenologie des Geistes* einmal absieht, dem letzten in Jena verfaßten und ersten wirkungsmächtigen Werk Hegels. Die erste Gruppe wird gebildet aus Arbeiten aus den Jahren 1801 bis 1803/04. Deren wichtigste sind das von Rosenkranz überlieferte Logik- und Metaphysikreferat,[4] einige erst vor einigen Jahren wieder aufgefundene kleinere Fragmente,[5] die beiden Arbeiten zur Naturrechtsproblematik – also die Arbeit *Über die wissenschaftlichen Behandlungsarten des Naturrechts* (1802) und das sogenannte *System der Sittlichkeit* (1803) – sowie die Fragmente zur Natur – und Geistesphilosophie von 1803/04.[6] Als Haupttext der zweiten Gruppe muß die *Logik, Metaphysik und Naturphilosophie* von 1804/05 betrachtet werden,[7] und die dritte Gruppe schließlich besteht aus dem hier vorgelegten Vorlesungsmanuskript zur Realphilosophie von 1805/06 und den Vorarbeiten zur *Phänomenologie des Geistes*. Jede dieser drei Gruppen unterscheidet sich von den beiden anderen sowohl in Bezug auf die begrifflichen Mittel, mit denen Hegel in ihnen seine Systemkonzeptionen ausführt, als auch in Bezug auf sich verändernde Einschätzungen über die Leistungsfähigkeit bestimmter methodischer Konstruktionen.

Was nun die Jenaer Systemkonzeptionen Hegels selbst betrifft, so sind einige von ihnen in kurzen Skizzen auf uns überkommen.[8] Bei aller Verschiedenheit nicht nur im Detail, liegt ihnen allen eine sich durchhaltende Auffassung von dem zugrunde, was Philosophie zu leisten hat. Dieser Auffassung zufolge ist es die (einzige) Aufgabe der Philosophie, historisch bedingte Entzweiungen, existierende Gegensätze im Denken aufzuheben und die diesen Gegensätzen zugrunde liegende Einheit wiederherzustellen. Betrachtet man die den verschiedenen Gegensätzen zugrunde liegende allgemeine Form, so kann man sie nach Hegel alle kennzeichnen als Fälle des Gegensatzes zwischen Subjekt und Objekt. Aufheben der Entzweiung im Denken und Herstellung von Einheit bedeutet deshalb für Hegel „die Entgegensetzung der festgewordenen Subjektivität und Objektivität aufzuheben“[9] und die sie ermöglichende Einheit als das Absolute zu rekonstruieren. Hegels verschiedene Jenaer Systementwürfe können daher verstanden werden als verschiedene Versuche der begrifflichen oder denkenden Überwindung des Gegensatzes zwischen Subjekt und Objekt durch die Erkenntnis ihrer Einheit.

Die erste diesem Programm entsprechende Systemkonzeption hat Hegel in Jena in seiner Erstlingsschrift *Differenz des Fichte'schen und Schelling'schen Systems der Philosophie* (1801) vorgestellt.[10] Sie führt auf eine stark an Schellings identitätsphilosophischen Vorstellungen orientierte Skizze eines vierteiligen Systems der Philosophie. Doch bereits nach dem Erscheinen der *Differenzschrift* hat Hegel diese Konzeption schon modifiziert im Sinn einer Systemgliederung, die er zuerst in seiner Schrift *Über die wissenschaftlichen Behandlungsarten des Naturrechts* vorstellt.[11] Mit ihr entwickelt Hegel ein Modell, das als eine gewisse Entfernung vom Schema einer identitätsphilosophischen Darstellung, wie sie zu dieser Zeit auch von Schellung vertreten wurde, betrachtet werden muß. Zwar bleibt das Ziel das gleiche – die Aufgabe der Philosophie besteht also nach wie vor in der Erkenntnis des Absoluten als reiner Einheit von Entgegengesetzten –, doch nicht mehr die einer Substanzmetaphysik verpflichtete Subjekt-Objekt-Entgegensetzung bildet den diese Erkenntnis leitenden begrifflichen und systematischen Rahmen, sondern die verschiedenen möglichen Formen des Verhältnisses von Einheit und Vielheit. Einheit uind Vielheit sind zunächst als Bezeichnungen für einander entgegengesetzte Gesichtspunkte zu verstehen, unter denen jedes Objekt der Erkenntnis betrachtet werden kann. Gegenüber der Subjekt-Objekt-Theorie der Entgegensetzung zeichnet sich die Einheit-Vielheit-Konstruktion u. a. dadurch aus, daß sie die jeweils Entgegengesetzten nicht als verschiedene Gegenstandstypen verstehen muß, sondern daß sie sie als konstituiert durch verschiedene (konträre) relationale Bestimmungen betrachtet. Auf der Grundlage des Gegensatzes von Einheit und Vielheit und aufgrund der Annahme, daß die Rekonstruktion der Einheit von Einheit und Vielheit als des Absoluten nur durch die Darstellung der verschiedenen möglichen Verhältnisse von Einheit und Vielheit geleistet werden kann, entwickelt Hegel ein Systemmodell, das nur noch zwischen der Exposition des Absoluten als der Einheit der „Indifferenz“ (Einheit von Einheit und Vielheit als Bestimmung der Einheit) und des „Verhältnisses“ (Einheit von Einheit und Vielheit als Bestimmung der Vielheit) und der zweifachen Erscheinungsform dieses Absoluten unterscheidet. Gemäß dieser Konzeption ist es die Aufgabe von Logik und Metaphysik, diesen Begriff des Absoluten zunächst unabhängig von seinen Erscheinungsformen zu entwickeln, während es die Aufgabe der Philosophie der Natur und einer „Philosophie der Sittlichkeit“ ist, den Realisierungsprozeß eben dieser in Logik und Metaphysik entwickelten Idee des Absoluten in der Vollständigkeit ihrer Erscheinungsformen als Natur und als (sittlicher) Geist zu beschreiben. An dieser Konzeption eines Systems der Philosophie hat Hegel sich während seiner Jenaer Zeit weitgehend orientiert, bis ihn Probleme einerseits der Einleitung in die Philosophie und andererseits des Verhältnisses von Natur und Sittlichkeit sowie der Integration geschichtsphilosophischer Elemente in die Philosophie des (sittlichen) Geistes zu einschneidenden Veränderungen veranlaßten.

Nun sind bedauerlicherweise gerade die Teile der systematischen Arbeiten Hegels aus seiner Jenaer Zeit besonders schlecht überliefert, die die Eigentümlichkeit der Jenaer Systemkonzeption gegenüber der in späteren Arbeiten entwickelten besonders deutlich dokumentieren – die Teile nämlich, in denen das Konzept einer Logik und Metaphysik als Theorie des Absoluten ausgeführt wird.[12] Im Gegensatz dazu sind von den realphilosophischen Teilen der leitenden Jenaer Systemkonzeption, d. h. von der Naturphilosphie und der Philosophie der Sittlichkeit bzw. des Geistes, eine verhältnismäßig hohe Anzahl z. T. recht umfangreicher Fragmente erhalten. So ist Hegels Jenaer Naturphilosophie in drei größeren, wenn auch unterschiedlich vollständigen Fassungen aus 1803 bis 1806 überliefert, und zur Philosophie der Sittlichkeit bzw. des Geistes sind, neben dem Aufsatz über das Naturrecht, ein von Rosenkranz als *System der Sittlichkeit* bezeichnetes größeres Fragment sowie umfangreiche Teile aus einer Vorlesung zum *System der spekulativen Philosophie* von 1803/06 bekannt. Dieses Material wird noch ergänzt durch eine beachtliche Anzahl kleinerer Fragmente und Notizen.

Im Rahmen der besonders deutlich im Aufsatz über das Naturrecht entwickelten Systemkonzeption unterschied Hegel, wie bereits erwähnt, zwischem dem Absoluten, das als Einheit zweier bestimmter Verhältnisse von Einheit und Vielfalt gefaßt wurde, und der doppelten Erscheinungsweise dieses Absoluten. Logik und Metaphysik wurden als die zur Darstellung des Absoluten erforderlichen Systemteile eingeführt. Die doppelte Erscheinungsweise dieses Absoluten systematisch auszuführen, ist nun Aufgabe der Realphilosophie als des Teils des Systems, das die als Natur, Bewußtsein und gesellschaftliche Wirklichkeit vorfindlichen ‚realen' Phänomene als jeweils bestimmte Erscheinungsweisen der als Absolutes gefaßten Einheit aufzuweisen hat. Dem Konzept nach unterscheidet Hegel zwischen zwei Erscheinungsweisen des Absoluten, weil er zwischen zwei formal gegeneinander abzugrenzenden Fällen des Verhältnisses von Einheit und Vielheit unterscheidet. Der Sache nach ist dieser Unterschied gefordert, um ein – wenigstens für die Hegelsche Variante einer Identitätsphilosophie notwendiges – strukturelles Unterscheidungsmerkmal zwischen Natur und (sittlichem) Geist zu haben. Nun ist die Unterscheidung zwischen Natur und (sittlichem) Geist selbst erst ein Produkt der Hegelschen Entwicklung in Jena, die initiiert wurde durch Schwierigkeiten, die sich aus einem von ihm ursprünglich vertretenen umfassenden Naturbegriff ergaben, gemäß dem auch die Formen der sittlichen Wirklichkeit als Naturformen verstanden wurden, so daß als doppelte Erscheinungsweise des Absoluten eine natürliche Natur (Natur als Gegenbegriff z. B. zu Geist) und eine sittliche Natur auftraten.[13] Doch ist die hierdurch angedeutete Wandlung des Naturbegriffs eine Modifikation, die eher in den Zusammenhang der Umbildung der Philosophie der sittlichen Natur in der Gestalt einer Philosophie der Sittlichkeit zu einer Philosophie des (sittlichen) Geistes gehört als in den Zusammenhang der Entwicklung der Naturphilosophie.[14]

Die verschiedenen Jenaer Fassungen der Naturphilosophie haben alle die Gemeinsamkeit, daß in ihnen die Exposition aller Naturphänomene und deren Abläufe geleistet wird durch den Rekurs auf wesentlich zwei Faktoren, die Hegel mit den Termini „Äther" und „Materie" kennzeichnet. Unter „Äther" versteht

Hegel das, was im Kontext von Logik und Metaphysik von ihm als die Struktur des Absoluten herausgearbeitet worden ist, erweitert allerdings um eine Bestimmung von Realität, die sich ergibt aus den spezifischen Bedingungen, die gemäß der Hegelschen Konstruktion den Prozeß der Realisierung des Absoluten in den verschiedenen Formen der Wirklichkeit erforderlich machen. „Äther" bezeichnet insofern so etwas wie ein materialisiertes Absolutes, ein in der nicht-metaphysischen Wirklichkeit sich ausdrückendes und entfaltendes Prinzip.[15] Diese mit dem Terminus „Äther" gekennzeichnete Struktur wird nun von Hegel im Zusammenhang der Entwicklung von Bestimmungen der Natur als absolute Materie bzw. absolutes Sein eingeführt, und die Aufgabe der Naturphilosophie besteht darin, die verschiedenen Naturphänomene – angefangen vom Sonnensystem und dessen Bewegungsgesetzen bis hin zur Krankheit tierischer Organismen – als ebenso viele verschiedene Erscheinungsweisen eben dieser absoluten Materie zu deuten.

Nun kann es nicht nur darum gehen, einfach zu zeigen, daß jedes beliebige Naturphänomen in jeweils eigentümlicher Weise Ausdruck dieser absoluten Materie sei, sondern vor allem darum aufzuweisen, daß die Natur ein in bestimmter Weise geordnetes Ganzes ist, so daß jedes Naturphänomen als eigentümlicher Ausdruck der absoluten Materie ein Element in der geordneten Abfolge der Naturerscheinungen darstellen soll, ein Element, dessen Stellung in der Naturordnung festgelegt ist durch die spezifische Art, in der sich die absolute Materie in ihm ausdrückt. Dieser Ansatz impliziert, daß hier die Naturordnung verstanden wird als determiniert durch gewisse Postulate, die sich aus den strukturellen Bestimmungen der absoluten Materie und den methodischen Maximen der vollständigen Darstellung dieser Bestimmungen ergeben.

Die Unterschiede, die die Jenaer Fassungen der Naturphilosophie voneinander unterscheiden, kommen nun hauptsächlich durch sich verändernde Gewichtungen der die Darstellung leitenden Postulate und durch die Hereinnahme neuen, von der Naturwissenschaft der Zeit bereitgestellten Materials zustande,[16] lassen aber den eigentlichen Ansatz unberührt. Dies darf allerdings nicht übersehen lassen, daß die Naturphilosophie des in diesem Band herausgegebenen Vorlesungsmanuskriptes von 1805/06 sich dadurch auszeichnet, daß sie als einzige bereits über eine Gliederung verfügt, die der des Teiles über die Philosophie der Natur der *Enzyklopädie der philosophischen Wissenschaften im Grundrisse (1817¹)* beträchtlich nahe kommt. Dieses Faktum kann als Indiz dafür gewertet werden, daß Hegel das konzeptuelle Rüstzeug auch für seine späteren naturphilosphischen Systematisierungen sich bereits in Jena erarbeitet hat.

Im Gegensatz zur Naturphilosophie sind Hegels Jenaer Arbeiten zum zweiten Teil der Realphilosophie, der Philosophie der Sittlichkeit bzw. des Geistes, relativ stark voneinander unterschieden.[17] Wie schon erwähnt, ist die Philosophie der Sittlichkeit die Disziplin, die die zweite mögliche Erscheinungsform der absoluten Einheit zum Gegenstand hat und deren systematische Funktion vor allem darin besteht, daß in ihr der Prozeß der Realisierung dieser Einheit zu einem Abschluß gelangen soll. Es gehört zu den auf eine starke Orientierung der antiken bzw. aristotelischen Philosophemen hinweisenden Eigentümlichkeiten gerade der frühen Jenaer Periode Hegels, daß für ihn die den Prozeß ihrer Realisierung vollendende Einheit als „absolute Sittlichkeit" interpretiert wird, die ihre Konkretion in der Vorstellung einer Volkstotalität erhält, die ihrerseits wieder verstanden wird als die Bedingung der Möglichkeit, so etwas wie Individualität – in welcher Form auch immer – auszubilden. Gegenüber der als natürliche Natur gefaßten Erscheinungsform der absoluten Einheit soll sich diese andere Erscheinungsform dieser Einheit dadurch auszeichnen, daß ihre realen Manifestationen – das Individuum, die gesamte Mannigfaltigkeit seiner möglichen sozialen Beziehungen sowie seiner gesellschaftlichen, politischen und kulturellen Zusammenhänge – als Formen dessen, was Hegel „Geist" nennt, betrachtet werden müssen. Der Begriff des Geistes ist insofern der Schlüsselbegriff dieser anderen Erscheinungsform der absoluten Einheit, und die fortschreitende Analyse des Geistesbegriffs kann als Grund für die permanente Veränderung, der sich gerade dieser Systemteil in Jena ausgesetzt sah, betrachtet werden.

Im Zusammenhang der ersten Schriften zur Geistesphilosophie, dem *System der Sittlichkeit* und dem *Naturrechtsaufsatz*, in denen diese Disziplin noch als Philosophie der Sittlichkeit bezeichnet wird, soll hauptsächlich die Kategorie der Sittlichkeit noch das leisten, was später dem Begriff des Geistes zugemutet wird. Bereits im *Naturrechtsaufsatz* wird jedoch der Begriff des Bewußtseins mit dem Ziel eingeführt, ihn als auszeichnendes Merkmal der psycho-sozialen Phänomene zu benutzen. Dieser Ansatz führt dann sehr schnell zu einer Umformulierung der Philosophie der Sittlichkeit zu einer Theorie des Bewußtseins. Die fragmentarisch erhaltenen Vorlesungsmanuskripte von 1803/04 sind deutliche Dokumente dieser Entwicklung.

Wenn Hegel sich verhältnismäßig bald – nämlich nur gut ein Jahr nach der Umarbeitung der Philosophie des (sittlichen) Geistes zu einer Theorie des Bewußtsein – zu einer Neuformulierung dieses Systemteils veranlaßt sah, wie das in diesem Band abgedruckte Vorlesungsmanuskript des Jahres 1805/06 belegt, so nicht wegen irgendwelcher die Systemkonzeption im engeren Sinne betreffenden Schwierigkeiten, sondern wohl hauptsächlich deshalb, weil ihm – aus Gründen, die mit einer erneuten Rezeption der Fichteschen Theorie und bestimmten neuen Einsichten in die logische Struktur von Subjektivität zusammenhängen – die die bisherigen Systementwürfe leitenden Explikationsmittel nicht mehr zureichend erschienen. Die logische Grundlage der bisherigen Systemkonstruktionen bildete, wie gezeigt, ein Begriff von Einheit, der gewonnen worden war in der Analyse von Gegensätzen auf die ihnen gemeinsame Grundstruktur hin, die als Entgegensetzung von Subjekt und Objekt bzw. Einheit und Vielheit auftrat. In dem letzten Jenaer Systementwurf – eben dem hier vorgelegten Vorlesungsmanuskript zur Realphilosphie – versucht jedoch Hegel einen Ansatz zu entfalten, der ihn spätestens seit 1804/05 beschäftigt hat und der die Mittel bereitstellte, vor allem die Philosophie des Geistes von ihrer engen systematischen Bindung an einen aus anderen Zusammenhängen gewonnenen Begriff von Sittlichkeit zu befreien. Dieser Ansatz geht davon aus, daß nur die formale Struktur des Selbstbewußtseins, nämlich Einheit von Allgemeinheit und Einzelheit zu sein, den Rahmen abgeben kann, innerhalb dessen die logisch-metaphysischen Bestimmungen, die natürliche Welt und psychosoziale Phänomene sich zu einem sinnvollen Zusammenhang *zusam-*

menschließen. Für die Geistesphilosophie heißt dies insbesondere, daß sie methodisch besser ausgestattet ist für die Wahrnehmung ihrer systematischen Aufgabe, Darstellung des Prozesses und Ort der Realisation des nun selbst als selbstbewußter Geist bestimmten Absoluten zu sein. Diese letzte, hier als Einsicht in die formale Struktur des Selbstbewußtseins beschriebene Errungenschaft seiner Jenaer Zeit hat Hegel auch in der Folge nicht mehr preisgegeben.

II

Das Manuskript der *Naturphilosophie und Philosophie des Geistes* von 1805/06 befindet sich im Hegelnachlaß der Stiftung Preußischer Kulturbesitz und ist in der Staatsbibliothek in Berlin deponiert (Hegel-Nachlaß Bd. 5, acc. ms. 1889, 249).

Das Manuskript besteht aus 32 Bögen zu je 8 Seiten (4 Blätter) in Quartformat. Bis auf die letzten drei Seiten des letzten Bogens sind alle Seiten beschrieben. Das Papier ist hellgeblich getönt gewesen und jetzt leicht vergilbt. Die Blätter sind wohl von der Bibliothek, auf jeden Fall nicht von Hegels Hand, durchlaufend numeriert, begrinnend mit 2 und endend mit 127. Nach Blatt 80 ist ein Blatt von anderem Format und anderer Farbe eingelegt, das als Blatt 81 gezählt worden ist und das hier als erste Beilage abgedruckt ist. Das auf Blatt 122 folgende Blatt trägt die Doppelnumerierung 123 und 124, das darauf folgende ist als Blatt 125 weitergezählt. Ein gutes Drittel jeder Seite ist als Außenrand freigelassen. Das Manuskript ist fragmentarisch überliefert. Es fehlt wenigstens ein Bogen und zwar zwischen den jetzt als 86 und 87 gezählten Blättern.

Auf dem Rand der ersten Seite befinden sich einige mit Bleistift geschriebene stichwortartige Bemerkungen, die nicht von Hegel stammen. Hoffmeister, der erste Herausgeber dieses Manuskripts, vermutet, daß es sich um Notizen von Michelet handelt, der die *Naturphilosophie* des vorliegenden Manuskriptes bei der Herstellung der Zusätze seiner Ausgabe der Naturphilosophie der *Enzyklopädie* ausgebeutet hat.[18] Die Notizen lauten: „nicht zu Gunsten d[es]/ Physikers/ abs[oluter] Kampf epoche/ machende Umwälz[ung]/ Versuch d[en] Verst[an]d d[er] Phys[ik]/ zu Vernunft zu bri[ngen] /S(?) offen (??) / G[e]g[en]-st[and] abs[olutes] (?) /Princip." Über diesem Text stehen zwei unleserliche Wörter, darunter ein etwas kleiner geschriebener gleichfalls unleserlicher Zusatz. An vielen Stellen des Manuskripts sind kleine Rotstiftstriche auf dem Rand eingetragen, über deren Herkunft sich keine Auskunft geben läßt. Auf einigen Seiten der Naturphilosophie befinden sich am Rand mit Bleistift geschriebene Paragraphenvermerke, die sich auf die entsprechenden Zusätze zur Michelet-Edition der Naturphilosophie in ihrer *Enzyklopädie*fassung beziehen. Im einzelnen handelt es sich dabei um die Blätter 55 (§ 341), 56 (§ 339[,]3), 61 (§ 363) und 64 (§ 346). Ob diese Paragraphenangaben von Michlet eingetragen worden sind oder ob sie von anderer Hand kommen, ist nicht zu entscheiden. An zwei Stellen (113 a unten und 115 oben) sind Wörter mit Bleistift verbessert worden. Die Herkunft dieser Verbesserungen ist ebenfalls unbekannt.

Das Manuskript hat nicht den Charakter einer Reinschrift, ist also nicht von Hegel als Druckvorlage konzipiert und ausgeführt worden. Den fortlaufenden Text, der durch Streichungen und andere Veränderungen sowie durch stilistische und syntaktische Ungenauigkeiten gekennzeichnet ist, hat Hegel durch zahlreiche mehr oder weniger umfangreiche Randbemerkungen ergänzt, die sich untereinander teilweise beträchtlich im Schriftbild unterscheiden. Ein großer Teil ist mit einer anderen Feder als der fortlaufende Text geschrieben. Neben extem groß und flüchtig geschriebenen Bemerkungen gibt es sehr kleine und mit dünner Feder abgefaßte Notizen. Grundtext und Randbemerkungen hat Hegel stark mit Kürzeln und Abkürzungen versehen.

Der Umfang der Lücke zwischen Blatt 86 und 87 läßt sich nicht genau bestimmen, es ist jedoch wahrscheinlich, daß nicht mehr als ein Bogen fehlt. In diese Lücke fällt der Übergang von der *Naturphilosophie* zur *Philosophie des Geistes*. Es ist aus dem Zusammenhang erkennbar, daß Hegel sich zu Beginn des erhaltenen Teils der *Philosophie des Geistes* in der Diskussion dessen befindet, was er später „Subjektiver Geist" nennt. Dieser Umstand hat wohl auch Hoffmeister dazu bewogen, als Überschrift für diesen Teil den Terminus „Subjektiver Geist" zu wählen. Da

Hegel aber in seiner Jenaer Zeit die Begriffsbildung „Subjektiver Geist" noch nicht gebraucht, so ist dieser Vorschlag von Hoffmeister zu verwerfen.[19] Es ist vielmehr auf Grund von Hinweisen im Text anzunehmen, daß Hegel eine Formulierung wie „Der Geist nach seinem Begriffe" oder „Der Geist in seinem Begriffe" zur Kennzeichnung des ersten Teiles seiner *Philosophie des Geistes* gewählt halt.[20]

Daß Hegel diesen ersten Teil der *Philosophie des Geistes* in *Intelligenz* und *Willen* unterteilt hat, ist offensichtlich. Der erhaltene Teil der *Philosophie des Geistes* beginnt mit der anschauenden Intelligenz. Es ist zu vermuten, daß dies auch in der Hegelschen Konzeption der erste Punkt des Intelligenzkapitels gewesen ist,[21] so daß – wenn man nicht annimmt, Hegel habe eine längere Einleitung in die *Philosophie des Geistes* der systematischen Exposition von deren Inhalten vorangestellt, eine Annahme, für die sich kein Anhaltspunkt finden läßt[22] – als verhältnismäßig gesichert gelten kann, daß das Kapitel *Intelligenz* unmittelbar vor dem Beginn des erhaltenen Teils der *Philosophie des Geistes* angefangen hat.

Was das fehlende Ende der *Naturphilosophie,* genauer: des Teils *Das Organische* betrifft, so ist auch hier wohl nicht allzu viel verloren gegangen. Denn auf den letzten Seiten vor der Lücke behandelt Hegel ausführlich die Themen, mit denen er auch in den anderen erhaltenen Fassungen der Philosophie des Organischen[23] diesen Systemteil abschließt, nämlich Krankheit, Fieber und Tod. Als weiteres Indiz ist anzuführen, daß Michelet in seiner *Enzyklopädie*edition der Naturphilosophie im Zusatz zum vorletzten Paragraphen derselben eine Passage verwendet, die unmittelbar vor der Lücke steht. Es ist denkbar, daß Hegel auf den folgenden Seiten noch den empfindenden und fühlenden Organismus entwickelt hat, um damit den Übergang zur *Philosophie des Geistes* herzustellen. Es ist aber unwahrscheinlich, daß größere Passagen fehlen. Insofern besteht Grund zu der Annahme, daß nicht mehr als ein Bogen des Manuskripts verlorengegangen ist.[24]

Das als erste Beilage abgedruckte Manuskript besteht aus einem Blatt.Farbe: Leicht vergilbtes Hellgrün. Das Format ist schwer zu bestimmen, da es sich um ein beschnittenes Blatt handelt. Es könnte ursprünglich ein Blatt von Oktavformat gewesen sein. Beide Seiten sind ganz beschrieben, ohne daß ein Rand freigelassen worden ist. Das Blatt ist sauber und in kleiner Schrift abgefaßt und enthält einige Abkürzungen und Kürzel. Es befindet sich, wie bereits erwähnt, in dem Manuskript der *Naturphilosophie und Philosophie des Geistes,* in das es als Blatt 81 eingelegt ist.

Was die zweite Beilage, das *Gliederungsfragment zur Naturphilosophie* betrifft, so befindet sich das Manuskript ebenfalls im Hegelnachlaß der Stiftung Preußischer Kulturbesitz, wenn auch nicht im gleichen Band wie die anderen beiden hier abgedruckten Texte (Hegel-Nachlaß Bd. 12, acc. ms. 1900.99). Das Manuskript besteht aus 6 Blättern (eineinhalb Bogen) in Oktavformat, die beidseitig beschrieben sind. Das Papier ist gelblich bzw. grünlich getönt und jetzt leicht vergilbt. Ungefähr ein Drittel jeder Seite ist als Außenrand freigelassen. Das Manuskript ist sehr flüchtig geschrieben, stark mit Kürzeln und Abkürzungenversehen sowie durch Streichungen und Umformulierungen ausgezeichnet. Es hat den Charakter einer mehrmals überarbeiteten Skizze. Die Blätter sind von 73 bis 78 durchnumeriert, doch stammt diese Zählung nicht von Hegel. Sie befinden sich in einem Nachlaßband, der hauptsächlich Fragmente aus den Jahren 1803/04 enthält.[25] Das Manuskript ist fragmentarisch überliefert. Was und wieviel fehlt, ist nicht mehr ausfindig zu machen. Sicher ist nur, daß dem jetzigen Anfang einiges vorhergegangenen sein muß, da das Manuskript in der überlieferten Form mitten im Satz anfängt. Ob sich an die erhaltenen Blätter eine Gliederungsskizze der *Philosophie des Geistes* anschloß, ist nicht auszumachen.

III

Das hier vorgelegte Manuskript der *Naturphilosophie und Philosophie des Geistes* ist zuerst von Michelet erwähnt und von ihm als „ein zwischen den Jahren 1804 und 1806“[26] entstandenes Vorlesungsheft eingeordnet worden. Auch Rosenkranz erwähnt das Manuskript, zitiert einige kürzere Passagen aus seinem geistesphilosophischen Teil und erklärt es zu einem „von 1804 bis 1805 geschriebenen Heft"[27]. Rosenzweig kommt auf Grund buchstabenstatistischer und inhaltlicher Betrachtungen zu dem Ergebnis, daß „das Manuskript . . . ins Jahr 1805 zu setzen" sei, und weist darauf hin, daß einige Randbemerkungen nicht vor 1806 geschrieben sein können.[28] Dieses Rosenzweig'sche Ergebnis kommt den Ergebnissen der neueren buchstabenstatistischen Untersuchungen ziemlich nahe, die dazu geführt haben, den Spätsommer/Herbst des Jahres 1805 als Entstehungszeit des Manuskripts anzunehmen.[29] Daß es kaum vor 1805 begonnen worden ist, wird schon durch den Umstand wahrscheinlich gemacht, daß bereits im ersten Drittel des Manuskrips Informationen von Hegel verarbeitet werden, an die er nur sehr schwer vor 1805 gelangen konnte. Dies gilt zunächst für die schon von Rosenzweig vermerkte Anspielung auf die neu entdeckten Metalle Iridium und Osmium.[30] Ihre Entdeckung wurde im Juli 1804 in einer englischen Fachzeitschrift bekannt gegeben. Dem deutschen Publikum wurde sie durch eine Übersetzung der englichen Mitteilung im ersten Band des Jahrgangs 1805 (der ganze Jahrgang umfaßt drei Bände) der *Annalen der Physik*[31] bekannt. Da Hegel nachweislich die *Annalen der Physik* gekannt und benutzt hat,[32] während man dies von der englischen Fachzeitschrift nicht sagen kann, ist anzunehmen, daß er in den *Annalen,* d. h. frühestens Anfang 1805, etwas über die Entdeckung der beiden Metalle erfahren hat. Ähnliches gilt für eine weitere Bemerkung, die Hegel schon im ersten Drittel der *Naturphilosophie* macht.[33] Dort spielt er auf einen Aufsatz von Biot an, der in den *Annalen* erst im zweiten Band des Jahrgangs 1805, also kaum vor Frühsommer 1805, als Übersetzung erschienen ist.[34] Auch hier ist es unwahrscheinlich, daß Hegel von diesem Aufsatz durch die Lektüre des in einer französichen Zeitschrift erschienenen Originals wußte, während seine Lektüre der *Annalen,* wie gesagt, sicher ist.

Sprechen derartige Indizien für eine Abfassung des Manuskripts nicht vor 1805, so wird die Verlegung der Abfassung auf den Spätsommer/Herbst dieses Jahres nicht nur aus buchstabenstatistischen Gründen, sondern auch dadurch nahegelegt, daß Hegel noch im Mai 1805 beabsichtigte, das ganze System der Philosophie, also nicht nur den realphilosophischen Teil des Systems, „auf den Herbst" darzulegen.[35] Es ist nicht sehr wahrscheinlich, daß er diesen Plan unmittelbar nach seiner Formulierung aufgegeben hat, zu Gunsten der Abfassung einer reinen Realphilosophie. Außerdem ist festzuhalten, daß Hegel im Sommersemester 1805 – abweichend von seiner Vorlesungsankündigung, die die „gesamte Wissenschaft der Philosophie", also spekulative Philosophie (Logik und Metaphysik) sowie Natur- und Geistesphilosophie versprach – nur über Logik las.[36] Dieser Umstand legt immerhin die Vermutung nahe, daß Hegel während des Sommersemesters 1805 über eine seinen damaligen systematischen Vorstellungen entsprechende Fassung der Realphilosophie nicht verfügte, so daß das hier vorgelegte Manuskript als während des bzw. nach dem Sommersemester 1805 begonnener Versuch des Ausgleichs dieses Mangels angesehen werden kann. Derartige Überlegungen legen es auch nahe, in diesem Manuskript nicht nur die Ausarbeitung einer Realphilosophie zu sehen, deren systematische Konzeption vorgegeben ist durch einen der früheren Systementwürfe, sondern es als eigenständigen Systementwurf zu betrachten, von dem Hegel allerdings nur die realphilosophischen Teile ausgearbeitet hat.[37]

Ist als Termin des Beginns der Niederschrift der Spätsommer bzw. der Herbst 1805 einigermaßen plausibel zu machen, so ist der Abschluß an der Arbeit an dem Manuskript sehr viel schwieriger zu bestimmen. Man wird zu diesem Zwecke auf die Absicht Rücksicht nehmen müssen, mit der Hegel das Manuskript abgefaßt hat. Daß es sich nicht um ein Manuskript handelt, das als Druckvorlage für eine Publikation dienen sollte, macht nicht nur das Fehlen des geringsten Hegelschen Hinweises auf eine geplante Veröffentlichung der Realphilosophie, sondern auch die des Reinschriftcharakters entbehrende Form des Manuskripts deutlich. Es ist daher anzunehmen, daß es von Hegel für seine Vorlesungen über diesen Gegenstand abgefaßt worden ist. Hegel hat Vorlesungen, die nur die Natur- und Geistesphilosophie zum Gegenstand haben, für das Wintersemester 1805/06, das Sommersemester 1806, das Wintersemester 1806/07 sowie das Sommersemester 1807 angekündigt.[38] Von diesen Vorlesungen hat mit Sicherheit nicht die für das Sommersemester 1807 angekündigte stattgefunden. Es ist sehr wahrscheinlich, daß auch die für das Wintersemester 1806/07 angekündigte nicht gehalten worden ist. Ob die Vorlesung im Wintersemester 1805/06 gehalten worden ist, läßt sich nicht nachweisen, da weder Berichte noch Hörerlisten von ihr vorhanden sind. Sicher ist nur, daß Hegel die Vorlesung im Sommersemester 1806 gelesen hat.[39]

Sollte Hegel die Vorlesung über Natur- und Geistesphilosophie tatsächlich nur einmal gelesen haben, so ist es zunächst verwunderlich, daß das ihr zugrunde liegende Manuskript starke Überarbeitungsspuren in Form von Randbemerkungen, nachträglichen Einklammerungen ganzer Absätze usw. aufweist, die eindeutig später als der Grundtext des Manuskripts entstanden sind. Folgende Vermutung bietet sich an: Hegel schrieb den Grundtext des Manuskripts für die zum Wintersemester 1805/06 angekündigte Vorlesung. Diese Vorlesung mag stattgefunden haben oder nicht. Als er sie zum Sommersemester 1806 wieder ankündigte, überarbeitete er das vorliegende Manuskript entweder kurz vor oder während des Sommersemesters[40] und brachte es in seine vorliegende Form. Sollte diese Vermutung zutreffen, so ist als Zeitpunkt des Abschlusses des nicht überarbeiteten Manuskripts frühestens das Ende der Semesterferien vor dem Wintersemester 1805/06 oder ein Termin im Wintersemester selbst anzunehmen. Als Zeitpunkt des Abschlusses der Überarbeitung ist dann ein Termin frühestens im Frühjahr, spätestens im Sommersemester 1806 anzusetzen.

Diese Datierung muß jedoch durch den Hinweis ergänzt werden, daß sie die erheblichen Differenzen im Schriftbild der Randbemerkungen nicht berücksichtigt. Will man nicht annehmen, daß diese Differenzen im Zusammenhang des Überarbeitungsvorgangs des Jahres 1806 zustande gekommen sind, so ist man genötigt, mehrere Überarbeitungen zu verschiedenen Zeiten anzunehmen. Da Hegel aber nach dem Sommersemester 1806 diese Vorlesung wahrscheinlich gar nicht mehr gehalten hat, kommt man in Schwierigkeiten bei der Bestimmung des Anlasses und des Zeitpunktes späterer Überarbeitungen, da dem Manuskript selbst kein Hinweis zu entnehmen ist. Als allerdings vollständig ungesicherte Vermutung bleibt nicht auszuschließen, daß Hegel dieses Manuskript entweder in der Nürnberger Zeit oder zu Beginn seiner Heidelberger Lehrtätigkeit – zu einer Zeit also, als die erste Auflage der *Enzyklopädie der philosophischen*

Wissenschaften noch nicht vorlag – bei bestimmten Punkten wieder benutzt und deshalb bearbeitet hat.

Zusammenfassend läßt sich sagen:

1) Das Manuskript der *Naturphilosophie und Philosophie des Geistes* entstand 1805/06 und ist im Jahre 1806 überarbeitet worden.
2) Das Manuskript diente als Vorlage für die Vorlesungen, die Hegel seit dem Wintersemester 1805/06 über Natur- und Geistesphilosophie ankündigte.
3) Es ist nicht auszuschließen, daß einige der Randbemerkungen zu einem späteren, uns unbekannten Zeitpunkt und aus unbekanntem Anlaß abgefaßt worden sind.

Über den Anlaß, den Zeitpunkt und den Zweck der Abfassung des als der ersten Beilage abgedruckten Blattes über die Naturphilosophie läßt sich nichts Näheres ausfindig machen. Wegen seiner Kürze ist es mit den Mitteln der Buchstabenstatisik nicht zu datieren. Sein Inhalt verweist es in den thematischen Zusammenhang, den Hegel in dem Manuskript der *Naturphilosophie und Philosophie des Geistes,* dem das Blatt beigelegt ist, unter dem Titel *Animalischer Organismus* behandelt. Daß dieses Blatt nicht in die Zeit vor 1805 gehört, wird nahegelegt durch den Umstand, daß die begrifflichen Mittel, mit denen Hegel hier ein der Philosophie des Organischen zugehöriges Thema aufgreift, mehr an den für die Zeit von 1805 an für Hegel typischen um die Struktur des Selbst zentrierten Theoremen orientiert sind. Doch kann dieser Umstand keine Grundlage für eine einigermaßen gesicherte Datierung sein.

Als sicher hat jedoch zu gelten, daß schon zu der Zeit, zu der Michlet das Manuskript der *Naturphilosophie und Philosophie des Geistes* benutzte, sich dieses Blatt in dem genannten Manuskript befand, da Michelet es zur Erstellung seines Textes der *Enzyklopädie* auszugsweise heranzog.[41] Dies führt aber auch nicht weiter bei dem Versuch der näheren Bestimmung von Anlaß, Zeitpunkt und Zweck der Abfassung.

Das Manuskript der zweiten Beilage, des *Gliederungsfragments zur Naturphilosophie,* das zuerst von Hoffmeister als Anhang zu seiner Edition der *Jenenser Realphilosophie I* ediert worden ist, wird schon von ihm als „wohl aus der Zeit kurz vor der Niederschrift der *Jenenser Realphilosophie II* (also 1804/05) stammend" angesehen.[42] Dieser Ansatz kommt dem Ergebnis der Buchstabenstatistik ziemlich nahe, auf Grund dessen der Herbst 1805 als Abfassungsdatum zu gelten hat.[43] Über den Anlaß der Abfassung dieses Manuskripts ist nichts bekannt. Vielleicht ist es von Hegel als Gliederungsvorlage für die Ausarbeitung der entsprechenden Teile der *Naturphilosophie* von 1805/06 benutzt worden; vielleicht hat es ihm zu Vorlesungszwecken gedient. Daß es in den zeitlichen Zusammenhang des in diesem Band vorgelegten großen Manuskriptes gehört, wird neben den buchstabenstatistischen Ergebnissen auch dadurch nahegelegt, daß die Gliederung der fragmentarischen Skizze weitgehend mit derjenigen der entsprechenden Passagen des großen Manuskriptes übereinstimmt.

IV

Der hier vorliegende Band ist, wie eingangs erwähnt, textidentisch mit dem Band 8 von G.W.F. Hegel: *Gesammelte Werke.* Der gedruckte Text unterscheidet zwischen Haupttext und Fußnoten. Als Fußnoten sind alle die Randbemerkungen im Hegelschen Manuskript abgedruckt worden, die weder von Hegel selbst in den fortlaufenden Text eingewiesen sind, noch als spätere Ergänzung des fortlaufenden Textes einwandfrei erkennbar sind. Randbemerkungen zu den Randbemerkungen sind als Fußnoten mit * unter der jeweiligen Fußnote abgedruckt worden. Von Hegel verwendete Kürzel, Symbole und bestimmte, häufig auftretende Abkürzungen werden ohne Verweis aufgelöst. Es handelt sich um folgende Abkürzungen, Kürzel und Symbole:

a) Abkürzungen

abs.	= *absolut*	mit allen Flexionsendungen
abstr.	= *abstrakt*	,,

allg. bzw. *allgem.*	= *allgemein*	mit allen Flexionsendungen
Allg.	= *Allgemeinheit*	,,
Allg'e	= *Allgemeine*	
Allg's	= *Allgemeines*	
'ch	= *auch*	
'f	= *auf*	
's	= *aus* bzw. *eines* je nach Zusammenhang)	
Begr.	= *Begriff*	mit allen Flexionsendungen
Bestheit	= *Bestimmtheit*	
d.	= *der* bzw. *die* bzw. *das* (je nach Zusammenhang)	
dr	= *der*	
drgl	= *dergleichen*	
ds	= *des*	
e	= *eine*	
's	= *eines* bzw. *aus* (je nach Zusammenhang)	
entg.	= *entgegen* bzw. *entgegengesetzt*	mit allen Flexionsendungen
r	= *er* in allen Zusammensetzungen	
Indiv.	= *Individuum*	mit allen Flexionsendungen
k.	= *kein*	,,
k'e	= *keine*	
m's	= *meines*	
m̄	= *mm*	
nt	= *nicht*	
n̄	= *nn*	
od bzw. *od.*	= *oder*	
Philos.	= *Philosophie*	
ph bzw. *phys.*	= *physisch*	mit allen Flexionsendungen
Rel. bzw. *Relig.*	= *Religion*	
r.	= *rein*	

s.	= *sein* bzw. *selbst* bzw. *sich* bzw. *siehe*	(je nach Zusammenhang; die Flexionsendungen *von sein* fügt Hegel meistens zur Abkürzung hinzu, z. B. *sr.)*
s'r	= *seiner*	
s's	= *seines*	
slbst	= *selbst*	
Slbst	= *Selbst*	
überh. bzw. *übrh.*	= *überhaupt*	
u bzw. *u.*	= *und*	
unm.	= *unmittelbar*	mit allen Flexionsendungen
Unm.	= *Unmittelbarkeit*	
Verh. bzw. *Vrh.*	= *Verhältnis*	mit allen Flexionsendungen
zus.	= *zusammen* auch in Zusammensetzungen)	

b) Kürzel

 = allgemeines Abkürzungszeichen mit Punkt; häufig steht statt des Punktes die Flexionsendung. Steht in der Regel für *-lich,* aber auch für andere Abkürzungen

z. B. g  förmig für *gleichförmig.*

 = *ein, einen, einem* bzw. als Endung eines Wortes *-en, -em*

 = *-ung*

 = *-ungen*

 = *-heit*

 = *-keit*

c) Symbole

☉ = *Sonne* bzw. *Gold*

☽ = *Mond* bzw. *Silber*

♂ = *Eisen*

▽ = *Wasser*

+ = *Sauer-* bzw. *-sauer*

 = *Pfund*

Was die Normalisierung der Rechtschreibung betrifft, so wurde der originale Lautstand des Hegelschen Manuskripts in der Regel beibehalten. In folgenden drei Fällen wurde von dieser Regel abgewichen: (1) Die ss- bzw. ß-Schreibung Hegels wurde den heutigen Gepflogenheiten angeglichen, (2) bei Wörtern, bei denen Hegels Schreibweise zwischen verschiedenen Formen schwankt, wurde einheitlich die jeweils modernste gewählt, (3) eindeutig substantivisch gebrauchte Adjektive, Pronomina und Verben wurden immer groß geschrieben. In bezug auf die Zeichensetzung wurde so verfahren, daß Semikola äußerst vorsichtig normalisiert worden sind, und für Gedankenstriche gilt, daß sie abweichend von der Hegelschen Praxis nur dort eingefügt worden sind, wo der parenthetische Charakter einer Äußerung eindeutig war. Bei manchen Randbemerkungen wurde auf Eingriffe in die Kommasetzung vollständig verzichtet. Ansonsten gilt für die typographische Wiedergabe der Manuskripte: einfache Unterstreichung im Manuskript wird durch leichte Sperrung wiedergegeben, doppelte Unterstreichung im Manuskript durch KAPITÄLCHEN. Im Manuskript in lateinischer Handschrift geschriebene Wörter werden durch Verwendung einer serifenlosen Schrift wiedergegeben. Punkte am Ende von Überschriften wurden weggelassen. Die Seitenzahlen auf dem Innenrand verweisen auf die Paginierung des Bandes 8 von G. W. F. Hegel. *Gesammelte Werke*, ein Schrägstrich [/] im Text auf den Beginn einer neuen Seite in der genannten Ausgabe. Wörter in eckigen Klammern sind Hinzufügungen des Herausgebers. Auf die Anmerkungen im Drucktext wird durch einen Kustos am Seitenrand, neben der betreffenden Zeile, verwiesen. Der Herausgeber ist für Hilfe beim Lesen von Korrekturen und bei der Herstellung des Registers Frau Elke Niewerth zu Dank verpflichtet.

Anmerkungen

1. Teil I dieser Einleitung ist die stark gekürzte und überarbeitete Fassung meines Artikels über *Jenaer Systemkonzeptionen*. In: *Hegel*. Hrsg. v. O. Pöggeler, Freiburg /München 1977. 43–58. Die Teile II-IV sind inhaltlich identisch mit den entsprechenden Passagen des Anhangs zu Band 8 der oben erwähnten historisch-kritischen Ausgabe. Änderungen gegenüber Band 8 sind nur redaktioneller Natur.
2. Neben dem hier abgedruckten dritten Jenaer Systementwurf zur *Naturphilosophie und Philosophie des Geistes* von 1805/06 handelt es sich dabei um die *Fragmente aus Vorlesungsmanuskripten zur Philosophie der Natur und des Geistes* von 1803/04 *(G. W. F. Hegel: Gesammelte Werke*. Bd. 6: *Jenaer Systementwürfe I*. Hrsg. v. K. Düsing und H. Kimmerle. Hamburg 1975; jetzt auch als *G. W. F. Hegel: Jenaer Systementwürfe I*. Neu hrsg. v. K. Düsing und H. Kimmerle. Hamburg 1986. Philosophische Bibliothek Bd. 331) und um die *Logik, Metaphysik, Naturphilosophie* von 1804/05 *(G. W. F. Hegel: Gesammelte Werke*. Bd. 7: *Jenaer Systementwürfe II*. Hrsg. v. R.P. Horstmann und J.H. Trede. Hamburg 1971; jetzt auch als *G. W. F. Hegel: Jenaer Systementwürfe II*. Neu hrsg. v. R.P. Horstmann. Hamburg 1982. Philosophische Bibliothek Bd. 332).
3. Zur neueren Deutung dieser Entwicklung immer noch grundlegend *H. Kimmerle: Das Problem der Abgeschlossenheit des Den-*

kens. Hegels „System der Philosophie“ in den Jahren 1800–1804. Hegel-Studien. Beiheft 8. Bonn 1970.

4. *K. Rosenkranz: G.W.F. Hegel's Leben.* Berlin 1844. 190 ff.
5. Sie erscheinen demnächst in: *G.W.F. Hegel. Gesammelte Werke.* Bd. 5
6. s. Anm. 2.
7. s. Anm. 2.
8. Sie sind zu finden in dem Fragment *Die Idee des absoluten Wesens* (In: *G.W.F. Hegel. Gesammelte Werke.* Bd. 5.), in der Schrift *Differenz des Fichteschen und Schellingschen Systems der Philosophie* (in: *G.W.F. Hegel. Gesammelte Werke.* Bd. 4: *Jenaer kritische Schriften.* Hrsg. v. H. Buchner und O. Pöggeler. Hamburg 1968. 67–77.), in der Arbeit *Über die wissenschaftlichen Behandlungsarten des Naturrechts* (in: *G.W.F. Hegel: Gesammelte Werke.* Bd. 4. 432ff.) sowie auf den letzten beiden Seiten des hier abgedruckten Manuskripts von 1805/06.
9. *Differenz des Fichteschen und Schellingschen Systems der Philosophie (G.W.F. Hegel. Gesammelte Werke* Bd. 4.) 14.
10. s. Anm. 8.
11. s. Anm. 8.
12. Vgl. dazu vor allem *K. Düsing: Das Problem der Subjektivität in Hegels Logik. Systematische und entwicklungsgeschichtliche Untersuchungen zum Prinzip des Idealismus und zur Dialektik.* Hegel-Studien. Beiheft 15. Bonn 1976.
13. Vgl. *Über die wissenschaftlichen Behandlungsarten des Naturrechts (G.W.F. Hegel. Gesammelte Werke.* Bd. 4.) 433.
14. Vgl. dazu *R.P. Horstmann: Probleme der Wandlung in Hegels Jenaer Systemkonzeption.* In: Philosophische Rundschau. Jg. 19. Tübingen 1972. 87ff.
15. Vgl. besonders *G.W.F. Hegel. Gesammelte Werke.* Bd. 7. 179ff., aber auch *G.W.F. Hegel. Gesammelte Werke.* Bd. 6. 264f. und die ersten Seiten des hier abgedruckten Manuskripts.
16. Zur Erschließung des naturwissenschaftlichen Hintergrundes der Hegelschen Naturphilosophie unentbehrlich ist *M.J. Petry: Hegel's Philosophy of Nature.* 3 Bde. London 1970.
17. Zur Jenaer Philosophie des (sittlichen) Geistes vgl. besonders *L. Siep: Anerkennung als Prinzip der praktischen Philosophie. Untersuchungen zu Hegels Jenaer Philosophie des Geistes.* Freiburg/München 1979, und *A. Wildt: Autonomie und Anerkennung. Hegels Moralitätskritik im Lichte seiner Fichte-Rezeption.* Stuttgart 1982.
18. *G.W.F. Hegel's Werke.* Vollständige Ausgabe durch einen Verein von Freunden des Verewigten. Bd. 7, 1. Abtheilung. Berlin 1842.
19. Anzumerken ist, daß Hoffmeister durch eine gewisse interpre-

tatorische und terminologische Großzügigkeit den systematischen Aufbau des Manuskripts in einigen wesentlichen Punkten, sowohl was die *Naturphilosophie* als auch die *Philosophie des Geistes* betrifft, falsch auffaßt. Was die *Naturphilosophie* betrifft, so sieht sich Hoffmeister aus welchen Gründen auch immer genötigt, einen großen Teil dessen, was Hegel unter der Überschrift „III. Totaler Prozeß" abhandelt, als eigenständigen Teil „III. Physik" neben den Teilen „Gestaltung und Chemismus" und „Das Organische" einzuführen, so daß ihm die schon von Michelet und Rosenkranz vermerkte Hegelsche Dreiteilung der *Naturphilosophie* zu einer Vierteilung wird. Was die *Philosophie des Geistes* betrifft, so ist besonders seine Gliederung des dritten Teils derselben, der „Konstitution", irreführend, indem er von der von Hegel intendierten und ausgeführten, an dem Begriff des Standes orientierten Einteilung abweicht. Auch seine Wiedergabe der Gliederung des zweiten Teils der *Philosophie des Geistes,* des Kapitels „Wirklicher Geist", ist nicht korrekt. Alle diese durch Hoffmeister eingebrachten Gliederungsgesichtspunkte haben nicht nur wenig Evidenz im Hinblick auf die von Hegel inhaltlich vorgetragenen Argumentationen, sie stehen vor allem in gar keinem ersichtlichen Zusammenhang mit dem Manuskriptbefund.

20. Vgl. diesen Band, 197, 226, 234, 261 u.a.
21. Vgl. diesen Band, 187.
22. Sieht man von einer Bemerkung bei Rosenkranz ab, der von einer Einleitung in die Philosophie des Geistes spricht. Das, was er aus dieser Einleitung mitteilt, entspricht jedoch ganz dem, was Hegel als Randbemerkung beim Übergang zum Kapitel „Wirklicher Geist" notiert hat (vgl. diesen Bd. 204, Fußnote 1). Auf jeden Fall ist auch diese unklare Bemerkung von Rosenkranz kein Anlaß, eine längere Einleitung in die *Philosophie des Geistes* zu vermuten. Vgl. *K. Rosenkranz: Hegel's Leben.* 193f.
23. Vgl. *G.W.F. Hegel. Gesammelte Werke.* Bd. 6 und G.F.W. Hegel: *Encyclopädie der philosophischen Wissenschaften im Grundrisse.* Heidelberg 1830³. §§ 371–376.
24. Da die Paginierung dieses Manuskriptes nicht von Hegel stammt, ist nicht auszuschließen, daß vor dem jetzigen Anfang vielleicht noch eine Art Einleitung gestanden hat. Wenn dem so war, so müssen derartige Passagen bereits recht früh abhandengekommen sein, da schon Michelet die jetzigen Eingangssätze als Anfang dieses Manuskriptes zitiert (vgl. *G.W.F. Hegel's Werke.* Bd. 7. 1. Abtheilung. XXIIff.).
25. Vgl. den Editorischen Bericht von *G.W.F. Hegel. Gesammelte Werke.* Bd. 6.
26. *G.W.F. Hegel's Werke.* Bd. 7. 1. Abtheilung. XVIII und XXff.

27. *K. Rosenkranz: Hegel's Leben.* 193ff.
28. *F. Rosenzweig: Hegel und der Staat.* Bd. 1. München und Berlin 1920. 248f und 179.
29. Vgl. *H. Kimmerle: Zur Chronologie von Hegels Jenaer Schriften.* In: Hegel-Studien. Bd. 4. Bonn 1967. 145 und 168f. sowie den Anhang von *G.W.F. Hegel. Gesammelte Werke.* Bd. 8.
30. *F. Rosenzweig: Hegel und der Staat.* Bd. 1. 248; vgl. diesen Band, 89.
31. *Zwei neue Metalle, entdeckt in der roten Platina, von Smithson Tennant, Esq., F.R.S.* In: *Annalen der Physik.* Bd. 19. Halle 1805. 118–120.
32. Vgl. diesen Band, 60 Fußnote 5.
33. Vgl. diesen Band, 61.
34. S. diesen Band, 286 (Anmerkung zu 61,12).
35. *Briefe von und an Hegel.* Hrsg. v. J. Hoffmeister, Hamburg 1952–60. Bd. 1. 99.
36. Vgl. *H. Kimmerle: Dokumente zu Hegels Jenaer Dozententätigkeit (1801–1807).* In: Hegel-Studien. Bd. 4. Bonn 1967. 62 und 82.
37. Zur systematischen Konzeption dieses Systementwurfs vgl. die kurze Skizze zum Aufbau des Systems am Ende des Manuskripts (s. 260,34–261,11).
38. Vgl. *H. Kimmerle: Dokumente zu Hegels Jenaer Dozententätigkeit (1801–1807).* 55f.
39. Ebenda. 77ff. Die Mitteilungen, die Rosenkranz über eine Vorlesung zur Realphilosophie im Sommersemester 1806 macht, dürfen nicht als Mitteilungen betrachtet werden, die sich auf das hier vorgelegte Manuskript beziehen, da Rosenkranz dieses Manuskript ja auf 1804/05 datiert. Vgl. *K. Rosenkranz: Hegel's Leben.* 192 und 214, sowie *G.W.F. Hegel. Gesammelte Werke.* Bd. 5.
40. Daß die Überarbeitungen wenigstens teilweise nicht vor 1806 ausgeführt worden sind, ist deshalb sicher, weil Hegel in einer Randbemerkung aus einem Buch von Schubert zitiert, das erst 1806 erschienen ist. Vgl. diesen Band, 160 Fußnote 1.
41. Vgl. *G.W.F. Hegel's Werke.* Bd. 7, 1. Abtheilung. 590–597.
42. *G.W.F. Hegel: Jenenser Realphilosophie I.* Hrsg. v. J. Hoffmeister. Leipzig 1932. 245
43. Vgl. die Chronologie der Jenaer Manuskripte in *G.W.F. Hegel. Gesammelte Werke.* Bd. 8, sowie *H. Kimmerle: Zur Chronologie von Hegels Jenaer Schriften.* In: Hegel-Studien. Bd. 4. Bonn 1967. 145.

LITERATURHINWEISE

I. Ausgaben

Naturphilosophie und Philosophie des Geistes

1. G.W.F. Hegel: Jenenser Realphilosophie II. Die Vorlesungen von 1805/06. Hrsg. v. J. Hoffmeister. Leipzig 1931.
2. G.W.F. Hegel: Gesammelte Werke. In Verbindung mit der Deutschen Forschungsgemeinschaft hrsg. von der Rheinisch-Westfälischen Akademie der Wissenschaften. Bd. 8: Jenaer Systementwürfe III. Unter Mitarbeit von J.H. Trede hrsg. v. R.P. Horstmann. Hamburg 1976.

Ein Blatt zur Naturphilosophie

1. G.W.F. Hegel: Jenenser Realphilosophie II. Die Vorlesungen von 1805/06. Hrsg. v. J. Hoffmeister. Leipzig 1931. 174–176.
2. G.W.F. Hegel: Gesammelte Werke. In Verbindung mit der Deutschen Forschungsgemeinschaft hrsg. von der Rheinisch-Westfälischen Akademie der Wissenschaften. Bd. 8: Jenaer Systementwürfe III. Unter Mitarbeit von J.H. Trede hrsg. v.R.P. Horstmann. Hamburg 1976. 291–293.

Gliederungsfragment zur Naturphilosophie

1. G.W.F. Hegel: Jenenser Realphilosophie I. Die Vorlesungen von 1803/04. Hrsg. v. J. Hoffmeister. Leipzig 1932. 245–254.
2. G.W.F. Hegel: Gesammelte Werke. In Verbindung mit der Deutschen Forschungsgemeinschaft hrsg. von der Rheinisch-Westfälischen Akademie der Wissenschaften. Bd. 8: Jenaer Systementwürfe III. Unter Mitarbeit von J.H. Trede hrsg. v. R.P. Horstmann. Hamburg 1976. 294–308.

II. Weiterführende Literatur

Baum, Manfred/Meist, Kurt R.: Durch Philosophie leben lernen. Hegels Konzeption der Philosophie nach den neu aufgefundenen Jenaer Manuskripten. In: Hegel-Studien. Bd. 12. Bonn 1977. S. 43–81.

Bonsiepen, Wolfgang: Der Begriff der Negativität in den Jenaer Schriften Hegels. Hegel-Studien. Beiheft 16. Bonn 1977.

Chiereghin, Franco: Dialettica dell'assoluto e ontologia della soggettività in Hegel. Dall'ideale giovanile alla Fenomenologia dello spirito. Trient 1980 (= Publicazioni di Verifiche. Bd. 6).

Claesges, Ulrich: Legalität und Moralität in Hegels Naturrechtsschrift. Zur Problematik der praktischen Philosophie im Deutschen Idealismus. In: Der Idealismus und seine Gegenwart. Festschrift für Werner Marx zum 65. Geburtstag. Hrsg. v. U. Guzzoni, B. Rang u. L. Siep. Hamburg 1976. S. 53–74.

Dinkel, Bernhard: Die Einheit von Indifferenz und Verhältnis im System der Sittlichkeit. Hegels Frühjenaer Verknüpfung von antikem und neuzeitlichem Natur- und Staatsrecht. In: Salzburger Jahrbuch für Philosophie. Bd. 21/22. Salzburg - München 1976–77. S. 95–134.

Düsing, Klaus: Das Problem der Subjektivität in Hegels Logik. Systematische und entwicklungsgeschichtliche Untersuchungen zum Prinzip des Idealismus und zur Dialektik. Hegel-Studien. Beiheft 15. Bonn 1976.

–: Hegel in Jena. Eine Übersicht über die Lage der Forschung. In: Zeitschrift f. philosophische Forschung. Bd. 32. Meisenheim/Glan 1978. S. 405–416.

–: Idealistische Substanzmetaphysik. Probleme der Systementwicklung bei Schelling und Hegel in Jena. In: Hegel-Studien. Beiheft 20: Hegel in Jena. Hrsg. von Dieter Henrich und Klaus Düsing. Bonn 1980. S. 25–44.

Fujita, Masakatsu: Philosophie und Religion beim jungen Hegel. Unter besonderer Berücksichtigung seiner Auseinandersetzung mit Schelling. Hegel-Studien. Beiheft 26. Bonn 1984.

Gérard, Gilbert: Critique et dialectique. L'itinéraire de Hegel à Iéna (1801–1805). Bruxelles 1982.

Göhler, Gerhard: Dialektik und Politik in Hegels frühen politischen Systemen. Kommentar und Analyse. In: G.W.F. Hegel: Frühe politische Systeme. Hrsg. und kommentiert von Gerhard Göhler. Frankfurt a.M., Berlin, Wien 1974.

Habermas, Jürgen: Arbeit und Interaktion. Bemerkungen zu Hegels

Jenenser Philosophie des Geistes. In: Natur und Geschichte. Karl Löwith zum 70. Geburtstag. Hrsg. von Hermann Braun und Manfred Riedel. Stuttgart 1967. S. 132–155. Wiederabgedruckt in: Jürgen Habermas: Technik und Wissenschaft als ‚Ideologie'. Frankfurt a. M. 1968. S. 9–47.

Harris, Henry S.: The Concept of Recognition in Hegel's Jena Manuscripts. In: Hegel-Studien. Beiheft 20: Hegel in Jena. Hrsg. von Dieter Henrich und Klaus Düsing. Bonn 1980. S. 229–248.

–: Hegel's Development: Night Thoughts (Jena 1801–1806). Oxford 1983.

Hartkopf, Werner: Kontinuität und Diskontinuität in Hegels Jenaer Anfängen. Studien zur Entwicklung der modernen Dialektik. Königstein/Ts. 1979.

Horstmann, Rolf-Peter: Hegels vorphänomenologische Entwürfe zu einer Philosophie der Subjektivität in Beziehung auf die Kritik an den Prinzipien der Reflexionsphilosophie. Phil. Diss. Heidelberg 1968. – Vgl. dazu die Rezension von H. Kimmerle in: Hegel-Studien. Bd. 5. Bonn 1969. S. 307–309.

–: Probleme der Wandlung in Hegels Jenaer Systemkonzeption. In: Philosophische Rundschau. Jg. 19. Tübingen 1972. S. 87–117.

–: Über die Rolle der bürgerlichen Gesellschaft in Hegels politischer Philosophie. In: Hegel-Studien. Bd. 9. Bonn 1974. S. 209–240. Wiederabgedruckt in: Materialien zu Hegels Rechtsphilosophie. Hrsg. v. M. Riedel. Bd. 2 (= stw Bd. 89). Frankfurt a. M. 1975. S. 276–311.

–: Über das Verhältnis von Metaphysik der Subjektivität und Philosophie der Subjektivität in Hegels Jenaer Schriften. In: Hegel-Studien. Beiheft 20: Hegel in Jena. Hrsg. von Dieter Henrich und Klaus Düsing. Bonn 1980. S. 181–196.

Ilting, Karl-Heinz: Hegels Auseinandersetzung mit der aristotelischen Politik. In: Philosophisches Jahrbuch der Görres-Gesellschaft. Bd. 71. München 1963–64. S. 38–58.

Kaan, André: La pensée philosophique de Hegel à Jéna. In: Revue de Métaphysique et de Morale. Bd. 80. Paris 1975. S. 485–519.

Kimmerle, Heinz: Zur Chronologie von Hegels Jenaer Schriften. In: Hegel-Studien. Bd. 4. Bonn 1967. S. 125–176.

–: Dokumente zu Hegels Jenaer Dozententätigkeit (1801–1807). In: Hegel-Studien. Bd. 4. Bonn 1967. S. 21–99.

–: Hegels Naturphilosophie in Jena. In: Hegel-Studien. Beiheft 20: Hegel in Jena. Hrsg. von Dieter Henrich und Klaus Düsing. Bonn 1980. S. 207–215. Wiederabgedruckt in: Heinz Kimmerle: Das Problem . . .[2] 1982 (s. u.). S. 332–339.

–: Das Problem der Abgeschlossenheit des Denkens. Hegels „System der Philosophie“ in den Jahren 1800–1804. Hegel-Studien. Beiheft 8. Bonn 1970. 2. Aufl. Bonn 1982.

Koyré, Alexandre: Hegel à Jéna. In: Ders.: Etudes d'Histoire de la Pensée Philosophique. Paris 1961. S. 135–173.

Krings, Hermann: Die Entfremdung zwischen Schelling und Hegel (1801–1807). Sitzungsberichte der Bayerischen Akademie der Wissenschaften. Philosophisch-historische Klasse. Jg. 1976, Heft 6. München 1977.

Lukács, Georg: Der junge Hegel. Über die Beziehungen von Dialektik und Ökonomie. Zürich – Wien 1948 u. ö.

Pöggeler, Otto: Hegels Jenaer Systemkonzeption. In: Philosophisches Jahrbuch der Görres-Gesellschaft. Jg. 71. Freiburg – München 1964. S. 286–318. Wiederabgedruckt in: Ders.: Hegels Idee einer Phänomenologie des Geistes. Freiburg – München 1973. S. 110–170.

Schmitz, Hermann: Hegel als Denker der Individualität. Meisenheim 1957.

Schneider, Helmut: Anfänge der Systementwicklung Hegels in Jena. In: Hegel-Studien. Bd. 10. Bonn 1975. S. 133–171.

Siep, Ludwig: Hegels Fichtekritik und die Wissenschaftslehre von 1804. München 1970.

–: Der Kampf um Anerkennung. Zu Hegels Auseinandersetzung mit Hobbes in den Jenaer Schriften. In: Hegel-Studien. Bd. 9. Bonn 1974. S. 155–207.

–: Praktische Philosophie und Geschichte beim Jenaer Hegel. In: Der Idealismus und seine Gegenwart. Festschrift für Werner Marx zum 65. Geburtstag. Hrsg. von U. Guzzoni, B. Rang und L. Siep. Hamburg 1976. S. 398–411.

–: Anerkennung als Prinzip der praktischen Philosophie. Untersuchungen zu Hegels Jenaer Philosophie des Geistes. Freiburg/München 1979.

Taminiaux, Jacques: Naissance de la Philosophie Hégélienne de l'État. Paris 1984.

Trede, Johann Heinrich: Mythologie und Idee. Die systematische Stellung der „Volksreligion“ in Hegels Jenaer Philosophie der Sittlichkeit (1801–1803). In: Hegel-Studien. Beiheft 9: Das älteste Systemprogramm. Studien zur Frühgeschichte des deutschen Idealismus. Hrsg. v. R. Bubner. Bonn 1973. S. 167–210.

Vieillard-Baron, Jean-Louis: La notion de matière et le matérialisme vrai selon Hegel et Schelling á l'époque d'Iéna. In: Hegel-Studien.

Beiheft 20: Hegel in Jena. Hrsg. von Dieter Henrich und Klaus Düsing. Bonn 1980. S. 197–205.

Werner, Hans-Joachim: Spekulative und transzendentale Dialektik. Zur Entwicklung des dialektischen Denkens im deutschen Idealismus (Kant-Hegel). In: Philosophisches Jahrbuch der Görresgesellschaft. Jg. 81. Freiburg-München 1974. S. 77–87.

Wildt, Andreas: Autonomie und Anerkennung. Hegels Moralitätskritik im Lichte seiner Fichte-Rezeption. (Deutscher Idealismus 7). Stuttgart 1982.

Über die weiter erscheinende Literatur sind die laufenden Literaturberichte und Bibliographien in den periodisch erscheinenden Hegel-Studien (Bonn, hrsg. von Friedhelm Nicolin und Otto Pöggeler) einzusehen.

NATURPHILOSOPHIE
UND PHILOSOPHIE DES GEISTES

Vorlesungsmanuskript zur Realphilosophie
(1805/06)

[NATURPHILOSOPHIE]

I. Mechanik

Die Idee als das in seinen Begriff zurückgegangene Dasein kann nun die absolute Materie oder Äther genannt werden. Es erhellt, daß dies gleichbedeutend ist mit reinem Geiste, denn diese absolute Materie ist nichts Sinnliches, sondern der Begriff als reiner Begriff in sich selbst, der als solcher existierend Geist ist, und der jenen Namen erhält, insofern hieran nicht gedacht wird, so für diesen jener Namen verschmäht wird, aus dem gleichen Grunde. – So in seiner Einfachheit und Sichselbstgleichheit ist es also der bestimmungslose selige Geist, die unbewegte Ruhe, oder das aus dem Anderssein ewig in sich zurückgekehrte Wesen; die Substanz und Sein aller Dinge, so wie die unendliche Elastizität, die jede Form und Bestimmtheit verschmäht und in sich aufgelöst hat, aber ebendarum die absolute Weichheit und Fähigkeit aller Form [ist]. Der Äther durchdringt also nicht Alles, sondern er ist selbst Alles, denn er ist das Sein; er hat nichts außer ihm, und verändert sich nicht; denn er ist das Auflösen von Allem, und ist die reine einfache Negativität, die flüssige und untrübbare Durchsichtigkeit. Dieses reine Wesen aber in dieser Sichselbstgleichheit in das Sein zurückgegangen, es hat den Unterschied als Unterschied in sich getilgt und hinter sich gelassen, und ist ihm gegenübergetreten, oder er ist das Ansich, welches sein Werden nicht an ihm als diesem Wesen dargestellt hat; er ist nur die schwangere Materie, welche als absolute Bewegung in sich die Gärung ist, die, ihrer selbst als aller Wahrheit gewiß, in dieser / freien Selbständigkeit der Momente, die sie in ihr erhalten, in sich und sich gleich bleibt.

Insofern gesagt wird, er ist Äther oder absolute Materie, ist er in sich, oder reines Selbstbewußtsein, dies als seiend überhaupt, nicht als seiend oder reell bestimmt; aber diese Bestimmtheit des nicht daseienden Seins geht in das Dasein über, und das Element der Realität ist die allgemeine Bestimmtheit, in welcher der Geist als Natur ist; das innere Wesen, der Äther ist nicht da; oder die Innerlichkeit seines Insichseins ist nicht seine Wahrheit; ebenso wie die Bestimmung, an sich zu sein, seine Wesenheit ausdrückt, welche der Form entgegengesetzt ist.

I. Begriff des Raumes und der Zeit

a. Raum

1. Der daseiende Äther ist unmittelbar der Raum. Daß der Raum als diese einfache Kontinuität unmittelbar mit dem Ich eins ist, dadurch ist die Anschauung gesetzt; aber diese Bemerkung geht uns hier nichts [an]; sondern es ist dies die Bestimmtheit dieser Kontinuität, da zu sein; und als von Ich hierin unterschieden ist er Raum; das Ansich ist überhaupt der bloße Begriff als abstraktes Wesen, das hier nicht mehr als Wahrheit gilt, sondern der Begriff ist die Sache selbst; so wie daß der Raum an sich der unmittelbare in sich selige Geist ist, dies Ansich nicht als seine Wahrheit gilt, sondern vielmehr nicht an sich, sondern itzt als Natur da zu sein, worin liegt, daß der Geist, als selbstbewußtes Wesen außer ihm fällt, was dasselbe ist als wenn gesagt wird, er ist es an sich, oder innerlich, in seiner Idee; die Verbindung dieser Bestimmung mit dem daseienden Raume / wäre dieses, daß er als Anschauen betrachtet würde, was hieher nicht gehört, sondern er [ist] als Daseiendes hier gesetzt, oder diese Ungegenständlichkeit selbst ist gegenständlich.

2. Wenn im Anschauen das eine Moment als Selbstbewußtsein, in der Idee aber beide als selbstbewußter Geist bestimmt würden, so bestimmen sich in ihm als daseiendem hingegen die beiden Momente, deren Sichselbstgleichheit er ist, als reine Wesenheiten; er ist auf diese Weise die absolute Quantität. Nach seinem Begriffe die Sichselbstgleichheit, welche die absolute Negativität unmittelbar an ihr hat, ist der Unterschied als ein schlechthin aufgehobener an ihr, oder als reine Spur; es ist nicht kein Unterschied, sondern ein Unterschied, aber derselbe als schlechthin unwesentlicher; oder da das Unterschiedene kein Dasein, keine Bestimmtheit gegen das Andere

hat, so ist es das Nichts, das sich vom Nichts unterscheidet, und also unmittelbar nicht unterschieden ist. Der daseiende Unterschied fällt nicht ein, oder er ist die absolute Möglichkeit des Unterscheidens; dies Außersichsein, das zu keinem Insichsein, zu keinem Negativen kommt, und an dem als solchem auch diese Bewegung des Nichts durchs Nichts zu Nichts oder zu sich selbst nicht existiert.

* *Dimensionen des Raumes*

1. An dieser Kontinuität aber als daseiender ist der Unterschied, der ihrem Begriffe zukommt, ebenso da, aber ohne die Gleichgültigkeit dieser Kontinuität zu unterbrechen und aufzuheben, und als Unterschiede des Begriffs sind sie es zugleich wesentlich voneinander. Diese Entwicklung der Negativität sind die Dimensionen des Raumes; als Momente des Allgemeinen sind sie an ihm als aufgehobene, deren Substanz oder Sein er ist, und die zu keinem eigenen Insich/sein kommen, sondern die Momente seines Insichseins sind; ihre Notwendigkeit als Notwendigkeit, und ihre Negativität gegeneinander ist daher selbst nur als eine Verschiedenheit vorhanden, deren Seiten immer zugleich, keine ohne die andere da ist, die sich gegenseitig aufhebende Entgegensetzung und Fortbewegung ist in dieser Gleichgültigkeit paralysiert.

2. Ihr wesentlicher Unterschied, der an der Unwesentlichkeit selbst sein Sein hat, muß also auch sich als gleichgültiger darstellen, und die Stellung des Verhältnisses seiner Momente dadurch aufheben, daß er die entgegengesetzte nimmt, und drittens die Gleichgültigkeit der Momente selbst als solche ausdrückt. Die Momente des Raumes haben also die ebenso vielfache Stellung als der Begriff in der Bewegung seiner Reflexion in sich Momente ausdrückt. Oder die Dimension hat die dreifache Bedeutung, ein negatives Moment des Raumes zu sein und die Bestimmtheit seiner absoluten Gleichgültigkeit, und hiemit ihn selbst aufzuheben; ebenso aber, indem sie das Negative ihrer vorhergehenden Dimension ist, ist sie ein Aufheben der Negativität und eine Wiederherstellung des gleichgültigen Raumes,

und durch diese gedoppelte Seite drittens selbst ein gleichgültiges Moment. Nach der Seite, daß jede das Aufheben der vorhergehenden Dimension ist, ist diejenige, welche als erste auf irgend eine Weise auftritt, eine solche, die zugleich keine ist, oder worin die Dimension überhaupt sich aufhebt, wo dies Dimension, daß sie die Gleichgültigkeit des Raumes nicht affiziert, oder daß sie *keine* ist, und eigentlich außer ihm fällt.

3. Indem diese Negativität, welche der Dimension überhaupt und ihr in der Bestimmtheit ihres Verhältnisses diese entgegengesetzte *Bedeutung* gibt, in die Gleichgültigkeit des Raumes fällt, so ist sie zuerst ebenso gleichgültig als eine Verschiedenheit von *Stellungen* zu betrachten. /

α) Erste Stellung, welche vom Begriffe der Dimension ausgeht; die Dimensionen in der Form des Seins *

1) Die Dimension, als ihr Begriff, Negation des Raumes zu sein, gehört ihm selbst nicht an, sondern ist nur Beziehung überhaupt auf. Sie als dies Element ist *der Punkt*. Man muß vom Punkte sagen, daß er ebensowohl am Raume ist, als nicht ist. Er ist *darin*, er ist die Dimension nicht als Negatives überhaupt, sondern bestimmt als Negatives *des Raumes*. Zugleich indem er das einfache *Negative* desselben überhaupt, oder der Begriff, und das Negative als Wesentliches ist, ist er nicht an ihm. 2) Als Beziehung auf den Raum ist er $\alpha\alpha$) *Dasein überhaupt*, und ein solches, welches das Dasein des Nichtdaseins ist, oder ist als absoluter *Anfang*. Die Beziehung selbst, da sie die Bestimmtheit eines Anfangs an ihr hat ist $\beta\beta$) nicht nur die ununterbrochene Kontinuität des Raumes selbst, oder der *daseiende* Punkt, als daseiend im Raume, sondern $\gamma\gamma$) dies Dasein im Raume als den Anfang überall bezeichnend; d. h. das *Dasein* des Punktes im Raume ist die *Linie*. Als Punkt ist er nur als *absoluter Anfang da*, als aufgehobenes Dasein, und insofern dies Dasein von Negativen berührt ein entzweites ist, als *Anfang* oder *Ende*. Die positive Beziehung selbst aber dieses Anfangs oder Endes auf den Raum, die Linie, ist zugleich selbst eine solche, deren *Möglichkeit* der Punkt ist, nämlich eine Kontinuität,

welche die Einfachheit seines Begriffs erhält; der Punkt ist zwar außer sich, indem er Linie ist, denn er hat Dasein im Raume; aber dieses Außersichsein selbst als dieses einfache sich erhaltend, das nur auf Einen Anfang und Ein Ende, auf Ein Vorher und Ein Nachher sich bezieht, oder nicht die losgebundene Vielheit des Beziehens, nach allen Seiten ist, ist die reine Richtung.

Anmerkung. Die Linie, welche den Begriff der Linie selbst ausdrückt, ist die / gerade; und die Anwendung von dieser gedachten Bestimmung derselben auf die gedankenlose Definition, die dem bloßen Vorstellen angehört, daß die gerade Linie der kürzeste Weg zwischen zwei Punkten sei, ist leicht zu machen; denn unter Weg wird doch wohl Richtung gemeint sein, und das Kürzeste ist das in seinen Unterschieden Wenigste; das in seinen Unterschieden Wenigste aber ist das Einfache. – Unendlichkeit.[1]

Die Linie ist nun die erste Dimension des Raumes als Dasein des Punkts in ihr, aber sie selbst setzt den Anfang voraus, oder den Begriff der Dimension, und insofern dieser als Punkt, selbst Anfang im Raume ist, wäre er die erste und sie die zweite Dimension.

3) Das unmittelbare Dasein des Negativen muß sich durch seinen Begriff ein Anderes werden, es muß nämlich die Unmittelbarkeit aufheben, da es vielmehr ein Negatives, also ein Negatives der Unmittelbarkeit ist, als ein Unmittelbares. Die Linie also außer sich gesetzt ist die Fläche. Sie enthält ebenso die Linie als ihr Element oder aufgehoben in ihr, denn diese [ist] als Fläche außer sich, wie die Linie den Punkt, oder ist die Möglichkeit der Linie; auch ist Linie ebenso ihr Anfang und Ende, oder als Linie erst im Begriffe daseiend. – Indem die Fläche die zweite Dimension ist, ist itzt die Negativität als realer Unterschied, als ein Dasein Unterschiedener, als Linie ist er zunächst nur formal da.

4. Linie ist das erste Negative, Fläche ist das zweite oder das Negative des Negativen; sie ist also in der Tat die Dimension, welche das Aufheben der Dimension ist; als Fläche überhaupt daseiend, neben der erstern, aber nach ihrem Begriffe das Ne-

[1] *Am Rande:* schlechte fällt außer

gative aufhebend, ist sie die entgegengesetzte Bedeutung ihrer selbst als seiend, und die Rückkehr des Raumes zu sich selbst oder dazu, daß die Dimension als daseiend aufgehoben und wieder nur nach ihrem Begriffe gesetzt wird; es ist die / Fläche[1], die zugleich das einfache Eins des Punktes ist, oder die Oberfläche, welche den Raum als Ganzes wieder herstellt, und worin er Totalität der Dimensionen, und wirklicher Raum ist. Er ist bestimmter Raum; das Eins des Punktes, oder die Negation in sich zurückgegangen, selbst als Allgemeines gesetzt, ist Bestimmtheit.

β) Stellung der Dimensionen, welche von dem bestimmten Raume ausgeht

1. Der bestimmte Raum ist der Raum als Ganzer, und die Dimension hat darin die Bedeutung, ein Aufgehobenes zu sein; wie sie es für uns ihrem Begriffe nach war, so ist sie itzt gesetzt. Die Dimension nach dieser Bedeutung genommen ist sie Grenze, und wir fangen also am bestimmten Raume, als dem positiven oder realen an, und sagen, die Fläche sei die Grenze des bestimmten ganzen (körperlichen) Raumes, die Linie der Fläche, der Punkt der Linie. – In dieser Bedeutung verliert die einzelne Dimension ihre Bestimmtheit, welche sie vorher gegen die andere hatte; dies ist der wahre Sinn dessen, daß sie als Negatives gesetzt wird. – Wenn also in der vorigen Stellung die Linie die erste daseiende oder die unmittelbare Negation war, so ist dies itzt die Fläche, und wenn die Fläche die Negation der Negation war, so ist es itzt die Linie. – Der Punkt hatte vorhin nur die Bedeutung *
der Negation überhaupt, nicht da zu sein, itzt positive, er ist nämlich der positive Raum, aber der eigentliche Punkt ist itzt das Verschwinden der Grenze; die Linie dies selbst daseiende Verschwinden; dies drückt das Verschwinden der Bestimmtheit, der Dimension als bestimmter überhaupt aus; das Resultat ist, daß diese, daß jede als das Entgegengesetzte ihrer selbst gesetzt wur-

[1] *Am Rande:* warum nur 3 Dimensionen? α) Fläche β) ganzer Raum drei Bedeutungen γ) Aufheben der seienden Dimension

de, diese beiden / Bestimmtheiten verschwunden sind.[1] Die Dimension ist ganz unbestimmte Verschiedenheit überhaupt.

γ. Dritte Stellung der Dimensionen

Sie sind drei Verschiedenheiten überhaupt; drei – ihre reine Bestimmtheit ist das Gleichgültige der Zahl; am Raume sind sie nur Richtungen, die verschieden sind, deren jede für die andere genommen werden [kann], so daß die wahre eigentliche Bestimmtheit hiemit außer ihnen liegt. Am Raume überhaupt Höhe, Breite und Länge; am bestimmten hat jede ausgedrückter den Unterschied an ihr, da sie ihn nicht mehr nach Außen hat; – sie ist ein Vorne und Hinten, Rechts und Links, Oben und Unten. Was die Höhe, Breite und Länge u.s.f genannt werde, ist ganz unbestimmt; es hängt allein von dem außer dem Raume getretenen Negativen ab. –[2]

Das Negative ist außer dem Raume getreten, denn an ihm [ist] es völlig gleichgültig, oder der Unterschied ist als Unterschied nicht mehr an ihm gesetzt; die Dimensionen sind nur noch Richtungen, und darin alle gleich; der Unterschied selbst kein seiender mehr oder ein gemeinter.

b. Zeit

Der Raum ist die unmittelbare daseiende Quantität; der Begriff an ihm selbst als unmittelbar oder in dem Elemente der Gleichgültigkeit und des Auseinanderfallens seiner Momente. Der Unterschied ist aus dem Raume herausgetreten, heißt, er hört auf, diese Gleichgültigkeit zu sein, er ist für sich in seiner / ganzen Unruhe, nicht mehr paralysiert, er ist das Selbst des Mei-

[1] *Am Rande:* In diesem Rückgange Punkt Bedeutung des Verschwindens der Dimension als Bestimmtheit, als aufgehobene, als drei, gleichgültige
Es gibt

[2] *Am Rande:* Unterschied frei gelassen

nens, wohin wir ihn fallen sahen. Diese reine Quantität als reiner für sich daseinder Unterschied ist das abstrakte Unendliche, oder an sich selbst negative; die Zeit.

Indem der Gegensatz die Gleichgültigkeit verloren, so ist sie das daseiende Sein, das unmittelbar nicht ist, und daseiende Nichtsein, das ebenso unmittelbar ist; sie ist der daseiende reine Widerspruch; der Widerspruch hebt sich auf, sie ist eben das Dasein[1] dieses beständigen sich Aufhebens. Ihre Momente sind eben diese reinen Abstraktionen[2] als die des Raumes; wenn die letzteren, als Dimensionen, realer erscheinen, so ist es allein durch die Form des gleichgültigen Bestehens.

Die Entfaltung des Negativen an der Zeit stellt zwar seine Dimensionen dar,[3] aber diese haben nicht diese verschiedenen Stellungen, sondern sind unmittelbar ihr sich selbst Aufheben. Wie der Raum überhaupt die Substanz seiner Momente ist, ebenso die Zeit.

Näher betrachtet α) gehört das Eins des Raumes eigentlich als Eins der Zeit an; für den Raum ist es nur sein Jenseits; der Zeit aber ist es immanent; denn Eins ist dieses sich auf sich selbst Beziehen, sich selbst Gleichsein, das schlechthin ausschließend, das heißt Anderes negierend ist; in seinem Begriff ist daher absolut das Negieren, d. h. es ist an sich selbst negieren, es ist dies Andere, welches von ihm negiert wird. Dies Eins ist, es ist unmittelbar; denn seine Sichselbstgleichheit ist eben die Unmittelbarkeit; es ist die Gegenwart. Dies Itzt schließt schlechthin alles Andere aus sich aus, es ist schlechthin einfach.[4] β) Aber diese Einfachheit / und sein Sein ist ebenso das unmittelbar Negative seiner Unmittelbarkeit, sein Aufheben seiner selbst; die Grenze, welche sich aufhebt, Grenze zu sein, und ein Anderes ist. Oder als das absolut sich Unterscheidende hebt sie dies auf,

[1] *Am Rande:* springende Punkt – Reicher als Feuer, Seele Bewegung mit seiner dem Raume angehörenden Macht der Natur; Selbst das Zweite; im Geiste das Erste.

[2] *Auf den unteren Rande:* im gegenständlichen Element geht ebenso abstrakt zu als in unserem Kopfe

[3] *Am Rande:* ebenso träge sich Aufheben der Bestimmtheiten

[4] *Am Rande:* Widerspruch reiner Unterschied und Sichselbstgleichheit

denn sie ist die reine Gleichheit. Das Itzt ist, dies ist die unmittelbare Bestimmtheit der Zeit, oder ihre erste Dimension. Halten wir das Nichtsein ihres Seins fest,[1] gegen sie, die als seiend gesetzt ist, so daß dies Nichtsein sie aufhebe, so setzen wir die Zukunft; es ist ein Anderes, welches das Negieren dieses Itzt ist; die zweite Dimension. – Die Zukunft wird sein, wir stellen sie als etwas vor, wir tragen selbst das Sein der Gegenwart auf sie über, wir stellen sie nicht als etwas bloß Negatives vor; aber dies ihr erteilte Sein fällt außer ihr, es ist ein Vorgestelltes. – Ihr wahrhaftes Sein ist, Itzt zu sein; eben wie das Positive,[2] das Itzt dies ist, sein Sein unmittelbar aufzuheben, ebenso ist [das] Negative dies, sein Nichtsein unmittelbar zu verneinen und zu sein, es ist selbst Itzt, wie die Fläche als Grenze des Raumes selbst räumlich ist. – Die Zukunft ist daher unmittelbar in der Gegenwart, denn sie ist das Moment des Negativen in derselben; das Itzt ist ebenso Sein, das verschwindet, als das Nichtsein unmittelbar zu seinem eigenen Gegenteil, zum Sein umgeschlagen ist; um dieser Unmittelbarkeit willen fällt das Sein ihres Unterschiedes außer ihnen.

γ) Die Zukunft ist gegen das Itzt, das seiende Aufheben des Seins, bestimmt als das nichtseiende Aufheben; dies Nichtsein sich unmittelbar aufhebend ist zwar selbst seiend, und Itzt, aber sein Begriff ist ein anderer als der [des] eigentlichen unmittelbaren Itzt; es ist das Itzt, welches das negierende Itzt des unmittelbaren aufgehoben hat. Als entgegengesetzt diesen anderen Dimensionen ist diese die Vergangenheit, – wie die Fläche die Negation der Negation der Raum, der Linie, – der Negation, die selbst daseiend Itzt räumlich war. – Wir halten sie außer den anderen Dimensionen. Um der Unmittelbarkeit willen aber, sowohl negativ / gegen das negierende Itzt zu sein, oder die Zukunft zur Vergangenheit zu machen, oder in Beziehung auf sich selbst, als negierend sich aufzuheben, ist [sie] selbst Itzt; und um der Unteilbarkeit des Itzt willen, sind alle drei ein und dasselbe Itzt.

Die Vergangenheit ist die vollendete Zeit, teils als Vergangen-

[1] *Am Rande:* isolieren
[2] *Am Rande:* sie ist, denn sie hob den Widerspruch des Itzt auf

heit, nämlich als Dimension, ist sie das reine Resultat, oder die Wahrheit der Zeit; – teils aber ist sie die Zeit als Totalität, die Vergangenheit ist selbst nur Dimension, unmittelbar an ihr aufgehobenes Negieren, oder sie ist Itzt. Das Itzt ist nur die Einheit dieser Dimensionen. Die Gegenwart ist nicht mehr noch weniger als die Zukunft und Vergangenheit. Was absolut gegenwärtig oder ewig ist, ist die Zeit selbst, als die Einheit der Gegenwart, Zukunft und Vergangenheit.

Wenn von der Zeit gesagt wird, daß sie in der absoluten Be- * trachtungsart vertilgt sei; so wird sie getadelt, teils wegen der Vergänglichkeit, oder ihres negativen Charakters; aber diese Negativität ist der absolute Begriff selbst, das Unendliche, das reine Selbst des Fürsichseins, wie der Raum das reine Ansichsein, gegenständlich gesetzt – Sie ist um deswillen die höchste Macht alles Seienden, und die wahre Betrachtungsart alles Seienden ist deswegen, es in seiner Zeit, d. h. in seinem Begriffe, worin alles nur als verschwindendes Moment ist, zu betrachten; – teils aber weil in der Zeit die Momente des Realen auseinandertreten, eines itzt ist, das andere gewesen ist, ein anderes sein wird, in der Wahrheit alles ebenso als es geschieden, unmittelbar in Einer Einheit ist.[1] – Allein dies Auseinanderhalten kommt nicht der Zeit als Zeit zu, sondern vielmehr dem Raume, der an ihr ist; denn sie eben ist nicht dies gleichgültige Auseinanderstellen der Momente, sondern eben dieser Widerspruch, das schlechthin und rein Entgegengesetzte in einer unmittelbaren Einheit zu haben.

Dieser Charakter der Unmittelbarkeit, in welcher die Momente sich auflösen, ist das, was erinnert worden, daß nämlich die * Unterscheidung von ihren Dimensionen außer ihr fällt, daß wir der Raum sind, worein sie gestellt verschieden sind. – Ebenso wie wir die Zeit sind, welche die Negation des Raumes bewegt, daß sie seine Dimensionen und deren verschiedene Stellungen sind. – Am Raume, / wie er betrachtet worden, fällt das Selbst der Negation außer ihm, oder vielmehr, er geht darin über, die Zeit ist sein Resultat oder Wahrheit; er ist nur das Bestehen, aber nicht die Substanz, welche Raum und Zeit zugleich

[1] *Am Rande:* Zeit offenbart alles

ist, und dadurch in Wahrheit Raum, d. h. das Selbst seiner Dimensionen, das Eins ihrer Totalität. – Ebenso die Zeit ist umgekehrt nicht das Bestehen der ihrigen; sondern es fällt außer ihr. – Wie also beide gesetzt sind, sind sie es noch nicht in ihrer Realität.[1]

Die Zeit geht in der Vergangenheit als ihrer Totalität selbst unter, oder diese Dimension ist das ausgesprochene Aufheben derselben. Daß dies ihre Wahrheit ist, liegt in der Unmittelbarkeit des sich Aufhebens der Momente, d. h. aber ihres Nichtbestehens. Aber die Zeit ist nur dieses Unterscheiden; sie ist nicht da, insofern ihre Unterschiede nicht sind; und sie sind nicht in dieser Unmittelbarkeit des Sichaufhebens; sie ist die reine Vermittlung, die vielmehr in die Unmittelbarkeit zusammensinkt. Sie hat wie der Raum die Zeit, so sie ihn zu ihrem Resultate.

Diese Unmittelbarkeit, worein die Zeit zurückgegangen, ist zugleich eine andere als die erste, von der wir anfingen; denn sie ist die ebenso absolut vermittelte. – Sie erst ist die Substanz beider, die Einheit, [die] ihr Bestehen ist, aber als die sie noch [nicht] gesetzt waren, sondern deren ein Moment außer jedem in das Andere fiel. Sie ist die Dauer; erst in dieser sind Zeit und Raum.

II. Realität des Raumes und der Zeit – Die Bewegung

Die Dauer ist die Substanz des Raumes und der Zeit; sehen * wir auf die Exposition ihres Begriffs zurück, so ist diese unmittelbare Einheit beider schon der Grund, / wodurch sie sind; denn das Negative des Raumes ist die Zeit; das Positive, das Sein der Unterschiede der Zeit, ist der Raum. – Aber beide sind mit ungleichem Werte gesetzt; oder ihre Einheit ist nur dargestellt als Bewegung des Übergehens des Einen in das Andere, so daß der Anfang und die Realisierung und das Resultat auseinandertreten. Aber das Resultat spricht ebendies aus, was ihr Grund und ihre Wahrheit ist.

[1] *Am Rande:* α) für uns, an sich; β) Resultat, Werden.

Das Dauernde ist die Sichselbstgleichheit, worein die Zeit zurückgegangen; sie ist der Raum, denn dessen Bestimmtheit ist das gleichgültige Dasein überhaupt. Sie also nicht mehr das unmittelbare Dasein des Raumes, sondern itzt als das *gesetzt*, was sie zuerst für uns war, nämlich als das schlechthin Vermittelte, oder als die Einheit der absoluten Negativität. In dieser ihrer Substanz [sind] nun Zeit und Raum zu betrachten, wie sie in Wahrheit sind. Die einfache Substanz hat ebenso wieder die Dimensionen an ihr, wie Raum und Zeit, aber es sind Dimensionen, welche unmittelbar die Bedeutung haben, ebensowohl Raum als Zeit zu sein.

a) Die einfache sichselbstgleiche *dauernde* Substanz hat wieder die Bestimmtheit oder Dimension an ihr, als das schlechthin unkontinuierliche, ausschließende, das sich auf sich beziehende daseiende *Eins*, den *Punkt*; aber der Punkt ist hier wie er in Wahrheit; nämlich als ein *Allgemeines*, als ein *Hier* zuerst überhaupt; in der Unmittelbarkeit des Dauernden hat die Dimension zuerst die Form des Raumes. Aber der Punkt ist ebendarum als ganzer Raum, als Totalität aller Dimensionen, er ist zur reinen Form geworden; er ist itzt ganzer Raum, ein *Hier*; denn das *Hier* ist wohl das einfache des Punktes, aber ein Punkt, der selbst Raum ist. Dies Hier ist nun ebensowohl Zeit, (ist eine Gegenwart, welche *unmittelbar* sich *aufhebt*; ein Itzt, das gewesen ist; oder es hat die Negativität in seiner Bestimmtheit, denn es ist ein schlechthin Ausschließendes, Negierendes;) diese Bestimmung fällt nicht mehr nur in seinen Begriff, so daß sie von uns gesetzt würde, sondern sie ist gesetzt, das Hier ist zugleich Itzt, denn es ist der Punkt der *Dauer*. Diese Einheit des Hier und des Itzt ist der *Ort*; er ist das Hier des Raumes, und als dieses Hier zugleich auf ein anderes Hier überhaupt hinweisend. (Er ist durch jenen das gleich/gültige, feste, sich nicht verändernde, das aber schlechthin auf ein Anderes hinweist.[1]

[1] *Am Rande:* Das *Hier* ist *dieses*, *seiendes*, *unmittelbares*, der Ort aber das schlechthin vermittelte Hier. α) Er ist ein Itzt, das nur so ist, daß es Zukunft hat, einen anderen Ort, und ebenso eine Vergangenheit, einen dritten. Erst durch zwei andere ist der Ort bestimmt; ein *anderer* ist anderes überhaupt, noch nicht die Wahrheit

Aber so gesetzt ist er noch nicht in der Wahrheit des Itzt, denn dieses ist das Anderswerden, unmittelbar sich Aufheben. Dieser Ort weist nicht nur auf einen anderen hin, sondern hebt sich selbst auf, wird ein anderer;) aber der Unterschied, ist ebenso ein aufgehobener. – Es[1] ist in der Substanz der Dauer eben dieses unmittelbare in sich Zurückgekehrtsein gesetzt; oder der Ort ist das schlechthin Allgemeine; es nimmt etwas seinen Ort ein, es verändert ihn, es wird also ein anderer Ort, aber es nimmt vor wie nach seinen Ort ein; erst als dieses Allgemeine heißt das Hier eigentlich Ort; es verändert etwas seinen Ort, aber kommt zugleich nicht aus seinem Orte heraus. Diese Dialektik, die der Ort an ihm hat, sprach Zeno aus, indem er die Unbeweglichkeit aufzeigte; bewegen wäre nämlich seinen Ort verändern, aber der Pfeil kommt nicht aus seinem Ort heraus. Diese Dialektik ist eben der unendliche Begriff, der das Hier ist, indem die Zeit an ihm selbst gesetzt ist. /

b) Die Momente sind so nur nach ihrer Verschiedenheit betrachtet, oder der Unterschied als solcher, oder die Zeit nicht wahrhaft daran gesetzt; es ist nur der Begriff gesetzt, entgegen der Realität, oder auch vielmehr nur die Realität, nicht der Begriff an ihm selbst als Begriff. Der Ort ist als das Itzt zuerst bestimmt; aber dies Itzt ist ein solches, das unmittelbar Zukunft ist, d. h. es als daseiendes hat das Moment an ihm, daß sein Nichtdasein gesetzt ist. Der Ort ist schlechthin nicht an sich, sondern relativ, d. h. als anderer Ort; und unmittelbar anderer Ort; es ist in seinem Begriffe, ein anderer zu sein, er ist nicht bloß ein gleichgültiger verschiedener, und also ein solches, wie die Zu-

des Andersseins – β) er ist so schlechthin nur durch den Unterschied von anderen; eine Beziehung, die nicht dem Raume als solchem zukommt

[1] *Am Rande:* jeder ist für sich nur dieser Ort, d. h. sie sind einander gleich; und diese Gleichheit ist das Hier, oder Itzt aller. – Die unterschiedenen [sind] nicht die unmittelbar, absolut sich aufhebenden, sondern das Bestehen des Raumes ist ihr Grund. – Es ist daher das Itzt, oder das Einsbleiben eine Ununterscheidbarkeit Verschiedener – jedes bleibt und jedes ist verschieden von dem anderen und, gleichgültig gegen diese Verschiedenheit, ist auch wieder das Einssein; ihr Unterschied als solcher ist außer ihnen, sowie das Eins außer den Verschiedenen.

kunft bestimmt wurde. Diese Zukunft ist hier nicht mehr ein nur von uns getragener Unterschied, sondern wie wir vorher seine Substanz oder Bestehen waren, so ist in der Dauer dies Itzt gesetzt; es ist ein Raum, ein Ort, der Ort, zu welchem der Ort, den wir Itzt nennen, werden wird, sie ist ein Bleibendes, Nachher. Diese Zukunft ist das nichtdaseiende Itzt; es hebt diese seine Bestimmtheit ebenso unmittelbar auf, und ist Itzt; aber es ist damit das Aufgehobensein des aufgehobenen nicht daseienden Itzt, die dritte Dimension, die Vergangenheit, der Ort, der verlassen worden. An diesem ist sie ein Vorher und hat [an] ihr sein Bleiben; sie ist seiende Vergangenheit. Es sind drei unterschiedene Örter, der Itzt ist, der nachher einzunehmende, und der verlassene; das Verschwinden der Dimensionen der Zeit ist darin paralysiert. Aber es ist zugleich nur Ein Ort; ein Allgemeines, Unverändertes; derselben in aller Veränderung. – Diese Exposition der Dauer stellt sie daher als die ihre Momente unterscheidende einfache Substanz [dar], deren jeder selbst nur Einheit der Zeit und des Raumes; bleibend in seinem unmittelbaren Aufgehobensein, und umgekehrt. – Es ist die Dauer wie sie unmittelbar nach ihrem Begriffe ist, und sie ist so die Bewegung. /

Daß die Bewegung dieses ist, was erörtert worden, erhellt für sich selbst. Ihr Wesen ist, die unmittelbare Einheit der Zeit und des Raumes zu sein, welche Einheit eben die absolute Vermittlung an ihr hat, deren Momente selbst die allgemeine Substanz zu ihrer Realität haben; sie ist die durch den Raum reale, bestehende Zeit, oder der durch die Zeit erst wahrhaft unterschiedene Raum. – Sie ist die Wahrheit des Dauernden; was dauert, ist die Bewegung;[1] wie die Zeit die einfache Seele, so ist sie der Begriff der wahren Seele der Welt; wir sind gewohnt, sie als Prädikat, Zustand anzusehen, als das Reale aber das sich Bewegende oder Bewegte; aber sie ist in der Tat das Selbst, oder das Subjekt als Subjekt; Ich ist als Ich, Subjekt, eben als der Begriff der Bewegung selbst seiend; Bewegung ist nicht nur Anderswerden, sondern eben ihr Begriff ist das Dauern, in sich Zurückgekehrt-

[1] *Am Rande:* Momente der Quantität, vorher reines Sein und Nichtsein, hier Realität, oder Dasein, d. h. Raum nach ihrer Gleichgültigkeit, und Zeit nach ihrem Anderssein.

sein. Sie ist das Bleiben eben des Verschwindens. Aber daß sie als Prädikat erscheint, ist eben ihre unmittelbare Notwendigkeit, selbst zu erlöschen, die itzt näher zu betrachten ist.

c. Die Dauer ist Bewegung, dies ist ihr Begriff, aber dieser selbst ist die Bestimmtheit, nur der Begriff zu sein; wie sie betrachtet worden, ist [sie] noch nicht die reale Bewegung. Dies näher bestimmt, so ist die Dauer als Bewegung in der Form der Zeit gesetzt, nicht des Raumes; die Dimensionen haben die Bedeutung des Itzt, Vor und Nachher, und als räumlich nur über die Bestimmtheit eines Andersseins, nicht die der Dimensionen, wie sie am Raume als Raum sind. Daß es aber so kam, ist dadurch, daß die Momente wie sie unmittelbar an der Dauer sind, die Momente der Zeit sind, denn ihr gehören sie unmittelbar an; das erste unmittelbare Dasein ist der Raum; aber das erste unmittelbare Dasein des Negativen ist die Zeit, und an der Dauer ist es zum Dasein gekommen. –

Die Dauer als Bewegung, als die in der Zeit gesetzte Dauer, muß aber an ihr selbst, nicht nur durch diese unsere Betrachtung, daß dies erst der Begriff der Bewegung ist, oder durch unsere Vergleichung, daß wir nur die Dimensionen der / Zeit, nicht des Raumes, Linie, Fläche finden, dies ausdrücken, daß sie diese Bestimmtheit aufhebt, und sich in der des Raumes setzt.

Der Ort nämlich ist in sich zurückgekehrtes Anderssein, indem er derselbe bleibt, sich nicht verändert, nicht aus sich herausgeht; er ist das Aufheben der gleichgültigen Kontinuität, er ist diskretes untrennbares Eins; was seine Form war, ist ebensosehr sein Wesen; er ist Punkt, aufgehobener Raum, ebensosehr als er ganzer Raum ist. Der Ort in dieser Bedeutung des Punktes sich bewegend, erhält die Bewegung in ihren Dimensionen die Form einer räumlichen, Sie ist α) lineare; die Bewegung eines Körpers gilt nur als Punktbewegung, oder man stellt sie sich nur als Linie, ihn als Punkt vor. Sie ist die Ortsveränderung, die [wir] vorhin betrachteten, und diese Veränderung eben ist es, die itzt Kontinuität hat;[1] das bleibende Eins ist das Sichbewegende, und dieses erst bewegt sich hier; es ist die Beziehung des Itzt,

[1] *Am Rande:* Das Eins ist ebenso Einheit, Gleichgültigkeit, Aufgehobensein des negativen Eins.

Vor und Nachher, oder dessen Kontinuität, und die Bewegung ist erst hierin selbst im Raume, oder das Dauernde gesetzt, als Unmittelbares.

β) Die Bewegung ist nach dem Begriffe der Linie unmittelbar geradlinige, erst hier ist diese Bestimmung der geraden Linie durch sich selbst gesetzt. Wie das Itzt u.s.w. als Ort bleibend geworden, so die Linie in ihrem Begriffe gesetzt, oder ihre Bestimmtheit, Einfachheit zu sein, ist selbst, Linie überhaupt nur gegen die Fläche. Aber diese Dimension, als Negation ist sie die Negation dieses ihres unmittelbaren Daseins, und wird Fläche. Oder die geradlinige Bewegung ist nur das Aufheben dieses Itzt, es ist an ihr die Zeit nur als Zukunft gesetzt, ein Hinausgehen, ohne Vergangenheit, und daher auch nicht die wahre Zeit, sowenig als der wahre Raum; es ist eine ins Unendliche gehende Bewegung, d. h. es ist keine Bewegung. Die geradlinige, wie [sie] z. B. im Falle oder sonst ist, ist nicht die Bewegung an und für sich, sondern einem anderen unterworfen, worin sie zum Prädikate geworden, oder Aufgehobenes, Moment ist. Die Tangential/bewegung so ein bloßes unwahres Gedankending. Als solches Geschwindigkeit, und zwar gleichförmige; Aufgehobensein der Bestimmtheit des Raumes; unmittelbarer Begriff der Bewegung, – und zwar gleichförmige, der Unterschied als unwesentlicher, der Größe, und dieser selbst als solcher, oder Gleichheit. An und für sich ist der Punkt, der sich in der geraden Linie bewegt, das Aufheben dieses Begriffs derselben, oder der geradlinigen; er geht in sich zurück. Er ist als sich bewegender Punkt erste Dimension, als Linie sein Anderssein, dies hier die zweite – Anderswerden der Linie ist die Rückkehr. Diese Rückkehr ist zuerst vieldeutig, oder Synthese.

1) Sie ist das sich Aufheben des sich bewegenden Punktes, oder vielmehr das Setzen dieses Aufgehobenseins des Punktes als Punktes, oder die Wiederherstellung seiner Dauer, als entgegengesetzt seiner Bewegung, oder als dieses Setzen der Zeit am Raum und des Raumes an der Zeit; er ist die Wiederherstellung des Orts, als unbewegten. Dieser wiederhergestellte Ort aber ist nicht der unmittelbare, sondern der aus der Veränderung zurückgekommene, und das Resultat und der Grund der Bewe-

gung; indem er als Dimension ist, d. h. entgegengesetzt den anderen Momenten, ist er der Mittelpunkt.

2)[1] Diese Rückkehr als der Linie ist die Kreislinie; das Itzt und Vor und Nachher, das sich mit sich zusammenschließt; die Gleichgültigkeit dieser Dimensionen, so daß das Vor ebensosehr ein Nachher ist, als das Nach ein Vor; dies ist erst die notwendige im Raume gesetzte Paralyse derselben; die wiederhergestellte Unmittelbarkeit. Das Itzt wird Zukunft, es ist das Nachher gesetzt, umgekehrt es wird vielmehr Vergangenheit; die Zukunft wird erst durch die Vermittlung des Itzt zum Vorher; – oder Begriff und Sein widersprechen sich; dies ist zur Einheit geworden in der Kreisbewegung; diese ist die räumliche oder bestehende Einheit dieser Bedeutungen; der Punkt geht auf einen Ort, der seine Zukunft ist, und ver/läßt einen, der das Vorbei ist, aber das, was er nach sich hat, ist so, daß er nachher dahin kommen wird, d. h. daß es seine Zukunft ist; und was das Vor ist, zu dem er gelangt, ist ein Vorher, das er schon war, es ist sein Ziel, aber vielmehr das Ziel, es vorbeizugehen, und sein Ziel ist der Punkt, der seine Vergangenheit ist; es ist die Wahrheit der Zeit, daß nicht die Zukunft, sondern die Vergangenheit das Ziel ist. Der Zweck ist Zukunft, das Leere, Nichtsein das Bewegende, aber vielmehr wird nur, was schon ist, das Itzt, und vielmehr, indem es Zweck ist, ist es als vorgestelltes oder aufgehobenes Itzt, als Vergangenheit.

γ) Dies so bestimmte, von der Bewegung unterschiedene Aufgehobensein der Momente der Zeit ist der Mittelpunkt; der beruhigte Ort; ihr Zweck ist eben das Itzt, das sowohl Vor als Nachher ist, das Unbewegte. Sie bezieht sich darauf, dies sind die Radien des Kreises; aber sie erreicht ihren Zweck nicht, denn die Zeit steht als Bestehen der entwickelten Momente jenem Punkte gegenüber.

δ) Dies Ganze der Beziehung aber, Mittelpunkt die Beziehung auf ihn, und die sich darauf beziehende Bewegung selbst ist die Fläche, die Bewegung als das Ganze, zunächst synthetische Ganze; worin ihre Momente ihr Erloschensein im Mittelpunkt, sie selbst, und ihr Beziehen auf das Erlöschen besteht. Diese

[1] *Am Rande:* der sich bewegende Punkt, das ruhige Eins.

Fläche oder dies ihr Ganze ist die daseiende Bewegung; Beziehung ihres realen Punkts, auf den ruhenden. Sie selbst ist diese ganze Dauer,[1] ebenso der Punkt dauernd, und die Linie dauernd, denn alle sind Einheiten der Zeit und des Raumes.

ε) Aber diese Fläche selbst bewegt sich, wird ihr Anderssein, ganzer Raum, oder das Zurückgekehrtsein in sich, der ruhende Mittelpunkt, wird allgemeiner Punkt, worin das Ganze sich in Ruhe versenkt. Es ist nämlich die Bewegung in / ihrem Wesen, welche die Unterscheidung des Itzt, Vor und Nach, ihre Dimensionen, oder ihren Begriff aufgehoben hat. In dem Kreise sind sie eben in Eins,[2] er ist der wiederhergestellte Begriff der Dauer, die in sich erloschene Bewegung; es ist die Masse gesetzt, das Dauernde, das sich durch sich selbst verdichtet hat, und die Bewegung als ihre Möglichkeit zeigt.

Das was die Erfüllung der Zeit und des Raumes genannt wird, das Greifbare, Fühlbare, was Widerstand leistet, in seinem Sein für Anderes für sich selbst ist; dies ist erreicht in der Einheit der Zeit und des Raumes überhaupt, denn dieser ist das unmittelbare Dasein, jene aber das Fürsichsein; die Dauer aber ist als unmittelbare Einheit selbst nicht die reale Einheit derselben; daß sie dies sei, muß sie als in sich selbst zurückgekehrte sein; denn das Fürsichsein ist eben dies nicht Unmittelbare, sondern sein Begriff ist die in sich zurückkehrende Bewegung;[3] das Dauernde ist für sich also, also nur als diese; es ist Einswerden mit sich selbst. Die Raumerfüllung ist α) Sein für ein Anderes, er ist da, so ist er Raum, die widerstandslose Kontinuität, die kein Fürsichsein hat; er wird berührt, d. h. eben er ist diese Bewegung, in seinem Sein für ein Anderes in sich zu sein, – passiv, aber eine Passivität, die eben so Tätigkeit, Fürsichsein ist; die Masse ist also dieses, immer diese Bewegung

[1] *Am Rande:* α) Bewegung unter der Form der Zeit β) unter der Form des Raumes, übergehen in Ruhe. γ) Dritte Stellung, Gleichgültigkeit der Zeit und [des] Raumes an der Bewegung α) Geschwindigkeit, aufgehobener Unterschied $\frac{s}{t}$; β) Unterschied der Größe $\frac{s}{t^2}$; zugleich γ) $\frac{s^3}{t^2}$; ganzer Raum $t^2 : t^3$ reine Größe oder Einheiten

[2] *Am Rande:* denn das sich Bewegende ist eben Itzt, Vor und Nach zugleich.

[3] *Am Rande:* quantitativ ist passiv, qualitativ ist für sich Selbst

zu machen und zwar einfach unmittelbar; der Widerstand ist die Einheit dieser Momente; er ist der Begriff.

III. Die Masse

Die Masse unmittelbar gesetzt hat sie die Bewegung als Widerstand an ihr; denn diese Unmittelbarkeit ist Sein für Anderes; das reale Moment des Unter/schiedes ist außer ihr; die Bewegung ist als dieser Begriff oder als aufgehoben an ihr. Die Masse in diesem Sinne fixiert heißt, träge; nicht so, daß das Ruhen damit ausgedrückt würde. Die Dauer ist Ruhe in der Beziehung, daß sie als Begriff ihrer Realisierung der Bewegung entgegengesetzt wird. Die Masse ist die Einheit der Momente, der Ruhe und Bewegung; beide sind als aufgehobene in ihr, oder sie ist gleichgültig gegen beides; ebensowohl der Bewegung als der Ruhe fähig; und für sich keins von beiden, sie für sich ruht weder, noch bewegt sie sich, sondern Ruhe und Bewegung wird durch ein Anderes in sie gesetzt; insofern sie ruht, ruht sie, und geht nicht durch sich selbst in Bewegung über; ist sie in Bewegung, so ist sie eben in Bewegung, und geht nicht für sich in Ruhe über. – Die Masse ist als solche die vollkommene Gleichgültigkeit, und ihre absoluten Prädikate sind diese beiden, sie ist bloß die Möglichkeit derselben; sie als Wirkliches, d. h. das eine oder das andere seiend, ist sie es durch ein Anderes; oder ihre Wirklichkeit, der absolute Unterschied, der es an sich selbst ist, ist außer ihr. So gleichgültig die Masse gegen Ruhe und Bewegung ist, so gleichgültig sind es diese beiden gegeneinander, denn sie sind Prädikate des Gleichgültigen. – Nach dieser Begrifflosigkeit aller Momente ist es freilich notwendig so zu sprechen, daß die Materie gegen Ruhe und Bewegung gleichgültig ist, und zu einem und dem anderen durch ein Fremdes zu bestimmen ist. Aber teils ist diese Gleichgültigkeit selbst nur ein ganz einzelnes Moment, sie ist die begrifflose Tautologie; – die Materie existiert auf diese Weise allerdings, aber hier existiert sie noch nicht so, oder sie an und für sich nicht, sondern um zu dieser Gleichgültigkeit zu kommen, muß sie selbst zum Prädikate, zum aufgehobenen Momente herabgesunken sein; ein Subjekt, ein

Individuum muß sich gebildet haben, als welchem dies, als Masse zu sein, als Aufgehobenes ist, eine Substanz, welche diesen Begriff trägt; denn er für sich ist nicht die Realität; sondern seine Realität ist vielmehr etwas ganz anderes. – An sich ist die Materie träge, d. h. sie als ihr Begriff, der ihrer Realität entgegengesetzt [ist];[1] daß ihre Realität so sich abgesondert hat, und sie gegenüber getreten, / dies ist erst ihre aufgehobene Realität, oder wo sie nur als Abstraktion existiert, und diese Abstraktion ist es immer, was das Ansich und Wesen bei denjenigen heißt, welchen die sinnliche Wirklichkeit das Reale, und die Form der Abstraktion das Ansich ist.

An sich also ist die Materie, heißt, sie ist nur ihrer Abstraktion nach genommen; als diese Abstraktion selbst existiert sie zwar auch, aber dann eben nicht mehr als ihre eigene Realität; sondern ein Anderes ist ihre Realität. – Als widerstandslose Materie ist ein Anderes als sie als das Moment ihres Andersseins gesetzt, aber das selbst nur das unbestimmte Anderssein überhaupt. Ihrem Begriffe nach aber, ist sie Einheit der Ruhe und Bewegung; das eine wie das andere ihr wesentliches Moment, und sie existiert vielmehr ebensosehr nach diesem ihrem Wesen, oder in ihrer eigentümlichen Realität.

So ist sie zu betrachten, wie Ruhe und Bewegung in ihrer Substanz oder in der Masse sind; so wie Raum und Zeit in ihrer Substanz, in der Dauer, worin sie Bewegung waren. So beide in ihrer Substanz, die ruht in der Bewegung und in der Ruhe sich bewegt, ist die absolute Bewegung gesetzt, oder die himmlische Sphäre; – weder der himmlische Körper, denn die Raumerfüllung macht wohl das Körperliche überhaupt, aber noch nicht dasselbe als Subjekt aus; – noch diese Materie, welche träge ist, sondern sie für sich in ihrer Wahrheit. Die himmlische Körperlichkeit ist nicht eine solche, welche das Prinzip der Ruhe oder Bewegung außer ihr hätte. Weil der Stein träge ist, die ganze Erde aber aus Steinen besteht, und die anderen himmlischen Körper ebendergleichen sind, ist ein Schluß, der die Eigenschaften des Ganzen den des Teils gleichsetzt; aber teils ge-

[1] *Am Rande:* Reibung; Widerstand der Luft; Pendel fortschwingen – losgeschossene Kugel zufällig;

hört hieher dies gleichgültige Verhältnis gar nicht, teils zeigt es sich in den gemeinsten Dingen falsch; dieser Spitter Holz kann von dieser Lichtflamme angezündet werden, aber darum brennt durch sie nicht ein ganzer Balken.

Auf die himmlische Körperlichkeit müßten daher die Vorstellungen von Stoß, Druck, Ziehen und dergleichen nicht angewendet werden, sie gelten nur von einer anderen Existenz der Materie; das Gemeinschaftliche beider ist freilich die Materie; so wie ein guter Gedanken und ein schlechter beide Gedanken sind, aber der schlechte nicht darum gut, weil der gute ein Gedanken ist. – Die himmlischen Sphären sind / bleibende, dauernde, d. h. ruhende Bewegungen an ihnen selbst, denn das Ganze der Bewegung ist die Dauer; sie sind es nicht durch einen Stoß oder desgleichen; es ist nicht eine ihren Massen fremde *Kraft*, die sie triebe, sondern *diese Kraft ist ihr Begriff*; wenn ihr Wesen von ihnen als abstrakten *Seienden, Gleichgültigen*, also Trägen, abgesondert wird, so ist es freilich eine *fremde Kraft*, Begriff; aber sie sind eben die Existenz der Materie, ihren Begriff und ihr Sein noch nicht abgesondert zu haben. – Daher die Form der *Bewegung, Fall, Wurfbewegung* und dergleichen ihnen gar nicht zukommen – kein Widerstand, noch Reibung, wonach gefragt worden. – Erst durch die Rückkehr dieser absoluten Bewegung in sich selbst wird die Masse ein Selbst, oder Individuum, eine Gestalt, Erde.

a. Diese Sphäre also ist die unmittelbare Masse als Einheit der Ruhe und Bewegung; oder sie ist sich auf sich selbst beziehende Bewegung; oder *achsendrehende*.

α.[1] Die sich auf sich beziehende Bewegung der Masse *unmittelbar* ist sie als räumlich gesetzt, oder in der Form der Gleichgültigkeit als *daseiend*,[2] die Räumlichkeit das Herrschende. (Sie ist *bestimmter* Raum; denn der Begriff der Kreisbewegung, woraus sie zunächst herkommt, ist das ruhige Sein der Dimensionen, und sie das Aufgehobensein derselben.) An diesem ganzen sich bewegenden Raume treten die *Dimensionen*, Ru-

[1] *Am Rande:* Bewegung war mit der Ruhe bezogen auf sich selbst

[2] *Am Rande:* unmittelbar, d. h. *gleichgültig*, und räumlich gegeneinanderübertretend.

he und Bewegung auseinander; und zugleich als räumliche Dimensionen gehört jene der Linie an, diese der Fläche überhaupt. Der Punkt ist *als ganzer Raum*; es ist also kein Mittel*punkt* der Bewegung, sondern Mittel*linie* und zwar als *Achse der Bewegung*; als ruhendes; / die Dimension ist das Negative des ganzen Raumes und der Bewegung, und zugleich sich bewegende Fläche, was vorhin nicht gesetzt war. Die Bewegung fällt in das übrige. Fläche hat die Bedeutung [der] Oberfläche. Dies ist die *Gestalt* der achsendrehenden Bewegung. Unmittelbar *daseiend*, sind ihre Momente auch *da*, d. h. verteilt, gleichgültig gegeneinander an die beiden Dimensionen; – Punkt ist nicht da, denn er ist das Negative, nicht an diesem räumlichen Sein, das ohne die Zeit ist.

Diese Vorstellung *der sich auf sich selbst beziehenden Bewegung*. – Dies erhellt so, daß der Unterschied nicht daran vorhanden ist; es sind lauter Flächen, die sich bewegen; es ist die vorige Bewegung gesetzt, *vervielfältigt überhaupt*, unmittelbare Realität, Vielheit.[1] (Daß die Bewegung wirklich wäre, müßte dem Begriffe nach nicht die Ruhe gegen die Bewegung, oder die Achse gegen die Masse gleichgültig sein; sondern daß sie in Einer Einheit sind, sich als Ruhe und Bewegung gegenseitig aufheben; denn beide sind nur als aufgehobene. –) Oder der Unterschied an dem, was hier Bewegung ist, ist kein realer Unterschied; kein Unterschied der Masse, das Ruhende ist keine Masse, sondern Linie, und das Bewegte / unterscheidet sich nicht durch die Massen, sondern allein durch die Orte, ein Unterschied, der der Dauer angehört.

Diese Unwirklichkeit der achsendrehenden Sphäre ist so erschienen, daß man gefragt hat, wie kann man sie für sich selbst *erkennen*. Man stellt sich eine sich achsendrehende Kugel vor,

[1] *Am Rande:* Es ist Bewegung hier gesetzt, insofern Punkte, Linien, Flächen fixiert werden; aber diese sind nur als aufgehobene. Was gesetzt ist, ist das Ganze, und dieses soll sich bewegen; was einen Unterschied machen könnte, wäre nur, daß das *Ganze* vom *Ganzen*, nicht *Linie*, *Achse* vom übrigen, sich unterschiede. – Oder die Punkte, Linien, Flächen, bewegen sich nicht; es ist *keine Ortsveränderung*, denn sie behalten alle *denselben* gegeneinander. Das Ganze ist *ruhende Bewegung*.

ihre Achse ist das feste, oder ihr Ort; mein Standpunkt ebenso, zwischen beiden ist die Veränderung der Örter des übrigen; also bloß durch den Punkt außer ihr kann sie erkannt werden. Dieser Punkt gilt als zufällig, und die Frage ist nur in Beziehung aufs Erkennen gestellt; aber sie ist nur durch Beziehung des Punktes außer ihr erkennbar, ist soviel, als daß sie wirklich sei, ist dieser notwendig – Die Erde dreht sich um ihre Achse, wir wissen von dieser Bewegung nichts, alles an dieser Masse bleibt, es verändert nichts sein Verhältnis zum Anderen in dieser Bewegung, oder keines seinen Ort, so daß der eine der itzt [ist], sich als Vorher und Nachher bestimmte; es ist keine Zeit daran, erst in Vergleichung auf einen Stern, unbestimmt ob er, oder ob wir uns bewegen. Sie ist nicht in Beziehung auf sich, sondern in Beziehung auf ein Anderes, das Bewußtsein, das sich fest darauf richtet; einen Punkt [der] Achse festhält, ihn unterscheidet von den anderen, die es ebenso an der Oberfläche, hie und da unterscheidet – Sonnenflecken, Achsendrehung; aber der Unterschied derselben ist kein Unterschied des Orts. Die Bewegung als Bewegung hat hier noch keine Wirklichkeit; von der Ruhe der Achse geschieden, ist sie nicht wie sie in Wahrheit ist.

b.[1] (In Wahrheit aber ist diese achsendrehende Bewegung durch ihren unmittelbaren Begriff sich auf sich selbst beziehende Bewegung, d. h. auf sich als Punkt, das negative Eins.) Der ganze Raum nimmt sich in die Fläche, in die ruhende Linie zusammen,[2] aber diese in den ruhenden Punkt. Das Ganze ist Ruhe, aber das / Ganze ist wesentlich ebensosehr Bewegung; sie bewegt die Bewegung zur Ruhe der Achse, aber diese Ruhe der Achse zu ihrem Verschwinden in dem Eins, die Linie sich zum Eins zusammenzuziehen. (Unmittelbar ist sie jene Ruhe der Achsendrehung; aber ihr Begriff ist, diese Unmittelbarkeit aufzuheben; aus dieser Gegenwart eine Zukunft zu sein; oder sich den Mittelpunkt zu suchen.)

[1] *Am Rande:* Indem wir so die Flächen, Linien und Punkte ruhen, sie als daseiend bestehen lassen, [ist] keine Bewegung. Aber [sie] sind als aufgehobene gesetzt; d. h. die Bewegung der Dimensionen, daß der

[2] *Am Rande:* An ihr selbst Ruhe, als wahrer Wirbel

Sie ist der Wirbel, worin alle Linien zu Flächen, alle Flächen zur Oberfläche werden,[1] und diese in jene zurückgehen, und dies Herauskehren sich in seinen Mittelpunkt stürzt.[2] Zunächst also ist das Moment gesetzt, daß die ruhende Bewegung diese unruhige Bewegung wird, eine Sphäre der Ausschweifung oder das Hinausstreben aus ihrem unmittelbaren Dasein in ein Jenseits ihrer selbst.

Dies Moment des Außersichs ist selbst Moment der Substanz, Masse, und Sphäre, denn jedes Moment erhält hier eigenes Dasein, oder es hat die Realität des Ganzen, welches Sphäre ist an ihm; die achsendrehende Bewegung ist erst in diesem Gegensatze die bestimmte Gestalt, die wir vorhin sahen, die Sonnensphäre, * dieser gegenüberstehen bleibend. Die zweite, die kometarische Sphäre, drückt diesen Wirbel als sich gegen seine Unmittelbarkeit kehrend aus, das beständige auf dem Sprunge Stehen, sich aufzulösen und sich ins Unendliche oder Leere zu zerstreuen. – Es ist hiebei teils noch die körperliche Gestalt zu vergessen, teils alles / dieses Vorstellen von den Kometen, und den himmlischen Körpern überhaupt, welches eben weiß, daß sie da sind, weil sie gesehen werden, und nur an die Zufälligkeit derselben denkt; nach ihm können die Kometen auch nicht da sein; es kann ihm sogar lächerlich vorkommen, sie als notwendig zu erkennen, ihren Begriff zu fassen; gewohnt dergleichen eben als ein Jenseits zu betrachten,[3] das uns, und damit dem Begriffe schlechthin ferne liege; überhaupt alle Vorstellungen von dem, was man erklären der Entstehung nennt; ob die Kometen aus

[1] *Am Rande:* Ruhe bestimmter vorgestellt durch die Bewegung

[2] *Am Rande:* Die achsendrehende Bewegung, welche ihre Wahrheit nur als Wirbel hat, ist dieses Ausgehen vom Mittelpunkt durch Linie und Fläche und Zurückgehen, eine Bewegung entgegengesetzter Strömungen, welche sich unmittelbar aufheben; sie erlischt in sich selbst – Aber dies Erlöschen ist ihr Wiedererwecken, denn es ist der Rückgang in die ruhige Bewegung, welche sich in diesen Wirbel auflöst. Es ist gesetzt, das absolute Ausschweifen der ruhenden Bewegung in ihr Gegenteil; Moment, das jenes ruhige in sich Zusammensinken verläßt.

[3] *Am Rande:* Vorher, entstehen, was es ist, immer sein Begriff, keine Geschichte; dieses ist gemeint; –

der Sonne ausgeworfen worden, atmosphärische Dünste seien und dergleichen. Solches Erklären will sagen, was sie sind, geht aber nur die Hauptsache, die Notwendigkeit vorbei; diese Notwendigkeit ist der Begriff. – Es ist hier auch nicht darum zu tun, Erscheinungen aufzugreifen, und ihnen ein Gedankenfärbchen anzuhängen.

Diese Bestimmtheit der Sphäre also, aus der ruhenden Bewegung auszuschweifen, drückt die kometarische aus; die Masse als Zeit gesetzt, das reine sich auflösende Auseinandertreten der Differenzen, das der allgemeinen sich auf sich beziehenden Ordnung zu entfliehen, und ihre Einheit zu verlieren droht; – sie ist die formale Freiheit, welche ihre Substanz außer ihr hat, das Treiben in die Zukunft. – Insofern sie notwendiges Moment des Ganzen ist, entflieht sie diesem Ganzen nicht, und bleibt innerhalb der ersten Sphäre eingeschlossen. Die Achsendrehende Bewegung macht in der allgemeinen Vorstellung der Bewegung wieder den Punkt aus; die Ruhe für dieses Dasein des in der Peripherie sich bewegenden Punktes; die Existenz der Bewegung. Kraft der Anziehung, Zentripetal- und Zentrifugalkraft ist diese Notwendigkeit des Begriffs, der Beziehung des daseienden auf seinen Mittelpunkt; – diese Bestimmung des Begriffs ist allein die Kraft. – Kein Bestreben und dergleichen – jeder für sich seiend, von diesem Standpunkt als dem ersten ausgegangen; so ist seine Beziehung ein Bestreben, er wird getrieben u.s.f. – Nichts als das Dasein, das Element der Natur überhaupt. Aber es ist unbestimmt, ob solche Sphäre, als einzelne sich auflöst, und andere einzelne ins Dasein treten, oder / ob sie als Bewegung die ihre Ruhe außer ihr in der ersten hat, um diese zugleich sich bewegt; beides gehört der Willkür der Natur an, und diese Einteilung, oder stufenweise Übergang von der Bestimmtheit dieser Sphäre in eine andere ist zum sinnlichen Dasein zu rechnen.

Diese[1] Sphäre ist das reine Moment der unruhigen Bewegung; aber diese Unruhe ist eben Moment des Wirbels, der seinem

[1] *Am Rande:* – kometarische Sphäre ist selbst Linie im Ganzen; fast gerade, Parabel

Mittelpunkt zugeht, das reine Übergehen.[1] Das Übergehen ist wesentlich nicht nur der reine Wandel, sondern dies Anderssein ist an ihm selbst unmittelbar das Gegenteil seiner selbst. Der Gegensatz ist das Gedoppelte, das unmittelbare Anderssein, und das Aufheben dieses Andersseins selbst; (wie die Fläche selbst eine Dimension ist) eine eigne Sphäre gegen die Totalität, in welche sie unmittelbar zurückgeht. Aber es ist der Gegensatz nicht als solcher, nicht die reine Unruhe, sondern er, wie er seinen Mittelpunkt oder seine Ruhe sucht; die aufgehobene Zukunft, die Vergangenheit als Moment, aber die ihrem Begriffe, jedoch noch nicht ihrem Dasein nach Aufgehobensein des Gegensatzes ist,[2] es ist die lunarische Sphäre, nicht das Ausschweifen vom unmittelbaren Dasein, das Herkommen aus diesem, sondern die Beziehung auf das Gewordene, oder auf das Fürsichsein, das Selbst; die kometarische ist nur auf die unmittelbare achsendrehende bezogen; die lunarische auf das Selbst, den neuen in sich reflektierten Mittelpunkt. Sie hat also ihr an und für sich Selbst noch nicht in ihr selbst, ist nicht achsendrehend für sich, sondern ihre Achse ist ein Anderes, und nicht jene erste, sondern das An und für. /

Die lunarische Sphäre ist, als seiende Bewegung vorgestellt, eine Kreisbewegung, die nicht achsendrehend ist, sie hat zwei Mittelpunkte; den ersten unmittelbaren an sich seienden, und den zweiten, den an und für sich seienden. Sie ist rotatorisch ein in zwei Kreise zerfallender Kreis, die nicht in Eine Einheit zusammengehen. Wie die kometarische die Dimensionen der Linie im Ganzen, so sie die Fläche, als das den Raum Erzeugende;[3] oder das Erzeugen der Fläche, des Kreises, das kein Kreis wird. – Die achsendrehende das ruhende Itzt; erstorbene Zeit, kometarische die Zukunft, die nicht zu sich kommt, die lunarische die

[1] *Am Rande:* Das negative oder reine Werden, zu sich selbst werdend, oder als für sich; Sonnensphäre an sich; kometarische für Anderes; werden zum Fürsich – Rückkehr, die noch innerhalb der Differenz fällt; – die wahre Rückkehr ist das an und für sich Sein. An sich selbst negative; selbständige Negativität

[2] *Am Rande:* Mittelpunkt, den der Wirbel erzeugt

[3] *Am Rande:* Fürsichsein das noch nicht an und für sich ist – Vergangenheit; Negativität

Vergangenheit, die Einheit des Itzt und der Zukunft; das beiden entgegengesetzt ist.

β) Endlich die Sphäre, welche an und für sich ist, die planetarische;[1] die durch die Ausschweifung und das Fürsichsein in sich zurückkehrt. Die lunarische drückt das Fürsichsein in seiner Wahrheit aus, das Ansichsein außer ihm zu haben; negativ dagegen sich zu verhalten; aber dadurch sich darauf zu beziehen, oder es ist nur das Werden zum Ansich. Sie ist achsendrehende Bewegung ebensosehr als außer sich seiende, ihren Mittelpunkt in einem anderen, – den unmittelbaren oder das abstrakte Ansich außer sich habend. – Sie bewegt sich also um sich selbst; aber ist die beruhigte, existierende Achsenbewegung, nicht sich in die Unruhe des Wirbels auflösende. – Sie ist also die vollkommene Sphäre, die anderen stellen nur ihre vereinzelnten Momente dar; die Sonne ist das Wesen, aber der nicht reale Begriff. Sie ist wohl die Mutter der Erde, der Mond aber der Regent, das Irdische derselben; dieser ebensosehr Regent als die Sonne und die kometarische Sphäre; denn eben das Allgemeine, Abstrakte ist die unorganische Natur, das allgemeine Element, aber das Subjekt, die Individualität, ist das an und für sich Sein derselben. – Sonne das ruhende, kometarische [Sphäre] reine Bewegung; die lunarische, das In/sichsein, das Innere – (so sehr, daß nach Heym der Mond gerade so aussieht, wie das erste Entstehen der Erde vorgestellt wird). Das Leben dieser Sphären ist diese Natur, dieser Begriff derselben. – Das Physikalische geht uns hier noch nichts an – ebensowenig als daß die Kometen als zufällig betrachtet werden; ebenso daß einige Planeten, keine lunarische Sphäre, andere sehr viele haben – Überhaupt dies Auslaufen der Natur in die Einzelnheit; am allerwenigsten aber diese Verschiedenheit der Planeten aus der Verschiedenheit der Metalle, Formalismus von Nord u.s.f. – Notbehelf der Entbehrung des Begriffs, und die Sucht das Empirische erschöpfen zu wollen, was freilich durch die Oberflächlichkeit leicht geschehen kann.

Die daseiende planetarische Bahn sich auf den Mittelpunkt beziehend, drückt diesen Begriff an ihr aus; ihre peripherische

[1] *Am Rande:* Einheit des unmittelbaren Mittelpunkts und des vom Wirbel erzeugten.

Bewegung bezieht sich als auf den Mittelpunkt, auf die achsendrehende; aber zugleich setzt sie diesem einen anderen entgegen, jenem unmittelbaren die durch sie selbst gesetzte in sich reflektierte Ruhe; die Bahn ist daher e k z e n t r i s c h, elliptisch. Durch diese Punkte ist eine Achse dieser Bahn bestimmt. Sie ist der wahre Mittelpunkt, als Mittellinie; der Punkt ist als entzweit gesetzt, und als Linie. Es ist damit die Gleichgültigkeit der Radien oder die bloße Beziehung auf den Mittelpunkt aufgehoben; es ist ein Unterschied unter denselben, und sie selbst sind ebenso verschieden untereinander. Die Bewegung als Geschwindigkeit ist in s i c h z u r ü c k k e h r e n d e gleichförmige Beschleunigung, d. h. welche das Ganze durch den Gegensatz der Beschleunigung und Verminderung darstellt. Wie ihre Bahn, so ist die Masse selbst als ganzer Raum so in sich geteilt, in eine Achse, welche sich auf die Ebene der Bewegung bezieht. Diese Beziehung stellt den Gegensatz dar, daß die planetarische Sphäre ebenso in sich ihre Achse hat als in der Sonne.

Überhaupt aber gehört die Betrachtung der Bewegung, deren Momente auseinandergehalten sind, nicht hieher; nur soviel daß überhaupt dies Ganze nicht ein System von festen Linien ist, die sich umeinander bewegen, sondern die Linien oder Achsen selbst sich bewegen; es ist nur ein System von Bewegungen; die Achse der Bahn bringt dadurch, daß sie sich bewegt, die Präzession der Nachtgleichen / hervor; ebenso hat die Weltachse eine Nutation, und ihre Pole beschreiben eine Ellipse.

Dies Ganze ist das System des Himmels; worin jedes Moment selbständiges Dasein hat,[1] und zugleich nur das Ganze sein Leben ist; ein Ganzes, welches selbst als d a s e i e n d e s Ganzes, als Totalität, dem Außereinander seiner Momente, nach der Bestimmtheit der Natur gegenübertritt, und die planetarische Sphäre ist, welche die anderen zu ihren Mächten, zu ihrer unorganischen Natur hat, aber das Eins derselben ist. Sie ist die reale Sphäre, die anderen sind nur abstrakte Momente derselben.

Diese Totalität ist nun der Grund[2] und die Allgemeine Sub-

[1] *Am Rande:* k o m e t a r i s c h e Sphäre an ihr ist Elliptizität, lunarische Kreis

[2] *Am Rande:* W i r k l i c h k e i t

stanz, welche das Folgende trägt, so wie sie im Folgenden ihre Realität erhält. Alles ist die Totalität der Bewegung, hat seine Zeit und seinen Kreislauf an ihm, aber zurückgetreten unter höheres Insich; oder was dasselbe ist, zu höherem Insichsein realisiert. Es hat sie an ihm, aber sie bleibt ebenso gleichgültig, und verschieden zurück, als ein besonderes Dasein, als eine Geschichte, oder als der Ursprung, gegen das das Fürsichsein gekehrt ist, um eben für sich zu sein. Es lebt also in diesem Elemente, befreit sich aber ebenso von ihm; es ist in geschwächten Zügen vorhanden. Das Irdische und noch mehr das Organische und Sichselbstbewußte ist der Bewegung der absoluten Materie entgangen, aber bleibt in Sympathie mit [ihr] und lebt darin als seinem inneren Elemente fort. Der Wechsel der Jahres- und Tageszeiten, der Übergang von Wachen in Schlaf, ist dieses Leben der Erde im Organischen; jedes ist selbst eine Sphäre des Außersichgehens, und des Zurückkehrens in seinen Mittelpunkt, d. h. in seine Kraft; alles mannigfaltige Bewußtsein in sich zusammenfassend, hat es dasselbe unterjocht; diese Nacht ist das Negative, worin alles zurückgekommen, woran das Organische seine Kraft also, sein Negatives hat, und bekräftigt wieder in die erwachende Vielheit des Daseins tritt. – So hat jedes die allgemeine Sphäre an ihm, ist eine periodische in sich zurückkommende Sphäre, welche / die allgemeine auf die Weise seiner bestimmten Individualität ausdrückt; die Magnetnadel an den Perioden ihrer herüber und hinüber gehenden Abweichung; der Mensch teils daß er
* nach Fourcroy's Beobachtungen eine viertägige Periode der Ab- und Zunahme hat, 3 Tage zunimmt, und durch den vierten sich wieder auf den vorigen Punkt zurückbringt; so der periodische Verlauf der Krankheiten;[1] die entwickeltere Totalität der Sphäre ist er überhaupt in dem Kreislaufe des Bluts, das eine andere Zeit hat, als die Sphäre des Atmens und die dritte der peristaltischen Bewegung. Aber die höhere Natur des Physischen überhaupt unterdrückt den eigentümlichen Ausdruck der Freiheit der Sphäre, und um die allgemeine Bewegung zu studieren, muß man sich nicht an diese kleinlichen Erscheinungen, sondern an

[1] *Am Rande:* ehmals regelmäßiger, der Zeit itzt mehr entrissen.

ihre Freiheit halten; an der Individualität ist sie nur ein Inneres, d. h. ein Gemeintes, nicht in ihrem freien Dasein.

II. Gestaltung und Chemismus

A. Gestaltung

Die[1] Materie als die unmittelbare, in sich zurückgekehrte freie selbständige Bewegung, ist einfache sichselbstgleiche Gediegenheit; die Bewegung ist in / sich zurückgegangen; die himmlische Sphäre hat ihr selbständiges ideales Leben in sich vollendet und beschlossen. Das vollkommene Insichsein ist eben ihre Gediegenheit. Sie daseiend ist in sich, d. h. dies Insichsein der Totalität ist selbst da. Sie hat das Moment, für ein Anderes zu sein, an ihr; das, welches für sich ist, ist die Kraft ihres Mittelpunkts, oder ihre Verschlossenheit in sich; aber diese einfache Kraft ist selbst da; was nur innerlich ist, ist ebensosehr äußerlich; es ist das Andere als dies daseiende. Die Materie als unmittelbare reine Totalität tritt so in den Gegensatz dessen, was sie in sich und was sie für Anderes oder als Dasein ist; denn ihr Dasein hat ihr Insichsein noch nicht an ihm. Die Materie, wie sie erkannt worden, als diese Unruhe des Wirbels der sich auf sich beziehenden Bewegung und als die Rückkehr zum an und für sich Seienden, und dies Insichsein, welches da ist gegen das Dasein, ist das Licht. Es ist die in sich verschlossene Totalität der Materie; nicht die unmittelbare Reinheit des Äthers, sondern er als Totalität, und als insichseiende gegen sich als daseiende. Es ist die Materie nur als reine Kraft, oder das Zeugungsvermögen, das sich in sich haltende intensive Leben, die in sich gegangene himmlische Sphäre, deren Wirbel eben diese unmittelbare Entgegensetzung der Richtungen der sich auf sich

[1] *Am Rande:* Kraft geworden; oder in sich gegangen aus dem unmittelbaren Dasein; In sich; das Selbst der Idee herausgetreten Undurchsichtigkeit; Kraft das einfache Insichselbstsein, das ebenso die absolute Entzweiung ist, in ihr das Gegenteil in seiner Einheit erhält

beziehende Bewegung ist, worin in dem Heraus- und Hineinströmen aller Unterschied sich verlöscht. Das Licht ist diese reine daseiende Kraft der Raumerfüllung; sein Sein die absolute Geschwindigkeit, die gegenwärtige reine Materialität, das insichseiende wirkliche Dasein, oder die Wirklichkeit, als reine durchsichtige Möglichkeit. Denn das Insichsein durch seine Reinheit ist es eben die Wirklichkeit als Kraft. – Der Raum ist nur das abstrakte Bestehen oder Ansichsein; die Dauer das abstrakte Fürsichsein; das Licht aber als daseiendes Insichsein, oder Insichseiendes und daher reines Dasein, die Kraft allgemeiner Wirklichkeit, außer sich zu sein, als die mit allem zusammenfließende Möglichkeit, die Gemeinschaft / mit Allem, die in sich bleibt, wodurch das Daseiende sich nichts von seiner Selbständigkeit vergibt.

Das Licht als die herausgetretene insichseiende Raumerfüllung, hat den Unterschied an ihr nicht entwickelt, sondern hat ihn nur ganz abstrakt als eine Vielheit an ihm; sein negatives Dasein ist, Eins zu sein, und die Differenz nur als diese sich nicht beschränkende begrifflose Menge. Denn der Begriff als Entwicklung der Begriffsunterschiede fällt nicht in das verschlossene Insichsein, sondern in das aufgeschlossene; nicht in die reine Kraft, welche ihrem Dasein, Gesetz gegenübergetreten, sondern eben in dieses; sie ist das Wort, das noch keine Artikulation an ihm hat. – Das Dasein Wirklichkeit des Lichts – Subjektsein, ist daher die Zerstreuung in die zahllosen Punkte der schlechten Unendlichkeit.[1]

Diese kraftlos in sich seiende Kraft aber hat wesentlich Äußerung, das heißt Realität; so ist sie Sonne; als himmlische Sphäre Mittelpunkt der Bewegung, als Licht Quell des Lebens, aber nicht das Leben selbst. Sie steht als die unmittelbare oder in sich seiende Materie ihrer Realität gegenüber, und diese ist zunächst zu betrachten, wie sie für sich ist. – Sie ist das finstere sich nicht mitteilende Insichsein, das Eins, das kräftige, welches sich auf Anderes bezieht. Diese Materie zerfällt zunächst in ebensolche Vielheit, aber nicht eine gleichgültige, sondern welche in der Be-

[1] *Auf dem unteren Rande:* α) kraftloses Licht erfreulich β) Figuration γ) Staunen, Erhabenheit, schlechte Unendlichkeit

ziehung auf das Eins bleibt; abgesondert kein Bestehen hat; ein allgemeines Medium, worin was aus dieser Kontinuität heraus unmittelbar zurückkehrt; es ist die Kraft der Masse, welche als solche *innerliche* Substanz bleibt, d. h. dem Abgesonderten keine eigene Selbständigkeit erlaubt; oder sie ist nur das Bestehen des Unterschiedenen, das in der Finsternis bleibt, nicht zu eigenem Dasein kommt. Sie ist die *Schwere*. Wie Raum und Zeit die reinen Idealitäten sind, so ist sie der reine Verstand, oder die Kraft, welche nichts Substantielles ist. Die Massen also kommen in ihr nicht aus der Kontinuität zu eigenem Dasein, es ist alles unter sie gebunden; sie läßt nichts aus seiner Innerlichkeit heraus. /

Sie[1] ist also das, worin das in ihr sich Entgegensetzende als die Materie nur als abstrakte aufgehobene ist, worin sie als *träge existiert*; sie ist der *Verstand*, der sie zu einem Dinge macht, das nicht mehr an und für sich ist. Ruhe und Bewegung, welche in der himmlischen Sphäre *an und für sich* sind; *in sich* gegangen sind sie für diese *bloße Prädikate*, gegen die sie gleichgültig ist;[2] das Insich ist ein anderes als sie, von dem sie bewegt, oder zur Ruhe gebracht wird. Aber die Schwere ist vielmehr dieses, was zur Ruhe bringt; unter beiden Prädikaten ist diese das wesentliche. Die Trägheit der Materie ist ein bloßes Gedankending, insofern sie Gleichgültigkeit gegen beides ausdrücken soll; die Substanz, die in sich ist, ist unter der Form der Ruhe vielmehr gesetzt, und ihre Schwere die Kraft der Ruhe. – Die Bewegung erhält die abgesonderte *Masse* wohl von einem Anderen, oder sie wird durch ein Anderes abgesondert; aber sie kehrt durch sich selbst in die Ruhe zurück; sie ist *schwer*, d. h. eben sie ist das Aufheben dieser Absonderung.[3] – Die Masse sondert sich also

[1] *Am Rande:* α) Ausdehnung

[2] *Am Rande:* Daseiende Beziehung, α) Raum β) Zeit und Bewegung, die himmlische Sphäre bewegt keine Kraft, kein Widerstand der Luft.

[3] *Am Rande:* es kommt nicht aus seinem Insich heraus, und kehrt darum aus dieser Absonderung in sich zurück; aber diese Rückkehr in sich ist eben das Freiwerden der Schwere, denn sie setzt sich dadurch als Negatives. – Das Insichsein ist wesentlich, der abgesonderte Körper tritt nicht daraus heraus – erscheint als ein äußeres Hindernis.

nicht ab, aber abgesondert kehrt sie in die Einheit zurück. – Sie sondert sich nicht ab, sie widersteht dieser Absonderung vielmehr; d. h. sie ist allgemeines Insichsein; aber z. B. fortgerollt auf einer horizontalen Ebene, sagt man, sei sie ebenso träge, d. h. sie gehe nicht in Ruhe über, sondern es [sei] ein Fremdes, die Reibung, der Widerstand dessen, worauf sie sich bewegt, und des Mediums, der Luft, was ihre Bewegung aufhebt; so daß wenn diese Reibung nicht wäre, sie sich ins Unendliche fortbewegen würde. Als ob dieses auch nicht sein könnte, zufällig wäre, oder wenn nicht zufällig, doch in dieser / Beziehung [nicht] notwendig, sondern in anderer. – Allein für die abgesonderte und in Bewegung gesetzte ist dies, daß sie schwer ist, d. h. diese Absonderung aufhebt, gegenständlich, ein Anderes nur darum, weil sie abgesondert als für sich seiend erscheint, und darum ihre Schwere als ein diesem Fürsichsein Widerstehendes. Aber es ist dies nur eine Trennung innerhalb der Schwere, oder die Masse ist schwer, dies ist ihr Insichsein, und der fremde Widerstand ist eben dieser ihr eigener Begriff.

Die Materie in dieser ihrer Finsternis oder Abstraktion,[1] Gleichgültigkeit gegen Ruhe und Bewegung betrachtet, ist sie eine Mechanik, worin das Prinzip der Bewegung außer ihr ist, und worin sie das Insichsein in einem Werden zeigt, das durch den Begriff fortgeleitet, dessen Prinzip außer ihr fällt; sie ist eben das gegen das Licht noch Gleichgültige, und in dieser Gleichgültigkeit für sich zu betrachten; – wie der Raum betrachtet wurde, als die Zeit noch nicht an ihm gesetzt war. Die Absonderung sind also wir, oder es sind nur vorhanden verschiedene Massen, deren Element die Schwere ist; der Prozeß, wodurch die Abgesonderten in sich zurückkehren, ist allein die Bewegung, denn noch hat die entwickelte Negativität, das wirkliche Fürsichsein keine andere Bestimmung erhalten; oder es ist hier die Bewegung wie sie nicht mehr an und für sich ist, sondern das an und für sich Sein, die Masse, die aber aufgehobenes Moment ist; Prädikat, das nur seine Selbstlosigkeit darstellt, die paralysierte Bewegung, die ihren Begriff außer ihr hat, und deren Dasein dies ist,

[1] *Am Rande:* oder äußerlich

sich aufzuheben; die eigentlich *mechanische*, gebundene Bewegung.

I. Der einzelne Körper, oder Werden der Schwere zur Elastizität *

a) Es ist also eine Absonderung vorhanden, Verschiedenheit der Masse, so daß die Verschiedenheit völlig Selbstlosigkeit ist; sie hebt sich also auf; keins leistet einen / Widerstand; die Verschiedenheit ist selbstlos, ein verschiedenes Gewicht; beide sind nur schwer; der Unterschied ist rein quantitativ *unwesentlich*;[1] das *verschiedene Quantum* ist der Schwere unterworfen; dies nicht Abgesondertsein ist allein ihr Selbst. Das Dasein der Wiederherstellung ihrer Einheit ist *der Fall*. Die Quantumsverschiedenheit ändert die Geschwindigkeit, aber als *unwesentlicher Unterschied* ist es nicht ein qualitatives Verhältnis, sondern eben als Unterschied, den es an einem Anderen hat, Reibung durch den Widerstand des Mediums, als welches die Schwere Dasein hat, aber als ein totes, denn eben sie ist das Insichsein, die Kraft; ihr Dasein ist das passive Medium, an das aber doch der Unterschied der Größe fällt, als Widerstand. – In * der Geschwindigkeit des Falles, wird behauptet, mache der Unterschied der Masse ganz und gar keinen Unterschied; Massen von größtem oder kleinstem Gewicht fallen gleich geschwind, bedürfen derselben Zeit zum Fallen durch denselben Raum. Dies ist ein Hauptdogma in der Mechanik; daß nämlich die Körper beim Falle bloß als *schwer* in Betracht kommen, und ein großer so *schwer* ist als ein kleiner, d. h. von geringem Gewicht; denn nur durch die Schwere, d. h. daß sie Materie überhaupt sind, fallen sie. Eine Bleimasse und eine Flaumfeder sind Materie die eine wie die andere, gleich *schwer*. Die Verschiedenheit, die nur auf den äußerlichen Widerstand fällt, ist aber im Begriffe nämlich eben ein Unterschied nicht durch sich selbst, sondern durch ein Anderes; der Begriff, der das Begrifflose begreift.

[1] *Am Rande:* welches sich bewege hier gleichgültig

Der[1] *Fall* ist die geradlinige *freie* Bewegung, gleichförmig sich beschleunigend, oder die Existenz der Bewegung, als nicht an ihr selbst reelle. /

Durch ihn kommt die Schwere zu sich zurück, oder sie ist erst itzt das Eins verschiedener Massen; es ist der Punkt *gesetzt*, das Aufgehobensein, das Negative; in ihre Gleichgültigkeit ist der Anfang der Negativität gekommen; die Besonderung überhaupt an ihr selbst. Die Absonderung, Trennung ist dadurch selbst *gesetzt*; so daß nicht nur Abgesonderte *da sind*, sondern daß sie *Einer Masse*, nicht nur der Schwere angehören, und daß die Absonderung selbst dieser angehört; die

b) *Wurfbewegung* drückt dies aus. Das Absondernde selbst ist ein Anderes; ein abgesondertes Subjekt ist nur gesetzt; es ist geworden, daß das Projektil nicht mehr nur als Punkt gilt, oder sein *Unterschied* sich nur an *dem Widerstande* der Luft mißt, nicht wesentlich an ihm selbst; sondern *es ist hier Unterschied* der Kraft, mit der er geworfen wird, und die Schwere, und zwar als Gewicht, und die Masse sind Momente der Größe der Bewegung selbst; die Größe der Bewegung ist ein Produkt der Kraft des Wurfes und des Gewichts der Masse. Dasselbe Gewicht aber ist zugleich Schwere, sie als das Allgemeine erhält das Übergewicht, überwindet die in ihr gesetzte Bestimmtheit; der Körper wird nur durch die Schwere geworfen; er geht aber aus

[1] *Am Rande:* Resultat ist die zur Schwere gewordene Geschwindigkeit; oder daß die Geschwindigkeit als Kraft wirkt; die Bewegung ist als *Druck* gesetzt; ein Pfund tut durch die Geschwindigkeit seiner Bewegung soviel Wirkung als einige Zentner ruhend. Bestimmte Bewegung [ist] Eins mit bestimmtem Gewichte, und der Fall als vollbracht ist die Darstellung dieser Einheit. Materielle Gewicht, dasselbe was das ideelle der Geschwindigkeit.

Die *Schwere* ist bestimmt worden. *Rückkehr* ist α) *daseiende* Schwere, Druck; – und zwar Schwere eben als *Einheit der Masse*
* *und Bewegung*, siehe oben; – *daseiend*; denn sie ist *bestimmt*; Bestimmtheit des einfachen *Insichsein*, *Dasein* überhaupt.

Unterschied als *Unterschied* der *Masse* oder *Schwere* – *Besonderung* hat Bedeutung

Ihre *Absonderung* gehört ihr *selbst* zu. Die Kraft der Schwere geht gegen sie selbst

von der bestimmten, kehrt aber in die allgemeine zurück, wird bloßes Fallen.

c.[1] Diese Rückkehr setzt eine weitere Bestimmtheit an der Schwere, oder die Bewegung noch näher eins mit der Schwere. Das Gewicht ist in der Wurfbewegung nur Ein Moment der bewegenden Kraft; oder es ist das Übergehen der außer der / Schwere liegenden Kraft in sie gesetzt; aber[2] in sie übergegangen ist sie nunmehr die ganze bewegende Kraft, und das Prinzip der Bewegung zwar noch außer ihr, aber ganz formal, bloßer Anstoß, wie im Falle, reines Entfernen, aber das Fallen wird zum Wurfe; der Wurf ist Fall. Pendelbewegung. Die Schwere ist Entfernung von sich selbst; Vorstellung ihrer als sich selbst entzweiend. Aber alles noch äußerlich; der befestigte Punkt, das Entfernen von der Linie des Falles, das Entfernthalten des bewegten Punktes, die Momente der wirklichen Bewegung gehören einem Anderen an; die Rückkehr in die Linie des Falles aus dem Wurfe ist selbst Werfen; und die Schwingung die Bewegung das fallende sich erzeugende Aufheben des Wurfes.

Die einfache Schwere ist aber das Herrschende, Allgemeine, sie erhält als das Allgemeine das Übergewicht über das Fremde, und die Schwingung hört in der Linie des Falles auf, und es ist als die einfache Totalität die einzelne Masse gesetzt. Sie ist Totalität, daß an der bestimmten Masse die Vermittlung des Ganzen gesetzt, die sich mit sich vermittelnde Schwere. – Der Fall setzt eine unwesentliche Bestimmtheit der Masse überhaupt; Masse unmittelbar allgemeine; der Wurf sie als Einheit der Masse und Schwere, oder sie, daß sie negatives Moment dieser Einheit selbst ist, die Besonderung, Trennung selbst diese Einheit ist; die Pendelschwingung, die Totalität, daß die Besonderung, Trennung vermittelt ist durch den abgesonderten Punkt mit der ganzen Einheit.

[1] *Am Rande:* Ihre ihr zugehörige Absonderung ist in sie zurückgegangen, ihr Fallen ist Wurf und Wurf ist Fallen

[2] *Am Rande:* Es ist innerlich, es fällt in uns; die Schwere, durch ihren Begriff, aufzeigen, wie es wirklich ist; – sie tut dies nicht selbst – auch nicht das Licht; wir sind der Begriff des Lichtes

α)[1] Die besondere Masse ist durch die reine Negativität mit der allgemeinen Masse vermittelt; – (ist im Pendel dargestellt; rein Negatives, reiner Punkt) der *Begriff* dieser Negativität ist die *reine Kraft*, Kraft der Masse, das unsinnliche nicht Daseiende, Bewegung. Die besondere Masse ist hiedurch mit der allgemeinen zusammengeschlossen; das *Nichtdasein* beider. Die Linie des Falles und das / leere Medium desselben ist diese Vermittlung durch das Nichtdasein beider; der Schluß des Allgemeinen und Besonderen, worin die reine Negativität, als allgemeine, die Mitte ist, und als entgegengesetzte, der Punkt des Pendels; er gehört beiden an; er ist so der *Schwerpunkt* des Körpers, Punkt, der ihm und der allgemeinen Schwere angehört.

β) Aber ebenso ist die Einzelnheit und das Allgemeine durch die Besonderheit vermittelt; diesen Schluß stellt der Wurf dar; es ist die Besonderheit, welche schwere Masse ist, schwer überhaupt, und *bestimmte* Masse. Das Einzelne, das Negative, die Kraft, womit das Projektil geworfen wird, geht durch die schwere Masse hindurch zum Allgemeinen, oder vollführt sich, ist da nur dadurch, daß das Geworfene schwer ist. Am Pendel fester Punkt durch die besondere auf die allgemeine. Indem die besondere Masse die Einzelnheit an ihr hat; ist der Schwerpunkt durch den Ruhepunkt auf die allgemeine Masse bezogen; die Schwere des Schwerpunktes ist in der Mitte der Besonderheit.

γ) Endlich ist die Einzelnheit mit der Besonderheit zusammengeschlossen durch die Allgemeinheit. Das Einzelne getrennt von der Besonderheit ist im Pendel der reine Punkt und die einzelne Masse, die Schwere ist ihre Beziehung; oder es ist die Bewegung und die Masse; sie sind durch die Einheit beider, die absolute Masse, vermittelt, als ihrem Elemente, oder Substanz.

Die Schwere ist auf diese Weise als totale *Einzelnheit* gesetzt; die Einzelnheit *an ihr selbst* schwer; d. h.[2] sie ist α) *Punkt*, Schwerpunkt, worein die ganze [Schwere] zurückgenommen ist; daß die Masse ruhe, muß ihr Schwerpunkt unterstützt sein; es ist so gut als ob das übrige des Körpers gar nicht wäre; er ist *für sich* allein in seinem Punkte, und sein Fürsichsein

[1] *Am Rande:* zu sich zurückgekehrt
[2] *Am Rande:* das *Einzelne* als solches *schwer* ist

ist schwer; es ist Druck, Bewegung, die Trennung mit der anderen Masse aufzuheben. [Er] drückt nur in der Richtung, die von seinem Punkte ausgeht; seine Schwere ist ganz in den Punkt/ zurückgegangen, er kommt nur in ganze Bewegung insofern die Richtung derselben seinen Schwerpunkt trifft. β) dieser Punkt ist Linie, Linie der in ihm selbst seienden Schwere; diese Linie ist nicht, wodurch er sich auf die allgemeine Schwere bezieht; sondern sein linearer Schwerpunkt, sein lineares Fürsichsein; nicht daß jeder Teil der Linie schwer ist, sondern daß er diesem Eins angehört, und dieses Eins diese Richtung sich erhält; als allgemeine Kontinuität dieses Fürsichseins – Die Linie für sich genommen, oder der Körper als diese Linie vorgestellt, ist der Hebel; eben dieses, daß die Linie ganz als reine Linie soviel als bestimmte Schwere, Gewicht, ist. Der Schwerpunkt sich teilend als Mitte in Endpunkte, deren Kontinuität die Linie ist;[1] die Gleichheit beider Seiten ist das gleiche Produkt der Entfernung in das Gewicht; das ganz Ideale der Entfernung ist völlig soviel als Gewicht, eins kann an die Stelle des anderen gesetzt werden, wahre Raumerfüllung die Substanz.[2] Ebenso ist das Ganze dieses Eins der Schwere; die Oberfläche macht das Eins aus, das aber als Ganzes in den Mittelpunkt zurückgenommen ist.[3]

So daß das Eins nur die Oberfläche ist, oder das ganze Kontinuierliche ist, ist der Körper vollkommen hart; er ist absolute Schwere, absolute Kraft, absolutes Fürsichsein in seiner Ganzheit; aber er ist ebenso Eins, zurück/genommen aus dieser Kontinuität; oder vielmehr eben als diese Kontinuität ist das Eins erloschen, nur das Ganze ist Eins, Eins also nicht gesetzt, er

[1] *Am Rande:* $3 \cdot 4 = 2 \cdot 6$
$2 \cdot 2 \cdot 3$

[2] *Am Rande:* In der Rolle, Hebel, und Mittelpunkt; Reibung an der Rolle, sodaß ein Gewicht auf Einer Seite schnell herabgelassen den Faden REISST, nicht das andere nachzieht, siehe Kästner. Oder Reibung reine Intensität wird, die von der Schwere frei ist wie schon der Punkt des Hebels. Einzelnheit, die schwer ist. *

[3] *Am Rande:* Was hier in Dimensionen sich auseinanderlegt, ist unmittelbar Eins – oder der Schwerpunkt macht sich so zum Ganzen einzelnen Körper,

weicht also schlechthin; oder ist absolut weich; aber γ) sich als Schwerpunkt so aufgebend, sein Ganzes verlassend, ist [er] um ebenso intensiveres Eins; gerade die Weichheit, das Aufheben seiner verbreiteten, außer sich seienden Kraft, ist sie in sich zurückgegangen, ist ihre Wiederherstellung. Dies daß das Ganze ebensosehr Eins ist, oder den Schwerpunkt ausmacht, und die unmittelbare Verkehrung dieser beiden Seiten, ist die Elastizität; dies ist der wahre Begriff des einzelnen Körpers; die Schwere, die Elastizität geworden. Einheit des Insichseins und des Seins für ein Anderes; die in sich zurückgekehrte Schwere, durch die Vermittlung, worin die Negativität als ein ihr Fremdes gesetzt, und sie passive Masse ist. Hier ihre Vermittlung des Insichseins – Härte – durch das Sein für Anderes, Weichheit, mit sich selbst; das Gewicht, das schwer ist als Gewicht, in seiner Besonderheit das absolute Insichsein; das ideelle (Punkt, Bewegung) ist selbst schwer.

b. Werden der Elastizität zur Flüssigkeit

Der einzelne Körper verhält sich nicht mehr zur allgemeinen Masse, sondern zu Einzelnen; er ist ausschließend gegen sie; die allgemeine Schwere ist sein allgemeines Element; und es sind zunächst überhaupt viele Einzelne gesetzt. Der einzelne Körper schließt nicht das Allgemeine von sich aus, denn sein Ausschließen ist die Beziehung auf sie; die positive Beziehung ist eben die allgemeine Schwere, der Boden, auf dem sie frei, d. h. sich nur aufeinander negativ beziehen; aber das Selbst die negative. Sie[1] sind noch einzelne träge Massen, die ihrem Begriffe nach sich aufeinander beziehen,[2] aber dieser Begriff ist noch nicht gesetzt; und einzelner ist das / Daseiende, das sie aufeinander bezieht, oder sie gegeneinander in Bewegung bringt.

Die Bewegung der elastischen Massen gegeneinander, der Stoß, ist das Setzen derselben, was sie sind, α) ihre Berührung,

[1] *Am Rande:* abstrakte Einzelnheit – daher geht es auf einer Fläche vor

[2] *Am Rande:* wir sind das Licht des Begriffs

insofern sie weiche, oder solche sind, die Eins sind, die aus ihrem Sein für Anderes gänzlich in das Insich zurückgenommen und nur in ihrem Schwerpunkte sind, nehmen sie sich gegenseitig ineinander auf; wo der eine ist, ist der andere, ihre reine Allgemeinheit ist das Zusammenfließen derselben ineinander. Insofern dies Sein für Anderes Bewegung ist, negative Idealität, welche hier Prädikat, so ist ebenso ihre Bewegung ineinander zusammengeflossen; es ist nur Eine Einheit der Massen und der Bewegungen gesetzt.

β) Aber diese aufgehobene Masse und Geschwindigkeit eines jeden ist ebenso von dem absolut ausschließenden Eins durchdrungen, der Körper absolut hart, er hebt diese Einheit schlechthin auf, die sich wieder in beide entzweit, die mit eigener Masse und Geschwindigkeit aus ihr sich herstellen;[1] aber γ) beides ist ein solches, das aus ihrer Einheit herkommt; jeder hebt das auf, was der andere in ihm setzte; und wieder ist das, was der andere in ihm setzte, durch ihn selbst bestimmt. Die Einwirkung in einen jeden ist durch ihn selbst und den anderen bestimmt, und ebenso die Gegenwirkung. Wirkung und Gegenwirkung ist gleich; soviel eingewirkt, soviel der eine aufgehoben ist, stellt er sich her; aber es ist nicht nur die passive Gegenwirkung, sondern individualisiert, so wie die Einwirkung, so auch die Gegenwirkung; kurz es ist darin eine vollkommene Austauschung in der Bestimmtheit eines jeden gesetzt; dadurch, daß sein Sein für Anderes, also Einwirkung des Anderen ebenso von seinem Schwerpunkte durchdrungen, d. h. seine eigene Kraft und Sein ist; die Einheit schlechthin an und für sich seiender Massen; in ihrer absoluten Besonderheit und dem Eins einer jeden die vollkommene Auflösung der einen in der anderen – Unterschied für sich seiender, der keiner ist. /

Dieses Insich, das sich zur Negativität des Realen entfaltet, wie die Zeit zur Negativität des Idealen – aber so, daß die Unterschiede nur Unterschiede der Massen überhaupt sind, – können wir den Ton der Masse nennen. Es ist als daseiend ausgesprochen das sich durchdringende Schwingen des Körpers; die Zeit

[1] *Am Rande:* Mitteilung der Bewegung und der Massen, nicht zu gleicher Zeit sein wo der andere ist

der Masse, ihre einfache Unendlichkeit; mit Masse angetane Zeit. Es ist der Keim ihres Lebens. Als Schwingen ist es diese Negativität, dies Erzittern in ihr selbst die achsendrehende Bewegung, oder das unruhige Licht, das itzt zum Dasein herausdringt; es ist das Insichsein, das sich itzt in der Masse durch ihre Erhaltung in der toten Schwere selbst erzeugt darstellt; es ist der Begriff, die Kraft, wie wir aufhören, derselbe oder dessen Substanz zu sein. Es ist die reine Einzelnheit, welche das Ausschließen anderer Einzelnheit an ihr getilgt hat. Eben dadurch ist dies Schwingen dies Aufgehobensein der einzelnen Punktualität, des besonderen Schwerpunktes, gegen Andere; – es ist die Flüssigkeit, das vollkommene körperliche Gleichgewicht mit sich selbst; die reale Elastizität; der Körper existiert für sich selbst so, wie als elastisch durch einen anderen. Das Flüssige wird gestoßen, es weicht schlechthin, aber sein Weichen hebt sich unmittelbar so an ihm selbst auf, sein Weichen ist ein Schwingen, das nicht die Abwechslung des Weichens und Beharrens, des Weichen und Harten ist, sondern unmittelbar durch sein Ganzes und in seinem Ganzen hergestellt ist. Es ist nicht der Schwerpunkt, in den die Kraft zurückgeht, so daß die Masse sich aufgäbe, sondern er schwingt und erklingt durch sein ganzes Wesen; sein ganzes ist an ihm selbst diese sich in sich zurücknehmende Schwere. Die Flüssigkeit unmittelbar für sich entgegengesetzt dem Tone ist die Passivität, das Ansichsein, das Aufgehobensein der Einzelnheit, die absolute Mitteilung, so daß, eine Störung darin gesetzt, es nicht gegen das Andere reagiert, es aus sich ausstößt, sondern daß sie in ihm selbst erlischt. Ihre Widerstandslosigkeit ist eben dies in sich Zusammengehen, und in sich Bleiben / selbst.[1] – Oder sein Beharren ist nicht eine Äußerung, sondern die Rückkehr in sich, und eine Rückkehr, die dadurch vermittelt ist, daß es die in ihm gesetzte Besonderung seinem Ganzen mitteilt; bei der Elastizität ist umgekehrt die Wirkung des Ganzen ein Negatives, ein Ausstoßen der darin gesetzten Bestimmtheit. Hier ist aber das Zurückkehren in sich dies, daß diese Besonderung allgemein gemacht wird. Sie wird durch den Ton mit dem Allgemeinen zusammenge-

[1] *Am Rande:* allgemeines Fürsichsein

schlossen, und im Ganzen, positiv gesetzt, und eben dies ist das Erhalten und Beharren vielmehr.

Die Flüssigkeit ist daher die aus der Besonderung und Äußerlichkeit in sich zurückgekehrte *Schwere*, sie ist dies Gleichgewicht in sich selbst, welches nunmehr nicht mehr ein negatives Verhalten, ein Fallen oder Ausstoßen des Bestimmten in ihm ist; sondern eben in seiner Bestimmtheit selbst Gleichgewicht; dadurch daß es sich vollkommen mit ihr durchdringt, sich durchaus bestimmt, hebt sich die Bestimmtheit auf; der Ton, diese Negativität ist eben dieser verkehrende Begriff.

Die Schwere ist aus der Äußerlichkeit in sich zurückgekehrt, – dies hat darum eben diese entgegengesetzte Bedeutung, sie ist aus ihrer Innerlichkeit herausgetreten in das Dasein. Die Flüssigkeit ist die zu sich selbst gekommene Schwere, oder welche die Äußerung an ihr hat; *daseiendes Insichsein*, achsendrehende Bewegung, welche ebenso das Negative absolut an ihr hat, in ihrem Unterschiede, Sein für Anderes, *in sich* ist. Das Insichsein ist gegenständlich, daseiend, d. h. es ist nicht mehr nur negativ auf das Anderssein bezogen, sondern diese allgemeine Schwere ist die Negativität an ihr selbst. Sie ist ans Licht herausgetreten, sie ist für ein Anderes. Sie ist nun das kräftige Licht, oder daseiende Kraft.

Diese reale Kraft ist nicht als das Flüssige, aber als solches, wie Wasser etwa, vorzustellen; es ist [nicht] dies Gleichgewicht, das passiv ist, sondern als das aktive Gleichgewicht in sich selbst, der Ton, der in die Flüssigkeit verbreitet, sein reines Bestimmen in sich selbst enthält. – Es ist dasjenige, was ungefähr unter der ab- *
soluten *Kohäsion* gemeint worden ist, dieser absolute Zusammenhalt, α) nicht der Teile / der Materie, denn dies ist die Kontinuität der Masse überhaupt, – auch nicht die gemeine Kohäsion, die einzelne Eigenschaft, die mehrere oder wenigere Trennbarkeit, Zähigkeit, wie z. B. Eisen eine höhere Kohäsion hat als Gold. Es ist viel von der Kohäsion geschwatzt worden, ohne daß es über das Meinen und ein dunkles Vorschweben des unbestimmten Begriffes hinauskam. Sondern sie ist dies sich selbstgleiche *qualitative Bestimmen* überhaupt; – in einer einfachen Bestimmtheit, wie wir nachher sehen werden, ist es spezifi- *
sche Schwere. Das Spezifische macht eben dies aus, daß die Ma-

terie als Schwere an ihr selbst Bestimmtsein, Negativität ist, oder Charakter zu haben, ihr Wesen Individualität überhaupt ist, und dann bestimmte Individualität, so eine bestimmte spezifische Schwere; sie ist ein eigentümliches, nicht bloß mechanisches Widerstehen; der Widerstand überhaupt, geht nur gegen die Masse als solche, und seine Bestimmung ist das Unwesentliche der Größe, itzt aber Charakter überhaupt,[1] und positiv die ganze Ausdehnung, Dasein bestimmend.

Zunächst ist dieser Charakter Form der Materie, oder innere Gestalt derselben, d. h. eben noch nicht in seiner Bestimmtheit und Entwicklung daseiend; sondern Charakter überhaupt. Dies erscheint dann wieder so, daß sie erst durch ein Anderes ihren Charakter zeigt, oder es ist ihr Charakter wie sie ihn gegen Anderes zeigt. Wie sie mechanisches Ganzes, und in seinen Dimensionen Schwerpunkt, Hebel und drückende Masse ist, und dann elastisches, beides aber noch innerhalb des Seins für Anderes; so hier die innere Gestalt, die der Körper zeigt, im Verhältnis gegen Anderes. Aber Beziehung ist nicht mehr bloßer Stoß, worin die Masse bleibt, sondern die Masse ist nur noch als mögliche, oder sie ist als aufgehobene gesetzt. Der Charakter eben ist diese Freiheit davon, / Masse zu sein; der Unterschied ist das Qualitative. Also die daseiende negative Beziehung ein Aufheben der Masse als dieser so großen Masse.

In der Zertrümmerung der Masse zeigt also der Körper seinen Charakter, den er in dieser Bestimmung hat. Er erscheint als eine räumliche Bestimmtheit oder Dimension; α) als Punktualität; in seines Zusammenhalts Aufheben die innere Gestalt des Punktes zu haben, er ist spröde; zerspringt in Punkte. Dies der so bestimmte Ton seines Wesens; es ist dies die innerlich gestaltete Härte, da vorhin nur ihre Bestimmtheit überhaupt gesetzt war. β) der Punkt, dies Element, wird zur Linie – Der gebrochene Zusammenhang zeigt die Erhaltung seines Tones als Linie suchend und erhaltend, zähe, Streckbarkeit γ) die Linie geht in den Ton der Fläche über. Die Zähigkeit wird zur Hämmerbarkeit, die Möglichkeit, seinen Zusammenhalt als Fläche zu behaupten;

[1] *Am Rande:* Massenunterschied unwesentlich. UNMITTELBARKEIT an und für sich Sein.

aber da die Fläche Oberfläche wird, oder in ihr der Punkt zum Ganzen wird, so ist die Hämmerbarkeit überhaupt wieder Dehnbarkeit des Ganzen, ein ungestaltetes Inneres, das seinen Zusammenhalt überhaupt als Zusammenhang der Masse behauptet – Weichheit.

Es ist zu bemerken, daß diese Momente nur einzelne Dimensionen sind; deren jede Moment des realen Körpers, als eines Gestalteten ist – Luft, Wasser, Feuer sind das Gestaltlose oder die aufgehobene Gestalt, Körperlichkeit überhaupt, das einen Charakter überhaupt hat. – Die Gestalt ist nicht ohne eine derselben, so wenig als die Masse ohne Weichheit, oder Schwere, oder Elastizität ist. Es sind abstrakte Momente, unter deren keinem einzelnen die Gestalt ist. Der eine Körper ist mehr oder weniger spröde, oder zähe, oder hämmerbar, wie mehr oder weniger weich und hart, aber die Elastizität ist die Realität dieser. – Der quantitative Unterschied aber gehört der Natur als sinnlichem Dasein an, oder wie die absolute Bewegung / durch das weitere Individualisieren beschränkt wird, so auch die Notwendigkeit dieser Dimensionen; das Ganze derselben verkümmert, und es tritt eins oder das andere freier heraus. β. Der Charakter geht in das Allgemeine, die weiche Hämmerbarkeit über, oder tilgt *diese* Dimensionen, rundet sich *für sich selbst*; seine *Gestalt* ist äußere *Oberfläche*, einerseits, der Charakter ist als *innere* Form *aufgehoben*; er ist für sich eben frei daseiend,[1] dies Rundbleiben, gegen welches die äußere Gewalt nur eine Teilung der Masse ist, deren Form sich *gleich* bleibt, nur eine *Wiederholung derselben* Form, in geringerer Masse. Dieses äußere Verhalten ist dadurch getilgt; der Charakter ist der sich gleichbleibende, und darum dimensionslose; die *gestaltete* Flüssigkeit; oder *Charakter* und *Dasein* als *dasselbe*.

β) Wie die Dimensionen des Charakters zuerst innerliche Gestalt, so itzt äußerliche; oder eben darum an ihm selbst, in seiner *Zeit*, wie vorhin im Raume, oder als Verhalten zu Anderem. *

Die runde innere Gestalt bleibt sich gleich wie als innere so als äußere. Sie ist das unbestimmte Allgemeine; oder das Bestimmte

[1] *Am Rande:* Charakter, gegen den das Anderssein formell wird. Weichheit, die Charakter ist

ist nicht mehr als äußerliche räumliche Dimension an ihr vorhanden. Sie ist aber darum nicht kohäsionslos, sondern die Kohäsion ist nunmehr einfache Bestimmtheit; Bestimmtheit des Flüssigen als eines solchen, Prädikat, einfach, allgemein – rein einfacher wesentlicher Charakter, der in sich zurückgenommen sich nicht zu einer Masse verhält, oder dem äußerlichen Setzen ganz entnommen ist; sie ist *spezifische Schwere*; bestimmter, einfacher und wesentlicher Charakter, bestimmte Individualität, und weil die Bestimmtheit so einfach ist, so ist dieser wesentliche Unterschied in der Form der Unwesentlichkeit gesetzt, oder der *Zahlgröße*, die Einzelnheit desselben. In ihr ist der Körper an und für sich, gegen Anderes, und gegen die allgemeine Schwere. Der Schwerpunkt ist als das Eins der bestimmten Masse, verhält sich als diese / *bestimmte* Masse gegen andere; allein sein Wesen ist die allgemeine Schwere, und sein Verhältnis, die Individualität, ein solches, das nicht durch ihn selbst allein bestimmt ist, es bezieht sich wesentlich auf Druck und Stoß gegen andere. – Die Sprödigkeit u.s.f. ist zwar Charakter, aber ebenso daseiend durch andere. Hingegen spezifische Schwere ist dies an und für sich Sein, das sich nur auf sich selbst bezieht, ganz gleichgültig gegen die Masse ist, wie die Bestimmtheit des Schwerpunkts nicht, und auch ein fürsichseiendes Dasein bedeutet. Eine spezifische Schwere wird erkannt, durch das Verhalten in einem allgemeinen Medium, nicht gegen eine bestimmte Masse. – Die Sprödigkeit kommt durch die Überwindung der Masse zu Tage, also durch eine größere Massenkraft; die spezifische Schwere bedarf dies nicht. – Oder sie wird gemessen durch Vergleichung des Gewichts mit dem Volumen, Raumgröße, *gemessen*, nicht durch eine Wirkung, welche sie ausübt. Sie ist die Bestimmtheit in der Flüssigkeit, d. h. in solcher Durchdringung der Schwere und der Negativität, worin beide gleich geworden, wie in der Geschwindigkeit, und *Raum* und Gewicht nur der Größe nach sich noch unterscheiden.[1]

Dieser *ganz einfache* Charakter kann in der allgemeinen Flüssigkeit als ein *Punkt* angesehen werden, der zur Linie wird. Der Raum ist noch das Element des Daseins; aber der Begriff ist

[1] *Am Rande:* Einheit des *Positiven* und *Negativen*

diese Einfachheit des Charakters, dieser Ton, der in seiner Entzweiung dies durchdringende Allgemeine bleibt, das dem allgemeinen Insichsein entnommen durch sich selbst die *Substanz* seiner Unterschiede ist, oder *ihr Dasein*. – Die innere Gestalt hat nicht *ihr Dasein* an ihr selbst, sondern durch Zertrümmerung der Masse; die Bestimmung aber, die nun gesetzt wird, hat sie durch sich selbst. Die Einheit der spezifischen Schwere wie sie als Eins gesetzt ist, so ist es ein solches, das die Unterschiede nicht mehr als gleichgültige Arten außer ihm hat, die nur durch den Begriff da sind, sondern durch es, als der Charak/ter, der unendliche Begriff selbst, der den Unterschied in seinem Dasein trägt, wie er vorher nur duch die Schwere getragen wurde; eine Bestimmtheit, deren *Dasein* als diese Körperlichkeit ganz und gar aufhört, Bedeutung zu haben, Unterschiede, die nicht mehr als Massen getragen werden, noch auch *gesetzt* sind (wie Sprödigkeit) durch ein Anderes; so daß dies ihr Subjekt ist.

Der einfache Charakter setzt sich so als entzweit, weil sein Wesen ist, diese Negativität, dieser Unterschied, der in das Element des Daseins gesetzt, so wie seinem Begriffe nach, so seinem Dasein nach durch ihn ist. Dies Setzen ist der *Magnetismus*. Es ist eine Richtung, die erste Dimension der einfachen Bestimmtheit, die Einheit, die als Eins Indifferenzpunkt ist, – Schwerpunkt als Punkt der Masse überhaupt. Aber die Unterschiede sind nicht mehr nur Massen in der allgemeinen Schwere, sondern diese ist in den Punkt zurückgenommen, sie bestehen in diesem Punkte; er ist es, der sie trägt.

Das allgemeine *Insichsein* hat *Dasein*, d. h. es ist durch sich selbst der Unterschied; es ist *sein* Unterschied. Die Schwere ist auf diese Weise überwunden, d. h. ihre unterschiedslose Einheit ist Unterscheidung, Dasein an ihr selbst; die Äußerlichkeit des Unterschiedes an ihr hat aufgehört; sie hat die Bedeutung, Masse zu sein, verloren, oder diese ist nur noch abstraktes Moment, Prädikat, Aufgehobenes, Masse, deren Subjekt die Individualität ist.

Es[1] hätte gleich von Anfang die Schwere als Magnetismus ih-

[1] *Am Rande:* an ihr selbst, nicht durch ein Anderes, das Licht. Fallen, Wurf geht in ihrem *Inneren* vor, d. h. hat ein anderes Subjekt für

rem Begriffe nach gesetzt werden [können]; sie als das allgemeine Insichsein, Licht als der absolute Ton. Allein ihre Bestimmtheit ist, in sich zu sein entgegengesetzt dem Dasein; diese Bewegung ist es, welche sich darstellte; das Werden der Kraft zur daseienden, oder zum Aufhören, Kraft zu sein, Subjekt zu werden.

Magnetismus ist also dies Subjektsein der Materie – Er ist zugleich die erste / Dimension oder das formale Dasein des Subjekts, die Linie;[1] oder er existiert nicht als solcher. Der ganze Körper, die Erde ist Magnet, heißt nicht, es geht eine magnetische Achse[2] durch sie, oder die Kraft des Magnetismus ist als Linie da – So wird es sich vorgestellt, und die verschiedene Intensität des Magnets, Abweichung und Inklination der Magnetnadel auf eine solche Achse bezogen, Punkte bestimmt, wo dies am größten, andere, Indifferenzpunkte, wo dies am kleinsten wäre; es ist vieles, das philosophisch sein sollte, darüber in den Tag hinein gesprochen worden. Die Physiker sind darauf zurückgekommen, eine solche eiserne Stange, oder, was dasselbe ist, eine solche bestimmte Existenz in der Richtung von Achsen aufzugeben; sie haben gefunden, daß den Erfahrungen allein die Annahme eines Magnets im Mittelpunkte der Erde genug tue, der von unendlicher Intensität, aber ohne Extension sei, d. h. der gar nicht als eine solche Linie ist, die an einem Punkte stärker ist, als an anderen; wie am magnetischen Eisen an den Polen der Eisenfeilstaub stärker angezogen wird, als an dem Mittelpunkte, und von jenen bis zu diesem dies immer abnimmt. Sondern der Magnetismus ist dies ganz Allgemeine der Erde, das allenthalben als dies Ganze ist. Es hat nur am Eisen so ein distinktes Dasein des Nord- und Südpols, der aus dem Indifferenzpunkt fällt. An der Erde aber ist allenthalben der ganze Magnet. Daß das Eisen so ein besonderes Dasein, ist eine Naivetät der Natur, die ihre abstrakten Momente ebenso abstrakt, an einzelnen Dingen vor-

sein Dasein; – und daher erscheint es zufällig. – Konstruktion des Begriffs, gleichgültiges Dasein der Momente, noch nicht in der Substanz

[1] *Am Rande:* nicht etwas hier ist, das fällt – außer dem Schweren

[2] *Am Rande:* α) allgemein

stellt; an solchen Subjekten haben sie dies; wie Fall u.s.f. erst an Subjekten wirklich ist; an einem Metalle darum, weil es eben diese gediegene Masse der einfachen spezifischen Schwere ist, ebendiese abstrakte Gestalt, wie wir sie hier noch betrachten.

Der[1] Magnetismus ist also dies formale Dasein der Unterschiede in der Einheit des Subjekts; es ist reine Richtung, oder Linie α) die den Unterschied der Schwere selbst als solcher setzt; – ein Unterschied der spezifischen Schwere überhaupt, und / als daseiender Unterschied Verschiedenheit der spezifischen Schweren ist. Als Richtung nach Norden und Süden ist der Unterschied der leere Unterschied des Raumes, der kein Unterschied an ihm selbst ist, so wenig das eine Ende einer Linie überhaupt von dem anderen sich unterscheidet. Der Unterschied, der hier vorhanden ist, aber ist die Bestimmung der spezifischen Schwere; die Pole sind von verschiedener spezifischer Schwere – Daß sie auch elektrisch verschieden sind, chemisch u.s.f., dies geht uns teils hier nichts an, teils werden wir das Spezifische überhaupt zu diesem werden sehen; es ist übrigens eben dies das Geschäft des Physikers, die Identität der Begriffe als Identität der Erscheinungen aufzusuchen und darzustellen. Die Verschiedenheit der Pole ist also eine Bestimmung der allgemeinen Spezifikation. Der Magnet als Masse, und als Hebel vorgestellt, so hat er einen Schwerpunkt, dessen Unterstützung die nach den Seiten fallenden Massen in freiem Gleichgewichte erhält. Entfernung Bedeutung der Schwere hat. Aber in dem Magnetismus sind sie spezifiziert, eine daher spezifisch schwerer als die andere, und bei gleichem Volumen dadurch die eine schwerer als die andere. Die spezifische Schwere ist auf die naivste Weise hier gesetzt, Volumen, Gewicht ist dasselbe, aber die Spezifikation verschieden. – Die Magnetnadel inkliniert daher. Die Erdachse hat ebenso eine Inklination gegen die Sonnenbahn, doch gehört dies eigentlich der Bestimmung der himmlischen Sphäre an. – Auf die wahrhafte Weise tritt an der ganzen Erde das Spezifische und Allgemeine so auseinander, daß die Körper [als] bestimmte Massen an verschie-

[1] *Am Rande:* β) in seinem Unterschiede an der Erde.

denen Orten[1] im Pendel verschiedene Kraft haben, an den Polen die spezifische Schwere derselben größer ist als unter dem Äquator. Sie zeigen als dieselben Massen, sich verschieden zu verhalten. Miteinander können Körper nur insofern hierüber verglichen [werden], als sich ihre Massenkraft als Kraft der Bewegung darstellt, die als das Freie sich gleichbleibt, und das Beständige / ist.[2] Indem in dem Pendel die Größe der Masse als bewegende Kraft eintritt, so muß an ihm dasselbe Volumen, das eine größere spezifische Schwere hat, stärkere Bewegungskraft haben, – so näher den Polen zu. – Zentripetal- und fugalkraft, wegen der Umdrehung der Erde, sollen auseinandertreten; – aber teils ist es gleichgültig zu sagen, der Körper habe eine größere Zentrifugalkraft, entfliehe mit mehr Kraft der Richtung des Falls; als er stärker falle, oder die Höhe, von der [er] fällt, größer sei, die das Maß ist; er fällt aber stärker, heißt, er hat eine größere spezifische Schwere, – der Fall ist selbst spezifiziert – in der Pendelbewegung übrhaupt,[3] denn es [ist] gleich, welches Fallen oder Werfen heißen soll; er kann nicht stärker geworfen werden, als er fällt, oder stärker fallen, als er geworfen wird, dies tritt nicht auseinander. Schwerkraft ist wohl immer dieselbe, aber hier wird diese Kraft selbst bestimmt, oder es ist als ob der Körper von einer größeren Höhe fiele – (wie wenn beim Wurf ein Körper stärker in die Richtung des Falles geworfen wird.) Also ist der Unterschied bei der verschiedenen Größe der Pendelbewegung unter verschiedenen Breiten eine Spezifikation der Schwere selbst. –

Dieser Magnetismus aber, der reale Ton, aber erst in die Länge gehend, oder noch formal, seine Seiten sind noch schlechthin unter dem Eins des Subjekts gebunden, ihre Entgegensetzung ist noch nicht als Selbständigkeit.

[1] *Am Rande:* wie am Hebel; aber diese haben das Allgemeine nicht an ihnen selbst – ihr Schwerpunkt ist nicht das absolut Negative

[2] *Am Rande:* rechtwinklig mit dem magnetischen Meridian stellt die Magnetnadel sich senkrecht; d. h. sie wird eine gerade Linie, die zur reinen Spezifikation, Entfernung von der Erde, kommt.

[3] *Am Rande:* Eben weil die Kraft des Werfens, Fallen ist, [bedeutet] verschieden gefallen, nicht von größerer Höhe, [sondern] mehr Masse, d. h. spezifisch schwerer.

Der Magnet bewegt sich weiter. Sein Wesen ist die allgemeine sich rundende alle Dimensionen in sich tilgende Flüssigkeit,[1] die den Ton in ihr hat. Noch ist die / Bewegung des Magnets eine äußerliche, insofern eben die Negativität noch nicht reale selbständige Seiten hat, oder die Momente der Totalität noch nicht befreit, der Gegensatz noch nicht Selbständigkeit erlangt hat, differente selbständige sich zueinander verhalten; der Mittelpunkt der Schwere noch nicht zersprengt ist. Daher die Entwicklung der Momente noch als ein äußerliches oder durch den Begriff gesetzt ist, und die Reflexion eine verschiedene ist, oder die Momente zunächst auseinanderfallen.

α)[2] Der Ton des Magnets geht zuerst in die allgemeine Selbständigkeit, die Linie in den ganzen runden Raum über. Seine Differenz erlischt zur Form der Gleichgültigkeit, und drückt sie als Bestimmung der Oberfläche aus. Es ist nicht mehr innere Gestalt, die, um da zu sein, eines anderen bedürfte, sondern durch sich selbst da. – Die spezifische Schwere geht durch den Magnetismus, das Dasein der gestaltlosen Trennung in die äußere Gestalt über. Es ist dies die Geometrie der Natur, die ihre Bestimmtheit zu Kristallen ausbildet, eine stille sprachlose Regsamkeit, die zeitlos ihre Dimensionen gleichgültig darlegt.[3] Es ist dabei keine äußerliche Bestimmung und Formung, sondern das eigene stille Lebensprinzip der Natur, das tatlos sich exponiert, und von dessen Gebilde man nur sagen kann, daß es da ist. Das Prinzip ist in der flüssigen Rundung allenthalben, es ist kein Widerstand für es darin, es ist das stille alle die gleichgültigen Teile des Ganzen beziehende Formieren. Das Eins des Magnetismus, von dem seine Seiten untrennbar sind; aber hier in die gleichgültige Flüssigkeit ergossen, zugleich ein bestehendes Dasein haben, und das Bilden sind, das an dieser Gleichgültigkeit erstirbt. – Es ist daher die Zweckmäßigkeit der Natur selbst hier zuerst vorhanden; eine Beziehung des verschiedenen Gleichgültigen; die Notwendigkeit, deren Momente ruhiges Da/sein haben; oder

[1] *Am Rande:* Einheit des Raumes und der Schwere erscheinen, weil sie das Gleichgültige sind

[2] *Am Rande:* Wir brauchen noch ganz andere Dinge.

[3] *Am Rande:* ohne Licht

das Insichsein, das da ist. Ein verständiges Tun der Natur durch sich selbst. Die vorhergehenden Formen sind noch nicht zweckmäßig, nur ein Dasein, das als Dasein nicht seine Beziehung auf Anderes an ihm selbst hat. Der Magnet ist noch nicht zweckmäßig, denn seine Entzweiten sind noch nicht gleichgültig, sondern nur rein notwendige füreinander. Hier aber ist eine Einheit Gleichgültiger, oder solcher, deren Dasein in seiner Beziehung frei voneinander ist.

Die Linien des Kristalls sind diese Gleichgültigkeit, es kann eine von der anderen getrennt werden, und sie bleiben; aber sie haben schlechthin Bedeutung nur in Beziehung aufeinander. Der Zweck ist diese Einheit und Bedeutung.

Indem der Kristall aber dieser ruhige Zweck ist, so ist die Bewegung ein anderes als sein Zweck, der Zweck ist noch nicht als Zeit. Die getrennten Stücke bleiben gleichgültig liegen. Er hat insofern das Moment an ihm, für ein Fremdes zu sein, und in der Zertrümmerung seiner Masse seinen Charakter zu zeigen. Er hat ebensowohl eine innere als äußere Gestalt; einen Kern – und einen Kristall;[1] er ist diese gedoppelte Geometrie. Die innere * Gestalt zeigt sich in dem Bruche; Hauy hat bekanntlich diese Geometrie der Beziehung der inneren und äußeren Gestalt an den Fossilien dargelegt, aber ohne die innere Notwendigkeit aufzuzeigen, so wenig als die Beziehung derselben auf die spezifische Schwere. Er nimmt den Kern an, läßt auf diesen sich die Molecules nach einer Art von Reihung [ansetzen], worin durch die Dekreszenz der Reihen der Grundlage die äußeren Gestalten entstehen, aber so daß das Gesetz dieser Reihung eben durch die vorgefundene Gestalt bestimmt ist. – Der Kristall hat seinen Kern selbst als einen Kristall; die innere Gestalt als ein Ganzes der Dimensionen. –

β) Der in dieser Gleichgültigkeit erloschene Ton ist außer der Gestalt getreten, / der Zweck ist nur als Beziehung, nicht als Eins vorhanden; dies Eins ist ein anderes; das die Zeit der gleichgültigen Teile der Gestalt in unmittelbare Beziehung bringt, sie, die außereinander liegen, in die Berührung bringt; der Stoß dersel-

[1] *Am Rande:* innere Charakter, Wachstum des Kristalls schichtenweise – Aber Bruch geht durch alle durch

ben, der das eine gleichgültige da setzt, wo das andere ist, oder die Zeit, die den Raum vertilgt; die Reibung. Das Eins des Reibens vereinigt in der Zeit die Gleichgültigkeit des Raumes. – Oder es ist ein Schlag an die Gestalt, eine Erweckung des Tons, das Setzen des Daseins seiner inneren reinen Negativität, seines Schwingens. – Es ist auf diese Weise die Elastizität gesetzt als eine der Gestalt, die Einheit, die entzweit ist, und eine Entzweiung selbständiger Gleichgültiger; ein Magnet, dessen beide Pole freie Gestalten sind, an die sein Gegensatz verteilt ist, so daß die Mitte als daseiende die freie Negativität ist, die selbst kein Dasein hat, nur in ihren Gliedern da ist. Es ist die Elektrizität. Sie ist der reine Zweck der Gestalt, der sich von ihr befreit, der reine Charakter, die in sich seiende Kraft. Sie ist im Gegensatze positiv und negativ, d. h. eben sie ist im Zwecke, im reinen Begriffe entgegengesetzt, denn sie ist das Unendliche heraustretend, die Gestalt, die ihre Gleichgültigkeit aufzuheben anfängt,[1] denn sie ist das unmittelbare Hervortreten, oder das noch von der Gestalt herkommende, noch durch sie bedingte Dasein;[2] oder noch nicht die Auflösung der Gestalt selbst; der oberflächliche Prozeß, worin die Differenzen die Gestalt verlassen, aber sie zu ihrer Bedingung haben, noch nicht an ihnen selbständig sind.

Die substanzlosen Gegensätze haben kein Bestehen, sie sind eine Spannung, welche sich in sich selbst aufhebt; so in ihr Eins zusammenfallend sind sie das elektrische Licht, das erscheinend verschwindet. Aber das Wesen desselben ist die Negativität des gleichgültigen Daseins der Gestalt, die Dasein hat; das Einschlagen desselben in die Gestalt und die Zertrümmerung ihrer Gleichgültigkeit, die sich in eins / zusammennehmende innere und äußere Form. Auf seinem Verschwinden, als entgegengesetzt dem gleichgültigen Dasein, festgehalten ist es nichts anderes als das elektrische Licht – Aber es ist die mit sich selbst gleichgewordene Form; das Licht das von innen heraus schlägt und mit dem äußeren Lichte zusammenströmt. Das Insichsein der

[1] *Am Rande:* einfach, Beobachtung stellt eben diese Materienlosigkeit dar

[2] *Am Rande:* Mitteilung und Verteilung

Schwere, das sich zerstört, und in seinem Verschwinden eben das kraftlose einfache Licht wird, d. h. mit dem äußeren eins ist; wie Plato das Sehen als ein Ineinsstürzen des äußeren und inneren Lichtes begreift.[1] Es ist die von der Gestalt sich selbst befreiende Gestalt, welche als dies einfache kraftlose Dasein unmittelbar Bestehen ihrer verschwindenden Momente ist, die Substanz, welche sie trägt. Es ist ein sich substantiierendes Licht, das das Moment der passiven Gestalt als ein aufgehobenes an ihr hat; diese Sichselbstgleichheit ist das einfache Fließen, das daseiende Auflösen, es ist die *Wärme*.

Es ist ein Ganzes gesetzt, das wir noch nicht das *Feuer* nennen können; die *Substanz*, welche einfach sich selbst gleich ist, als ein *kräftiges* flüssiges Sichselbstgleichsein, Materie, Wärme; als sich entzweiend und in ihrer Substanz den Entzweiten bestehen gebend – reine durchsichtige Differenzen, – die in Eins zusammenstürzen. Feuer als dies Ganze – *Licht* die ruhige kraftlose Sichselbstgleichheit desselben, *Wärme* dasselbe als das *kräftige Dasein*, oder die reine materielle Kraft – die Momente dieser Substanz, die reinen chemischen Stoffe. Die *Schwere*, das verschlossene Insichsein war es, das dem Licht als dem daseienden, aber selbst gleichgültigen Insichsein gegenüber stand. Die Gleichgültigkeit beider ist in der *Wärme* verschwunden; es ist die nicht nur vollkommen aufgelöste Masse, wie die gediegene Kugel, nicht deren ihre Ruhe, sondern ihre Auflösung; das daseiende Allgemeine, oder negative. Sie ist aber selbst wieder diese träge Sichselbstgleichheit; sie ist der *Stoff*; es ist hier nicht eine Materie, die warm wäre, wie sie z. B. magnetischer Pol ist, ein solches, das die Selbständigkeit nicht an ihm hat, sondern das Warme ist das zu sich zurückgekommene Schwere; es gibt kein / Schweres mehr; d. h. keine besondere Masse. Auch ist ferner die Gestaltung, und die Unterschiede des Magnetismus und der Elektrizität erloschen. Es ist eine Einheit der absoluten Negativität und der Gestalt, oder der Ton ist das an und für sich daseiende, als einfaches kohäsionsloses Wesen.

[1] *Am Rande:* Licht nie ganz durch das daseiende

II. Chemismus[1]

Die Wärme oder das Warme vielmehr, sie als die allgemeine Materie – sie ist Materie, insofern überhaupt von Materie gesprochen werden muß – ist nunmehr die Substanz, welche sich zu entwickeln hat. Zuerst ist sie das Gestaltende, welches seine Dimensionen ruhig ausbreitet; das daseiende Prinzip der Gestalt, wie es vorhin nur ein inneres war. Sie ist zuerst allgemeines Me- *
dium überhaupt, wie die Schwere, allgemeines Insich – (oder die Dauer, Einheit der Zeit und des Raumes, welche in dieser Einheit sind). So also die Gestalt und die Auflösung derselben, oder ihre Negativität, oder Prinzip in einer Einheit. – Als allgemeines Medium ist sie das träge Medium, eine allgemeine gleichförmige Mitteilung, wie die Schwere, insofern die Wärme, die Schwere, als Prädikat gesagt wird, d. h. insofern das Subjekt von ihnen unterschieden wird. – /

A. Mechanik der Wärme *

Die Wärme erscheint als ein äußerlich zufällig bestimmtes, hingegen die Schwere dies in sich seiende absolute Wesen, und der Mitteilung der Wärme [scheint] keine Mitteilung der Schwere zu entsprechen – Allein jene eben setzt das Subjekt voraus, an sich ist es eine bestimmte Größe von Wärme, ein Warmes, gerade wie eine bestimmte Masse, der Unterschied noch gleichgültig; in dem Allgemeinen ist die Bestimmtheit unbestimmt gesetzt. – Die weitere Bestimmung bei vorausgesetztem Subjekte hat die Form der Frage, wie die Wärme in den verschiedenen

[1] *Am Rande:* Der prozeßlose Prozeß α) Gestalt gegen Wärme β) Wärme, ihre Bestimmung an ihr selbst γ) der Gestalt ist erst später Adhäsion; erst nach der elastischen Flüssigkeit wo

Wärme, Wirklichkeit, – oder Temperatur Dasein, so soll sie Gegenstand werden, ungeteiltes Zurücktreten aus der Empfindung

Materie in sich Sein in ihrem Außersichsein – Repulsion

Temperatur ist keine Materie; sie ist erst zu materialisieren, wiederherzustellen. – Gestalt ist wirkliche Materie, die sich selbst unterscheidet; Wärme Temperatur nicht so

Körpern wirkt. Hier aber indem das Warme das Allgemeine ist, wie gestaltet sich das Warme; nicht es sind verschiedene Körper oder durch sie ihre Form vorausgesetzt, sondern welches ist die in ihr gesetzte Verschiedenheit.

Das Warme ist durch das Prinzip der Kohäsion das sich in sich selbst Bewegende, dem die Bewegung weder mehr ein Fremdes noch Inneres ist. Seine Bewegung in der Gestaltung hat daher die Form, daß das Warme zu sich selbst hinzutritt,[1] als Allgemeines zum Besonderen, als Freies zum Bestimmten – (wie das Schwere zum Schweren). Oder dies Hinzutreten gehört vielmehr der Form der Gleichgültigkeit an, in welcher das Bestimmte schon vorausgesetzt wird, das bestimmt werden soll.[2]

Die besondere Wärme überhaupt, ein Quantum (wie Fall) als thermometrische, geht ruhig mit der anderen zusammen, ihr Gleichgewicht stellt sich her, der Unterschied ist vollkommen gleichgültig, nicht fixiert.[3] Aber er muß wesentlicher werden, der Unterschied ein Negatives der Wärme, die Momente, deren Einheit sie ist, aus einander –, oder sie dem gegenübertreten, dessen und ihrer selbst Einheit sie ist, – nämlich der Gestalt. Hiedurch ist sie selbst bestimmt, oder sie erhält eine verschiedene / Intensität; sie wird fixiert, als aus dem Gleichgewichte getreten; die Bestimmtheit erscheint überhaupt einerseits als ihre, und auf der anderen als Bestimmtheit der Gestalt; so jedoch, daß beide noch gleichgültig gegeneinander erscheinen; die Gestalt also hier das Bestimmende der Wärme, wie Masse der Wurfbewegung, oder Wärme hat Bedeutung der Gestalt.[4] Kondensation und Reflexion der Wärme. Die Gestalt ist noch an ihr selbst selbstlos als Wärme, oder die Wärme noch

[1] *Am Rande:* latente Wärme hat keine Eigenschaft als Elastizität, Licht und Wärme wie Seele und Leben

[2] *Am Rande:* Mechanik der Wärme

[3] *Am Rande:* durchdringt die Gestalt, dasselbe Wesen, wie im Fallen die Schwere den Unterschied des Raumes durchdringt. – Aber Gestalt auch ein anderes.

[4] *Am Rande:* Weise der Gestalt bestimmten festen unterschiedenen Daseins

nicht spezifiziert.[1] Die Gestalt kommt zuerst nur durch ihre Figur in Betracht, (teils durch das Verhältnis ihres Lichts, dieses ist das Kalte, d. h. das kraftlose (Winters ist uns die Sonne näher als Sommers), das rein daseiende Insichsein, das die Auflösung nicht als Kraft, sondern als ruhiges Resultat in ihr hat). Die Wärmeverbreitung wird reflektiert; die Gestalt ist für sich durch ihre Gestalt, Glätte, (Hohlspiegel Kälte wie Wärme). Der Spiegel selbst bleibt zunächst kalt, die Verbreitung ist unterbrochen und aufgehoben; er wirft die Wärme zurück; es ist ein Unterschied, Qualitatives für die Wärme vorhanden. Der Unterschied kommt zugleich an sie selbst, sie wird konzentriert, eine Bestimmung, die ihr nicht mehr als bloß allgemeinem Wesen zukommt – strahlende dunkle Wärme.[2]

Aber wesentlich ist sie auch Verbreitung, und Kondensation und Verbreitung verbinden sich; aber so in die Gestalt zugleich eindringend, und zugleich ein Qualitatives, das der Gestalt angehört, ist die Wärme selbst nicht bloß Wärme; nicht dunkle strahlende Wärme; sie ist das Qualitative an ihr selbst; sie ist leuchtende Wärme, und zwar solche, deren Licht das einfache absolut, ursprünglich Quali/tative ist; die Wärme, welche ihre negativen Momente, ihre Elemente noch nicht entwickelt hat, sie ist noch nicht Feuer, diese rege Zeit, welche ihre Momente (wie Magnetismus und Elektrizität unterscheidet) realisiert hat. Noch ist sie als dies Qualitative nur das ganz Einfache; einfaches entgegengesetzt ihrer Passivität. Nur als Sonnenlicht, nicht als irdisches Licht ist sie jener Qualifikation in der Verbreitung fähig; die abstrakte Gestalt, wie sie an ihr ist (Pendel). Entfernung ist Qualifikation gegen Fallen, das reines Verbreiten ist.[3] – Hier die erste Bedeutung der Einheit des Lichts und der Wärme.

Der Begriff ist die Qualifikation der Wärme, so daß sie zu

[1] *Am Rande:* eine undurchsichtige Linse, hat sie nicht einen Brennpunkt der Wärme oder höheren Temperatur? oder von Seiten der Kälte; ein Thermometer in der Sonne in den Brennpunkt einer Linse, die im Schatten steht, gestellt, sollte es nicht sinken, wie im parabolischen Spiegel?

[2] *Am Rande:* nicht mehr ruhige Verbreitung

[3] *Am Rande:* Aus der Mechanik der Entgegensetzung gegen die Gestalt heraus

sich als sich selbstgleicher Qualität zurückgekommen – Die Einheit macht sie zur Materie. Ein Zurückgekehrtes, das einfache Moment des Fürsichseins, und das erste, ausschließend, sich in sich entzweiend, in Licht, diese als Sterne Eins, sie aber Elastizität;[1] und zwar Wärme, welche sich als Einheit der freien Wärme und der Qualität gesetzt, oder nicht mehr freie Wärme ist, denn diese ist das träge Mitteilende – Sie heißt so unempfindbarer Wärmestoff; der Temperatur zwar fähig, aber für sich die Vertilgung derselben als eines Besonderen, von der Materie Getrennten. Ungetrennte Einheit also des Qualitativen, der Figur,[2] nicht der Masse, diese in dem Warmen verloren gegangen, und der Wärme. α) Die Gestalt ist selbst noch gestaltlos, ungetrennt von ihrer Auflösung der Wärme. β) Wärme und Ausdehnung überhaupt sind dasselbe, in einer Einheit, Faktoren, deren einer die Stelle des anderen vertreten kann, sowie der eine unterschieden unmittelbar das Andere ist;[3] so daß die größere Wärme größere Ausdehnung desselben Ganzen setzt, aber die Ausdehnung desselben Ganzen vergrößert, die Temperatur vermindert;[4] / die Ausdehnung wird vergrößert, es ist dasselbe Ganze, die Wärme wird zur Ausdehnung verwendet, oder zum größeren Dasein desselben Quantums – Die Masse bleibt dasselbe. Die Substanz des Daseins ist Wärme, die Vergrößerung der sich mitteilenden Wärme vergrößert die Substanz des Daseins als Ausdehnung; aber eine Masse gesetzt von bestimmter Größe, und weiter ausgedehnt, so vermindert sich die daseiende Substanz.

Die[5] elastische expansible Flüssigkeit ist α) weich, die Temperatur verbreitet sich in ihr; aber β) diese wird unmittelbar Dasein der gleichen Verbreitung, sie ist Fürsichsein, – oder ihre Weich-

[1] *Am Rande:* Einheit dieses Fürsichseins

[2] *Am Rande:* Figur ist nicht, Idealität, Raum und Masse

[3] *Am Rande:* α) das Allgemeine dieser Einheit existiert in ihrer anderen Form zugleich*. Ein Eins, das sie zusammenknüpft – es wird nicht das Eine nur vermehrt

* *Daneben:* Daß die Temperatur dem Wesen nach übergegangen ist

[4] *Am Rande:* Masse das träge, Größen fähige

[5] *Am Rande:* β) gleichgültiges Dasein, negativ gegen feste Gestalt

heit, Passivität wird Ausdehnung,[1] und zwar unwiderstehliche Kraft der Ausdehnung. Die Wärme zeigt sich also hier als Inneres, als Intensives, so wie als Dasein. (Diese Elastizität ist zunächst in ihrer Äußerung durch ein Anderes bestimmt.)[2] α) Zusammendrücken der elastischen Flüssigkeit in einer Kompressionsmaschine zeigt Erwärmung, das Dasein, die Figur Ausdehnung ist eingeschränkt, es hat also an Dasein verloren; er verliert an Wärmestoff, der itzt höhere Temperatur wird, frei, Sein für Anderes, wie er für Anderes war,[3] β) Verdünnung der expansibeln Flüssigkeit in der Luftpumpe bringt Erkältung hervor, denn die vorhandene Temperatur wird latent, wird zur Existenz, zur Ausdehnung[4] verwendet. – (Das Äußere in der Elastizität ist als solches zu nehmen, / das die Ausdehnung affiziert, Temperatur, von welcher die Ausdehnung geändert wird, ist Tempratur als freie Wärme, noch nicht latent werdend, insofern sie durch die Wärme gesetzt ist, sondern Entziehung der Temperatur nimmt wieder die Ausdehnung; sie für sich ist noch eigentlich ein Mitgeteiltes und Mitteilendes, für uns der Begriff der elastischen Flüssigkeit, noch das Dasein ihres Werden.)[5]

[1] *Am Rande:* Gleichgültiges, gegenständliches Dasein, nicht mehr Zusammenfließen; negativ gegen andere bestimmte feste Gestalt. Aber diese ebenso gegen sie – Kompression latente Wärme

[2] *Am Rande:* Es ist zu bemerken, daß eine fixe Expansibilität gesetzt ist.

[3] *Am Rande:* bei Hebel verminderte ich die Entfernung, wird auch das Gewicht vermindert, wenn das ganze andere bleibt; – so vermindere ich die Ausdehnung, auch die innere latente Wärme wird vermindert

[4] *Am Rande:* Berthollet III – Die Wärme wird nicht zusammengedrückt; sondern indem der Körper wieder zu der Ausdehnung kommt, die seiner Natur angemessen, so entsteht Erkältung in den umgebenden Körpern, die der freigemachten Wärme entspricht. *

[5] *Am Rande:* γ) nicht negativ gegen einander, sondern ruhige Vereinung, – spezifische Schwere keine Bedeutung, nicht Vermengung, gehen ineinander, prozeßlos – doch vollkommen neutrale Produkte; denn ihr Wesen ist das Aufgelöstsein. – Treten nicht aus der Verbreitung heraus. Dalton, Gilbert 13 Band, Seite 439, „die heterogenen Teilchen gemengter elastischer Flüssigkeiten stoßen sich nicht gegen- *

β. Der Zusammen*stoß* elastischer Flüssigkeiten ist das Aufheben ihrer Elastizität; Wärme und Kälte kann sie (die permanenten), d. h. deren Wesen diese Bestimmung ausmacht, nicht zurückbringen, denn die Kälte ist selbst nur, wie Wärme, Faktor, der über das andere Moment seiner *Qualität* nach nichts vermag; oder die Elastizität ist noch nicht Prädikat geworden, dessen Dasein in das Quantitative herabgesunken wäre. /

Der Stoß derselben ist, daß die *Ausdehnung* vertilgt wird, als das *bestimmende* Quantitative (wie im mechanischen Stoße die Größe der Masse). Diese *qualitative* Macht ist der elektrische Funken, glühendes Eisen in Sauer- und Wasserstoffgas, das Feuer überhaupt – (oder auch nach Biot große Kompression oder das Zerspringen?) die Kraft der Wärmedifferenz. – Sie ist eine fremde; die elastischen Flüssigkeiten sind alle *gleich expansibel* (Berthollet 108), es ist keine Spezifikation an ihnen. Es also ein noch Fremdes, das sie zusammenbringt. – Im Stoße ist dies gesetzt, daß ihre Elastizität sich auslöscht,[1] d. h. das Dasein *der Wärme* als die *Kraft* des *Ausdehnens*. Es wird dieselbe Ausdehnung in Einem Orte gesetzt, das heißt sie wird negativ gesetzt, – die Kraft ist das sich Ausschließen verschiedener Ausdehnung.

Es ist also in die elastische Wärmematerie das negative Prinzip gesetzt; α) ist sie dadurch nicht mehr daseiend, als Ausdehnung *überhaupt*, sondern als *bestimmte*, aber noch gestaltlose,

seitig zurück, in Entfernungen, in denen die homogenen Teilchen einer und derselben Flüssigkeit einander repellieren (d. h. Existenz haben als Materie überhaupt – Kontinuität daseiend, *Insichsein* in seinem Außersichsein, Unterschiede, die keine sind) und wenn sie miteinander in wahre Berührung gebracht werden, leisten sie sich in jeder Rücksicht wie unelastische Körper Widerstand". „Die Teilchen einer Gasart werden nur von den homogenen Teilchen derselben Gasart getragen, obschon wenn sie sichtbar wären, es scheinen würde, als ruhten sie unmittelbar auf den heterogenen Teilchen einer anderen Gasart", „auf 1 Teil Masse 1000 und mehrere Zwischenräume"; – Vermischung nicht Trennung nach spezifischer Schwere; nicht Auseinandertreiben durch verschiedene Ausdehnung durch – Wärme

[1] *Am Rande:* *Weichheit*, nicht durch sich selbst, sondern durch anderes ist ihre Ausdehnung bestimmt;

oder der allgemeine Raum ist zur Oberfläche geworden; sie ist Charakter überhaupt, das Flüssige, aber nicht mehr elastisch, sondern tropfbarflüssige Wärmematerie an sich.[1] β) Es ist nunmehr eine gedoppelte Qualifikation gesetzt, αα) das Tropfbarflüssige dem Elastischflüssigen gegenüber ββ) das Tropfbarflüssige ist an ihm selbst qualitativ und hat Charakter, und zwar bringt es in sein Ausdehnen bestimmten Charakter hinein. αα) gegen das gestaltlos Ausgedehnte das Tropfbarflüssige behauptet letzteres seine Charakterlosigkeit, seine *Rundung*;[2] die Bestimmung durch äußeres überhaupt ist *zufällig, doch gehört* dies nicht hierher – *sondern im Verhältnis zur Temperatur*, dies *ist die Masse*, welche auf es *einwirkt*.[3] *Der Übergang vom Elastisch- zum Tropf/bar*flüssigen ist, wie er qualitativ durch den Funken, so auch quantitativ da; die Wärme als das Negative selbst, ebenso das Allgemeine die Macht desselben.[4] Wie er dort sich rein an die Gestalt wendet, reine Hitze, ohne zu brennen; so hier Fortgang an der Wärme, und dieser ist an solchen, die nicht permanentelastisch heißen, nicht qualitativ, sondern worin die Temperatur bestimmt die Substanz ihres Bestehens ausmacht, und *ihre* Verschiedenheit, oder Bestimmtheit, als Größenunterschied ist. Dies Quantitative zeigt sich nun *
hierin qualifiziert; α) *latent* die Dämpfe, elastische Flüssigkeiten, Gren 628, von einer bestimmten Temperatur sich niederschlagend, erzeugen eine größere Hitze, als gleiche Quantität Wassers von derselben Temperatur[5] – Es kann in jeder Temperatur Dampf bestehen, d. h. die *Expansion* vertritt die Stelle der Temperatur. Dampfbildung erkältet, Äther – β) diese Gestalt ist *ein fixer* Punkt, über den die tropfbare Flüssigkeit nicht hinaus-

[1] *Am Rande:* nicht mehr diese Weichheit, oder Offensein für Temperatur (adhärierend)

[2] *Am Rande:* a) Charakter gegen die Temperatur.

[3] *Am Rande:* *kälter* seiner Natur nach; nach der Gestalt betrachtet etwas Fixiertes, nicht gegen Temperatur Gleichgültiges; *Quantitatives schlägt* in Verschiedenheit des *Qualitativen* um.

[4] *Am Rande:* Berthollet XI an Calorique. Blei in Azot, der es nicht *
oxidieren konnte

[5] *Am Rande:* ist festgeworden

gebracht werden [kann];[1] es hat einen bestimmten Charakter, der als Veränderung der Gestalt auftritt; es ist fixierte Gestalt. γ)[2] Charakter insofern es zugleich dem Quantitativen angehört,[3] Ausdehnung des Wassers z. B. ist sehr ungleichförmig. / c) fester Körper[4] als Gestalt, spezifische Wärme. Der Charakter des Tropfbarflüssigen ist, durch die Temperatur wenig ausgedehnt zu werden, und in dieser Ausdehnung sich besonders zu spezifizieren. Dasjenige, gegen welches es Charakter hat, ist die Temperatur; allein diese ist nichts mehr für [sich] seiendes Freies, sondern sie ist die Gestalt, die Ausdehnung selbst; und diese hat also in Wahrheit nur Beziehung auf sich selbst, ist in sich zurückgegangen. Die freie Wärme ist als ganz Negatives gesetzt. α) die empfindbare Temperatur ist in das Negative ihrer selbst, in Kälte übergegangen; jene das Allgemeine, die das Gegenteil ihrer selbst, so positiv als jene. β) die freie Wärme wird zur Gestalt verwandelt; und diese Gestalt ist im Ganzen ein fixer qualitativer Punkt, der der gleichförmigen Verbreitung der Temperatur widersteht, die in die Gestalt übergeht.[5] γ) es ist daseiender Charakter, die Wärme, die real ist, Allgemeines, zu sich selbst geworden; feste Gestalt; in ihrem Dasein sich gegen anderes er-

* [1] *Am Rande:* Behauptung dieses Punktes Gren α) Fixierung des Siedepunkts, Wasser im papinschen Topf, [bei] erhöhter Temperatur, sinkt herab. 8 Pfund Eisenfeil von 300° Fahrenheit mit 1 Pfund Wasser von 212° vermischt bleibt 212

[2] *Am Rande:* b) Charakter, Gestalt als aufgelöste.

[3] *Am Rande:* Adhäsion ist Annehmung der Gestalt als Oberfläche; Charakter formale Qualitativität –

Charakter hat aber das an ihm selbst gegen was er ist, α) Temperatur als fixierte Wärme β) Gestalt, in Adhäsion sich noch behauptend, gegen sie aber wieder selbst; er selbst negatives der Temperatur, das mit sich selbst zusammengegangene Sichselbstgleiche.

Adhärierendes ist noch nicht Materie. Diese Substanz nach zweierlei Seiten, Temperatur, und Ausdehnung; die Unvollkommenheit der letzten ist, daß jene noch Einfluß hat.

* [4] *Am Rande:* fest wird nach Guyton Morveau bestimmt durch chemische Verwandschaft.

[5] *Am Rande:* fixe Temperatur ist Gleichgültigkeit gegen die freie Wärme

haltend. – Wie die feste Gestalt in der eigentlichen Mechanik die Bedeutung [hat], daß das In sich überwunden, und das *Dasein* in sich ist; so hier daß die absolute Auflösung sich fixiert; sich Dasein gegeben. Sie ist Kristall, dies gehört dem vorigen Momente an[1] – hier aber fixe Temperatur, die in sich selbst Elastizität; ein bestimmtes Verhalten gegen die äußere Temperatur, / so daß die Erwärmung, nicht mehr als verschiedene Ausdehnung sich zeigt, sondern als eigentümliche Temperatur; die Ausdehnung ist fixiert. Frieren ist der erscheinende Übergang vom Charakter in der Ausdehnung, die noch offen ist für Temperatur; die Kälte ist die freie Wärme als negativ gesetzt; daher Gestalt fixiert. Und der Begriff, das Allgemeine, hievon ist der Körper, der an ihm selbst eine bestimmte *Wärmekapazität* hat, eine spezifische Wärme, die Wärme, die sich charakterisiert hat, als *einzelne* fixe; *spezifische Wärme*, wie früher spezifische Schweren, wie * bestimmte Weise des Insichseins, so bestimmte Weise der Auflösung, hat alles, oder alles ist eine fixierte Wärmemöglichkeit; die Form der Festigkeit, wie der tropfbaren Flüssigkeit, gehört eigentlich der Gestalt als solcher an; die Gestalt ist als *aufgehobene*, und das Tropfbarflüssige ist hier der Gestalt nach adhärierend; wie das Feste sich *amalgamierend*, sich vollkommen durchdringend. Anhängung steht nach Morveau ganz im Ver- * hältnisse mit Verwandtschaft.

Der Begriff der Gestalt ist also hier α) spezifische Wärme, β) bloße *Möglichkeit* der Gestalt, vollkommene Durchdringung, aufgehobene Gestalt, so ist die Materie Materie des Prozesses; Materie sich bloß verbreitend, der Unterschied ein bloßer der Größe, reine Neutralität, gänzlicher Verlust ihrer Gestalt und bestimmten Daseins.

Die Materie α) als spezifische Wärme β) als reine Möglichkeit

[1] *Am Rande:* α)* Festigkeit, die sich gleichgültig, ohne Widerstand *verbreitet* (nicht flüssig,) Wärme ist ihre Form
β) *ruhende Bestimmtheit spezifische* Wärme
γ) diese Bestimmtheit aber ist das absolute Übergehen.
* *Daneben:* Eigenschaft der Gestalt, diese wiederhergestellt, vorausgesetzt

bestimmt, ist das chemische Element.[1] Sein Wesen ist die Wärme, Wärmematerie, seine ponderable Base, die Chemiker nehmen sie umgekehrt als das Imponderable an. Sie ist Dasein, die Möglichkeit sich vollkommen zu verbreiten, sie sind an sich vollkommen aufgelöste, welche keine Masse, kein Dasein füreinander haben. Zugleich sind sie bestimmte, als Schweren betrachtet, bestimmte spezifische / Schweren, und bestimmte spezifische Wärmen. Aber die Form, das Dasein ihrer Bestimmtheit ist nur eine andere als die eine und die andere. – Es ist die an sich aufgelöste Materie, welche zu sich zurückgekommen, d. h. welche als Auflösung Dasein hat.[2] Die Trägheit der Temperatur ist vollkommen überwunden; die Bestimmtheit ist eine solche, welche sich nicht mehr erhalten kann, sondern unaufhaltsam sich aufhebt, oder deren Wesen wie Dasein ist, in ihr Entgegengesetztes überzugehen; die Abstraktion, welche es auch ihrem Dasein nach ist, und schlechthin keinen Halt mehr an ihr hat; ihr Dasein ist eben nur die Möglichkeit des Prozesses zu sein. Die Unterschiede sind reine Begeistungen, nichts irdisches mehr auch in ihrem Dasein,[3] sondern verschwindende Größen, die reine Zeit, – Abstraktionen, die nichts als die Auflösung zu ihrer Substanz und Elemente haben (nicht wie Magnetismus auch Elektrizität der Gestalt, in ihrem Dasein angehören). Diese Elemente werden daher nur mit äußerer Gewalt festgehalten, wie wir im Gedanken eine Abstraktion als solche, z. B. Sein, festhalten. – Ihr Bestehen für sich ist vielmehr der Prozeß, die absolute Vermittlung, die unmittelbar ist.[4]

[1] *Am Rande:* durchdringende, rein geistige materielle Wesen; wie der Raum.
Ihre Wirklichkeit ist diese reine Negativität – Säure, oder Kaustizität – durchdringende Schärfe, kein Ding, begeistet.
Ihr Bestehen ist Wärmestoff überhaupt, aufgelöste Materie

[2] *Am Rande:* Nach Winterl besteht Wärme aus der Verbindung des Base- und Säureprinzips

[3] *Am Rande:* Feuer

[4] *Am Rande:* Bestimmung dieser Stoffe siehe anderes Manuskript
Sauerstoff, das chemische aber differente Licht
Triumph der Chemie, die reinen Abstraktionen zum Stehen zu bringen.

B.[1] Prozeß[2]

Nur das Übergehen, Verschwinden ist die Realität und Substanz dieser Elemente. Sie sind nur Momente. Ihr Subjekt ist das Ganze, eben diese unruhige Verwandlung, / die absolute Bewegung dieser Bewegungen, und zwar der reine chemische Prozeß, der nur das rastlose Werden dieser Momente ist, sie sind nicht, sie werden nur, wie alles nur dieses Werden ist. Dieser Prozeß ist nun das Feuer. Er ist die Totalität dieser Bewegungen; er ist, was jene an sich sind; oder in ihm haben sie die Bedeutung von Bewegungen. Es hat diese gedoppelte Seite, einfaches chemisches Element, als seiend, und rastlose Verwandlung, als Bewegung ausgesprochen zu werden. Es selbst ist dieser Kreislauf, und was sich durch diesen Kreislauf bewegt, ist wieder es selbst.[3] Seine unmittelbaren Bewaffnungen sind der Sauer- und Wasserstoff, wodurch es den Stickstoff zu Kohlenstoff individualisiert, das Allgemeine aus seiner Trägheit reißt, zum Einzelnen macht, und wieder die Einzelnheit zur Allgemeinheit tötet. Insofern diese Extreme als seiend betrachtet werden, ist es die Mitte ihres Schlusses. In dieser Mitte ist das Allgemeine (Stickstoff) als Wasserstoff; das Extrem der Einzelnheit aber als Sauerstoff. Es ist die Einheit, die sich in diese Extreme zersetzt, d. h. seinen Sauerstoff und Wasserstoff in den Gegensatz der Allgemeinheit und Einzelnheit auseinanderfallen läßt, und diese ebenso aus ihrer Gleichgültigkeit reißt, und in die verkehrende Mitte zurücknimmt. Das Sein aller Momente ist eben nur dieses Hervor- und Zurückgehen.

Der[4] Prozeß ist ein Ganzes, worin keine Differenz selbstän-

[1] *Auf dem oberen Rande:* Materie außer sich Wärme; in sich chemisches Element, oder dort Dasein – chemisches Element ist nur Wirklichkeit der Wärme

[2] *Am Rande:* α)* chemische Elemente einfache Abstraktion
β) damit sind sie Einheiten des entgegengesetzten Seins und Nichtseins als diese selbst

* *Daneben:* inwiefern einfach

[3] *Am Rande:* Waffen der Zeit, Zukunft und Vergangenheit

[4] *Am Rande:* Fangen beim Stickstoff an, einseitige Ansicht – er ist Raum, die Zeit seine Negativität; Kohlenstoff

dig ist, sondern erloschen sind, eine einfache tote Einheit, so ist er Stickstoff; das Erloschensein des Prozesses in ihm selbst, als einfach allgemeinem, er ist eben dieses haltungslose Erlöschen. – Aber unmittelbar ist er ebenso sehr die erweckte Differenz, der Stickstoff erzeugt ihn, denn er ist als einfaches unmittelbares, absolut nur *Moment*. Er ist nur Moment, Moment, das *ganzes Dasein* ist, das Ganze als einfaches Allgemeines, Wärme, welche einfache qualitative Einheit ist, Flamme, und eine solche, deren Momente Realitäten, nunmehr als Materien des Prozesses sind. Der Stickstoff ist Wasserstoff, die Mitte als Ganzes des Daseins; alle Flamme und alles Brennen ist Wasserstoff. Das Brennen ist der ganze Prozeß als einfaches *daseiendes* / Ganzes, oder das Ganze in der Form der *Realität*. – Aber es ist wesentlich eben sosehr die absolute *Negation*, und zwar Negation der Einfachheit α) als *eines Seins*; so ist es *Sauerstoff*, welcher das Allgemeine vereinzelt; – und Negation als des einfachen Prozesses, des Prozesses insofern er reine Bewegung ist, – Sauerstoff ist hier das Entzweien in die Extreme; in sein Bestehen als Erlöschen oder Stickstoff, und in sein Bestehen, als wirklicher Kohlenstoff. – Diese Entzweiung ist aber selbst unmittelbar Einheit; denn sie entzweit in Stickstoff und Kohlenstoff, aber was so entsteht, ist vielmehr das Allgemeine, der Stickstoff, d. h. sein Werden eben ist sein Aufheben, oder sein Entgegengesetztes. – Die Flamme ist das daseiende Ganze des Prozesses als Prozesses, der Kohlenstoff das daseiende Ganze desselben als Sein – Also Stickstoff das *allgemeine* Ganze, das Negieren desselben ist der Sauerstoff; der Stickstoff wird oxidiert Kohlenstoff; das Allgemeine herabbewegt zur Einzelnheit. Jenes Extrem der Allgemeinheit auf die Mitte bezogen, oder diese Beziehung, ist der Wasserstoff, und als Bewegung Flamme; und als die Mitte, als Extrem und dem Allgemeinen entgegengesetztes, ist es Kohlenstoff. Dieser das *Einzelne*, sein negatives Moment ist Sauerstoff,[1] sein positives Wasserstoff, als ein Moment des Gegensatzes, aber als gegensatzloses Allgemeines, Stickstoff.

1 *Am Rande:* reine Feuer, reine qualitative Einheit

Der Prozeß, der sich durch sich selbst verläuft[1]

Das Feuer ist die reine Bewegung, die Mechanik dieser chemischen Momente, ihre Vermittlung, aber durch sich selbst, denn sie sind selbst nur reine Vermitt/lungen, ihr Sein ist ihre Auflösung, es ist nicht ein daseiendes Verhältnis zwischen ihnen, sondern das Verhältnis ist nur die Bestimmtheit ihres Verschwindens. Das Feuer bewegt, materialisiert nun sich selbst; wird zu seiner bestehenden Substanz. Zuerst als Prozeß, der sich in sich verlaufen, ist er das in sich Zurückgekehrte, Einfache überhaupt; er ist in sich erloschen,[2] und dieses Erloschensein ist sein Dasein. Es ist also da als einfache unmittelbare Einheit des rein Allgemeinen[3] und rein Einzelnen; – als unmittelbare Einheit; denn diese Einheit ist noch nicht mit ihr selbst vermittelt; sie ist als Erloschensein einfach, und doch Einheit[4] von Momenten; es fällt das Dasein des Anderen außer ihr, sie ist in der Form der allgemeinen Einzelnheit, oder Elastizität, in ihr selbst gespannt,[5] denn die Extreme sind nur durch die einfache leere Mitte vereinigt. Die Momente dieser abstrakten Extreme, der abstrakten Allgemeinheit und abstrakten Einzelnheit, in ihrer Realität ausgedrückt, sind sie Stickstoff und Sauerstoff. – Der Prozeß als dies Element, ist die Luft.[6] Sie ist Materie, sie ist

[1] *Am Rande:* beruhigter Prozeß, und physische Gestaltung – Mechanik des Lichts
qualitative Einheit, das Licht; Ich, reines Selbst.*
Einheit der Mechanik und Chemie – elektrisches Licht oberflächlich
* *Daneben:* Weisen des Lichts zu existieren sind physische Elemente

[2] *Am Rande:* Materie, physisches Element; Einheit des Seins, Gestalt, und des Aufgelöstseins.

[3] *Am Rande:* unmittelbares Entzweitsein; Spannung entgegengesetzt, daher Stickstoff und Sauerstoff leichtes Spiel, Stickstoff geht in Wasserstoff über

[4] *Am Rande:* Formales ruhiges Dasein, ruhende Substanz der chemischen Abstraktion – inneres ist ein Fremdes

[5] *Am Rande:* die Entgegengesetzten berühren sich unmittelbar

[6] *Am Rande:* Element des Verschwindens; die Seite keine Realität, was in sie tritt, verschwindet, die höchste Reinlichkeit.

ruhendes gegenständliches Fürsichsein, und ihre Elastizität ist, daß ihr Wesen diese Spannung in sich selbst ist.[1]

b) Als unmittelbare Einheit hat sie ihr Anderssein außer ihr; allein diese Form / widerspricht ihrem Wesen; sie ist selbst die Einheit Entgegengesetzter; sie hat das Anderssein in ihrem Wesen.[2] Ihre unmittelbare Einheit ist an sich Vermittlung, oder ihre Spannung, die unmittelbare Trennung, fällt in sich zusammen. – Es ist Wasser. Das allgemeine Moment, der Stickstoff, ist nicht rein allgemeines, sondern der das Anderssein an ihm hat, er ist Wasserstoff; und diese nunmehr wahrhafte Einheit des Allgemeinen und Einzelnen ist das Neutrale,[3] nicht Gespannte; ihre Durchdringung – Einheit des Sauer- und Wasserstoffs. So in die Einheit zurückgenommen ist sie das in sich gleichgültige vollkommene Erloschensein des Prozesses.[4] – Sie ist eine Neutralität, überhaupt ein unmittelbares vollkommenes Durchdringen, ein Aufgehobensein des besonderen Bestehens; Wasser besteht nicht aus Sauer- und Wasserstoff, als aus Teilen, – auch drücken sich die Chemiker nur in diesen Worten aus, unterscheiden aber sehr gut zwischen mechanischer und chemischer Zusammensetzung[5] – Die Form dieser Neutralität, oder ihr Dasein ist, wie der Luft der elastischen Flüssigkeit, so des Wassers der tropfbaren, weil sie nicht mehr nur überhaupt ausgedehnt ist, sondern für sich ist, allgemeinen Charakter hat; aber es ist zugleich nicht die eigentlich adhärierende Flüssigkeit, das selbstlose, sondern als der erloschene Prozeß das reine Ansichsein,

[1] *Am Rande:* Unmittelbare qualitative Einheit ist Licht, sehen wir in ihr Sein, – weil die schwere Materie α) sich aufgelöst überhaupt – Einheit solcher Entgegengesetzter Aufgelöstsein – Vorher ist nur dem Dasein nach das Licht herbei genommen worden.

[2] *Am Rande:* Schluß α) allgemein β) Gestalt γ) Feuer

[3] *Am Rande:* unmittelbare Einheit ohne Entgegensetzung abgestumpft; festgehalten, ohne qualitative Einheit, passive Einheit. – Sie sind die realen Seiten, aber ohne Gegensatz.

[4] *Am Rande:* Jedes* ist dies Ganze, weil die Einheit unmittelbar ist.

* *Daneben:* gleichgültige Realität

[5] *Am Rande:* Substanz Sein, Gleichgültigkeit der gestalteten Materie wie Luft der aufgelösten

das den reinen Strahl in ihm hat, ein an sich strahlenbrechendes Medium,[1] oder sich qualifizierendes, nicht durch die Figur, wie in der Mechanik der Wärme, sondern innerlich, durch seine Natur. / – Der erloschene Prozeß ist Lichtmaterie, zu ihr hat sich die Masse geläutert. – Das Licht ist itzt das Element, Substanz des Daseins.

Wasser also das neutrale Element nach seinen Momenten, und Licht in sich nach seiner einfachen Substanz, das in seiner Neutralität gebrochen ist.

c) Endlich wird das Wasser zur Erde. Der reine Strahl ist nicht nur formell gebrochen, im Raume von seinem geradelinigen Wege ab; sondern die Neutralität ist in sich Einheit der chemischen Momente, diese sind es, in welche er gebrochen ist. Der Strahl ist die unmittelbare Neutralität, aber nicht nur die passive des Wassers, sondern sein Gebrochensein[2] ist in diese Momente der aufgelösten Materie, im Prozesse ist ihre Auflösung selbst aufgelöst worden; sie sind in die Seele eingetreten, und diese in der Neutralität sich brechend, ist mit dieser Eins, ihr Brechen ist die Verschiedenheit dieser Momente. Es ist der Kristall,[3] zu dem das Licht sich geboren, wie früher der Raum und die Masse Momente waren, so hier Feuer, (Prozeß) und Licht; räumlich aber ebenso als reine Idealität, Schwere als Insichsein; Licht, als reine Einheit, reiner Strahl, Seele dieses Insichseins, und chemische Materie, indem die Masse in diesem Strahle vollkommen aufgelöst ist. Diese chemische Materie ist auf diese Weise als Kohlenstoff gesetzt; denn sie ist in der absoluten Einzelnheit. Und der Kristall, unter dies reine durchsichtige Ansichsein die Auflösung fassend, hat er ihr Auflösen, ihre Weichheit getilgt, er ist absolut hart und kalt. Er ist der Diamant der

[1] *Am Rande:* Strahl* in seine realen Seiten noch geteilt, sie sind noch das qualitative einfache Eins, reale Seiten
seine Einfachheit räumliche Abweichung
* *Daneben:* ganz naive Weise; Kalk höhere Brechung, Verdopplung

[2] *Am Rande:* reine Abstraktionen Einzelnheit;

[3] *Am Rande:* α) zurückgekehrte Gestalt, Einfachheit, Selbstgleichheit, Unmittelbarkeit des Seins.

Erde, der Urkristall, dessen jedes Auge sich erfreut, ihn als den erstgeborenen Sohn des Lichts und der Schwere anerkennend.[1]

Aber dieser reine Kristall ist ebenso die absolute reine Bewegung in sich selbst, die Auflösung, welche sich auflöst, und welche alle Gestalt wie Wärme in einer ungetrennten und rastlosen Einheit enthält. Es ist die lebendige Sonne, die wahre / Realität, das kräftige, allbelebende Licht, oder das allgemeine Leben selbst, die allgemeine Seele.

III. Totaler Prozeß

Dieser[2] absolute[3] Prozeß könnte so vorgestellt werden, daß die Sonne tätig sei gegen den festen Kristall, und seine absolut spröde Einzelnheit entzweie, den Kohlenstoff, dies Tote dekomponiere, und es in die Bewegung reiße. Allein so steht keins in Tätigkeit gegeneinander, sie gehen nicht von einem entgegengesetzten Fürsichsein aus, sondern die Einheit der Substanz ist es, die sich entzweit, und in ihrer Bewegung in sich selbst zurückkehrt. Es ist der an sich selbst aufgelöste Kristall, der Prozeß an ihm selbst. Die Beziehung als Einwirken vorgestellt, setzt voraus, daß jedes der im Verhältnis Gesetzten an sich das Andere, oder die Möglichkeit des Anderen sei. Aber es ist überflüssig, diese Unterscheidung zu machen, sondern die Bewegung ist in ihrer Möglichkeit oder Wesen selbst zu betrachten. Er ist das Werden der Erde an ihr selbst, ein Werden, dessen Momente an ihnen selbst physische Ganze, Realitäten, das reale Wesen des Ganzen haben, und deren Dasein eigene Wirklichkeit derselben ist.

Die Substanz also ist die vom Lichte durchdrungene Gestalt. Sie als die einfache Qualitativität, das einfache daseiende Insichsein, ist das reine kalte Licht, und es wäre ebenso in seiner ersten unterschiedenen Entfaltung der kalte gestaltete Kristall. Aber

[1] *Am Rande:* Sättigung des Lichts und des Chemischen, Wärme.
[2] *Am Rande:* Diamant, Inneres der Erde
[3] *Am Rande:* Werden des Lichts zur Farbe – Einheit, Allgemeinheit gleichgültiger, fühlbarer, absolut Differenter.

dieser Kristall eben von jener Einheit durchdrungen, ist die aufgelöste / Materie; es ist die in sich selbst zersetzte Substanz. – Die Wirksamkeit der Sonne heißt dies, daß eben die Substanz als die rein daseiende Materie als Licht, Sonne, und als aufgelöste Materie, als erwärmter Kristall sich entgegensteht. Nicht jene wirkt auf diesen, sondern die Wirkung ist schon geschehen, so entzweit zu sein; α) also Sonne β) nicht ihr gegenüber die schwere Masse, sondern die erwärmte; die an sich aufgelöste, oder die Materie als Möglichkeit des Prozesses; das Insichsein heraus getreten, d. h. als aufgehobenes gesetzt. Die Sonne ist die reine Kraft, welche sich als reine Kraft erhält, das wirklichkeitslose Dasein der Kraft, die einfache Anschauung, allgemeine reine Gegenwart bleibt, oder das Wesen. Ihre Wirklichkeit ist der Prozeß der Erde; aufgelöst in sich; diese Auflösung aber ist da, α) unmittelbar, oder in ihrer abstrakten Konstruktion, sind die beiden Momente wirkliche ansichseiende Körper. Die Sonne ist das reine Aufgehobensein der Momente der Erde nach ihrer allgemeinen absoluten Gleichgültigkeit, oder reinen Substanz. – So ist die Erde zuerst der erwärmte Kristall überhaupt; die ebenso allgemeine Auflösung, das unbestimmte Gefühl seiner selbst. Dies trübe brütende Gefühl, das noch in seiner Sichselbstgleichheit nichts unterscheidet, ist das unmittelbare Negative wie es an der Erde, d. h. wie es in seinem Insichsein im Anderssein, oder der realen Ausdehnung ist.

Es[1] ist daher unmittelbar die Entzweiung, das wirkliche Negative, sein Begriff das gedoppelte, das Negative seiner selbst zu sein. Dieser ihr Begriff ist das konstruierende Licht an ihr selbst; – aber so nicht zu nennen, weil es als [auf] ein anderes Dasein wirkend gesetzt ist. So entzweit treten die Seiten unmittelbar aus der Einheit, aus ihrer Auflösung; sie sind nicht an und für sich, sondern schlecht/hin nur im Verhältnisse zueinander, ohne Selbständigkeit, sich nur aufhebende Gegensätze, chemisches

[1] *Am Rande:* α) chemische Abstraktion als aus dem reinen Begriffe, aber er ist Wirklichkeit; – zugleich reine Wärme und Schwere; allgemeine, die different sind

Moment; sie sind schlechthin begeistet, und dies chemische Moment, dieser absolute Untergang, bleibt ihr Wesen.[1]

Aber[2] diese Unterschiede sind nicht, sie haben als solche keine Substanz, keine Wirklichkeit, oder sie sind nicht wie sie in der Wirklichkeit Substanz sind;[3] und als unterschiedene müssen sie wirklich sein. Sie gehen in eigene Selbständigkeit zurück, sind für sich im Gegensatze, bemächtigen sich der Substanz, zerreißen sie, verwenden sie zu ihrem Bestehen; jene chemischen Elemente sind nur die Abstraktionen ihres Wesens, oder ihr wesentlicher Charakter, nicht ihre Wirklichkeit; die chemischen Momente haben keine Wirklichkeit.

Es[4] ist also eine gedoppelte Gestaltung gesetzt; das, was verwendet und zersetzt wird, ist das neutrale,[5] physisch Ganze, das Wasser; es ist die Substanz als solche, die aufgeopfert wird,[6] sie ist das Moment des an sich Entzweitseins. Die Extreme dieser Mitte sind die feste Gestalt,[7] und die expansible Flüssigkeit. Seinem / Begriffe nach wird es erkälteter Kristall,[8] der die Temperatur zu seinem Bestehen verwendet; es als Wasser wird es Kristallisationswasser, es ist das Amalgamieren, das prozeßlose in eins Werden und Erstarren; es ist die Erde, die zum wasserlosen festen Kristalle wird.[9]

[1] *Am Rande:* die spiegelnde Fläche hat als Einheit der Fläche gar keine Bedeutung; die Bilder halten sich für alle reinlich auseinander; ebensowenig ihre Entfernung in Beziehung auf den Einzelnen, er sieht die Landschaft, die von der Fläche kommt, nicht deutlicher als in der Wirklichkeit; – mich selbst und das mir Nahe sehe ich im Spiegel um so viel kleiner als ich vom Spiegel entfernt bin.

[2] *Am Rande:* β) sie sind itzt in der Substanz gesetzt, selbst Substanzen.

[3] *Am Rande:* reine Bestimmtheiten sind in sich reflektiert, jede an und für sich.

[4] *Am Rande:* γ) das Neutrale wird verwendet.

[5] *Am Rande:* jenes Unmittelbare ist als zerfallend gesetzt – Es teilt sich in Wärme und Schwere oder Gestalt

[6] *Am Rande:* Wasser* sich in sich zurück in die Schwere bildend

* *Dabeben:* Barometrische Veränderung

[7] *Am Rande:* α) das chemische Element wird zum physischen β) die Schwere und Wärme werden zur Gestalt

[8] *Am.Rande:* Schwere zur Gestalt

[9] *Am Rande:* Wärme zur expansiblen Flüssigkeit

Auf der andern Seite wird dies Wasser zur expansibeln Flüssigkeit, zur Materie, die als aufgelöste da ist, *selbstlos*, unselbständig, so daß die Quantität, die Temperatur ihr Wesen ist. Sie verschwindet in Luft.

Der chemische Gegensatz hat hier alles äußere Dasein verloren; er ist nur das innere, absolute Verhältnis, das aber in dieser Selbständigkeit beider unterdrückt ist. Er ist nur eine Spannung derselben gegeneinander, und ihr Dasein ist selbst diese Spannung. Aber die Selbständigkeit muß auch frei als des Begriffs entbundner selbständiger Körper da sein; in ihn eingeschlossen ist nur das *Werden* derselben, das nicht frei wird; Werden zum Kristall, und zum Aufgelöstsein; zur Selbständigkeit gediehen ist jener der *Mond*, dieses aber als selbständig kommt zu einer körperlichen Wirklichkeit, die aber auf dem Sprunge steht zu zerstieben, und die nur die Abwechslungen der Veränderung der aufgelösten Materie durchläuft.[1] – Mond und Komet erhalten hier ihre physikalische Bedeutung, die, welche sie als Momente des Prozesses der Erde haben. In der himmlischen Mechanik reine Sphären, hatten sie den Raum und Zeit zu den Momenten ihrer Realität, die absolute einfache Einheit des Äthers ist ihr Wesen, ihr Prozeß die Bewegung. Hier ist die physische Wirklichkeit ihre Substanz; die abstrakten Momente ihres Begriffs, Masse, und chemische Materie, in ihrer Realität, die physischen Elemente; und ihre Beziehungen – die chemischen.

Sie machen die verselbständigten Seiten der sich auflösenden Erde aus; der Mond, sie als Kristall, hartes Inneres, der Komet ihre selbständig gewordene Luft, / ein bleibendes, Meteor. Aber wenn die Erde wohl ihren Kristall, ihr totes Wesen frei entlassen kann und muß, weil sie das Beseelte ist, und dies Moment, das ihr Inneres ist, von sich abscheidet, so daß er der Regent ihres Prozesses bleibt, als des einzelnen, wie die Sonne des allgemeinen, so liegt es dagegen im Begriffe des Aufgelöstseins, daß dies sich frei abgelöst hat, und als selbständig keine Beziehung auf sie hat, sondern ihr entflohen ist.

[1] *Am Rande:* Erde erhält sich in der *Schwebe* zwischen beidem

Im[1] Prozesse aber, oder an der realen Erde, sind sie nicht selbständige Wirklichkeiten, sondern sie ist das Werden zum Monde und zum Kometen; diese getrennten Selbständigkeiten bleiben in ihrer Sphäre eingeschlossen. Sie sind nur gespannt gegeneinander, oder sie als dieses ganze Individuum ist es, das nur in der Form des Kristalls und des Kometen wird. (Ihre Wirklichkeiten sind gespannt; d. h. sie sind im elektrischen Verhältnisse gegeneinander.) Sie haben ausgedehntes reales Dasein, aber ein Dasein, das dem Wesen, dem Begriffe nach Eins ist, aber dessen Wirklichkeit noch nicht selbst diese Einheit ist. Das Eins ist vielmehr das ausschließende, sich in sich hineinbildende Fürsichsein, das unmittelbar gespannt gegeneinander ist, sein Wesen im Anderen hat.[2] Die gestaltete Seite wird in diesem Fürsichsein zum neutralen Kristall, der die Auflösung, das Wasser, in sich verzehrt, oder der vielmehr zu dieser qualitäts-, gegensatzlosen Neutralität wird;[3] er hätte auf diese Weise das Eins außer ihm; sein Prozeß wäre der oberflächliche, seine Neutralität nicht angreifende elektrische Prozeß. Aber er hat das Eins an ihm selbst; er ist das qualitative Feuer in sich, der sich in sich hineinbildende Zorn, der die gleichgültige träge Kontinuität seines neutralen Daseins aufhebt und verzehrt, die Unruhe in sich selbst, welche ihre an sich aufgelöste Materie, als Moment des Fürsichseins, als solche wirklich macht. Dieses in den Kristall versenkte / Feuer ist vielmehr ein Schmelzen desselben, eine Selbstentzündung, in welcher der Kristall zum Vulkan wird.

Auf der anderen Seite geht ebenso die gespannte Gestaltlosigkeit, das kometarische Werden in dies Fürsichsein über; seine Durchdringung seiner Momente ist nicht die neutrale, sondern ihrer als entgegengesetzter, differenter, Erhöhung der Spannung, Reinigung der Momente von Materialität, inneres Werden und Entgegensetzen ihrer als chemischer Momente, oder reiner

[1] *Am Rande:* Atmosphäril, Mond Meteor, Komet, einzeln – Gewitter die elektrisch reale Explosion.

[2] *Am Rande:* δ) Sie werden zur allgemeinen reinen Einzelnheit, – Feuer

[3] *Am Rande:* Kristall, der sich an sich selbst verzehrt, weil er Substanz

Elektrizitäten.[1] Auf diese Spitze des Gegensatzes getrieben, fallen sie ineinander; ihr hervorbrechendes Eins aber ist das substanzlose Feuer, das nicht die gestaltete Materie zu ihren Momenten hat, sondern die reinen Flüssigkeiten; es hat keine Nahrung, sondern ist der unmittelbar erlöschende Blitz, das aërische Feuer. So heben beide Seiten sich an ihnen selbst auf, oder ihr Fürsichsein ist eben das Verzehren ihres Daseins.

Die einzelnen formalen Momente des Prozesses erscheinen gleichfalls einzeln, (wie Fallen u.s.f.) innerhalb des Ganzen als Zufälligkeiten, z. B. das zum Monde Werden der Erde stellen die Atmosphärilien dar, wie die Meteore, das kometarische, dort zum Kristall, zu einem in Luft zerfließenden Gebilde.[2] Das formale Übergehen des neutralen Wassers in Kristall, tropfbare Flüssigkeit, und elastische ebenso an dem aërischen Prozesse.

Die Hauptsache aber ist die Auflösung der realen Momente und ihre Rückkehr in die Einheit.[3] Diese Rückkehr, und damit dies Ganze sich selbst tragende Subjekt, oder Prozeß, ist[4] die befruchtete Erde, das allgemeine Individuum, oder das / allgemeine organische,[5] das in seinen Momenten vollkommen einheimisch,[6] weder mehr etwas inneres, oder äußeres, ihm Fremdes,

[1] *Am Rande:* Spannung, ALS Elektrizität

[2] *Am Rande:* Allgemeinheit alle Momente aufgehoben – Entzweiung, die Schwere ist an sich ein Fallen aus der Einheit, dann ein Werfen, dann ein Schwingen – Bewegung – dann Einzelnheit überhaupt, Charakter, Gestalt, Elektrizität, Auflösung der Wärme

Wärme Ausdehnung – expansible Flüssigkeit, chemisches, physisches Element Gestalt –

[3] *Am Rande:* entzweit oder bestimmt sich

[4] *Am Rande:* Erwärmter Kristall sein inneres Leben aller Dinge* – seine Bestimmung als reiner Kristall – Selbstentzündung Flucht

* *Darüber:* Intensität, Zorn

[5] *Am Rande:* Das Insichsein der Materie ist außer sich, ist Wärme

[6] *Am Rande:* Innerlichkeit, Begriff muß sich* aufheben, gar nicht die Hauptsache, es in seiner Idee zu zeigen; sondern eben daß diese Idee sich als solche aufhebt. Wirklich wird – nicht unsere Reflexion an sich

* *Daneben:* dies ist an sich, d. h. unsere Reflexion, Töten der Wirklichkeit; einfache Idee ist eben Schwere.

und vollkommen daseiende Momente [hat]. Seine abstrakten Momente sind selbst die physischen Elemente, die selbst Prozesse sind.[1]

Das Resultat des Prozesses ist der Begriff des Physischen; die absolute Einheit des Mechanischen, [und] des Chemischen, eine Einheit, welche absolute Einheit des Lichtes mit der Materie ist. Es ist die vollkommen verwirklichte Materie; ihre absolute Wirklichkeit ist hier das Licht, das reine Selbst, die qualitative Einfachheit des Wesens, Seele als Leben. Sie ist aber nicht leere, sondern wirkliche, eben als Einheit der Entgegengesetzten. Die Materie im Gegensatze gegen dieses reine Selbst, ist das ebenso reine Selbstlose, die Finsternis; die Einheit der Schwere und Wärme. Die Materie ist nämlich das vollkommen Durchdrungene, das sich aus allem Gegensatze und der Realität desselben zur absoluten Idealität des Raumes und der Zeit geläutert und gereinigt hat; als dieses Selbst- und Substanzlose bezieht es sich allein auf das Licht, und die physische Realität ist allein die Einheit des Lichtes und der Finsternis, oder die Materie ist nichts für jenes als Finsternis. – Die Finsternis ist nichts, wie Raum und Zeit nicht sind, – wie überhaupt alles Nichts ist. Aber als Seite dieser Einheit, ist sie so viel als das Licht. – Aber ihr Verhältnis ist das der reinen Entgegensetzung, daher das eine positive, das andere negative, aber / außer diesem Verhältnis ist die Finsternis Nichts,[2] aber ebenso ist das Licht nicht etwas. Was ist, ist die Einheit beider, oder das Licht, als das qualitative, die Einheit seiner selbst und seines Andersseins, das die Finsternis ist; das über sich übergreifende; es ist das Subjekt, das diese in sich enthält, diese ist insofern das Positive, die substantielle Seite, wie das Licht die Seite des Begriffs.[3] Die Nacht enthält die sich auflösende Gärung und den zerrüttenden Kampf aller Kräfte, die absolute Möglichkeit von allem, das Chaos, das nicht

[1] *Am Rande:* Licht an sich Schwere – erwärmter Kristall

[2] *Am Rande:* Täuschung, das Negative sei eben Nichts – Ungegenständlichkeit in Uns zurückgehen, und greifen zu einem anderen Gegenstande; dies Innerliche ist er – wir sind das Nichts; also sehr positiv.

[3] *Am Rande:* Schauder, Erzittern aller Kräfte der Substanz

eine seiende Materie, sondern eben in seiner Vernichtung Alles enthält. Sie ist die Mutter, das Bestehen, Nahrung von allem, und das Licht die reine Form, die erst ist, Sein hat, in ihrer Einheit mit der Nacht; der Schauer der Nacht ist das stille Leben und Regen aller Kräfte der Substanz; die Helle des Tages ist ihr Außersichsein, das keine Innerlichkeit behalten, sondern als geist- und kraftlose Wirklichkeit ausgeschüttet und verloren ist. Aber die Wahrheit ist, wie sich gezeigt, die Einheit beider, das Licht, das nicht in die Finsternis scheint, sondern mit ihr als dem Wesen durchdrungen, ebenhieran substantiiert, materialisiert ist; es scheint nicht in sie, es erhellt sie nicht, es ist nicht in ihr gebrochen, sondern es ist der in sich selbst gebrochene Begriff, der als die Einheit beider in dieser Substanz, sein Selbst, die Unterschiede seiner Momente darstellt.

Diese Einheit ist unmittelbar das Bestimmte, so hat ihre Einfachheit die Negativität an ihr, so tritt sie als physische Realität auf. Sie ist die Farbe, die Wirkliche Natur, das heitere Reich der Farben, und ihre lebendige Bewegung ein Farbenspiel; ihre weitere Entwicklung die Realisierung der Farben.

Denn das Physische hat sich aus dem Gefühle,[1] aus dem allgemeinen qualitäts/losen Dasein, in sich zurückgezogen; es ist in sich reflektiert, in seinem Anderssein.[2] Schwere so wie Wärme gehören dem Gefühle, itzt ist eine allgemeine Gegenwart, ein Sein für Anderes,[3] Verbreitung, wie Wärme und Schwere, aber zugleich darin unmittelbar gegenständlich, in sich reflektiert, wirklich; es ist nicht nur erfüllter, sondern wirklicher Raum. Die Natur, welche zuerst sich als ihren Sinn des Gefühls entwickelte, entwickelt itzt ihren Sinn des Gesichts; von diesem geht sie zum Geruche und Geschmack über, und kehrt in dem Gehöre endlich in sich selbst zurück.

Die Farbe also ist das Physische, das auf die Oberfläche Herausgetretene, das nichts Inneres mehr für sich hat, – noch außer

[1] *Am Rande:* Wirklichkeit

[2] *Am Rande:* gedoppeltes Gefühl, weil gleichgültig – der Gegensatz an ihm [als] gedoppelter gleichgültig

[3] *Am Rande:* Schwere Allgemeinheit – Wärme Negativität – Farbe Einzelnheit Wirklichkeit

ihm, (wie die Wärme an Gestalt), sondern reine Erscheinung ist,[1] in der alles, was sie an sich, auch da ist. Die Erscheinung ist nicht das Unwahre, sondern eben die Wahrheit selbst, die Wahrheit im Gegensatze der bloßen Gewißheit, inneren Meinung, – und ebenso des Fremden, des Anderen als dieses ist.

Der[2] bestimmte physische Körper ist also eine Farbe (α) die vorhergehenden Momente sind in ihr aufgehobene, er ist schwer, auch einzeln, auch elastisch, auch warm u.s.fort; d. h. er wird als gleichgültiges Medium betrachtet. – β) Das / Schwere, Farbe, ist an sich aufgelöste Schwere u.s.f. – AN sich, d. h. für uns; in der Abstraktion; wir sind das negative Bewegen, sich in sich Reflektieren des Wirklichen; aber dieses ist das Negative, sich Reflektieren selbst, und eben darum ist es das Wirkliche, und seine Wahrheit ist seine Wirklichkeit.)

Die Farbe ist nun eine bestimmte. Diese Bestimmtheit ist nicht mehr nur die Bestimmtheit überhaupt, sondern als die wirkliche Bestimmtheit hat sie den Unterschied des Begriffs an ihr selbst; sie ist nicht mehr unbestimmte Bestimmtheit. Die Schwere, [welche] als das allgemeine, unmittelbare Insichsein im Anderssein ist, hat unmittelbar an ihr den Unterschied als unwesentlichen, einer so großen Masse; Größe und Kleine sind vollkommen qualitätslose; – die Wärme hingegen, als das an ihr Negative hat ihn in der Verschiedenheit der Temperatur als Wärme und Kälte, die zunächst selbst nur der Größe angehören, aber eine qualitative Bedeutung erhalten. Die Farbe als das wahrhaft Negative,[3] als das Wirkliche, hat den unmittelbaren Unterschied als durch den Begriff gesetzten und bestimmten.[4]

[1] *Am Rande:* Die reine einfache Wirklichkeit; aber noch keine Wirklichen; ihre Momente sind darzustellen
α) die Momente ihres Ansichseins Begriffs,
sie ist, heißt Allgemeinheit derselben, Einheit, reine Momente nichts; Idee.

[2] *Am Rande:* α) die Farbe, so ein allgemeines wie Wärme, Schwere die Abstraktion der Wirklichkeit – diese Allgemeinheit selbst verwirklichen in das [, was] wirklich an sich selbst ist.

[3] *Am Rande:* Den Begriff naiv äußerlich zusammensetzen, und zeigen.

[4] *Am Rande:* Farbe α) Prisma* überhaupt Durchsichtigkeit Refrak-

Die Farbe als dieses einfache Freie bedarf eines Anderen zu ihrer Wirklichkeit – eines Individuellen α) eines überhaupt Durchsichtigen – aufgelöste selbstlose Materie – von dem es refrangiert wird, eines Neutralen, worein es geteilt ist; – die Seite der Realität;[1] β) der Gestalt, der ganz abstrakten qualitativen Einheit, ungleich der bestimmten Figur, dreieckig die eine bestimmte, ungleiche, unter verschiedenem Winkel ihre Seiten schließende – das Glas – Wasser Prisma – die Figur rein als Figur, als Räumlichkeit ist hier wirksam; Werden des Raumes zum realen Raume. /

Die freie Farbe existiert hiemit hier; an den Rändern dieses seines Daseins hat es das Finstere. Das Prisma verrückt die scharfe Trennung beider, oder es setzt ihre Grenze als Grenze. Das Licht wird nicht in Farben getrennt, als ob es aus denselben bestünde; sondern die Farbe ist die Vereinigung des Lichts und der Finsternis, und so in der freien Farbe ist das Licht genommen, als für sich seiendes Licht, und ebenso neben ihm die Finsternis; das Prisma setzt am Lichte die Trennung seines Begriffs, die durch die Finsternis real ist. Oder der Begriff der Farbe selbst wird hier auseinander gelegt, gerade so, wie der Begriff des einzelnen Körpers im Fall u.s.f. die Momente als daseiende äußerlich verbunden, als Einheit des Lichts und der Finsternis. – Das Licht aber ist nicht durch die äußerliche Gewalt des Prisma nur abgelenkt, sondern es ist eben dies seine Realität, sich auf die Finsternis selbst zu beziehen, sich nach ihr zu beugen, und eine positive Grenze mit ihr zu machen, – d.[h.] eine solche, wo sie nicht abgeschnitten sind, sondern eins ins andere herübertritt; die Beugung des Lichts. Sie ist allenthalben vorhanden, wo Licht und Finsternis sich begegnen; sie macht den Halbschatten; das Licht weicht von seiner Richtung ab; und jedes tritt über seine scharfe Grenze herüber in das andere. – Es kann dies mit

tion β) prismatische Gestalt, Räumlichkeit, Wirksamkeit der Figur; wie beim Fall die Bewegung. Raum und Zeit stößt einem hier den Kopf ein

* *Daneben:* Die Farben können bekanntlich durch Prismen dargestellt werden

[1] *Am Rande:* Farbe Einfachheit, ihre daseiende, reale Wirklichkeit eigentlich Inneres, oder ein Anderes.

der Bildung einer *Atmosphäre* verglichen werden, so gut der Geruch die Bildung einer solchen ist, oder von einer sauern Atmosphäre der Metalle, einer elektrischen gesprochen wird; es ist das Heraustreten des an die Gestalt, als das Ding, gebunden erscheinenden Ideellen. Die Grenze wird so positiv ferner, nicht nur eine Vermischung überhaupt, sondern ein *Halbschatten*, der nach der Lichtseite zu vom Lichte begrenzt, aber nach der finstern gleichfalls von dieser durch Licht abgesondert wird;[1] so daß er nach jener am schwärzesten, nach dem ihn vom Finstern absondernden Lichte zu abnimmt, – und sich dies vielfach wiederholt, – Schattenlinien neben einander. /

Diese Beugung des Lichts – das freie eigene Refrangieren[2] – erfordert noch die besondere *Figur*, um diese Synthesen [als] Neutralität auch qualitativ bestimmt darzustellen.

So[3] dargestellt ist die *Farbe* überhaupt, als daseiend, unmittelbar das *Gelb*;[4] Weiß und Schwarz sind ihre Momente.[5] Dies einfache formale Licht entzweit sich in den Gegensatz, der so ausgedrückt werden kann, daß das Finstere der Grund ist, *über* den das Licht hereingezogen wird, oder umgekehrt das Licht der Grund, das Finstere aber das oberflächlich Hereingezogene; jenes ist das Blau, dies *das Rot*. Jenes ist die Farbe des tiefen, schwarzen Himmels, an welchem das Licht nur Oberfläche ist, oder das Qualitative nur erst unmittelbar,[6] als gespannte Einheit beider Momente ist. – Das *Rot* aber ist das Licht, welches die Finsternis überwunden, sie vollkommen durchdrungen hat. – (Die synthetische oder neutrale Einheit wäre das *Grün*.) Aber eigentlich des Rots, wie es innerhalb der Farbe noch nicht liegt, –[7] das Rot ist die Totalität, es tritt nicht als diese, sondern

[1] *Am Rande:* wer schlecht *sieht*, sieht lauter *Halbschatten*, sieht durch eine Öffnung hereinfallen

[2] *Am Rande:* als in Eins Setzen mit der Finsternis – *Brechung* des Lichts tut das Glas, d. h. die *Differenz* im Licht selbst setzen

[3] *Am Rande:* b) ihre Realität

[4] *Am Rande:* Gelb; *gespanntes* Licht

[5] *Am Rande:* Licht, reine Verhältnisse des Lichts und des Finstern

[6] *Am Rande:* Rot und Violettblau Pfirsichblüt

[7] *Am Rande:* wie der Kohlenstoff nicht als solcher, noch der Stickstoff ins Wasser eintritt

als die erste Farbe, als Gelb, in das Grün ein. Das Licht nämlich in diese Einheit mit der Finsternis tretend, löst zugleich seine einfache qualitative Natur auf, und die Finsternis wird zur Materie hergestellt. Die einfache Farbe des Gelb, als wirkliche Farbe, ist das warme Rot;[1] es ist das aufgelöste unmittelbare Sein.[2] /

Es ist in dieser Einheit der auseinandertretenden physischen Momente, physikalisches Feuer, als Totalität des Lichts und des Finsteren. In dieser Totalität aber ist das Licht seinem Begriffe nach etwas ganz anderes geworden;[3] es hat seine reine Qualität aufgegeben; die sein Wesen ausmacht; oder das Physikalische tritt [als] lichtdurchdrungene Einheit, Substanz und Möglichkeit der Schwere und des Prozesses hervor; – Prozeß als Farbenspiel, als bleibend in ihm –

Mit der Wärme des Lichts ist ihm gegenüber die Gestalt hervorgetreten, als innerer Begriff, oder an sich, – die Substanz ist Einheit des irdischen Feuers und physischen Körpers, und die Möglichkeit des letztern.

I. Mechanik des irdischen Feuers oder Gestaltung des physischen Körpers *

Das Licht in seiner Totalität ist der Prozeß, und zwar in Beziehung auf es selbst; Bewegung durch die Reihe der Farben, Farbenwechsel.[4] Das Auseinandertreten seiner Momente an ihm

[1] *Am Rande:* rot am stärksten gebrochen

[2] *Am Rande:* Einheit, in Eins gesetzt als reale Totalität – Licht und Finsternis; oder die verschiedenen Beziehungen – Also zwei α) die Finsternis hat das Feuer an ihr [als] Wesen; und umgekehrt Feuer ist irdisches Feuer, und irdischer Körper (als einzelner) Gestaltung, d. h. wie er sein Inneres (seinen Prozeß) herausgebiert – Sein Dasein sind Weisen des Prozesses. In der Gestaltung in der Form des unmittelbaren Daseins; d. h. gleichgültig gesetzte, unmittelbar nicht als different gesetzte Momente.

[3] *Am Rande:* Die allgemeine Natur des Physischen, die sich besondert – physikalisches Licht.

[4] *Am Rande:* α) irdisches Feuer und überhaupt der physische Körper – (nicht gleichgültig, nicht schwer, sondern chemisch bezogen)

selbst, ist nicht des Lichts und der Finsternis; sondern es ist die qualifizierte Finsternis, an der ihre Momente, als Schwere und Wärme hervorkommen;[1] sie das erleuchtete reine Insichsein; – das also zeigt, was in / ihm ist; der lichtdurchdrungene Kristall, welcher diese Durchdringung als Qualifikation an ihm hat; als eine Vollkommenheit seiner Momente, daß sie reelle sind, für sich bestehen und das Ganze sind, – das Negative ist qualifiziert, – physische Ganze, gleichgültig bestehende Substanzen; und ebensosehr ideelle Ganze, in der Form der abstrakten Bestimmungen, der Schwere und Wärme. Sie sind der physische Prozeß, aber die Momente desselben zunächst Farben. Es ist dieser Prozeß, der sich spezifiziert, und zwar erstens als Gestaltung, so daß er nur seinem Begriffe nach vorhanden ist; alsdenn in seiner Wirklichkeit; physische Mechanik und Chemie.[2]

Der Begriff dieses Prozesses, oder er als allgemeiner ist das Innere, das als physischer Körper da ist, der die Momente der Schwere und der Möglichkeit des chemischen Prozesses an ihm hat. – Er ist physischer Körper, weil er sichtbar ist; dies ist die wahre gegenständliche, eigentümliche Wirlichkeit, und diese hat er durch das Licht; so aus dem Gefühl zurückgetreten; reines einfaches Fürsichsein, das vollkommen gleichgültig ist. Die Wirklichkeit der Gestalt als solcher ist eine Wirklichkeit als Sein, das noch nicht Sein für Anderes ist; die absolute Gleichgültigkeit, und vollkommene Selbständigkeit, welche den chemischen Prozeß, das Sein für Anderes, überwunden. Der Prozeß ist daher zunächst das Oberflächliche, worin der Körper bleibt; sein Licht behält und nur seine Farben wechselt.

[1] *Am Rande:* Verwandlungen des irdischen Körpers sind, daß das Feuer in einer Form des Feuers nach der anderen an ihm hervortritt α) einfache Gediegenheit – irdisches Feuer sein allgemeines Element; β) an ihn tretend, er als brennlicher, und sein allgemeines die Luft, d. h. außer ihm, oder in ihm nur noch der erloschene Prozeß (β Einzelnheit.) γ) Sein Element das Wasser [, das] Neutrale er selbst – das Reale entzweit γ) Gleichgültige Neutralität

[2] *Am Rande:* Er ist an sich dies physische Feuer; dies hat in seine Wirklichkeit zu treten.

α)[1] Dieser Körper ist das Metall; sein Prozeß ist das bloße Schmelzen, / Durchlaufen verschiedener Formen der Gestalt, und verschiedener Wärmegrade; aber diese Momente machen nicht mehr das Wesen des Körpers aus, und die Verwandlung ist getilgt; sein Wesen ist nicht eine chemische Differenz, noch eine mechanische Bestimmung, sondern es ist nur ein Farbenwechsel; jene sind bloße Möglichkeiten. Der Prozeß ist noch nicht realisiert.

Die Metallität ist also diese zur Ruhe gekommene physische Sichselbstgleichheit, der noch unaufgeschlossene physische Prozeß, der Prozeß, der nur ein formaler Verlauf, nicht durch physische Körper ist, die dessen Seiten wären. Das Metall hat die Farbe an ihm, als dem Lichte noch schlechthin angehörend, das noch in seiner reinen Qualität; noch nicht aufgelöst ist, als Glanz; eine elastische Farbe, die unmittelbar erst mit der Bestimmtheit ist, – der Bestimmtheit, die noch einfach, der Natur des Lichts noch nicht widerspricht. Es ist undurchsichtig; denn Durchsichtigkeit ist die eigene Lichtlosigkeit, – für welches das wirkliche Licht ein Fremdes ist; – das Neutralitätslose, einfache gediegene Einheit; – am Neutralen ist das Licht nicht mehr als einfache Einheit vorhanden – Hohe spezifische Schwere, denn es ist eben das unaufgeschlossene Insichsein; – die Einfachheit, die noch nicht zersetzt; an ihm hat die spezifische Schwere Bedeutung, da sie hingegen an anderen Körpern fast bedeutungslos wird.

Der Prozeß des Metalls ist ein Schmelzen, worin es in keine chemische Differenz tritt, eben weil hierüber der Prozeß noch nicht realisiert, nur das Innere ist, tritt das Feuer als äußeres hinzu; und so ist der Prozeß nur als Feuer oder Säure, als für sich seiender Prozeß zu betrachten; und das Metall als edles.

Das edle Metall ist nicht Base, im chemischen Sinne, als Kalität; sondern Gleichgültiges. – Sein Prozeß durchs freie Feuer ist ein Brennen ohne Verbrennen; es kommt keine Zersetzung in

[1] *Am Rande:* an sich [um] das Feuer zu tun; eben nicht aufgehoben wird durch den Prozeß; – wie chemisches Element Substanz; irdischer Körper, – höhere, Organische sind nicht diese Substanz – diese unaufgeschlossene Abstraktion, ist das Metall

die Extreme der Basizität und Azidität an ihm zu Stande, so daß es einer der Seiten desselben ausmachte, und als neutrales Produkt hervorginge; sondern es ist nur die unchemische Änderung der Gestalt, durchs / Feste ins Tropfbarflüssige, und in die Dampfform Verflüchtigung.[1] Die spezifische Schwere ändert sich leicht darin, das Volumen wird durchs Schmelzen und Verflüchtigung größer, aber es ist nur eine formale Änderung; die Farbe wechselt.[2] Aber das edle Metall kehrt unverändert daraus zurück. – Mit anderen Körpern tritt es nicht in den Prozeß; es zeigt sich als absolute Möglichkeit des Prozesses nur als das unchemische prozeßlose Zusammenschmelzen, Amalgamieren, mit anderen; eine Trennung, welche sich selbst durch Feuer – bei edlen Metallen – wieder auflöst, die Entzweiung in beide als Extreme – Quecksilber wird verflüchtigt, Gold und Silber trennen sich nach der spezifischen Schwere, und nur ihre Mitte ist ihre prozeßlose Vereinigung.

Das edle Metall geht ebenso mit dem materialisierten Feuer, der Säure, einen so prozeßlosen Prozeß ein; Gold wird in Königswasser aufgelöst – eigentlich in der Salzsäure allein, ohne Geräusch, Erwärmung und Gasentwicklung (bei der Auflösung in Königswasser entweicht Salpetergas), es schmelzt auch nur darin; und schlägt sich nicht als Oxid,[3] sondern metallisch nieder; erscheint nur als eine feine Verteilung; d. h. einfache Einheit.

Die reine Metallität stellt also den unchemischen Prozeß an

* [1] *Am Rande:* Merkur im luftleeren Raume, Berthollet II 342. Gold im Brennspiegel vergoldete die Silberstreifen, die diesem Dunste ausgesetzt sind. Eisen dehnt sich in der Kälte aus.

[2] *Am Rande:* die Alliagen* sind härter, als jedes Metall für sich; aber schmelzbarer; – dort der Massenhaftigkeit entnommen durch Differenz, Charakter in sich; – hier durch eben diese dem Prozesse geöffneter; – befördert die Oxidation. Ein kleiner Zusatz fremden Metalls ist eine Infektion des ganzen Metalls. – Quecksilber, nach Ritter, durch den 1000teil einer Verunreinigung mit Zinn, verhält sich ganz anders im Barometer

Bestimmte Proportion der Aufnahme, Entzweiung in zwei Alliagen.

* *Daneben:* spezifische Schwere der Alliagen bald größer, bald kleiner.

* [3] *Am Rande:* Richter

ihm dar, den physi/schen Prozeß, der noch ein äußerlicher ist. Es ist die sich als Farbe erhaltende Farbe; alle Färbung kommt dem Metalle zu. Der Prozeß aber als Farbenwechsel hebt die Gleichgültigkeit der einzelnen Farbe auf;[1] und stellt den Körper als farblos dar, d. h. dem der wirkliche Prozeß nicht mehr dies äußere gleichgültige Äußerliche ist, oder der nicht mehr ihn nur auf diese unwirkliche Weise enthält. (Die Gleichgültigkeit gegen den Prozeß und er selbst so unmittelbar in Eins gesetzt, ist das edle Metall an seiner Grenze; es ist noch diese absolute Elastizität des Feuers;[2] dies Insichhalten desselben, das unmittelbar zerstört, Knallgold, – Silber mit Ammoniak, Salpeter, wo der Stickstoff hervortritt [, ist]. Gehört zur Wirklichkeit des Prozesses).[3] b) Der Begriff ist die unmittelbare Möglichkeit des Prozesses, [nicht] desselben, der noch unentzweit, sondern als Feuer ist, die Brennbarkeit, der Schwefel der Natur. Sie[4] ist nicht mehr die oberflächliche Möglichkeit, welche Möglichkeit bleibt im Prozesse selbst. Sondern diese getilgte Gleichgültigkeit. Das Brennbare brennt; das Feuer ist seine Wirklichkeit. – Es verbrennt, es brennt nicht nur. Es verbrennt, d. h. es hört auf, gleichgültig zu sein; es wird eine Säure. – Das bloße Verbrennen macht den Schwefel zur chemischen Differenz. – Ebenso die Säure selbst, / und das Kali. c)[5] Der Prozeß ist nicht mehr formal für

[1] *Am Rande:* Geruch, einfaches elastisch flüssiges Dasein für Anderes, nicht nur Inneres, sondern Dasein des Feuers im Körper selbst

[2] *Am Rande:* ist daseiender Prozeß, hat den unmittelbar erloschenen außer ihm; denn es ist ebenso sehr aufgehobener Prozeß, beständig, gediegen bleibendes

[3] *Am Rande:* Das Verhältnis zum Feuer wird ein Verhältnis zur Luft; jenes der bloße Begriff des Prozesses; dies derselbe wie er in [die] Wirklichkeit tritt; das Feuer materialisiert sich zuerst, [indem es] an dem chemischen Elemente einerseits, und an dem physischen Körper andererseits seine Seiten erhält. Im Metallischen die allgemeine unbestimmte Einheit des irdischen Feuers und physischen Körpers. – Diese Einheit macht für jenes die allgemeine Materialisierung, die aufgehobene einfache Materie, chemisches Moment; und als physisches die Luft überhaupt [aus]. – Geruch, die physische Erscheinung. –

[4] *Am Rande:* Geschmack differentes Dasein für Anderes.

[5] *Am Rande:* c) sich erhaltend, eine Negativität, die nicht gegen sich selbst, sondern gegen anderes gekehrt ist.

den brennbaren physischen Körper, sondern der Prozeß erhält körperliches Dasein; – er ist *Säure*, oder die Gleichgültigkeit des Körpers ist in eine chemische Differenz übergegangen; das Licht nach außen gekehrt, hat sein Wesen nicht mehr in sich selbst. – Die Chemiker stellen nun das Sauerstoffgas, als die Begeistung, und die Base selbst, besonders dar. – Jenes ist nicht sauer für sich nur seinem Begriffe nach, es hat erst Wirklichkeit als Differenz des physischen Körpers, – rein *immaterielle Prinzipien*, Begeistungen, in ihrem Begriffe reine Abstraktionen, nicht gleichgültiges Dasein. Der Körper ist ein Schluß; bloße Körperlichkeit, reine Individualität, sie nicht in sich reflektiert, sondern nach außen gehend, different. Die Säure von ihm abtrennen, als Sauerstoffgas ist eine qualitative Zersetzung, worin seine Begeistung als reine Differenz verloren geht, und sein Moment, Luft zu sein, als gleichgültiges dargestellt wird; – die in sich gespannte Gleichgültigkeit, der chemische Prozeß in der Form des physischen Elements. – Die Natur widerlegt die Meinung von einem positiven bestimmten Dinge darin, daß es Säuren gibt, deren saures Moment nicht als Sauerstoffgas dargestellt wird, wie schon die *Salzsäure*, die an ihr selbst das Saure ist, die physische einfache Säure – auch Hydronthionkali, Blausäure und so fort.

Die[1] Säure ist unmittelbar gegen Anderes gekehrt, als Tätiges – oder das Differente / ist durchs Brennen getrennt in das Basische, Kalische – und Saure – ein Gegensatz, der ganz relativ ist; beides gleich scharf ätzend, negativ; Metalloxide sind als beides da. – Unmittelbar sind jene als das ruhige Feuer dem Passiven entgegengesetzt; aber beide sind gleich unruhige Begeistungen; sie sind rein entgegengesetzt, keins hat besondere Eigenschaften

Luft ist im Brennbaren das Element,* ist Allgemeines Medium, *an sich* beider, ebenso gegenständlich.

* *Darüber:* Oxidieren nennt die Chemie brennen

[1] *Am Rande:* Der Prozeß als Verhältnis *zur Luft* geht in den Prozeß als Verhältnis zum Wasser über; Auflöslichkeit in ihm; wie vorhin im Feuer, und Luft. Sie schmelzen im Wasser, als ihrem allgemeinen Elemente, Dasein ihrer allgemeinen Bestimmtheit, ihres bestimmten Wesens; einfaches Zusammengehen mit ihm, das äußerlich an sie tritt; nehmen seine Form an. Der Prozeß enthält hier zwei reale Seiten

außer seinem Verhältnisse oder Prozesse. – Sie heben sich auf, und ihr Wesen ist der neutrale Körper, eine Einheit Differenter, welche nicht reine Abstraktionen sind, sondern ein physisches Dasein haben; sie sollen es aber nur haben; sie haben es nicht wirklich; oder nur in Gedanken sind sie diese Gleichgültigen;[1] – eine Säure und Kali ist ein gleichgültiges Ding, aber vielmehr soll es so sein, es wird nur mit Gewalt so festgehalten;[2] – insofern es aber dem Prozeß entnommen ist, als neutrales sind es nicht mehr getrennte. Es ist die gleichgültige Wirklichkeit absolult Differenter noch nicht vorhanden. Die Neutralität ist hier physischer Körper, Salz.

Das[3] Salz endlich, die Vorstellung des materialisierten Prozesses, fällt in die Erdigkeit zusammen; das Feuer ist in der Neutralität erloschen; seine lichtlose, ungefärbte Durchsichtigkeit ist Zerstörung der Farbe und Metallität; es die Einheit Gleichgültiger – aber sie sind nicht; es ist nur Einer; das Negative ihres verschiedenen Seins; das Licht, als weißes, das seine Unterschiede, die Farben, getilgt hat, und ihren Wechsel; und die prozeßlos zerfallende Gestalt ist; eine Atomistik, unschmelzbar, unauflöslich im Wasser, geruch- und geschmack- und farblos; absolute reine Subjekte; absolut Einzelne. /

Dies sind die reinen Momente des physischen Körpers – Sein Begriff beschließt sich in dem absoluten Insichsein, dem prozeßlosen Schmelzen, der einfachen Realität, Übergang der Farbe in Realität;[4] Geruch entzweites Dasein, Geschmack, Vertilgung der Farbe; Geruch reiner Prozeß, Geschmack realer – das rein negative Produkt, das innerhalb dieser Sphäre selbst fällt – Vertilgung dieser Momente. Aber die Totalität ist der reale Pro-

[1] *Am Rande:* wie sie zusammengegangen, so wiederherstellbar; d. h. sie sind nicht ins Eins zurückgekehrt, Lichtbewegung oder Brechung des Lichts

[2] *Am Rande:* Säure an sich, Salzsäure, die nicht durch Verbrennen entsteht, wie Metall, an sich,

[3] *Am Rande:* Vertilgung der Verhältnisse zu Feuer, Luft und Wasser.

[4] *Am Rande:* Geruch gegenständliches Dasein, das sich auflöst, Geschmack Verschiedenheit der Momente – In sich Zurückkehren; – ins Hören; Tönen der Metalle. Klingen durch andere

zeß, physischer Chemismus; Aus sich selbst Erzeugen des Feuers, so daß es physische Individuen, gleichgültig bestehende zu * seinen Seiten hat. – Die Alten sagten, der irdische Körper bestehe aus Merkurius, Schwefel, Salz, und aus der jungfräulichen Erde. Der Merkurius ist die Metallität, die irdische Farbe, flüssige Sichselbstgleichheit, an welcher der Prozeß sich äußerlich verläuft, und die Substanz unberührt läßt. – Der Schwefel die Verbrennlichkeit, daß das Feuer ihm nichts Fremdes, sondern er die sich verzehrende Wirklichkeit desselben ist.[1] Das Salz, sein Aufgelöstsein ist [das] gleichgültige Reale; Zerfallen des Feuers in Selbständige, die jungfräuliche Erde endlich die einfache Unschuld dieser Bewegung, das Subjekt, das die Vertilgung dieser Momente ist.

Diese Momente nun hat die Natur in ihrer Gleichgültigkeit und in der Verwirrung mannigfaltiger Übergänge auseinander gestreut. Die abstrakten Momente werden von einigen ausgedrückt, in denen sie dazu kommt, sie rein darzustellen; die anderen aber bilden Übergänge nach allen Seiten hin.

Der physische Körper ist diese Totalität, des Gefühls, Gesichts, Geruchs und Geschmacks; er hat diese vier Sinne; und ist der Schluß, worin das Gesicht sich durch Geruch und Geschmack mit dem Gefühl zusammenschließt./

Das Metall ist die gediegene Farbe von hoher spezifischer Schwere. Das Gold scheint den Begriff seiner gediegenen Einfachheit am reinsten darzustellen; es ist von hoher spezifischer Schwere, prozeßlos, nicht neutral, kein zusammengeschmolzenes; Platin hingegen von noch höherer Dichtigkeit, aber eine Einheit vieler metallischer Momente (Osmium, Iridium, Palladium.) – die anderen edeln Metalle, Gold, Silber, Platin machen das Feuer zu einem nur formalen Prozeß, sie oxidieren sich nicht darin, oder zeigen keine Verbrennlichkeit. Andere aber zeigen dies; einige können durch bloße erhöhte Temperatur wieder desoxidiert werden,[2] andere nicht. Wolfram ist 17, spezifische

[1] *Am Rande:* unzerstörbare reine unauflösliche Substanz – das Organische verflüchtigt diese Substanz

[2] *Am Rande:* Unedlere Metalle gehen Prozeß mit der Luft ein; riechen

Schwere, und kaum zu reduzieren. So verbrannt sind sie Oxide, sauer oder kalisch, und Momente eines Salzes; einige scheinen nur da zu sein in Form von Oxiden. Vorzüglich sind sie häufig als Verbindungen von Schwefel – Erze. Wie sie die Gediegenheit der Gestalt, so dieser die einfache Verbrennlichkeit. – Einige Metalle halten die chemische Differenz unter [– oder] innerhalb der Gestalt; und sind magnetisch; – teils an die Luft gebracht, oxidieren sie sich nicht sogleich, teils gestrichen; – es ist mehr als bloße Erwärmung, weniger als Oxidation, und selbst als Elektrizität, nicht die Entzweiung, die zum Funken übergehen kann.

Das eigentlich Brennliche hat keine große Ausdehnung, Schwefel, Erdpech und Naphten machen seinen Umkreis aus. (Merkwürdiger ist das bloße Leuchten, ohne Brennen, das phosphoreszieren, wie eine Menge Mineralien tun, entweder etwas geritzt, gekratzt, oder auch dem Sonnenlichte ausgesetzt behalten sie es eine Zeitlang (Schwefelbaryt), es ist dieselbe flüchtige Lichterscheinung, welche die Elektrizität ist, aber ohne Entzweiung, – die träge Neutralität zum qualitativen, zum Eins erhoben. – Die aber am Sonnenlichte leuchtend werden, und es an sich halten, stellen seine Passivität dar; das Blau, das passive Licht, läßt sich vornehmlich bemächtigen; das Rot aber als das kräftige Licht widersteht, und tötet das Leuchten – Die Passivität des Lichts schon in der Beugung.)[1]/

(Die Salze sind überhaupt die Tötung der Farbe – mannigfaltig verschieden nach ihren Seiten; wichtigste Unterschied, ob die Säure ein bloß chemisches Element ist – Luftsäure – oder physische Säure.)

Die reinen Erden sind das weiße schlechthin Spröde, Einzelne überhaupt, – das weder die Kontinuität des Metalls hat, und seinen Verlauf durch den Prozeß, noch die Brennlichkeit, noch Neutralität. – Es sind vier Haupterden;[2] der Kiesel ist

[1] *Am Rande:* Unbeständigkeit der Verhältnisse der Bestandteile, und wieder fixe Punkte, wie in der Wärmeskale, Charakter.

[2] *Am Rande:* Die Erden stellen den totalen Prozeß dar; d. h. Verhalten zu Feuer, Luft und Wasser, der zugleich einfache qualitative Einheit und Neutralität ist. Sie sind das Subjekt, das ebenso der Neutralität fähig, als in dieser Neutralität nicht bloß das Verhältnis zu Wasser darstellt.

gleichsam das irdische Metall, das rein Spröde, das durch die Abstraktion seiner Einzelnheit mit dem Kali besonders Verbindungen eingeht,[1] und Glas wird, und wie das Metall als Farbe und Gediegenheit, so als Einzelnheit den Prozeß des Schmelzens darstellt;[2] es ist das Farblose, an dem die Metallität zur reinen Form getötet, das innerliche absolute Diskretion ist.

Die[3] Tonerde ist, wie der Kiesel der unmittelbare einfache unaufgeschlossene Begriff, so sie das erste differente Erdigte.[4] Die Möglichkeit der Brennbarkeit.[5] / (Als reine Tonerde absorbiert sie Sauerstoff aus der Luft.) – Ist aber überhaupt mit Schwefelsäure zusammen, ein erdiges Feuer[6] – Porzellanjaspis; Härte (Kristallisation), verdankt sie dem Feuer, das Wasser macht weniger kristallisierenden Zusammenhang, als äußere Kohäsion; – Arten, die im Wasser, wie Schwefel und andere Salze im Feuer, knistern. – Ein Brennen, das nicht in Säure übergeht, sondern ein totgebranntes wird.

Talk- oder Bittererde; Subjekt des Salzes;[7] Bitterkeit des Meers, Salz als Subjekt; Mittelgeschmack, der zum Feuerprinzip geworden – Seifenartige –; eben der Rückgang des Neutralen ins Feuerprinzip –

[1] *Am Rande:* negative Natur

[2] *Am Rande:* Kiesel α) Seite des Prozesses, Glas Schmelzen β) des Kristalls, Härte, Wasserloser Kristall

[3] *Am Rande:* Ton α) Seite des Prozesses mit Schwefel, Brennbarkeit β) des Kristalls, Härte unkristalliert, Korund, Saphir ganz hart; Wasser wird nicht Kristallisationswasser. – Nicht Säure, sondern für sich, in sich reflektiert; Saphir als Ton.

[4] *Am Rande:* Aufgeschlossener für Säure

[5] *Am Rande:* Die Erden prozeßlos, weil abstrakt, bedürfen eines anderen Subjekts, so stellen sie jenes Dasein des Prozesses dar, aber das Resultat einer jeden Weise nur als aufgehobenes; wie Metallität Brennen, das nicht sauer wird

[6] *Am Rande:* Mehr innere trockene diskrete Härte, als Härte des Kristalls – gleichsam natürliches Glas; absolutes einzelnes Fürsichsein. Prozeßlose dunstige Hitze nach Wasser; wird nicht chemisch different dadurch, sondern äußerlich härter.

[7] *Am Rande:* der schmeckende Ton – in sich reflektiert gehört zum Tone

Endlich[1] der Gegensatz hiezu, das Kalkgeschlecht – das kalische, differente – das sein Erdprinzip wieder auflöst, und nur des physischen Elements bedarf, um Prozeß zu sein. Der getilgte Prozeß, der sich wieder herstellt. – Er ist das Prinzip des Feuers, welches vom Physischen an ihm selbst erzeugt wird.

Die abstrakten Momente stellen die Äußerlichkeiten des Feuers dar, wie es innerlich wird; die Erden es als innerliches Prinzip, Individualität, Einzelnheit – und ausgebildet so, daß sie den Feuerfunken selbst in sich enthalten und / erzeugen; nicht als differente, sondern als gleichgültige, – wie die Momente des Salzes, – sondern als physische Körper. Das Feuer in das Physikalische eingebildet, so daß sie nunmehr als Feuer daseiend sind.[2]

II. Chemismus des physischen einzelnen Körpers, oder des irdischen Feuers[3]

Noch sind sie nur Feuer an sich, Quellen der Selbstentzündung – Der vorige Prozeß war durch die Idee, oder das innere, (äußere) Feuer getragen, Gestaltung des Physischen. – Hier an sich aufgelöste Gestalt; aber sie ist noch nicht die Totalität dieser Auflösung, oder der physische Körper ist nur erst das Feuer überhaupt. Die physischen Körper treten gleichgültig zu einander, und zwar insofern sie gleichgültige sind, sind sie nicht die

[1] *Am Rande:* Irdische Neutralität α)* Wird im Feuer chemisch different – β)** Stellt sich an der Luft wieder zur Neutralität her – und seine chemische Differenz erzeugt mit Wasser das Brennen. Wasser, allgemeine Neutralität; die Feuer, Selbst wird. Wasser wird zum Feuer – das Neutrale ist wirklicher Prozeß

Ihre Gestaltung, Neutralität, Gleichgültiges Bestehen ist an sich der Prozeß

* *Darüber:* Verbrennen;

** *Darüber:* Luft den ruhigen

[2] *Am Rande:* an sich, d. h. in ihrem Dasein

[3] *Am Rande:* Als Einheiten dieser Momente sind die physischen Körper im wirklichen Prozesse

Prozeß, der noch nicht an und für sich ist; bloßer Prozeß, zu dem übergegangen ist

Bewegung; insofern sie selbst die Bewegung sind, sind sie nicht die Gleichgültigkeit, nicht Element. Die letzte Darstellung ist, daß sie feste Seiten, nicht neutrale, und dann daß sie auch das Allgemeine, das Element wären.

a) Die einfache Selbstentzündung ist das Herausschlagen des physischen Funkens. Das allgemeine Element ist die Luft,[1] allgemein als physisches Element; – des Feuers, als einfaches, ruhiges, sich selbstgleiches Feuer; so ist es in beiden, und die Einheit derselben.[2] Von beiden ist eines der harte Kristall – es seien Ton, Kiesel, / Schwefelkies, nur die physikalische Härte ist notwendig; das andere hartes Metall; jenes die qualitative, dies die quantitative Härte; jenes harte Sprödigkeit, dies spröde Kontinuität.[3] Die metallische Flüssigkeit Kontinuität, und die Spröde des Kristalls in Eins gesetzt, Trennung ihres Raums in dem Eins der Zeit aufgehoben, so springt der Funken hervor. – Knall-Gold, Silber – ist eben diese Spannung der metallischen Kontinuität, des Feuers als Lichtes, und des Ammoniaks des in sich aufgelösten,[4] für sich differenten einfachen chemischen Elements, – bedarf eines bloßen Schlags mit dem Hammer, um sich mit fürchterlichem Knall zu entzünden – Knall, Gehör, eben diese Bewegung des Selbsts zum Selbst –[5] das Erzittern – das physische Feuer, zum physischen Feuer – das Innerliche, das zu einem ebenso einfachen Dasein kommt, und zwar einem negativen, verschwindenden, als Zeit ist. – Knistern der Flamme – Schwefels, in einem daseienden Punkt zusammenfassen, was schon an sich dieser Punkt ist.[6]

Das Dasein dieser Selbstentzündung ist der unmittelbar ver-

[1] *Am Rande:* äußeres* das schlafende Feuer Möglichkeit
* *Daneben:* in sich gespannte

[2] *Am Rande:* Weichheit, Härte hier physische Bedeutung – Ihre Elastizität ist der Funken

[3] *Am Rande:* physische Einzelnheit und physische Allgemeinheit in Eins gesetzt

[4] *Am Rande:* 80,66 Stickstoff
19,34 Wasserstoff

[5] *Am Rande:* Vernimmt sich – Einheit des ansich seienden und daseienden Wirklichen, Selbsts

[6] *Am Rande:* Differenzen sind nicht da – wie im chemischen.

schwindende Ton. Aber dieser Funken muß sich realisieren, ein Dasein gewinnen, so daß er ein Brennen der ganzen Substanz wird. Der Funken ist das Brennen entgegengesetzter physischer Körper, sie sind darin aufgelöst; der Gegensatz ihres Daseins ist in der Wärme aufgehoben, sie sind aufgelöst; oder die unmittelbare Berührung ist eine Realität, einfaches Einssein, und die Trennung ist eine Gleichgültigkeit zweier neutraler Substanzen. Ihr allgemeines Element ist das Wasser, d. h. ihr Begriff. Sie sind zugleich gespannt; aber als neutrale. Jedes ist ein gesättigtes. Sie sind gespannt, heißt, ihr Wesen ist in sich getrennt durch die Beziehung aufeinander. – Dies wird / nun so vorgestellt, als ob die Säure eines jeden sich durch die Wahlverwandschaft mit der Base des anderen verbinde. *α*) als ob schon die Säure als Säure vorhanden, ebenso das Kali als solches, d. h. als begeistet; allein sie sind neutral, abgestumpft. Zuerst begeisten sie sich an ihnen selbst – durch Zersetzung des Wassers. Sie sind an sich entzweit, gegeneinander gespannt; – das wirkliche Setzen ist Auflösung der Gestalt überhaupt, Wärme, und Setzen als entgegengesetzter, begeistet, als chemisches Moment. Um sich mit dem, worauf es sich an sich bezieht, vereinigen zu können, brennt und begeistet es sich – affinité prédisposante, – als abgestumpfte Säure oder Base könnte es dies. – Es ist nur erst an sich Beziehung der chemisch Differenten vorhanden – d. h. als Zweck; aber dies Ansich ist schon. Es ist nun eine homogene Flüssigkeit, alles ist aufgelöst, und in dieser Auflösung so begeistet. Nun trennt sich das neue Neutrale; schlägt sich nieder als das, was an sich schon war. Aber es dirimiert sich nicht nur nach dem, was an sich schon war; sondern als aus der aufgelösten gleichgültigen Einheit hervorgehend. Es ist diese, welche sich dirimiert und den Extremen den Charakter aufdrückt, aus ihr hervorgegangen zu sein; d. h. sie verteilt sie teils qualitativ in Extreme, aber nicht in reine, sondern in gemischte, so daß in dem Extreme auch noch das entgegengesetzte Moment, von dem es sich trennte, vorhanden ist.

– Der[1] hervortretende Funken ist allgemeines Medium, Auflösungsmittel; ein Schmelzen der physischen Körper; ihr allgemei-

[1] *Am Rande:* Feuerprozeß

nes Wesen – ein nicht mehr nur formeller Prozeß; sondern die entgegengesetzte Bewegung der Entzweiung und Vereinung,[1] Reduktion und Oxidation – nicht Bildung neutraler Produkte. Momente α) reines Schmelzen, stille Lösung, (Alliage)[2] β) Das Feuer hat an der Luft / die Materie seiner chemischen Differenz; oder die Geschmolzenen sind an sich unmittelbare Einheiten der chemischen Differenzen. Es entzweit in chemische Differenzen, oxidiert und basiert; Metalloxide, Basierung des Kalks. Es reduziert ebensowohl, hebt die Begeistung auf, und konstruiert in Gleichgültige; und gebraucht hiezu die Verschiedenheit der Gestalt – Es sublimiert Schwefel, Quecksilber, und scheidet sie so von den Metallen, mit welchen sie in Verbindung sind; – ebenso Kohlensäure. – Der Körper durchläuft die Momente der bloßen Spannung, der chemischen Differenz, und der Formen der Gestaltung. Der Feuerprozeß hat zu seinen Seiten eigentlich nur diese gediegenen nicht Neutralen, und stellt nicht zwei neutrale Produkte dar, sondern ist das reine Differentiieren, oder das Differentiieren des Einen, und die Reduktion des anderen.

– Im[3] Wasser wie Feuerprozesse ist α) ein Moment die disponierende Affinität, d. h. die Seiten, wie sie aufeinander im chemischen Verhältnisse stehen, sind nicht da in der Form, in welcher sie in Verbindung treten; in höherer oder geringerer Begeistung; wie aber ihre Verwandschaft ist, zu derselben machen sie sich. Bleisalpeter, enthält ein Oxid von geringerer Oxidation, als rotes Bleioxid ist, es stellt sich also an sich ein Zustand desselben ein, der desoxidierter ist als der des roten Oxids, 6/7 werden von der Salpetersäure aufgelöst, 0,09 der Überschuß von Sauerstoff vereinigt sich mit dem übrigen roten Oxid, und überoxidiert es,[4] stellt ein in der Salpetersäure unauflösliches Oxid dar; ein Teil tritt also um eine Stufe der Oxidation zurück, ein anderer Teil erhöht. β) das zweite Moment ist eben diese

[1] *Am Rande:* Einheit des Feuers und Wassers
Neutralität ist Differentiierung.

[2] *Am Rande:* α) different sein, und β) gediegen, gleichgültig – der physische Körper fällt auseinander

[3] *Am Rande:* α) Zweck; erst an sich ist die Beziehung Verwandschaft –

[4] *Am Rande:* Schwefelsäure mit Zucker

Verteilung, welche bestimmt ist durch das ursprüngliche Verhältnis; dieses ist aber nicht nur diese bestimmte Wahlverwandschaft, die das, was sie bezieht, zu dieser Beziehung bereitet; sondern das ursprünglich bestimmte wird ebenso gebildet, / aufgehoben –[1] Es kann nur aufgelöst werden durch seine allgemeine Einheit; die rein qualitative Beziehung sinkt zur Gemeinschaft, und quantitativen herunter. Vors erste ist sie bestimmt durch das Auflösungsmittel, Grad der Temperatur, und Wasser – Beide sind als bloße träge Medien früher zu sehr betrachtet – etwa wie die Luft keinen Einfluß darauf hat, was zwei Menschen miteinander sprechen. Allein indem die Temperatur dieses formal Chemische ist, so ist ihr Unterschied ein Unterschied teils der Gestaltung, der Kohäsion oder elastischen Flüssigkeit, welche der chemischen Beziehung widersteht, oder worin die Bezogenen nicht als chemisch Differente gesetzt sind. Die Gestalt ist das gegen den Chemismus Gleichgültige, und hat durch das Moment der Wärme hindurchzugehen, das ebensowohl als es im chemischen Prozesse gesetzt wird, auch ein für sich wirksames ist. Durch sie geschieht es, daß in verschiedener Temperatur die Auflösung nicht nur schwerer [oder] leichter geschieht, schneller oder langsamer, sondern auch, daß sie die Verwandschaft ändert; und dies Verhältnis macht zugleich eben die Natur des Körpers aus. Die Wärme ist der Übergang von Gestalt zu chemischer Differenz, ebenso der Rückgang von dieser zu jener, und sie kann also dem Prozesse günstig als ungünstig werden, und ihre Veränderung ihn stören.

Ferner[2] ist das Wasser das, woran als dem allgemeinen physischen Elemente sich jedes seine Begeistung nimmt, als sie ihm von anderen gesetzt wird; der Schluß ist die vermittelte Beziehung seiner selbst durch das Andere, jedes ist Mitte. Wasser als Auflösungsmittel ist wesentlich im Prozesse – konzentrierte wasserlose Säure greift das Metall nicht an – neutrale Wismuthauflösung wird durch Wasser zerlegt.

[1] *Am Rande:* α) Ansich wird modifiziert durch das Allgemeine als Element

[2] *Am Rande:* β) Schlüsse – Jedes bezogen durch die Vermittlung des Ganzen auf das andere

Die Hauptsache aber ist α) die Entzweiung in neutrale Produkte, die bestimmt ist durch die Einheit – eine Diremtion in Produkte von verschiedenem Gehalte der sich neutralisierenden Momente; wenn eine Säure mit zwei Basen in Beziehung / gebracht wird, so verteilt sie sich an diese Substrate;[1] sie sind in der Verwandschaft verschieden, aber eine nimmt nicht alle Säure an sich, sondern sie verteilt sich an sie – β) ebenso eine homogene Auflösung, z. B. schwefelsauren Merkur, gibt nicht ein Salz von einer Art, sondern verschiedene Arten von Salzen an, die unauflöslich im Wasser sind durch auflösliche hindurch, bis zu einem * unkristallisierbaren Magma. – Vorhin schon ist von Blei angeführt, daß die salpetersaure Solution sich dirimiert in salpetersaures Blei und braunes Oxid, ich erhielt selbst durch Zugießen von Wasser, Reduktion von Blei. Glühen von Salpeter, anfangs reines Sauerstoffgas, nachher Salpetergas, endlich Stickgas; in der Retorte bleibt Kali zurück. – Eine Diremtion überhaupt, die nicht durch Verwandschaft bestimmt ist, d. h. nicht an sich, sondern eine freie Einteilung der Einheit der Auflösung.

Das Auflösungsmittel, das chemische Neutrale, wird durch die physische Neutralität überwunden, und am Ende des Prozesses ausgeschieden.

δ) Der Feuerprozeß zerfiel in Säuren und Kalien; – und in gleichgültige Metalle; jener Prozeß ist Prozeß von Neutralen;[2] aber die in sich reflektierte Metallität hat ebenso den Prozeß in ihrer gleichgültigen Verschiedenheit; – oder das in sich zurückgekehrte Neutrale ist einfache Gediegenheit.[3] Sie haben in ihrer einfachen Gediegenheit die Differenz des Prozesses, der daher ein Bild des Organischen ist; sie sind Selbständige, nicht Neutrale, nicht Brennliche; sondern in ihre Einfachheit / Zurückgekehrte; aber[4] die Neutralität fällt auf diese Weise außer ihnen; sie be-

[1] *Am Rande:* nach der chemischen Masse, d. h. nach der Menge, deren jedes zur Sättigung bedarf

[2] *Am Rande:* auf gleiche Weise beides

[3] *Am Rande:* Die Neutralität ist aufgehoben – Bestimmung durch die Einheit* des Prozesses – Neutralität, gleichgültiges Element

* *Daneben:* Reduktion

[4] *Am Rande:* α) zwei Gleichgültige – Flüssigkeit derselben, an sich verschiedene; ihre unmittelbare Flüssigkeit ist das Aufheben des neu-

dürfen ihrer als des Wassers, und sind hinreichend, hiedurch den Prozeß darzustellen. – Galvanischer Prozeß; er ist weder nur elektrischer Prozeß, noch der chemische Prozeß überhaupt, so daß alle anderen eigentlich galvanische wären; er ist eine besondere Weise der Existenz des chemischen Prozesses; will man diesen galvanischen nennen, so ist dies sehr überflüssig. α) es sind verschiedene, nicht differente, Metalle; daß die Differenz nur als Verschiedenheit da ist, ist ein wesentliches Moment;[1] sie beziehen sich durch die Neutralität des Wassers – es sei des bloßen Wassers,[2] oder auch eines salzigen – Beide kommen nur in dieser Rücksicht in Betracht; – der Unterschied von Leitern erster und zweiter Klasse, der [sich] auf das elektrische Verhältnis bezieht, hat hier keine Bedeutung.[3] Die in sich reflektierte Form der reinen Gediegenheit macht ihre Beziehung zu einer unmittelbaren absoluten Mitteilung. Ihre Berührung setzt durch diese ihre Flüssigkeit die Spannung derselben, was bei Neutralen nicht der Fall ist, weil diese nicht die Form dieser sich vollkommen gleichen Flüssigkeit haben. – Die Beziehung aber ist nur erst eine Spannung, die erweckte Elektrizität, die selbst noch nicht da, noch nicht bemerkbar ist. /

Es ist dasselbe, wenn zwei Flüssigkeiten, eine Säure und Wasser, so übereinander getragen werden, daß sie einander berühren, aber sich nicht vermischen, außer an den Grenzen – durch ihre Flüssigkeit, die getrennt ist, haben [sie] dieselbe Spannung, und sind die gleiche Bedingung des galvanischen Prozesses.

tralen physischen Körpers; sie sind nur an sich neutral, so daß sie nicht mehr physisch neutral sind; die Neutralität ist ihre Mitte, als Dasein des Ansich. Aber es ist nicht mehr nur Wasser, sondern ein neutraler physischer Körper tritt als ihr Element ein; denn er ist in sich zurückgegangen – oder die Gestalt ist geworden, sie ist das Allgemeine, sie ist SELBST der Prozeß, hat das Feuer an ihr selbst – wie der neutrale Prozeß – aber in seiner Wirklichkeit – (nicht bloß als Wärme)

[1] *Am Rande:* macht destilliertes Wasser gar keine Wirkung?

[2] *Am Rande:* Infektion – Flüssigkeit Mitteilung des Metalls – Atom Zinn in Quecksilber Veränderung des Barometerstandes, seine spezifische Schwere – einige Momente Kohlenstaub hinreichend, Eisen in Stahl zu verwandeln.

[3] *Am Rande:* unchemischer Prozeß ist der galvanische

Diese Spannung setzt die *Unmittelbarkeit* eines jeden als *vermittelt* durch das Andere; d. h. als different, negativ – Aber diese Spannung hat ins Dasein zu treten; das substanzlose Dasein ist die Elektrizität, eine Spannung, welche den Körper oberflächlich berührt, welche der Gestalt angehört, insofern sie nicht an sich der Prozeß ist, also sie nicht als Körper in ihn eintritt. Daher ist Elektrizität bei jedem Prozesse, nur[1] beim galvanischen stärker, weil hier die Selbständigkeit der Seiten Hauptmoment ist;[2] ganze Säule *Eine Elektrizität* – Diese Spannung tritt *durchs Wasser, Substanz, Bestehen*, oder den neutralen Körper in Dasein,[3] – / Element, allgemeine Begriff des Aufgelöstseins; die Metalle sind *an sich* Wasser; dies Ansich hat im Wasser sein Dasein. So setzen sie also ihre Verschiedenheit als daseiende im Wasser, verwenden es dazu; nicht aber nur äußerlich, sondern ihre *Substanz*; und der eine wird reduziert, oder hydrogeniert, der andere oxidiert.[4] – Dieser chemische Gegensatz, der eine Weise der Substanz selbst ist, ist dann eben, weil das Dasein zu-

[1] *Am Rande:* keine* Wahlverwandschaft des neutralen Körpers vorhanden – Kochsalz

* *Darunter:* es ist unchemischer Prozeß.

[2] *Am Rande:* Schließung der Kette, unmittelbare Berührung aller, und ebenso vermittelte Berührung

[3] *Am Rande:* *β*. Zweiter* Schluß und zwar geteilter – jedes setzt sich durch die Mitte (durch das Andere) *different*, das Andere ist der Grund; dadurch ist jedes als Differentes *da*; es ist die Negation in sein Sein gesetzt. – *α*) Es ist *an sich* Allgemeines; *β*) Einheit seiner selbst** und der entgegengesetzten Individualität. *γ*) different auf das Andere als auf ein Fremdes sich beziehend – Winterlscher Schluß.

In diesem Schlusse setzt jedes sich und das Andere different – chemische Differenz

* *Darüber:* 

** *Daneben:* 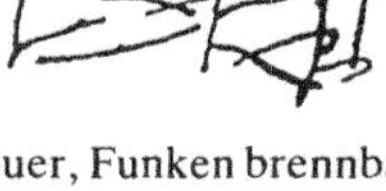

[4] *Am Rande:* Feuer, Funken brennbar; Reinlichkeit, mit der die unterschiedenen Momente, jedes für sich [sich] darstellt, d. h. in der Totalität [ist] jedes gesetzt.

gleich ein hinzutretendes ist, auch rein für sich da; Sauer- und Wasserstoffgas. – Die Wirkung dauert sehr lange fort, eben weil die beiden Seiten selbständig sind, also ihre Verschiedenheit sich erhält, nicht abgestumpft wird.[1]

Der galvanische Prozeß ist nun das Bild des organischen Prozesses; er ist es aber noch nicht selbst,[2] er fällt noch auf die andere Seite herüber. Er ist das Feuer, das sich durch sich selbst erzeugt, aus dem physischen selbständigen Körper, das Selbst an ihm selbst hat; aber α)[3] fallen die beiden Körper in die Selbständigkeit auseinander, sie müssen zusammen, so wie das Wasser zu ihnen gebracht werden, und ihre Schließung. Aber durch dieses bloße formale Zusammenbringen ist das Selbst an sich selbst gesetzt; es ist das ganz formale der Näherung, nicht mehr des Reibens oder des hinzutretenden Selbsts des Feuers. Beide Seiten sind selbständig, vollkommen in sich reflektierte Verschiedenheit; ihre Beziehung zugleich ihre Allgemeinheit, ihre Auflösung an sich, und ihre daseiende differente Be/ziehung ist die Wirklichkeit dessen, was sie an sich sind, nicht als ihr Element, allgemeiner Begriff, sondern Selbst, Subjekt, wahre Substanz.

III. Das Organische[4]

Die allgemeine Gegenwart und Wirklichkeit, welche das Licht ist, hat alle Momente des physischen Körpers durchdrungen; er ist lebendiges; noch nicht beseeltes. Es ist ein allgemeines Selbst; das noch nicht dieses einzelne Selbst ist; – noch der

[1] *Am Rande:* γ) Wärme, negative Einheit, Feuer tritt hervor – Chemische Momente Sauer- und Wasserstoffgas – Aufheben der Neutralität, Erzeugung des Selbsts, des freien Feuers – der physische Körper, das neutrale gleichgültige Bestehen, geht zu Grunde und zwar als Körper – Feuer elektrisches fortgesetztes wesentlich.

[2] *Am Rande:* In ungetrennter Einheit Allgemeinheit und Selbst, Gestalt und Feuer.

[3] *Am Rande:* α) freie Selbständigkeit der Seiten
β) Aufheben des neutralen Körpers

[4] *Am Rande:* Reflexion über das Vorhergehende; α) Wiederholung des Mechanischen und Chemischen im Physischen – Im Ele-

Raum, das allgemein Organische. Das an und für sich Seiende, die einfache Substanz aller ihrer Momente, und ebendarum bestehen diese Momente, selbständiges Ansichsein, das darin besteht, sich aufzuheben. Sie sind wirkliche, sie sind freie Teile, aber Teile, die zweckmäßig sind, die allein durch den Begriff des Ganzen bestimmt sind, oder im Begriffe bleiben; worin die Form und die Substanz schlechthin nicht mehr getrennt sind – Die einzelnen Körper sind wirkliche Subjekte, aber sie haben die Form nicht vollkommen an ihnen, sondern es fällt ein Teil der Momente derselben außer ihnen. Das / Organische ist schon an sich das, was es wirklich ist. Es ist die Bewegung seines Werdens. Aber was das Resultat ist, ist auch das Vorhergehende. Bisher dies unser Erkennen. Physischer Körper ist an sich, Einheit der Schwere und Wärme; dies wird er, und gerade dies Werden ist seine Wirklichkeit selbst. – Das, was er an sich ist, ist selbst ebenso ein Werden, das hinter, jenseits seiner Wirklichkeit liegt; oder es sind seine Eigenschaften, allgemeine, aufgehobene Momente, deren Subjekt er ist. Es ist der Schluß, worin seine Allgemeinheit durch die Bestimmtheit in die Einzelnheit zurückgeht, und diese ebenso in die Allgemeinheit; daß sie Einheit beider Extreme ist. – Die Bewegung von der Allgemeinheit zur Einzelnheit war das Werden des physischen Körpers, als lichtdurchdrungener Kristall; das andere sein Werden zum Organischen. Jenes ist in ihm so, daß die Teile, d. h. Momente, das Ganze hervorbringen; denn die Teile sind das Allgemeine; es ist seine unorganische Natur. Sie erregt ihn, d. h. sie wirkt nicht auf ihn so, daß er das Passive wäre, sondern sie ist vielmehr das Passive, er aber das Tätige, aber nicht als rein negatives Verhalten, sondern eben sie hebt sie in ihm selbst

mente reflektierte Bewegung des Seins und des Selbst – an ihm selbst

β) wie ist das Physischchemische zur Gestalt zurückgegangen – darin, daß der Prozeß sich einfache Gediegenheit zu Seiten gesetzt, und das Neutrale aufgehoben, und ebenso das Gediegene zum Neutralen gemacht [hat].

γ) ist die Substanz des bisherigen, trägt dasselbe überhaupt, an ihm ist es da, wie die einzelnen Organe an einem Subjekte
physische Selbständigkeit aufgelöst

auf. Es wirkt nichts auf Andere, wenn dies Andere nicht selbst *an sich* schon diese Wirkung ist. Erregung ist daher nicht ein formeller Reiz, wo alsdenn das Organische auf eigene Weise reagierte, ein bloßer Anstoß; sondern es ist Substanz, welche an sich selbst ins Organische übergeht, zu demselben wird. Es sind zwei Substanzen, jede dasselbe *Ansich* als die andere; d. h. Eine Substanz; aber zwei Wirkliche, und deswegen ist jener Übergang formell; das Organische ist das Selbst, die Kraft, die Einheit seiner selbst und seines Negativen; es hat nur als diese Einheit die Kraft über dasselbe, und die Beziehung macht das *wirklich*, was *an sich* ist; – der Übergang ist also formell, insofern beide dasselbe Wesen sind; aber er ist es nicht so, als ob das andere ein Fremdes bliebe, und nur erregte, ein Fremdes, das nicht durch seine Substanz in das Organische einträte, und eine eigene Substanz für sich behielte.

Das Unorganische geht eben in dem Organischen in sich selbst zurück, ist *ein Selbst*; diese Einzelnheit aber ist ebendarin selbst allgemeine; ihre Selbsterhaltung ist dieses sich Aufheben des Allgemeinen; dadurch ist die Einzelnheit, aber diese geht in die Entzweiung, Realität über, und ist so selbst aufgehobenes Einzelnes; – die / Blätter u.s.f. bringen den Baum, er aber diese seine Teile hervor; sie machen etwas, das schon *ist*; weil sie Beziehung auf ihn haben, als aufgehobene; und er bringt ebenso nur sich hervor; sein Tun ist in sich reflektiert. Der Anfang ist dasselbe, was das Ende ist.

Dies allgemeine Leben, die Erde, hat also lebendige Teile, die Elemente sind sein Allgemeines, seine unorganische Natur; es sind als freie Selbständige, Sonne, Komet und Mond, aber in ihrer Wahrheit; die Elemente der Luft als Atmosphäre, des Wassers als Meer, des Feuers aber als die befruchtete, aufgelöste Erde, als befruchtende Sonne abgesondert. Ihr Leben ist der atmosphärische und Meerprozeß, worin sie diese erzeugt, jedes ein eigenes Leben für sich ist, und ebenso nur ihn konstituieren. Es hat hier das *Chemische* seine absolute Bedeutung verloren; es ist nur Moment, es ist in die Selbständigkeit reflektiert, wird unter dem Subjekt gebunden, getötet festgehalten; jedes ist durch seine Substanz selbst als freies Subjekt auf das andere bezogen.

Die *Gestaltung* der organischen Erde enthält die Weisen des

Daseins ihres organischen Lebens. – Als dieses ist die lebendige befruchtete Erde, welches die wirksame Sonne als irdisches Feuer in ihr enthält, und das Leben überhaupt. Ihr erstes *bestimmtes* Leben aber ist die *Atmosphäre*. Als reine Bewegung, als ideelle Substanz, hat sie das Leben der himmlischen Sphäre an ihr; ihre Veränderungen hängen mit der himmlischen Bewegung zusammen; aber sie materialisiert dieselbe in ihrem Elemente. Sie ist die aufgelöste rein gespannte Erde, das Verhältnis von Schwere und Wärme. Sie durchläuft ebenso die Periode des Jahres, des Monats als des Tages; und drückt sie als Veränderungen der Wärme und Schwere aus. Diese periodischen Wechsel treten wieder so auseinander, daß, wo die Achsendrehung das Überwiegende ist, die Periode des Tages das Übergewicht hat, unter dem Äquator – tägliche Veränderungen des Barometerstandes, tägliche Ebbe und Flut – im Jahre aber tritt dies Verhältnis nicht auseinander, hingegen bei uns, wo die tägliche Ebbe und Flut wenig bemerklich, und alle Zeit der Veränderung mit dem Monde mehr zusammenhängt. /

Die Schwere ist innere Schwere, Elastizität, als Druck, aber wesentlich Veränderung der *spezifischen* Schwere; Bewegung Wogen derselben, die mit Temperaturveränderung zusammenhängt, aber so daß diese die entgegengesetzte Bedeutung hat, gemeine und Lichttemperatur zu sein; jene ausgeschiedene Wärme, diese frei durchs Licht hinzutretende. Die letztere ist überhaupt Klarheit der Luft, reine Elastizität derselben, hoher Barometerstand; während jene der Gestaltung angehört, und wenn das Elastische in Regen, Schnee übergeht, da ist.[1]

Diese abstrakten Momente gehen eben in der Luft in sich zurück; die himmlische Bewegung *materialisiert* [sich] in ihnen, und ebenso *greift auf der anderen* Seite Meer und Erde in sie ein, und verflüchtigt sich in sie; ein prozeßloser unmittelbarer Übergang; die Luft individualisiert beides in ihr, teils zu dem allgemeinen atmosphärischen Prozesse, worin eben ihre höchste Selbständigkeit und das Aufheben des Wassers und der Erde – in Gerüche – ihre eigene Entladung, Übergang in Wasser wird, –

[1] *Am Rande:* wiederholt oder ist die beständige Wirklichkeit des absoluten Prozesses

teils in die vergänglichen Kometen, Meteore – teils in Erden, die sie erzeugt, Atmosphärilien, – teils in giftige Winde, Miasmen für den tierischen Körper – teils Honig- und Mehltaue; tierische und vegetabilische Lüfte.[1]

Die neutrale Erde aber, das Meer ist eben so die Bewegung der Ebbe und Flut, eine aus der Bewegung von Sonne und Mond zusammengesetzte – so wie der Gestalt der Erde. Wie die Luft sich ihre Spannung aus der Erde nimmt, sich als allgemeines Element, so das Meer seine Neutralität; die Erde dünstet gegen die Luft aus als Meer, gegen das Meer aber ist sie Kristall, der das überflüssige Wasser aus sich abscheidet, in Quellen, die sich zu Flüssen sammeln. Aber dies ist abstrakte Neutralität, süßes Wasser, das Meer die physische. Der Kristall der Erde geht in diese über. Der Ursprung der Quellen äußerlich vorgestellt, als ein Durchsickern, / ist eine mechanische und ganz oberflächliche Vorstellung – wie nach der anderen Seite Vulkane und heiße Quellen.[2]

Allenthalben sehen wir Gegenden, – besonders Sandsteinlager, welche immer Feuchtigkeit abscheiden. – Das Meer selbst ist diese höhere Lebendigkeit als die Luft; Subjekt, der Bitterkeit, und Neutralität, und Auflösung; ein lebendiger Prozeß, der immer auf dem Sprunge ist, in Leben auszuschlagen, weil es alle Momente desselben enthält; den Punkt des Subjekts, die Neutralität, und die Auflösung jenes in diese. Es bricht daher so gern in phosphoreszierendes Licht aus – ein oberflächliches Leben, das sich in die einfache Einheit zusammennimmt, aber auch ebenso in vollkommen in sich reflektierte Einheit – ein Lichtmeer, das aus lauter lebendigen Punkten – Tierchen besteht, die sogleich ersterben, und zu leuchten aufhören, wenn sie herausgenommen werden – Werden des Wassers zur Gallerte – wie das Meer auch nur eine Erfüllung von Infusionstierchen ist.

Das eigentümliche Leben der Erde aber ist bestimmt darin,[3]

[1] *Am Rande:* Bitterkeit dem Erdharz* sonsten zugeschrieben Gr. 807. * *Darüber:* Bittererde *

[2] *Auf dem unteren Rande:* Lunge ihre Ausdünstung, Absonderungsgefäße; so ihre Leber, dies sich an ihnen selbst Erhitzen.

[3] *Am Rande:* Das Selbst ist als die Verschiedenheit der Gestaltung; – ruhige Auslegung, Moment der Selbständigkeit aller Teile

daß sie das allgemeine, d. h. unmittelbare Individuum ist. Es ist das feste Gebäude der Erde, welches sein Leben noch nicht als Seele hat; sondern als allgemeines Leben ist – das Leben im Elemente des Seins. Es ist die unorganische Erde – die als unbegeistete Gestalt ihre Glieder auslegt, wie einen starren Körper und seine Gegliederung. Ihre Abscheidung in Wasser und Land, und festes Land und Inseln, und die Figuration und Kristallisation derselben, in Tälern und Gebirge – gehört der reinen mechanischen Gestaltung; – es läßt sich hiebei wohl sagen, daß die Erde an einem Orte kontrahierter, am anderen expandierter sei – aber damit nichts gesagt; – auch kann der Zug der Länder und Gebirge auf magnetische Achsen bezogen werden, nordwestlich nach Südosten; aber der Magnetismus ist überhaupt als lineare Richtung ein ganz formales Moment, dessen Kraft gerade schon in der Kugel, und noch mehr im Subjekte unterdrückt ist. Die ganze Gestaltung zu be/greifen, müßte die feste Lagerung, und nicht sowohl in Vergleichung mit dem Meere, als mit dessen Strömungen zusammengenommen werden, dem Ausdrucke der freien Bewegung der Erde an ihr selbst. – Im allgemeinen die der Kugel entgegen zur Bestimmung strebende Gestaltung geht auf das Pyramidalische, – innerhalb jener also einen Grund, eine Breite, die sich nach der anderen Seite zuspitzt; zerfallen nach Süden – Aber die unruhige umdrehende Strömung höhlt diese Figur allenthalben in der Richtung von Westen nach Osten zu ein, treibt, drückt das Feste gleichsam nach Osten, und schwellt sie an nach der östlichen Seite, – wie ein gespannter Bogen – und westlich bauchigt und eingerundet.[1] Überhaupt ist aber das Land in zwei Teile zerrissen, alte und neue Welt, wovon diese die unausgebildete Entzweiung überhaupt darstellt; einen nördlichen und südlichen Teil in der Weise des Magnets; Natürlichkeit, bleibt zurück kindische Natur – der andere aber die vollkommenere Entzweiung in drei Teile – einer, das gediegene Metall, der nicht ins Bewußtsein tretende stumpfe

[1] *Am Rande:* jungfräuliche Erde, Paradies der Menschen hier gefunden – üppige Vegetation, Tiger, Jaguar, alle Löwen, Krokodil, Kaimaken, größere Vögel, Schmetterlinge schwächere Tiere, Menschen

Geist[1] – der andere, die Ausschweifung, die wild nur aus sich aus gebärende Mitte, die formlose Erzeugung; – der dritte aber das Bewußtsein; der [der] vernünftige Teil der Erde ist.[2]

Die Geschichte ist früher in die Erde gefallen; itzt aber ist sie zur Ruhe gekommen. Ein Leben, das in sich selbst gärend, die Zeit an ihm selbst hatte, – der / Erdgeist, der noch nicht zur Entgegensetzung gekommen; die Bewegung und Träume eines Schlafenden, bis er erwacht und im Menschen sein Bewußtsein erhalten, und sich also als ruhige Gestaltung gegenübergetreten. – Bloßes Geschehen, – Lagerung nacheinander macht durchaus nichts begreiflich, oder vielmehr läßt die Notwendigkeit, das Begreifen ganz; Auflösung in Wasser, oder Feuer ganz einzelne Seiten, welche die organische Gärung nicht ausdrücken. – Ebenso sie als Oxydations-Desoxydationsprozeß zu begreifen, Kohlenstoff-Stickstoffreihe ist etwas ganz Oberflächliches.

Die physische Bildung der Erde ist so beschaffen, daß ihre Oberfläche in organische Mittelpunkte ausbricht,[3] in Punkte der Totalität, welche das Ganze in sich vereinigen,[4] und von da aus es zerfallen lassen, und einzeln herausgeboren es darstellen; jene Kontraktion sich aufschließend, geht sie in das Auseinanderwerfen der Momente über. Diese Mittelpunkte sind eine Art von Kernen, welche in ihren Schalen und Rinden das Ganze darstellen, und durch sie hindurch sich in den allgemeinen Boden, als ihr Element verlaufen.

Der Kern und Wurzel dieser Bildungen ist nicht Einfaches,[5]

[1] *Am Rande:* Entstehung, Werden, wilde Verwüstung des Menschengeschlechtes

[2] *Am Rande:* allgemeiner Charakter der Gestalt – Hat die Erde eine Geschichte? Was ist Geschichte? Zeit* fällt in den Menschen dem Vernunftlosen gegenüber

* *Daneben:* Form des Nacheinander, neben dem Zugleich.

[3] *Am Rande:* wie in einzelne Pflanzen

[4] *Am Rande:* Drinnen und Drunten ist Nichts, – Nichts was nicht auf Erden ist

[5] *Am Rande:* nicht ein einfaches Selbst; Momente entfaltet an ihm selbst; Punkt – Fläche – Ganzes

sondern die entwickelte Totalität der Bildung; die Existenz der organischen Einheit, wie sie an dieser allgemeinen Individualität sein kann; d. h. nicht in der Form des einfachen Selbsts, sondern der Totalität, welche die Momente auseinandergeschieden in sich enthält. Dieser Kern ist der Granit; er besteht bekanntlich aus Kiesel, der absoluten Erde, der spröden Punktualität – dem Glimmer, der Fläche, welche sich zum Gegensatze entwickelt, der sich aufschließenden Punktualität, dem Momente der Brennbarkeit, das den Keim aller Abstraktionen enthält, endlich dem Feldspat, / die angedeutete noch unentwickelte Neutralität des Kalks. Es ist dies die einfache irdische Dreieinigkeit, welche sich nun nach ihren verschiedenen Seiten entwickelt – und zwar bestimmt in den zwei Richtungen des Prozesses, das einemal,[1] daß dieses Ganze die Unterschiede als seine Form an ihm hat, und dasselbe, nur verschieden modifiziert, dem Inhalte nach bleibt, – das anderemal, daß die Unterschiede die Substanz durchdringen und sie zu einfachen Abstraktionen werden – jenes die Gestaltung, wie sie hier erscheint, – dies der Unterschied, der aber alle Bedeutung des Chemischen verloren, und eben die Gestaltung der einfachen physikalischen Körper ist.

Die Granitgebirge haben Gneus, Sienit, worin der Glimmer tonig, Hornblende wird, Glimmerschiefer und dergleichen um sich her gelagert, lauter leichte Abänderungen, der Glimmer aber wird zum Tone vorzüglich im Porphyr, – die Grenze dieser absoluten Gebirge – der Glimmer geht in färbendes Metall und Ton über – Die Grauwacken-Formation – Glimmer in Metallisches – überhaupt ein feines Gemenge von den Bestandteilen des Granits – Porphyr, Feldspat, Kiesel und Ton. – Die nächste Formänderung wird die Schieferformation – das einfachgewordene, und die aufgehobene Neutralität; eisen- und besonders schwefelige Verbindung drückt das Brennliche verbunden aus;

[1] *Am Rande:* α) äußerliche Formierung
β) Vertilgung der daseienden Momente der Totalität, – und die reine Ausscheidung derselben als Abstraktion β) Zerfallen in gleichgültiges Dasein, aufgeschwemmtes Land; ebensogut das Erste, der Grund und Boden.

aber in der reinen Trappformation, und besonders Basaltform, ist es rein geworden – Vulkanischer Ursprung hat diese Wahrheit, daß er dem Feuerprinzip angehört, aber sowenig, als durch Wasser, wie durch Feuer entstanden ist. – Auf der anderen Seite geht das Ganze in die Salzform; der salzigen Erde, das zur Bitterkeit aufgeschlossenere Brennliche; Serpentin und dergleichen, das unregelmäßig hier und da hervorkommt – Dieser brennlichen / Form steht dann die kalkige überhaupt gegenüber; – Das Neutrale, das aber durchdrungen von der Metallität die qualitative Einheit an ihm hat, und daher ganz von organischer Bildung durchdrungen ist.

Diese Hauptformationen gehen in sogenannte Flötz und aufgeschwemmte Gebirge über, wo diese Momente ausgeschieden fast als reine Erden die ganz aufgelöste Totalität darstellen; in den Sandsteinlagern, den Quellen des Wassers, – Ton- Letten-Lagerungen – Steinkohlenflötzen, Torflagern, bituminösen Schiefern – Steinsalzlagerungen und endlich Kalk und Gipslagern –

Aber indem der Granit und was ihm angehört sich zu der Abstraktion zusammennimmt, schließen sich ebenso dagegen die sich abscheidenden Erze – auf, teils besonders früh Eisen, Gold – allenthalben eingesprengt, durch ganze Gebirgsmassen, Lagerungen und vorzüglich in Gängen, und (Kupfer) Flötzen. Ein Hereinfließen von Materien ist mechanisch und gedankenlos – so wie Kohlenstoff u.s.f.

α)[1] Die Gänge, Nester u.s.f. sind diese Behälter vornehmlich der rein sich ausscheidenden Erze, – Steinarten, Kristallen, – vorgestellt als Sprünge, durch Austrocknung, so daß der aufgelöste Brei von Metallen u.s.f. dahin gelaufen ist – Höchst begreiflich – heilten dann zu. In Wahrheit aber sind sie dies nicht nur mechanische sich Zusammenfassen, – sondern physische – die Teile der Totalität, die sich vereinfachen, das entwickelte Dasein aufheben, und eben daher itzt in abstrakter Form es heraustreiben. Der Lauf der Gänge ist der Richtung des Gebirges meist

[1] *Am Rande:* organisches Fassen

entgegengesetzt, – gleichsam Bruchflächen, aber nicht nur der Raumgestalt, sondern physische Bedeutung.[1]

β) In dem Studium der Geologie ist einesteils zuerst auf die allgemeinen Massen, Begriff der Momente, zu sehen – wo ein kleiner Unterschied sich vorfindet, wird eine / neue Gattung, Art daraus gemacht; – gedankenloses Aufzählen. – Das Wichtigste ist, in der Natur den Übergängen der Lagerungen nachzugehen; die Natur bindet sich nur im Allgemeinen an diese Ordnung; und bringt sie in mannigfaltiger Abwechslung hervor, worin ihre Grundzüge jedoch bleiben. – Alsdenn aber, indem sie sie als Teile im gleichgültigen *Nebeneinander* lagert, deutet sie die Notwendigkeit durch Übergehen des Verschiedenen ineinander an;[2] aber nicht nur durch bloße Allmähligkeit des Abnehmens, sondern eben dem Begriffe nach unterschieden, tritt für die bloße Anschauung die Verschiedenheit der Art hervor. Die Natur bezeichnet diese Übergänge als Vermischung des Qualitativen und Quantitativen, – oder zeigt, daß der Art nach das Eine von einer anderen verschieden sei – Es fangen in dem Einen Gesteine sich Kugeln, Nester, Mittelpunkte des anderen zu bilden [an] – die zum Teil eingemengt, zum Teil auch äußerlich abgeschnitten in jenem sich bilden. – Heym dieses [an] Übergängen vorzüglich aufgezeigt, das Ausbrechen des Einen im Anderen – philosophischer Ansicht –

γ)[3] Organische Gebilde. Sie gehören vorzüglich den Tonschiefern und Kalklagerungen an, teils vereinzelte Tier- und Pflanzenformen zerstreut. Aber vornehmlich ganze ungeheure Massen durch und durch organisch gebildet – Kalk-Schiefermassen – ebenso Steinkohlenflötze, worin man sehr häufig bestimmt die Baumform erkennt – So daß wohl soviel – wenn die Breccien dazu gerechnet werden, organisch gebildet vorhanden ist – als anderes – Hier sind es nicht einzelne zerstreute Pflanzen oder Tiere in einer Masse, sondern durch und durch ebenso allenthalben fast geformt, als ein Kalkkristall in allen Punkten zerschlagen,

[1] *Am Rande:* TREBRA'S Beobachtung, daß in die sanften Abhänge Gänge fallen

[2] *Am Rande:* Heym ganz abgesondert

[3] *Am Rande:* Es fängt die organische Bildung an

rhomboidalisch ist – so eins am anderen, – nicht ganz so innerlich wie Rhomboide des Kalks. – Hier ist man freilich gleich fertig, eine organische Welt da gewesen sein zu lassen, die im Wasser untergegangen. Aber woher denn diese? Sie ist aus der Erde auf-/gestanden, nicht geschichtlich, sondern geht daraus wie noch immer hervor, und hat ihre Substanz darin. – Jene organische Formen sind besonders wo sie einzelner sind, nicht die ganze Masse konstituieren, da vorhanden, wo Lager ineinander übergehen. Die Grenze, wo die Momente, welche die prozeßlose Natur auseinanderfallen läßt, ineinsgesetzt sind, ist vorzüglich der Sitz organischer Gebilde, der Versteinerungen; und solcher Gebilde, die weder Tierform noch Pflanzenform haben, sondern über die Kristallform hinausgehen, Spiele und Versuche in Organischer Formung sind. In dem schiefrigen und kalkigen schließt sich besonders das Unorganische auf;[1] denn jenes, indem es sich aus seinem Erdigen teils zum Schwefligen herausbildet, teils aber das metallische Prinzip an ihm erhält; hebt sich seine feste Subjektivität auf. Seine Punktualität, durch das Bitumen aufgeschlossen, die Differentiation überhaupt an ihm habend,[2] empfängt an der Metallität die Kontinuität – Einheit [des] absoluten Subjekts und Prädikats, – ist unendlich – und gerät ins Schwanken zwischen Organischem und Unorganischem. – Ebenso das Kalkige – es ist das Neutrale – es hat das Moment der Realität, des Bestehens an seinen Seiten, und die einfache Metallität tritt durch die Einfachheit ihrer Kontinuität als die qualitative Einheit [auf], welche die Gleichgültigkeit jener Seiten tilgt, eine Einheit, welche Seiten des Neutralen, Neutrales, welches Einheit hat, – den Übergang zum Organischen darstellt; einerseits den Sprung in die tote Neutralität, andererseits in die tote Abstraktion und Einfachheit aufhält. – Diese organischen Formen sind nicht zu betrachten,[3] daß sie einmal wirklich gelebt haben, denn von einzelnen ist nicht die Rede – und dann gestorben seien, sondern sie sind tot geboren, – so wenig die Knochenfasern Adern oder Nerven gewesen, und dann verhärtet sind, so wenig jene

[1] *Am Rande:* Einheit abstrakter Momente
[2] *Am Rande:* sich durchdringend –
[3] *Am Rande:* einzelne freilich – gezimmerte Nachen

Formen; es ist die organisch plastische Natur, – welche im Elemente des unmittelbaren Seins das Organische – und also als tote Gestalt es erzeugt, kristallisiert durch und durch – wie der Künst-/ler die menschlichen und anderen Bildungen im Steine – auf der flachen Leinwand darstellt – er schlägt nicht Menschen tot, und trocknet sie aus, durchzieht sie mit Steinmaterie, oder drückt sie in Stein ein[1] – er kann dies auch, er gießt Modelle ab, sondern bringt nach seiner Idee durch Werkzeuge solche das Leben darstellende, nicht selbst lebende Formen hervor; – die Natur aber unmittelbar – d. h. der Begriff ist nicht als Vorgestelltes, und das Ding als dem Vorstellenden gegenüber und von ihm bearbeitetes vorhanden; er ist nicht Form des Bewußtseins, sondern unmittelbar im Elemente des Seins, unabgelöst von diesem. Der Begriff hat zu seiner Arbeit da das Material, wo die Momente des Organischen in ihrer Totalität vorhanden sind; es ist nicht die Rede von einem allgemeinen Leben der Natur; daß die Natur allenthalben lebendig; sondern vom Wesen des Lebens; es ist zu begreifen, es ist auszulegen, in die Momente seiner Wirklichkeit oder Totalilität; und diese aufzuzeigen.

Was dieser Darstellung des Organischen, überhaupt dem unmittelbar Organischen fehlt, ist daß [der] Begriff unmittelbar ist, innerer Zweck, Element der Gleichgültigkeit; seine Momente physische Realitäten, nicht in sich selbst reflektiert sind, nicht jener Gleichgültigkeit gegenübertretendes Eins. Das Allgemeine, der Zweck aber, sich in sie ausbreitend, kehrt in sich zurück, ihre Gleichgültigkeit ist das einseitige Moment, das sich in die Negativität zusammennimmt, und Individuum ist. Die Substanz teilt sich nicht nur in verschiedne, sondern in absolut entgegengesetzte, und solche, deren jedes die Totalität, in sich Reflektiertes ist; gleichgültig gegen das Andere, dem Wesen nach Eins, und nicht nur diesem, sondern welche deren Realität selbst dieses Einssein, diese Negativität ist, d. h. deren Dasein der Prozeß an ihm selbst ist.

Das[2] Leben ist wesentlich diese vollkommene flüssige Durchdringung aller Teile desselben, α) Teile, d. h. solche, die

[1] *Am Rande:* nicht diese Vermittelung
[2] *Am Rande:* der Äther, der wirklich ist

gleichgültig gegen das Ganze sind; sie sind keine chemischen Abstraktionen; sondern substantielles, eigenes ganzes Leben – und ein Leben der Teile, welches in sich unruhig sich auflöst, und nur das Ganze / hervorbringt. – Das Ganze ist die allgemeine Substanz, der Grund, als es die resultierende Totalität ist; – und es ist diese als Wirklichkeit; es ist das Eins, das in seiner Freiheit die Teile gebunden in sich enthält; es entzweit sich in sie, gibt ihnen sein allgemeines Leben, und hält sie als ihr Negatives, als ihre Kraft in sich; dies ist so gesetzt, daß sie an ihnen ihren selbständigen Lebenslauf haben, der aber das Aufheben ihrer Besonderheit und das Werden des Allgemeinen ist. Dies ist der Kreis, die Bewegung am einzelnen Wirklichen; das nicht Konstruierte, nicht absolut Gleichgültige füreinander.

Näher ist dieser allgemeine Kreis die Totalität dreier Kreise, Einheit der Allgemeinheit und der Wirklichkeit; die beiden Kreise ihres Gegensatzes, und der Kreis der Reflexion ihrer in sich selbst.

α) Das Allgemeine ist daseiendes, und das organische Eins die Kraft über dieses Negative seiner selbst, dieses Äußerliche, und zehrt es auf; es ist nur aufgehobenes β) das Organische ist so das Wirkliche, das sich selbst erhält, und verläuft den Prozeß an ihm selbst; es ist sich sein allgemeines, das sich entzweit in seine Teile, welche das Ganze hervorbringen, sich aufheben γ) dies hervorgebrachte Wirkliche ist die Gattung, sie die Macht gegen das Einzelne; – Prozeß derselben; sie hebt dieses Einzelne auf, bringt ein anderes hervor, das die Wirklichkeit der Gattung ist, eben daher Entzweiung gegen die unorganische Natur, zu der die Gattung herabsinkt.

Der organische Prozeß entzweit sich also in zwei allgemeine Extreme, unorganische Natur und Gattung, [er] ist die Mitte; α) mit jedem unmittelbar eins, so ist er $\alpha\alpha$) selbst Gattung $\beta\beta$) unorganische Natur β) Vermittlung mit jedem durch [das] andere $\alpha\alpha$) durch die Gattung mit dem Unorganischen[1] – das Wirkliche / ist die Macht über das letztere, weil es das absolut Allgemeine ist. $\beta\beta$) Durch das Unorganische mit der Gattung, Geschlechtsverhältnis.

[1] *Am Rande:* Ernährung

I. Das Organische ist unmittelbar Einheit der Einzelnheit und Allgemeinheit, Organische Gattung; es ist ausschließendes Eins, schließt das Allgemeine von sich aus, – die Gattung, von der Macht der Negativität, vom Leben verlassen – oder das Organische setzt sich sein Unorganisches – Die Gattung ist das absolut Allgemeine, das sich das abstrakt Allgemeine gegenübergesetzt; eben dadurch hat es auch das Moment der Einzelnheit freigelassen, das das negative Verhalten gegen das Unorganische ist. – In dem Schlusse des bloß organischen Lebendigen tritt überhaupt die Gattung, das Allgemeine, nicht als freie eigene Wirklichkeit hervor.

II [1]Die Gattung steht hier auf Seiten des Organischen – Der Schlußsatz ist, daß die Gattung mit dem Unorganischen unmittelbar vereinigt wird. – Das Individuum zehrt sich selbst auf; die nicht ausschließende Diremtion; Beziehung des Organischen auf sich selbst; hebt seine eigene Anorganität auf, ernährt sich aus sich selbst, gliedert / sich in sich selbst, dirimiert seine Allgemeinheit in seine Unterschiede. Verlauf des Prozesses in ihm selbst.

[1] *Am Rande:*

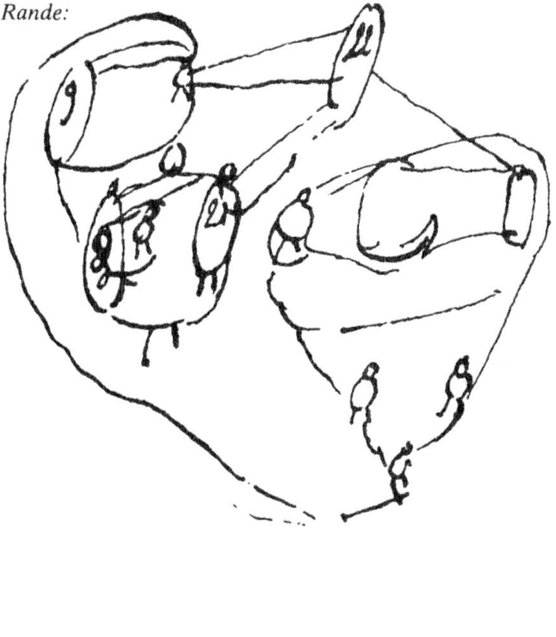

III. Der Schlußsatz ist Beziehung der beiden Seiten, die das ganze Organische sind – Oder Diremtion dieses Ganzen in entgegengesetzte, selbständige Geschlechter, Aufhebung des Einzelnen, und Gewordensein der Gattung, aber als einzelnes Wirkliches, das den Kreislauf wieder anfängt.

I.[1] Form der Gattung; abstrakte Betrachtung. Das organische Eins ist unmittelbare Einheit der Individualität und der Gattung – α (diese Allgemeinheit ist eigentlich die unwirkliche Gattung, in welche $\alpha\alpha$) das Einteilen derselben in Arten fällt, $\beta\beta$) teils die Übermacht der Individualität überhaupt, der Erde, teils der Einzelnheit, die sich davon befreit,[2] – quantitativer Unterschied, Passivität.

β)[3] In ihrer Wirklichkeit aber, wie sie an ihr selbst ist, ist sie das Auseinandertreten der organischen und ihrer unorganischen Natur; jene die Form der Einzelnheit, diese der Allgemeinheit; beides Abstraktionen – Substanz dieselbe, wie sie sich als Art bestimmt hat – Die Bestimmtheit bleibt Allgemeinheit, gehört ins Element, Prinzip. Es ist nichts für das Organische, was es nicht selbst ist. – Es ist in der Reflexion dies zurückgenommen, daß seine Welt an sich ist, sie ist nur als aufgehobene, es ist das Setzen und Tragen derselben. – Aber diese Tätigkeit allein zu nehmen, wäre ebenso einseitig. Die Erde macht die / Sonne, und ihre Elemente, wie jedes Organische als dies allgemein Organische, aber ebenso an sich beides.

Dies Gesetztsein ist das Aufgehobensein des Unorganischen; es ist nicht an sich; das Organische ist das Selbst; aber jenes ist für dieses als Ansich zunächst, als gleichgültiges Dasein beider – geht in gespanntes Dasein über, Form des Fürsichseins, die dem Organischen zukommt. γ) Jenes unmittelbare Sein des Organischen als Gattung ist ebenso ein schlechthin vermittel-

[1] *Am Rande:* I) abstraktes Verhältnis der Einzelnheit

[2] *Am Rande:* Organismus eine mannigfaltige Verwicklung mannigfaltiger Prozesse – Genaue Unterscheidung – fallen nicht aus der Einheit, jede geht selbst dahin zurück

[3] *Am Rande:* Form der Wirklichkeit, organisches

A) Unmittelbar sind die Momente abstrakte Seiende, oder gleichgültige

Entzweiung in Organische und Unorganische Natur

tes α) durch das Unorganische, – es ist nur durch dies Anderssein, diesen Gegensatz gegen sich, als abstrakte Allgemeinheit, es ist die der Individualität entbundene Gattung – β) durch das Organische als Einzelnes, Zeugung durch seines gleichen; generatio univoca – Weil jene auch Leben an ihr selbst ist, geht sie durch sich selbst zum Organischen über; – überhaupt das Dasein des Organischen ist das sich vereinzelnde, kontrahierende Tun der ganzen Erde, das in sich Reflektieren des Allgemeinen. Aber sie ist ebenso das beruhigte in sich Reflektiertsein, und edlere Pflanzen und Tiere sind dies befestigte in sich Reflektiertsein, das nicht wie Pilze aus der Erde aufschießt, – individualitätslose Gallerte oder Flechte, die nur organisches Leben überhaupt in dürftiger Gegliederung ist. Sie kommt in ihrem Dasein nur zur allgemeinen Reflexion, und bricht hier ihr unmittelbares Werden ab. Das in sich Reflektierte steht nun für sich fixiert, und seinen eigenen Kreis durchlaufend, und ist ein eigenes Dasein, das jenem gegenüberbleibt,[1] und an seinem negativen Wesen festhält, seinen Ursprung verleugnet, und für sich sein Werden darstellt.

δ) Das Verhältnis zum Unorganischen ist das unmittelbare und das vermittelte; α) in jenem ist das Organische die unmittelbare Macht, gleichsam das unmittelbare Schmelzen des Unorganischen zur organischen Flüssigkeit. Dies ist der Grund aller Beziehung beider aufeinander, eben diese absolute Einheit der Substanz, wodurch das Unorganische für das Organische schlechthin so durchsichtig, ideell, ungegenständlich als Raum und Zeit es ist, – ungeachtet der Selbständigkeit, Gleichgültig/keit beider. Diese Einheit der Substanz ist das unmittelbare Übergehen, die unmittelbare Verwandlung; ist hier wirklich. – Dies ist es, woran alle Chemie, alle Mechanik scheitert, und ihre Grenze findet, das Begreifen aus solchem Vorhandenen, das schon die äußere Gleichheit hat, oder negative Beziehung. α) Beides ist vollkommen frei in seinem Dasein gegeneinander – Brot hat keine Beziehung an ihm selbst auf den Körper, oder der Chylus, Blut ist etwas anderes; die Chemie zeigt in beiden etwas ähnliches, etwa

[1] *Am Rande:* B. mechanische Bemächtigung, Macht ist die Gattung; Gewalt die Individualität

Eiweißstoff und dergleichen auf – Sauer-, Wasser- u.s.f. Stoff; oder in der Pflanze eben so Stoffe, die sie im Wasser aufzeigt[1] – Allein beide sind schlechthin zugleich etwas anderes – Das Holz, Blut, Fleisch – als diese Stoffe, oder Wasser, oder letzteres als Pflanze; es bleibt nicht dasselbe Ding – die Verfolgung des Gleichen, Fortlaufen am Gleichen hört völlig auf; die daseiende Substanz verschwindet völlig. – Geometrie Aufzeigen des Gleichen – oder zwei Flüssigkeiten, Verbindung ein Salz, – und verdunstetes Wasser; löse das Salz chemisch auf, so erhalte wieder jene Stoffe; das Salz ist begriffen, nicht anderes darin geworden, die Stoffe dieselben. – Aber im Organischen ist dies Anderswerden der seienden Substanzen, das Sein ist nur aufgehobenes, im Selbst, Geistiges, Negatives, Stoff-, Materienloses; es kommt also gar nicht in Betracht nach seinem Dasein, sondern nach seinem Begriffe. – Nach diesem ist es dasselbe, was es [als] das Organische ist – und in diesem ist es nur, wie es in seinem Begriffe ist; in ihm geht eben sein Sein zu Grunde.[2]

Dies[3] stellt die organische Assimilation dar; sie ist eine Infektion des Unorganischen, sein Sein, seine Substanz wird verändert, und zwar unmittelbar, es ist einfacher Übergang, weil der Begriff derselbe ist. Das Nahrungsmittel, das in die / Sphäre des organischen Lebens tritt, wird in diese Flüssigkeit getaucht –[4] und selbst diese aufgelöste Flüssigkeit; wie ein Ding zum Geruche wird, zum Aufgelösten, zu einer einfachen Atmosphäre; so wird es dort einfache organische Flüssigkeit, worin dann nichts mehr von ihm oder seinen Bestandteilen zu entdecken ist. Dieser Übergang muß sich gleichfalls als Prozeß darstellen[5] und die Ge-

[1] *Am Rande:* wenn sie dies nicht mehr sind α) zu solchen Abstraktionen macht das Organische sie wie die Chemie* β) aber diese chemischen Stoffe ebenso nicht das wahre Sein für das Organische – Blut und diese wieder genommen als chemische, so sind es andere.

* *Daneben:* ist das Feuer Säure u.s.f.

[2] *Am Rande:* fehlt leider das geistige Band

[3] *Am Rande:* C. Verdauung α) unmittelbare Verdauung

[4] *Am Rande:* die chemische daseiende Differenz ist unnötig; weil das Organische diese Kraft ist.

[5] *Auf dem oberen Rande:* Mystizismus, Begriff ist wirklich, übersinnliche Welt

gliederung seines Gegensatzes entfalten; aber der Grund ist, daß das Organische das Unorganische unmittelbar in seine organische Materie reißt, – es ist das Allgemeine, die Gattung – das einfache Selbst, und dies ist seine Kraft. – Wenn das Organische durch die einzelnen Momente hindurch als *zweckmäßig* das Unorganische allmählig zur Identität mit sich bringt, so sind diese weitläufigen Anstalten der Verdauung ebenso überflüssig; es ist der Verlauf des Organischen in sich selbst, der um seiner selbst willen geschieht, um die Bewegung, die Wirklichkeit zu sein – Sein Grundverhältnis aber ist diese einfache Berührung, * worin unmittelbar das Andere auf einmal verwandelt wird. Die Assimilation ist als diese Infektion von den Physiologen so dargestellt worden, daß sie z. B. Speisen in Röhren einschlossen, und sie in den Magen von Tieren steckten, wo also Speichel, Magen-, pankreatischer Saft, die Galle nicht auf sie einwirken konnten; die Speisen wurden ebenso gut verdaut; – sie schnitten auch noch die Magenwände dazu aus, daß gleichsam bloß die reine Richtung vorhanden war; es ging gleichgut vonstatten. – Es wurde der Versuch gemacht, Stückchen Fleisch in die Bauchhöhle statt in den Magen, auch nicht in die Gedärme – auch bloß unter die Haut auf das bloße Muskelfleisch zu legen; sie wurden so sehr verändert als sie es im Magen geworden wären – Eine bekannte Erfahrung ist / auch, beim Drosseln-, Krametsvögelfang, wenn sie ganz mager sind, durch einen Nebel in Zeit von einigen Stunden ganz fett werden, – eine Verwandlung,[1] die ohne *weitere Abscheidung* Durchgang durch *die vereinzelnte Momente des Assimilationsprozesses geschieht*. – Dies ist die sich selbst gleichbleibende organische Flüssigkeit, ihr Feuerwesen, worin alles unmittelbar in seinen Begriff zurückkehrt, – Essen und Trinken macht die unorganischen Dinge zu was sie *an sich*, in Wahrheit sind, es ist das bewußtlose Begreifen derselben, – werden darum so aufgehobene, weil sie [es] an sich sind.

II) Dieses unmittelbare Übergehen ist ebenso der entwickelte Prozeß – jenes ist das sich in sich Reflektieren des Unorgani-

[1] *Am Rande:* β) vermittelte Verdauung

schen,[1] Werden zum Organischen selbst überhaupt. Dies Allgemeine aber hat sich an ihm selbst zu verwirklichen – es gibt sich sein Selbstgefühl[2] – eben durch die Bewegung – für sich werden. Sie ist in es selbst verlegt; – das Organische hat seine unorganische Natur an / ihm selbst; es zehrt sich selbst auf; es ist[3] gegen sich selbst als dies unmittelbar Allgemeine, als diese ORGANISCHE Gattung gekehrt;[4] es ist sich selbst das Organische. Dies ist sein Individualisierungsprozeß. Es tritt sich in sich selbst gegenüber, wie vorhin gegen das * Äußere; das Andere ist unter den Begriff getreten. Insofern das Einzelne schon vorausgesetzt ist, so schließt sich hier das Einzelne durch die Gattung, – seine Allgemeinheit, mit dem besonderten Allgemeinen zusammen; dies ist das eine Extrem, das aufgenommen in die absolute Gattung, absolute Besonderheit, Einzelnheit wird. Es ist dies die besondere Ausgebährung des Momentes der Individualität, das Werden derselben, die schon in den Prozeß eintritt, als seiend.[5] Es kommt nichts heraus, als was schon ist. Der Verdauungsprozeß seiner selbst – und die Gegliederung, Gestaltung der Momente, Glieder werden aufgezehrt,

[1] *Am Rande:*  das Unmittelbare, Gattung an sich, geht in den Prozeß ein – ist wirklich geworden.

[2] *Am Rande:* Element Verdauung für sich werden – Gemeinschaftliches ist unmittelbar die GATTUNG – ist wirklich.

B)* I. Aufzehrung seiner als unorganischer Natur: I. seine Gestaltung aus sich selbst.

II. Fürsichsein; Nacht seines Fürsichseins – reine** Negativität – das SATTE Individuum, das ausgeschlafen hat

III. das Resultat ist Sinn; – es hat sein Sein für Anderes aufgehoben; theoretisches Wesen seine unorganische Natur

* *Daneben:* geht in seinem Inneren vor

** *Daneben:* SCHLAF; Umkehrung Sein ist herausgeboren zum reflektierten Insichsein. Sinn

[3] *Am Rande:* II.

[4] *Am Rande:* A. Aufzehren seiner als unorganischer Natur α) zehrt sich selbst [auf,] ist $\alpha\alpha$) seine unorganische Natur $\beta\beta$) seine organische

[5] *Am Rande:* B) Dasein β) bringt sich selbst hervor als gedoppel-

ebenso erzeugt – die allgemeine Unruhe, das Bleibende ist die Seele, das Einfache –[1] Das Individuelle kommt darin durch die Gattung zum Losreißen von ihr; der[2] Prozeß in ihr macht sie eben zu einem, das die Negativität an ihm hat, und so ihr als dem Allgemeinen entgegengesetzt ist; nunmehr ist das Element die Gattung, wie zuerst das Wesen. /

III.[3] Das Resultat ist, daß aus der Gattung das Einzelne sich abgesondert hat; dieses Selbständige ist darum auf ein solches bezogen, das ihm als Gattung gleich ist. Die Gattung hat sich in * Selbständige entzweit; wie vorher das Individuelle die Mitte war, und die Seiten die allgemeinen Extreme; so ist [nun] die Gattung das Element. Jedes ist sich als dieses Ganze, Gegenstand, außer ihm. – Im ersten Prozesse Vorstellen, Erkennen eines Anderen, – im zweiten für sich Sein; im dritten Einheit beider; anderes und es selbst;[4] es ist die wahre Verwirklichung des Begriffs; es ist die vollständige Selbständigkeit beider, worin jedes zugleich sich im Anderen als es selbst weiß, es ist die rein ideell gewordene Beziehung, so daß jedes sich ideell ist, ein an sich allgemeines; die reine Ungegenständlichkeit ist hergestellt im Selbst als solchem.

Das Organische fängt mit der Einzelnheit an und erhebt sich zur Gattung; dieser Verlauf ist ebenso unmittelbar der entgegengesetzte; die einfache Gattung steigt zur Einzelnheit herunter;

tes α) Bestimmtheit für Anderes; Unorganisches sein Sein für Anderes als in sich reflektiert, Sinne β) seine Gestalt an sich Sein γ) Sinne sein Prozeß in sich

[1] *Am Rande:* positive Bedeutung und negative zugleich; jene das Individuum, diese Entzweiung der Gattung.

[2] *Am Rande:* C) Seiner als Gattung; denn was es aufzehrt, ist die unorganische Natur, die es selbst, d. h. Gattung

[3] *Am Rande:* III.* Hebt sich als Gattung auf, dies ist sein Untergang, Prozeß der Gattung;** reines Werden zum Unorganischen. Eltern vergehen

* *Daneben:* III. auf sich als Gattung gerichtet; Entzweiung also in Ganze

** *Daneben:* Zusammengeschlossen durch das unorganische unmittelbare Einssein; sie werden zum Sein.

[4] *Am Rande:* unmittelbare Einheit – Einheit ist unorganische Natur; sie sind durch kein Fürsichsein, oder unmittelbares Ansichsein des Individuums, Gleichgültigkeit mehr getrennt.

die Vollendung der Individuen zur Gattung durch ihr Aufgehobenwerden ist ebenso das Werden der unmittelbaren Einzelnheit des Kindes.

I. Vegetabilischer Organismus

Die Pflanze ist die unmittelbare organische Individualität, worin die Gattung / das Übergewicht hat, und die Reflexion nicht individuell ist, das Individuelle nicht als solches in sich zurückgeht, sondern ein anderes ist, kein Selbstgefühl. Diesen Charakter hat ihr ganzer Prozeß.

α) Dieser vegetabilische Organismus ist die erste Erde, die als Subjekt ist. Die Erde als Organismus überhaupt setzt sich so gegenüber, ist Eins, daß die anderen vollkommene Selbständige sind – Sonne, Mond und Komet – das Erste Subjekt aber als ihre Elemente. Wie jene in sich zurückgehen, dadurch sind sie physische Elemente; der vegetabilische Organismus ist ihr Subjekt; das umgekehrte Werden derselben; vorher die physischen Elemente ein Übergehen in die Einheit, welche selbständige Körper unmittelbar setzt; itzt sie im Subjekte als aufgehobene nur Elemente.

Die Pflanze hat zu ihrer unorganischen Natur diese allgemeinen; sie ist die individuelle Gattung; sie [als] ihr selbst entgegengesetzte ist ebenso dies nicht Individuelle; und sie ist der Prozeß dieser Elemente des Lichts, Wassers und Luft; – das Licht geht sie nicht als Feuer an; sie ist keine Wärme, denn es sind Selbständige, die eigenes Selbst sind, in ihr wirklich aufgelöst, – so daß sie in ihrem freien Dasein die Natur des Selbsts an ihm hätten – Sondern unmittelbar aus dem Subjekte hervortretend, treten sie nur als Elemente hervor. – Auch die Erde ist darum nicht für sie; sie setzt dieselbe nicht; sie ist noch unmittelbar Eins mit ihr.

Dieser allgemeine vegetabilische Organismus hat die Bestimmtheit unmittelbar als Einzelnheit an ihm; er ist einzelnes Ding – die Naturgattung fällt in diese Form unmittelbar herab, – die Einzelnen bleiben eine ausgeschiedene gegeneinander gleichgültige Menge, die nicht aus ihrer Substanz als einem Gemeinwesen hervorgehen. – Diese einzelnen Subjekte sind nun an ihnen der Prozeß dieser Elemente; als das Gestalten eines Subjekts; das Licht als einzelnes Ding, welches Luft in Wasser und / Wasser in Luft verwandelt, – ein Prozeß, der eben das Licht, diese unaufgeschlossene Gediegenheit, ausscheidet als ein Moment.

α)[1] Das erste Verhältnis zur unorganischen Natur ist *α*) jenes Entzweien des Begriffs, das andere das Aufheben; diese Bewegung gegen Äußeres ist die unvermittelte – das unmittelbare Zusammenströmen; für die Pflanze ist keine Einzelnheit selbst da, wodurch sie vom Anderen getrennt, und nur durch eine Mitte mit ihm sich zusammenschlösse, sondern es ist das Innere, die Kraft der Erde allein, wodurch sie eins. Die Elemente sind selbst der Gegenstand, d. h. das einfache Wesen, die Beziehung ist also eben so unmittelbar. Die Erde ist nur diese allgemeine Kraft. – Die Pflanze tritt so als einfache unmittelbare Einheit des Selbsts und der Gattung auf – als Samenkorn.

β) Dieses ist so als ein gleichgültiges Ding, um der Unmittelbarkeit seiner Individualität willen; es fällt in die Erde; die Erde selbst ist für es nur die allgemeine Kraft, es zieht keine Nahrung aus ihr als Erde, nährt sich nur von Luft und Wasser. Erde nimmt nicht in ihrem Gewicht ab, Pflanzen in Schwefel-Glas gepflanzt gedeihen ebenso gut; eine gute Erde hat nur die Bedeutung, diese aufgeschlossene organische Kraft oder Möglichkeit zu sein; – wie ein guter Kopf bloß die Möglichkeit heißt – es ist die reale Möglichkeit – Licht, Luft und Wasser sind gleichfalls die Möglichkeit der Pflanze; aber nicht als Substanz, welche an sich schon das ist, was die Pflanze, ein Ansich, das nicht das abstrakte des Denkens ist – wie an sich das Absolute bloß leeres Denken; sondern das Wesen, aber Wesen der Pflanze, Kraft derselben. – Stein an sich im Absoluten betrachtet Leben, Pflanze, Mensch; aber er ist nicht die Kraft derselben; d. h. die bestimmte einfache unmittelbare Möglichkeit. /

[1] *Am Rande:* der Prozeß ist das einfache – in die Erde Pflanzen, Wachsen, Wurzeln, Stamm und Äste und Blätter, Blüten und Samen, Zeugen; die Sache steckt nicht im Mikroskop, die man nicht mit bloßen Augen sieht – das wahre Dasein ist offen, es ist selbst zu ergründen.

Der Samen also, daß er wesentlich Kraft ist, ist er in der Erde, sie ist nicht seine unorganische Natur, gegenständliches Element, sondern Kraft; – er verhält sich negativ dagegen dem Begriffe nach, er hebt dies [auf,] daß er Erde ist, verwirklicht sich; aber dies ist nicht der Gegensatz des gleichgültigen Daseins, wie gegen seine unorganische Natur. Er wird in die Erde gelegt, heißt er ist Kraft. Das Daseiende ist das bloße Dasein der ideellen Raumbeziehung – diese Einheit des Raumes Kraft; es geschieht sonst nichts als Raumveränderung. Bedeutung des Raumes ist also hier Leben. Dies Bergen in die Erde ist daher eine mystische, magische Handlung – wie das Kind nicht nur diese hilflose, sich nicht als Vernunft ankündigende Menschengestalt ist, sondern an sich die Kraft der Vernunft; ein ganz anderes als dies, das nicht sprechen, nichts vernünftiges tun kann, und die Taufe eben diese feierliche Anerkennung des Genossen des Geisterreichs ist, – so ist das Samenkorn in die Erde legen, fallen [lassen], diese mystische Handlung, daß geheime Kräfte in ihm sind, die noch schlummern, daß es in Wahrheit noch etwas anderes ist als dies, wie es so da ist; der Magier, der diesem Korn, das ich mit der Hand zerdrücke, – einen ganz anderen Sinn gibt, – welchem eine rostige Lampe ein mächtiger Geist ist, ist der Begriff der Natur; das Korn ist die Macht, welche die Erde beschwört, daß ihre Kraft ihm diene.

Die Entwicklung des Keims ist erstens bloßes Wachstum, bloße Vermehrung; er ist schon an sich die ganze Pflanze; er ist der Baum u.s.f. im Kleinen; die Teile schon vollkommen gebildet, nur eine Vergrößerung, formale Wiederholung, Verhärtung. Denn was werden soll, ist schon; oder das Werden ist diese bloß oberflächliche Bewegung. Es ist aber ebenso sehr die qualitative Gegliederung und Gestaltung, wesentlicher Prozeß.

Dieser ist als Verhalten des vegetabilischen Individuums gegen das Äußere ein unmittelbares Einströmen; der Strom ihrer unorganischen Elemente / ist für es nicht gegliedert, vereinzelt, nicht physikalische Qualitäten; nicht äußerliche, gegen welche sie sich nach einer mechanischen Bewegung verhielte, und sich dieser Einzelnen, selbst ein Einzelnes, bemächtigte. Sondern weil sie der erste organische Prozeß ist, nicht eine Individualität, sondern Einzelnheit überhaupt, so ist ihr Verhalten unmittelbar; nicht durch eine äußerliche Bewegung vermittelt.

Das[1] erste Verhältnis begreift die Entzweiung in Organisches und Unorganisches, und die mechanische – unmittelbare (Mechanisches hat hier die Bedeutung des ansichseienden) Rückkehr [in] die organische Einheit. Aber jenes Einströmen ist, obzwar unmittelbare Berührung, ebensosehr Prozeß,[2] ruhiger Prozeß der Elemente, deren Subjekt, Feuer, die Pflanze ist, die nicht zum Selbst, zum Blitz an ihnen kommen. a) Das Element dieses Prozesses ist das Licht, die ruhige Einheit beider Seiten, die Substanz, das Selbst, wodurch das Organische und Unorganische Eins ist. Das Licht ist darum tätig, erregend, weil die Pflanze als organisches Selbst dies Licht selbst ist. – Um der Selbständigkeit beider willen, muß das Licht da sein für die Pflanze, und sein Dasein im Einzelnen ist zufällig für sie; – notwendig die Abwechslung von Licht und Finsternis. – Sie strebt dem Lichte so entgegen, wie der einsame Mensch den Menschen sucht, ringt sich aus der Erde herauf, ihm zu; – in verschlossenen Gewölben, Kellern, wo eine Ritze ist – Kartoffeln ranken sich, als / ob sie den Weg wüßten, nicht in gerader Linie, sondern nach den Winkeln der Wände, dem Lichte zu – Durch diese Einheit des entgegengesetzten inneren und äußeren Selbst ist der reine Prozeß überhaupt. Die Pflanze verhält sich also zur Luft, zum gespannten physischen Elemente, so, daß sie ihre Spannung tötet, und in sich in Wasser verwandelt, und umgekehrt das Wasser in Luft; sie ist α) ein Aus- und Einatmen; Einatmen der Luft, welche zum organischen Wasser wird; weiter keine große Veränderung, etwas

[1] *Am Rande:*

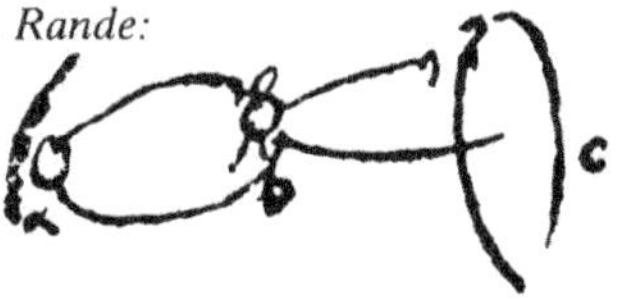

dieser Schluß ist da – das Gestalten ist sein Werden, durch sich selbst hervorbringen α)* Wurzel, Stamm und Blatt – Blatt ist b) Einzelnheit als Prozeß. c) ist lebendiges Holz

* *Daneben:*

[2] *Am Rande:* der erste ist Wasseraufnahme, Wasserprozeß.

süßes, säuerliches, organisches Wasser, aber lebendurchdrungenes, individualisiertes, das den Händen der Chemie enflieht – ein geistiges Band. – Sie ziehe die Kohlensäure aus der Luft an, behalte den Kohlenstoff für sich, entlasse aber den Sauerstoff für sich; – bloß hypothetische Erklärung. Es ist schon an sich vollkommen oberflächllich, den vegetabilischen Prozeß als *desoxidierenden* zu betrachten, *Oxidieren*, Verbrennung, Animalisches, so daß der letztere den erstern ausdrücke; worauf sich diese philosophisch sein sollende Betrachtung gründet, sind Versuche, in welchen Pflanzen unter Wasser, und dem Lichte ausgesetzt, Sauerstoffgas von sich geben – als ob dies nicht ebenso gut ein Prozeß mit dem Wasser wäre, als ob darin läge, daß sie es in freier Luft, wo ihr Prozeß nicht gehindert ist, von sich geben, nicht vielmehr die Luft zersetzen, und das Sauerstoffgas sich nehmen, und nur unter Wasser, und der Luftpumpe es von sich geben, in ihrem wahren Prozesse aber es in sich nehmen.[1] – Es kommt überhaupt nicht zu diesem *chemischen* Dasein; sondern das Negative ist die Kraft der Pflanze; *umhüllt*, verborgen in die gleichgültige Freiheit des Lebens;[2] wenn es zum chemischen Prozesse, als Prozesse, käme, so wäre das / organische Leben vertilgt; – das Organische ist nicht mehr die *daseiende* Abstraktion, oder Differenz.

Die[3] Pflanze ist also der gedoppelte Prozeß α) sie verwandelt Luft in Wasser; – alle chemische Ansicht hilft hier nichts, den Übergang von Stickstoff in Wasserstoff zu erklären, denn beide sind ihr unwandelbare Stoffe;[4] – die Vermittlung geschieht durch das Sauerstoffgas als das selbst Negative. Aber damit ist der Pro-

[1] *Am Rande:* *Rot* und *Grün*, ein Maler, der nur diese Farben, jene für historische, diese für Landschaftsstücke hat

[2] *Am Rande:* allgemein – wie ein verständiger Mensch *sich* zu gediegenem *Allgemeinen verhält* –

[3] *Am Rande:* a) Werden* zum *Wasser*, *Wasserprozeß* – Entzweiung dieser Neutralisation

* *Daneben:* *Neutralität, Gestaltung*

[4] *Am Rande:* *Allgemeiner Prozeß. Setzen der Feuchtigkeit Aufheben.*

zeß nicht geendigt[1] – er geht zurück in Kohlenstoff, in das subjektive, wirkliche Chemische – Ebenso β) umgekehrt löst die Pflanze dies Punktuelle auf, durch den entgegengesetzten Weg in Wasser und Luft.

Aber beide Prozesse sind in das Leben eingeschlossen; sie sind zurückgetreten, das abstrakte Ansich, so sind sie nicht wirklich; sondern Luft und Wasser und vegetabilische Erde sind die Momente desselben; – er teilt sich in den gedoppelten α)[2] Lungenprozeß, Luft und Wasser zurückgehend in das Feste, β) und das Feste in sich verflüchtigt. Beide fangen allenthalben an $\alpha\alpha$) an der äußeren Luft, geht zurück durch Wasser zum Festen $\beta\beta$)[3] äußeres Wasser, das eingesaugt wird, geht in Luft, und Luft als das abstrakte – das chemische Element vorstellend, geht in Organisches über $\gamma\gamma$) beim Festen, bei der Erde, geht [er] zurück in Wasser und / Luft. – Äußeres geht zurück zur Innerlichkeit, und dies zurück zur Äußerlichkeit. – Die Pflanze unterhält die Atmosphäre in Feuchtigkeit, und ebenso saugt sie das Wasser derselben ein; alles Negative ist ebenso positiv.

An der Pflanze selbst ist dieser Prozeß ihr Gestalten, welches die drei Momente enthält α) daß sie zum festen Selbst wird, zum Holzigen – β) zum wassererfüllten – neutralen – γ) zum luftigen, rein ideellen Prozesse.

α)[4] Der Verholzungsprozeß und der Prozeß des

[1] *Am Rande:* b) Rückkehr aus der Neutralität zum Selbst – die Gestaltung geht selbst in den Prozeß, vorhandener Selbst über –

[2] *Am Rande:* Prozeß des Individuums – auf sich selbst gerichtet; es ist für sich; es muß also alles aus sich nehmen

[3] *Am Rande:* A) Unterscheidung der Momente, was sie an sich sind, ist bestimmt durch die Momente unorganischer Natur, die die Pflanze itzt an ihr hat

[4] *Am Rande:* α) Aussprechen der Momente, Holzfaser, Wasserzelle, Luftschlauch β) Wachstum, Gestaltung als Werden des Seienden, quantitative Veränderung – das letzte dieses Prozesses ist der Prozeß selbst, das Blatt γ) jenes Gestalten ist dadurch ein Werden des Aufgehobenen (β) drückt das Wasser γ) die Luft aus) – γ) durch diese Einheit ist das Ganze geworden. Dies Ganze ist Knospe, ein anderes Individuum als das erste; dies Produkt tritt seinem Werden gegenüber. Es ist das Ganze Selbst, wie das Holz und Wurzel nur das abstrakte Selbst war.

Wachstums sind als qualitativer und quantitativer entgegengesetzt;[1] jener das Werden zum festen, einfachen, toten Selbst, dieser das Außersichgehen – hängt vorzüglich mit dem Lichte zusammen; feuchte wolkige Atmosphäre befördert das Wachstum – im Schatten werden die Pflanzen größer, aber bleich und schwach; – in dem Sonnenlicht fester, kernhafter, reifer, holziger. β) Der Wasserprozeß macht überhaupt das träge Dasein und das Wachstum aus; – zugleich den Übergang des ersten in die Entzweiung, Auflösung, Reinigung und Verflüchtigung der Individualität; der Luftprozeß endlich ist diese verflüchtigte [Individualität], Ätherisierung jener trägen toten Selbständigkeit; das andere Extrem, in welches sich das selbstige Wasser entzweit – in die ruhende Einzelnheit und in die entfaltete Allgemeinheit, in das Dasein der Gattung.

Dies[2] Ganze ist α) an sich Sein, ruhende Gestalt überhaupt, $\alpha\alpha$) die unaufgeschlossene Kraft, das reine Selbst, das eben um seiner unmittelbaren Einfachheit / in das Unorganische zurücksinkt; es ist die Holzfaser überhaupt – chemisch betrachtet ist es Kohlenstoff; abstraktes Subjekt; – aber seinem Begriffe nach ist es die bloße Kraft überhaupt, Kraft als solche;[3] der in der Erde, seinem einfachen finsteren bleibende Samen; die Wurzel, die reines Holz ist, ohne Rinde und Mark; – א) Brennbarkeit als Möglichkeit des Feuers, Subjekts, bloße Möglichkeit, es ist selbst keine Wärme, nicht so Gattung, daß es Einheit zweier Selbst, Auflösung Einzelner Gestalten wäre; – es geht darum oft zur Schweflichkeit fort – in einigen Wurzeln erzeugt sich völlig gebildeter Schwefel – ב) ebenso in die Erdigkeit – verfaulte Wurzel – Dammerde Torfprozeß – auch in den Stämmen förmliche erzeugte Erde, Zerfallen in tote Punktualität aus seiner Kontinuität. ג) Ebenso leicht in Stein; die Wurzelung ist eine solche Verkrümmung und Vertilgung der Fläche und Linie, eine solche Verknotung, daß jene Dimension aufgehoben, eine gediegene Kontinuität ist, die auf dem Sprunge steht, ganz unorganisch [zu

[1] *Am Rande:* Holz ist Wurzel – Wasser, der Stamm, Luftschlauch das Blatt

[2] *Am Rande:* Wurzel

[3] *Am Rande:* steht auf der Schwebe zwischen allen Momenten

werden] – ohne die Unterschiede der Gestalt (Fasern), des Chemischen (Brennbarkeit), der Punktualität (Erde) – und zum Steine zurückzugehen, wie häufig geschieht – versteinerte Bäume; Tabascher eine Art Kiesel im Bambusrohr, in den Knoten, denn diese sind selbst neue Wurzelknoten –

β) Die Wurzel, das Holz, seine Länge in die Rundung, Verknotung zusammennehmend, die in sich bleibende Kraft schließt sich auf; in das entwickelte Moment der Gestalt – α) einfache Haut, äußere reine Einheit aller Momente, die Lymphe, die allgemeine Umschließung, β) die Rinde, das zellige Gewebe, dessen Zellen voller Wasser sind – zuweilen finden sich feine Kristalle darin, bei mikroskopischen Beobachtungen; γ) Holzfaser selbst wieder spiralförmig – das feste Mittlere – das δ) in das Mark auf der anderen Seite übergeht, Luftutrikeln, wie die / Rinde, Wasserzellen; – dieser Stengel, Stamm fehlt bei den Monokotyledonen, die von der Wurzel unmittelbar in das Blatt übergehen.

Das Geblätter ist endlich der reine Prozeß, Lunge die Rinde des Stammes, aber die befreite Tätigkeit, die Grenze der ruhigen Gestaltung, der Anfang des reinen Prozesses als Prozesses; der lebendige Lichtprozeß, der in Feuerprozeß, in Auflösung der Gestalt übergeht, und dieselbe als Sein für Anderes, erzeugt. Die Pflanze ist auf diese Weise; aber ihr Sein ist eine Spannung ihrer Wurzelung, ihrer insichseienden Kraft, gegen ihre Wirklichkeit; ihre Diremtion ist im Blatte das Extrem des Außersichseins, der Aufgelöstheit, der aufgehobenen Einzelnheit; – Prozeß als solcher gegen das Bestehen der Einzelnheit.

In dieser Gestalt ist wesentlich die allgemeine Sphäre zu bemerken, worin die Pflanze bleibt;[1] nämlich Einfaches, das in seiner Artikulation nicht aus der Einfachheit seiner allgemeinen Substanz herausgeht; daher jeder Teil die Kraft der ganzen Pflanze ist, und jeder sie vorstellen kann – Wurzel ein Baum umgekehrt, mit den Ästen in die Erde gepflanzt, schlägt aus, die Wurzeln werden vollkommene Zweige – Rinde ebenso knospend – und Zweige gehen zur Wurzel zurück; aber Blätter der

[1] *Am Rande:* In den entgegengesetzten Prozessen der Individualität ist die Gattung – Ganze durch diesen Gegensatz vorhanden

freie Prozeß,[1] hat nicht mehr diese Gediegenheit an [sich], daß es zum Bestehen kommen könnte. –

b)[2] Mit dem Hervortreten des eigentlichen Prozesses des Selbsts ist das Ge/stalten gehemmt – Das Licht hemmte es schon als Gestalten; aber als Ganzes ist es sein eigenes ganzes Wirkliches; es ist sein eigenes Feuer; es ist das in sich selbst Zurücknehmen – das Außersichsein ist eben seine Wirklichkeit.[3] Seine Wirklichkeit – wie die Gestalt sein Sein ist, so ist sie sein Sein für anderes, aber ein reflektiertes, die Weise seines Sinnes; und für sich Sein, aber als einfaches. – Der Gestaltungsprozeß ist Negativität der unmittelbaren Einfachheit des Subjekts – Samens, und Holzes – ist Entzweiung der Gestalt, – Aufheben derselben als dieser – Vervielfältigen überhaupt[4] – Gestaltung, Erzeugung eines anderen Selbsts – Knospen, Zwiebelvervielfältigung – Vermehrung, worin mehr Ganze werden, wie vorhin * diese eine Gestalt vergrößert wurde. – Dies vertritt die Stelle des Sinnes[5] – es ist in seinem Dasein, in seiner Gestalt in sich reflektiert, heißt hier, sein Dasein, Gestalten ist allenthalben ganzes Individuum,[6] selbst ein seiendes; es ist in seinem Dasein nicht

[1] *Am Rande:* Dies Selbst kommt nicht zu einem eigenen Kreislauf in sich.

[2] *Am Rande:* b) das Resultat ist die Einzelnheit als Prozeß – kehrt zurück zum Sein – Hemmung, Reflexion in sich selbst, Blattprozeß Rekonstruktion des Holzes – erzeugt Wurzeln, nimmt sich zurück, Lichtaufnahme, – wie der erste Wasseraufnahme, Gestaltung war Prozeß, gegen sich selbst gerichtet.

[3] *Am Rande:* Es ist das Ganze Resultat geworden α) seinem Werden entgegen gesetzt β) Ganzes an ihm selbst; $\alpha\alpha$) Knospe $\beta\beta$) Blume $\gamma\gamma$) Frucht. Dies Ganze ist der Prozeß, der zu seinen Teilen die ganze Pflanze hat.

$\alpha\alpha$) ist er der unmittelbare Totalitätsprozeß

$\gamma\gamma$) der entwickelte γ) das entfaltete Produkt.

[4] *Am Rande:* A. Bedeutung des Ganzen ist α) in sich Reflektiertsein – Selbstgefühl, Insichsein in seinem Sein für anderes; Sinn. Pflanze kommt nicht als Individuum zu sich selbst zurück.

[5] *Am Rande:* Knospen überhaupt Stolonen, Zwiebeln zerbrechen in zwei – Wie Blatt fertig – Knospe –

[6] *Am Rande:* Die Einzelnheit, der Prozeß ist sich selbst noch nicht Gegenstand; – Einheit zweier Einzelnheiten; Pflanze nur die Erde, Kraft.

allgemeines Individuum, oder als solches in sich reflektiert, so daß das Gegenständliche für es ein Einzelnes, und es die Einheit dieser Einzelnheit wäre. Das Individuum als ein Selbst ist so als ein Selbst da, daß es die / Einheit nicht seiner selbst und der allgemeinen unorganischen Natur ist, – sondern seiner selbst, und einer fremden Einzelnheit, d. h. einer solchen [, die] für sich wirklich, in sich reflektiert ist – Aber die unorganische Natur ist nicht ein solcher sich [in] der Pflanze vereinzelnder Gegenstand, sondern unmittelbarer, oder kein Gegenstand. Ihr Reflektiertsein ist sich selbst daher nicht die Einheit zweier Einzelnen, sondern diese fallen an ihr auseinander. Sie kommt wohl zu dieser Reflexion, dieses Einzelne und ein anderes Einzelnes zu sein, aber von einer Seite es ausgedrückt fehlt die negative Einheit beider – die Einheit ist die Gestalt, Ganzes der Pflanze; die ruhige nicht die negative – Von der anderen Seite kommt es eben bei ihr auch nicht zur wahren freien Gegenständlichkeit, und dies andere Einzelne ist nur ein TEIL derselben, und eine Pflanze wie sie. – Sie kann sich in ihrem Gestalten nur so hervorbringen, oder die Teile der Gestalt nur so in der organischen Einheit erhalten, daß sie dieselben zum daseienden Ganzen macht – nicht sie als besondere Systeme – die einzelnen Momente als lebendig, das Leben in anderer Bestimmtheit, anderem Elemente ausdrücken.

So[1] ist ihr unmittelbar Reflektiertsein in sich selbst, ihr an und für sich Sein beschaffen; – aber dies wesentlich Bewegung – es ist die Einheit der Gestalt, Ansichseins und des Fürsichseins, des Prozesses; es ist der Prozeß der selbständigen sich gleichen, ganzen Individuen – die Beziehung dessen, was in der ersten unmittelbar reflektierten Einheit nur als seiende Einheit auseinander fiel; die Beziehung des Individuums auf sich selbst als selbständiges Individuum. Aber hiezu hat die Pflanze keine Kraft; es ist der Zeugungsprozeß, der nur eine Vorstellung des Geschlechtsverhältnisses ist; – in den Diözisten ist zwar die Männlichkeit und Weiblichkeit geschiedene Individualität, jeder kommt eine eigene Pflanze zu, aber diese

[1] *Am Rande:* B. Blume

Pflanze ist nicht von diesem Charakter durchdrungen, sondern ist nur eine oberflächliche Spitze.

Der Gegensatz der Männlichkeit und Weiblichkeit kommt auf die gedoppelte / Weise zu Stande; es sind zwei Prozesse gesetzt α)[1] die an sich seiende Pflanze, welche sich gegen die unorganische Natur negativ verhält, die Gattung, welche als Einzelnheit ist – und β) die Pflanze, welche in sich reflektiert, in ihrem nach außen Gekehrtsein allgemein ist; jener ist das einzelne Wirkliche selbst, dies die Möglichkeit der Einzelnheit, der Tätigkeit; die unmittelbare wirkliche Einheit der Gattung und der Einzelnheit und eben darum das Passive, Empfangende, und Gebährende, der allgemeine Schoß – Sie stellen die beiden ersten Prozesse gegen einander vor; das eine das Negative, das sein Wesen außer sich hat und darauf gerichtet ist, als auf ein aufzuhebendes – das andere ist dies in sich reflektierte Wesen selbst, nicht mehr die unorganische Natur. Beide Prozesse sind selbst das Ganze, nur in entgegengesetzter Bestimmung. So finden beide sich einander gegenüber.[2] Aber ihr Dasein ist durch den Prozeß selbst, und zwar durch den letztern, geworden. Das sich verdauende Gestalten hat sich zum in sich reflektierten Prozesse herausgeboren – Als Prozeß ist er an ihm selbst das Entzweite, und als der in sich reflektierte sind seine Seiten die ganzen Individuen.

Der Wasserprozeß des Blattes entzweit seine Neutralität in die Verholzung als Wurzeln, als einfache Keime, Individuen[3] – und in den Luftprozeß, Mark. – In diesem Elemente erzeugt nun die Pflanze sich als Ganzes, das in Geschlechter dirimiert ist, oder vielmehr nur in Geschlechtsteile dirimiert ist.[4]

Zum Geschlechte werden hat den Sinn, daß das Pflanzenindividuum sich selbst / als Individuum ein anderes wäre; daß es als

[1] *Am Rande:* α) an sich sein

[2] *Am Rande:* β) gewordensein

[3] *Am Rande:* Mark, diese tote Allgemeinheit – wie Holz totes Selbst

[4] *Am Rande:* α) Brautbette – Ganzes $\alpha\alpha$) Kelch –Haut – allgemeine Umschließung $\beta\beta$) Blätter Rinde – verfeinert, farbig, die neutrale Farbe des Blattes gereinigt charakterisiert – Moment der eigenen Wirklichkeit Fürsichsein –

Licht selbst wirklich wäre; denn das reine Selbst ist das Licht, die Selbstigkeit, als gegenständliche Gegenwart, daß es zum Absoluten, zum Sehen würde. – Es wird nicht dazu, sondern der Sinn des Sehens bleibt nur Licht, Farbe an ihm, nicht das Licht wiedergeboren in der Mitternacht des Schlafs, in der Finsternis, dem reinen Ich, nicht als ein Sehen – nicht dies vergeistigte Licht, das Selbstigkeit ist; die reine existierende Negativität. – Diese Wiedergeburt enthält das Moment der Verwandlung des Wassers als Reflexion in Individuen, Knospen, Stolonen, – die einfache Einheit dieser Individuen ist nur da, als der Pflanze angehörend, als ihre einfache reine Kontinuität, Metallität, oder Farbe. Die Rinde und Blatt, welche das Selbst des Prozesses sind, noch in ihrer Ungeschiedenheit – Grün; diese synthetische Farbe des Blau und Gelb wird mit der Neutralität des Wassers aufgehoben, und in Blau und Gelb entzweit; Ansicht des jetzigen Grüns Gelb, und blaulichter Schein, und das Gelb geht späterhin in Rot über;[1] – Feuerfarbe – Kornfeld (Gelb), Kornblume (Blau), Mohn (Rot).

Dieser Lichtprozeß die Gestalt der Blume. Es ist die ins Licht, ins Selbst erhobene Gestalt – Das Vielfache der Blätter nimmt sich in Einen Punkt zusammen (wie in der Knospe ein jedes einzelnes) und diese Knospe das in seine reinen Teile entwickelte Ganze – Der Blumenkelch ist das zur Haut zusammenfallende Blatt – Das Blatt tilgt seine Holzigkeit und seine getrennten Wasserzellen und versammelt sich in einer reineren Farbe um das Germen.[2] Dies ist das abstrakte Ansich der Pflanze; der Same ist das abstrakte wirkliche Ansich, – das befruchtete; das Germen / aber hat die Möglichkeit, wirklich zu sein, noch nicht an ihm,[3] es ist noch die Möglichkeit überhaupt. Es ist für ein Anderes, dies sein Sein für Anderes ist das Pistill. Das Andere, für

[1] *Am Rande:* Viele Arten durchlaufen alle diese Farben – Künstliche Gärtnerei, sie durch alle diese Farben und ihre Vermischung durchzutreiben. Wenn die wilde Blume rot, schwer, zum Blau hinüber zu treiben – Wenn eine Pflanze nicht blüht – färbt sie leicht ihre Blätter, malt auch die Pistille darauf hin;

[2] *Am Rande:* Germen ist diese reinere Knospe

[3] *Am Rande:* differente Momente

welches es ist; es ist die Holzfaser,[1] denn es ist die Bestimmtheit des einfachen Selbsts. Es verhält sich gegen sich selbst; das Andere, für welches es ist, ist ein Teil, ein besonderes Wirkliches; – die Pflanze kommt hier dazu, daß Einzelnes für sie ist, aber α) ein Teil ihrer, β) nicht als ein Ganzes; – es ist das Tätige, das Blatt, der Prozeß, welcher sich zu einer Materie, Samenstaub macht, das tätige Mark; – Mark ist die Abstraktion des luftigen, elastischen, in sich Gespannten; hier kommt die Spannung zum Dasein, als Tätigkeit; das organisch–chemische Moment, wie Pistill[2] seinerseits; – eine äußerliche Tätigkeit, ein Wirken eines Daseienden auf ein Daseiendes; und ein solches, das seine unorganische Natur ist – Es hilft da nicht – wie bei der Zeugung überhaupt nicht zu untersuchen, was im unbefruchteten Germen ist, und was durch die Befruchtung hinzukommt; die Veränderung entgeht den groben Händen der Chemie, die das Lebendige tötet, und nur zu sehen bekommt, was das Tote ist, nicht das Lebendige. Die Befruchung der Pflanze besteht allein darin, daß sie die Momente in dieser Abstraktion aufstellt in getrenntem Dasein,[3] und sie durch die Berührung wieder in Eins setzt. Diese Bewegung als eine Bewegung zwischen Abstrakten, Differenten, Begeisteten, aber Wirklichen, d. h. Daseienden, da sie abstrakte sind, ist ihre Verwirklichung, welche sie an ihr selbst darstellt[4] /

Diese Darstellung ist seit Linné allgemein als Geschlechtsprozeß * angesehen worden; allein daß er dies wäre, müßte er nicht nur zu seinen Momenten Teile der Pflanzen haben, sondern ganze Pflanzen. Die Monözisten und Diözisten sind zwar getrennte Geschlechter, und machen einen Hauptbeweis der Befruchtung aus; aber die verschiedenen Individuen können nicht als verschiedene Geschlechter angesehen werden, weil sie nicht in das

[1] *Am Rande:* Holzfaser und Blatt, Mark Samenstaub; aber brennbare, tätige, belebte wie Blatt nur wässriger

[2] *Am Rande:* Säure, Base

[3] *Am Rande:* dieselben Stoffe, quantitativer Unterschied, – fehlt leider das geistige Band; werden erst – Grund doch vorhanden – Verhalten zum Toten

[4] *Am Rande:* Geruch – aerisierte Pflanze in das geistige, immaterielle für anderes Sein, Mark

Prinzip ihrer Entgegensetzung eingetaucht sind; weil es nicht sie ganz durchdringt, nicht allgemeines Moment ist,[1] nicht Prinzip des ganzen Individuums, sondern ein abgeschiedener Teil desselben, und beide nur nach diesem Teile sich aufeinander beziehen. Das eigentliche Geschlecht muß zu seinen entgegengesetzten ganze Individuen haben, deren Bestimmtheit, in sich vollkommen reflektiert, sich über das Ganze verbreiten.

Es ist deswegen eigentlich das Geschlechtsverhältnis ebenso sehr oder vielmehr als Verdauungsprozeß anzusehen.[2] Denn die Verdauung ist dieser Prozeß, der zu seinen Seiten solche Selbständige hat, die zwar eigenes Dasein, aber nicht die vollkommene Reflexion, Ganze in sich zu sein, an ihnen haben; sie sind nur Eingeweide, nicht Individuen, solche Eingeweide sind die Teile der Blumenkrone. – Oder Verdauung und Zeugung sind hier dasselbe. Sie sind dasselbe, die Verdauung bringt das Individuum selbst hervor – unorganische Natur –[3] aber in der Pflanze ist es ein anderes Individuum, das hier wird – wie in der unmittelbaren Verdauung des Wachstums eben dies ein Verknoten.

Das[4] Produkt, die vollkommen gewordene Pflanze, ist nun die Frucht. Sie ist der Samen, eine Knospe, die nicht unmittelbar ist, sondern durch den entwickelten Prozeß; jener nur die formale Wiederholung des Ganzen. Als Samen hat der Samen keinen Vorzug vor der Knospe, insofern nur ein Neues erzeugt werden / soll; – viele kommen gar nicht zu Samen.[5] – Dieser ist aber die verdaute Pflanze – und Frucht, welche sich eben darstellt, sich

[1] *Am Rande:* Bei Insekten Männchen und Weibchen von sehr verschiedenem Habitus.

[2] *Am Rande:* Reifen des Holzes überhaupt

[3] *Am Rande:* Zeugung etwas überflüssiges für die Fortpflanzung – Luxus
Öl der Nektarien

[4] *Am Rande:* Samen löst sich frei ab, kommt zur Bewegung, aber nur des Fallens

[5] *Am Rande:* getrenntes Individuum,* eigenes Insichsein; für die Knospe – der Baum ihr Insichsein. –

* *Daneben:* unorganisches

als ihre eigene organische Natur aus ihr selbst und durch sie hervorgebracht zu haben. Samen und Frucht sind die eigentlichen Geschlechter, zu welchen die Pflanze gelangt; in den Blumenteilen nur differente (Geschlechtsteile), die nicht ein eigenes Ganzes haben; Same und Frucht sind diese Ganze, aber differenzlos; sie hat sie an ihr, und die Fäulnis[1] der Frucht ist der Prozeß des Werdens der unorganischen Natur als solcher; die Erzählung, der inneren Bedeutung nach, nicht daß nur das von diesem Samen Gefaulte die unorganische Natur wäre – andere Pflanzen sind keine Frucht. – Der[2] Samenboden schwillt auf; das Blatt, (die Samenkapsel) dessen Prozeß itzt sich materialisiert hat. Bis zu dieser Verdauung bringt es die Pflanze, sie bietet sich als höhere Organismen dar, um genossen zu werden; dies ist ihre Bestimmung; sie ist ein untergeordneter Organismus; die Idee desselben ist in der Pflanze nicht vollendet; sondern er ist ein aufzuzehrendes Dasein – Es ist so spröde zu tun gegen den ökonomischen Nutzen, gar nichts zufälliges; gemein, weil die Pflanze etwas gemeines ist. An ihr selbst betrachtet, sie, wie sie im Absoluten ist, ist eben dies, in ihrer Vollendung ein solches zu sein, das aufzuheben, die unorganische Natur für ein anderes ist.[3] /

(Es ist zu sehen, wie diese von ihr rekonstruierte Natur ist. α) Das Licht ist an ihr Farbe, als Sein für Anderes; – ihr eigenes Licht – Blumen gelber Farbe leuchten sehr gern – Aber es ist nicht nur so Farbe, Eigenschaft; sondern das organische Selbst hat sie zum Dinge unterjocht, oder sie, die nur Sein für Anderes ist, keine eigene Wirklichkeit hat, zum physischen Dasein erhoben – sie ist schon Ding als Metall, alles Färbende des Unorganischen ist metallisch. Indem die Chemie die Pflanze in

[1] *Am Rande:* Frucht die unorganische Natur, als seiend für Anderes in sich reflektiert.

[2] *Am Rande:* das Weibliche wird der Samen; das Feuer der Antheren wird zum in die Frucht aufschwellenden Fruchtboden; jenes das Passive, schlägt zu dem die Kraft in sich habenden um, dieses das Tätige – zu der passiven unorganischen – verfaulenden – Natur.

Die Frucht ist Rinde (Nüsse besonders, Samenkapsel Blatt) Holz (die harte, holzige Schale) – und Mark (der Kern ölig)

[3] *Am Rande:* Geschmack der Pflanze – verdaute unorganische Natur, entwickeltes Bestehen

ihren toten Teilen aufzeigt, zeigt sie einen Färbestoff auf – im Tiere Eisen im Blute, die physikalische Abstraktion; Pflanze enthält diese Reinheit nicht in ihrem Begriffe.)

Sie ist ebenso als Luftform für Anderes, Sinn des Geruchs – ihre ganze Natur ist zu Luft verflüchtigt, in eine Atmosphäre, aërisches Dasein; – wie in der Farbe als Farbe, so Geruch als Geruch; – sie riecht, – in der Frucht, dies als Ding, als ätherisches Öl abscheidbar. – Sie ist ebenso das Salzige, Neutrale – in den Blättern spissige Kristalle, noch wenig verdautes Wasser.[1] – In den Früchten vornehmlich, die noch unreif sind, ist es salzartig, als Weinsteinsalz überwiegend, ein unreifes Salz, das seine Neutralität zusammennehmend, sich in das brennbare Salz des Zuckers zusammennimmt, und weinigte Flüssigkeit wird. Hier zeigt sich nun die Pflanze erst als der Begriff, der das Lichtprinzip materialisiert, zum Feuerwesen gemacht – Sie enthält nicht nur eine Menge brennbarer Teile, harzige[2] – die angezündet, die Flamme an ihnen behalten; – sondern sie selbst ist die Bewegung des Feuers in sich selbst; sie geht in Gährung über, aber die Wärme, welche sie an ihr selbst, aus sich sich gibt, ist ihre Zerstörung – Lebenslauf des Toten. Es ist der höhere, als sie als Pflanze ist, tierische Prozeß, ihr Untergang. – Zucker – Wein, Essiggährung (Säure noch Außen) Fäulnis, Verwesung, Entbindung der toten Stoffe; – vom Selbst verlassen, werden sie tote Stoffe. /

Die Pflanze hat also in der Frucht zwei organische Wesen hervorgebracht[3] – Samen und Frucht als solche; die aber gleichgültig sind, und auseinanderfallen; die den Samen gebährende Kraft wird die Erde, – die Frucht ist nicht sein Mutterleib. Ihre Frucht hat die gedoppelten Prinzipien an ihr, des zuckrigen Weinigen, und des mehligen, Klebrigen –, des Trinkbaren und des Eßbaren – jenes des Geistigen, dieses des Leiblichen, jenes des Selbstigen – dieses des Bestehenden. Die Neutralität, das

[1] *Am Rande:* Geschmack
[2] *Am Rande:* Wärme
[3] *Am Rande:* Schwere* und Wärme
* *Daneben:* Gefühl

Wässerige, ist feurig geworden;[1] – diese Geistigkeit ist die höchste Selbstigkeit, zu der es die Pflanze bringt; sie wird aber nicht ihr Blut, sondern ihr Tod erst wird dazu – berauschende Getränke setzen den Menschen in dieses bewußtlose, allgemeine Selbstgefühl zurück. Die Tiere fressen das noch ungegorene.

Diese[2] Natur der Pflanze in der Natur ist auf mehr oder weniger vollständige Weise vorhanden. α) Palmen, Monokotyledonen bringen es zu keinem eigentlichen Stamme – nicht zum fertigen Blatte, sind immer diese eingewickelte Knospe, die aufbricht, aber nie flach, nie fertig geworden; daher musa paradisiaca / auch nicht zum fruchtbaren Samen; ihre Wurzel und ganzer Stamm ist Mark. Stamm ist eine fortgesetzte Wurzel – hat keine Knospen, keine Zweige, sondern immer neue Wurzeln, die absterben und durch Holzfasern sich verbinden.[3] – Die verdaute Frucht fällt in die Wurzel – Rüben, Kartoffeln u.s.f. – in den Stengel, Zuckerrohr – Vollkommenere Pflanze scheidet diese Momente reiner aus. – Andere Cactus bleiben saftiges Blatt, das dem Lichte widersteht; – es kommt nur zu Stacheln – statt des Holzes, und der Verzweigung; das übermächtige Licht läßt es nicht zur Innerlichkeit des Holzes kommen; das Blatt stirbt nicht ab, sondern treibt an ihm neue Blätter hervor.[4]

[1] *Am Rande:* Organismus ist die Totalität der verschiedenen Stellungen derselben einfachen Momente – reine Form
α) Holz, Wurzel, Holzfaser, Pistill – Moment in der Frucht
β Wasserzelle im Stamme, Blatt, Blumenblatt, Anthere
γ) Mark, Antherenstaub – ganzes Geruch, ganzer Blumenprozeß
α) Holz, Wurzel, Kraft
β) Wasserzelle, Bestehen der Gestalt
γ) Luftschlauch, Blüte

[2] *Am Rande:* Die einzelne Pflanze, Art bedeutet nichts, weist auf eine andere hin – schwaches, nicht individuelles, unvollständiges Geschlecht. –

[3] *Am Rande:* Besonders wohin die Frucht, die Verdauung fällt – die Teile hier wieder der Gattung gleichgültig, keine Individualität – Blatt ist oft die ganze Pflanze – Dornen, Holz

[4] *Am Rande:* Leben mineralischer, Lebendiges vegetabilischer, Individuelles animalischer Organismus; die Allgemeinheit existiert an ihm noch nicht als solche

[II.] Animalischer Prozeß

Der vegetabilische Prozeß ist in seiner Frucht zu seiner Verdopplung einer aus ihm herausgeborenen unorganischen Natur[1] – und seines organischen Eins gekommen; die aber differenzlos – den Gegensatz an den Blumenteilen haben – und außer diesen beiden ist selbst wieder die Knospe, als die unmittelbare lebendige, unmittelbar sprossende Knospe; dies in eins gesetzt ist das Animalische. Reflexion / in sich selbst, Einheit seiner unorganischen Natur und organischen, so daß beide das Ganze sind, – wahres Geschlechtsverhältnis – wahre Eingeweide – und Sinne, und Sein Einzelner für ihn.

Der[2] animalische allgemeine Organismus ist die Rekonstruktion der physischen Elemente zu Einzelnen α) abstrakten physischen Körpern β) organischen, vegetabilischen – Er ist das Setzen derselben, wirft sich als unorganische Natur aus sich hinaus; und als die gedoppelte, sie in ihrem Gegensatze der allgemeinen und vereinzelnten, welche letztere in jenes auseinander tritt. Er verhält sich negativ so zu ihnen; β) als vegetabilischer Organismus, ein unmittelbares Aufheben, Einströmen – α) diese Negativität ganz von sich abzuhalten, gleichgültig zu sein; bloß durch Raum und Zeit in Beziehung auf sie zu stehen – freie Bewegung γ) durch die vermittelnde Bewegung sie in eins mit sich zu setzen; – sie in dem mechanischen Momente als gleichgültige selbständige Einzelne von sich auszuschließen; – und in der Verdauung mit sich als eins zu setzen.

Das Tier ist ein wahres ausschließendes Selbst, welches zur Individualität gelangt, es schließt, es sondert sich aus, und trennt sich von der allgemeinen Substanz der Erde ab, sie hat ein äußerliches Dasein für es; es kommt zur willkürlichen Bewegung; das äußerliche nicht unter die Herrschaft seines Selbst Ge-

[1] *Am Rande:* gedoppeltes organisches Selbst

[2] *Am Rande:* Tier kommt zur Selbstproduktion – geht als Gattung auch außer sich hinaus – (Furcht) Angst des Tieres – Begierde; begehrt oder wird begehrt.

α) Verhältnis der Einzelnheit äußerliche unorganische Natur

β) Prozeß der Individualität αα) Gestalt ββ) Verdauung γγ) Lebendiges, innerer Organismus, tätiger, sich selbst produzierend

kommene ist für es ein Negatives seiner selbst, ein Gleichgültiges; die absolute Gleichgültigkeit ist das Bestehen als räumlich; dies ist ein durch es selbst bestimmtes Verhältnis, dadurch erweist es seine Freiheit von ihr. Unmittelbar hängt damit zusammen, daß diese seine unorganische Natur sich ihm vereinzelt / hat; denn vom Elemente findet keine Entfernung statt; was im Elemente als solchem lebt, hat keine Bewegung.

Dies Verhältnis zur unorganischen Natur ist der allgemeine Begriff des Tieres – es ist ein Einzelnes, das sich zu Einzelnem als solchem verhält; eine in sich reflektierte Einheit verschiedener Einzelnheiten; es existiert als Zweck, der sich selbst hervorbringt – ist eine Bewegung, welche in dieses Individuum zurückgeht – der Prozeß der Individualität ein geschlossener Kreislauf; überhaupt im Organischen die Sphäre des Fürsichseins. – Weil dies sein Begriff ist, ist sein Wesen, seine unorganische Natur, vereinzelt für es.

Der vegetabilische Organismus ist das selbstlose Leben; die Individualität ist in ihm noch nicht wirklich – Er hat sie erst vorgestellt; aus sich selbst die Einheit des Individuellen und der Gattung – welche Einheit aber noch im Elemente der Gattung bleibt – und das Individuelle, Geschlechtliche – außer der Vollkommenheit der Selbständigkeit fallen läßt. Der animalische Organismus ist das als Leben daseiende Leben (der mineralische ist nicht als Leben da;) welches Einheit zweier lebendiger ist. Die Bewegung dieses Lebens ist α) der Prozeß, worin das Lebendige abstrakte Einzelnheit ist, Verhältnis zur unorganischen Natur, tätige Gestalt und Verdauung. – Gestaltung der Glieder.

β) Prozeß der Individualität in sich selbst, Gestaltung der Eingeweide. Der Verdauungsprozeß der Lymphe ist die Bewegung des sich selbst Aufzehrens – die Pflanze läßt ihr Holz, Rinde tot werden, und die Blätter abfallen. Das Tier ist diese Negativität selbst – jene weiß sich gegen ihr Anderswerden nicht anders zu retten, als es gleichgültig liegen zu lassen; das Tier ist die Negativität seiner selbst, das über seine Gestalt übergreift, und das Aufhören des Wachstums nicht in seinem Verdauungs- und Geschlechts-Prozeß unterbricht, – als die Negativität seiner selbst ist [es] sein eigener innerer Prozeß, das sich zu Eingeweiden gestalten. Indem es sich so selbst als Individuum gestaltet, ist es

Einheit der Gestalt und Individualität, – das Sein der Gestalt zum Moment gemacht, ist Allgemeines – es ist in sich reflektiert, hat *Sinne*, und ist *Geschlecht*.

I. Der animalische Organismus unmittelbar ist entzweit in das organische Eins, / in sein Dasein und in seinen inneren Begriff, dieser ist eben darum Äußeres; er ist unorganische Natur – diese ist α) allgemeine Natur, es sind die physischen Elemente; β) Anderes, Negatives des Selbst – eigene freie Gestalt, und γ) Einzelne. – Diese drei Momente liegen im Begriffe des Animalischen überhaupt, das seine Momente auseinanderlegt. α) Als sich gegen die physischen Elemente verhaltend, ist es vegetabilischer Prozeß, eine gestaltlose Gallerte, ein tätiger Schleim, der in sich reflektiert ist; manche Tiere sind nichts als dieser Schleim. Sein Verhalten ist, in seinem Schwimmen in der allgemeinen Flüssigkeit unmittelbar in sich reflektiert zu sein, oder sie in sich zu verwandeln, – in das organische Eins. *Sensibilität*; wie die Pflanze. Aber β) er ist ebenso *irritabel*, elastisch, er ist eine Bewegung, welche sich als ausschließende tätige Gestalt verhält, für welche das Andere ein Negatives seiner Selbst ist – es *bezieht* sich auf das Element, als ein anderes, wie die Pflanze nicht tut. – Es ist also diese Elastizität, es von sich auszuschließen, dadurch hat es eigentümliche *Bewegung*; es ist freie, gleichgültige Gestalt, welche nicht nur gleichgültig *ist*, sondern sich *setzt* als gleichgültig. γ) Es ist aber ebenso *reproduktiv*;[1] es setzt *sich* als gleichgültig, nicht nur durch die Entfernung von anderen, sondern die Gleichgültigkeit als die seinige, seine *Gestalt*, es bringt sich selbst hervor; – seine Sensibilität ist Totalität; sie ist die Rezeptivität, welche ein *anderes Daseiendes* empfängt, es ist für sie; und hebt dies Anderssein auf, Entfernung, aber positive, daß sie dasselbe zu ihm selbst macht; die Gleichgültigkeit des Anderen, so wie das eigene *unmittelbare Sein* hört auf. Dies sind die allgemeinen animalischen Momente; sie sind deswegen nicht als Eigenschaften zu nehmen, so daß jede gleichsam besonders wirkte – wie Farbe besonders aufs Gesicht – Geschmack auf die Zunge u.s.f. – so wie man sagt, der Nerv ist sensibel, Muskel ist irritabel – die Natur legt freilich auch die Momen-

[1] *Am Rande:* Reproduktion

te so gleichgültig auseinander, aber ganz allein / in der Gestalt – d. h. im toten Sein des Organismus. – Die Reproduktion ist die Einheit der Sensibilität und Irritabilität, d. h. Sensibilität ist unmittelbar Irritabilität, und umgekehrt. Der Organismus ist reproduktiv, dies ist er wesentlich, oder dies ist seine Wirklichkeit; er bringt sich selbst hervor – er ist für Anderes – und hebt dies Andere auf und setzt es sich gleich – dies ist sein Hervorbringen. Sensibilität ist die unmittelbare Reproduktion – Vegetation – Irritabilität, die negative ausschließende, die Totalität ist die unmittelbare, die sich vermittelt durch das Andere. –

Die Einheit dieser abstrakten Momente ist die animalische Lymphe, weiter bringen sie es nicht; und sie ist unmittelbar Gestalt, Einzelnes überhaupt. Sie ist Gestalt, sie ist toter, ruhender Organismus, äußerer, der für die Individualität seine unorganische Natur ist. Weil er dies Ruhende ist, so ist der Begriff, das Selbst noch nicht wirklich, noch nicht sein Erzeugen gesetzt, – oder ist ein inneres, und wir sind es, die ihn aufzufassen haben. Die unorganische Natur, oder der äußere Organismus ist in seiner Bestimmung Verhalten gegen ebenso gleichgültige Gestalten. Er ist der Mechanismus des Ganzen. Seine Tätigkeit ist das Ausschließen und Aufheben des Äußeren.

Seine Teile sind Glieder, bestehende, nicht Eingeweide, noch Sinne. Es ist ein Ganzes der Gegliederung. Die Lymphe sich in sich unterscheidend, umschließt sich mit der Haut,[1] als ihrer Oberfläche, oder dem allgemeinen Verhalten des vegetabilischen Organismus zur unorganischen Natur. Das Innere gliedert sich in das sensible, oder Knochensystem, das irritable, Muskelsystem; die Haut ist die Reproduktion. Der Knochen ist die der Gestalt als solcher angehörige Sensibilität, d. h. – das Holz der Pflanze; die einfache und darum tote Kraft, die Kraft, die noch nicht Prozeß ist. Es ist aber zugleich das in sich reflektierte Tote, oder es ist das vegeta/bilische Knospen, das sich selbst so hervorbringt, daß das Hervorgebrachte ein anderes

[1] *Am Rande:* Haut verlängert sich zu Nägeln; in sich reflektiert Knochen – Würmer (Kratzer) Hacken – Insekten – Unzerstörbarkeit der Haut, nachdem alles an einem Leichnam in Staub zerfallen, noch die Haut oft an einigen Teilen sichtbar –

wird, seine Gestalt ist, zuerst Knochen k e r n zu sein; so fangen alle Knochen an; dieser geht in die Länge, wie der vegetabilische Knoten; (Holzfaser) – An den Extremitäten der Glieder bleiben die Knochenkerne; – sie vermehren sich, und ziehen sich in die Länge – Sie haben das Mark in sich, als ihren noch nicht eigens herausgeborenen Nerven – die Beinhaut ist ihr eigentliches Leben; es ist eine ganz nach außen [gehende] Produktion, die deswegen in sich erstirbt; nur an seiner Oberfläche lebt; – die dumpfe Kraft in sich selbst. – Forgehend zur Totalität, aus Kern und Linie, bricht der Knochen auf. – An die Stelle des Mark tritt der Nerv, er ist ein Kern, der seine Längen aus seinem Mittelpunkte aussprossen läßt – Aber mit dieser Totalität hört er auf, der Gestalt als Gestalt als solcher anzugehören, sein Mark wird lebendige Sensibilität, ein Punkt, der sich in Linien verbreitet, Totalität als Punkt, von dem die Dimensionen ausgehen – und zuletzt die Verflächung, welche bloße umschließende Oberfläche ist.

Als Kern ist er das unmittelbar Sensible der Gestalt, sich zum Äußeren als das ruhende, feste Harte sich verhaltend – Seine Verlängerung ist die Mitte, Übergang, daß die Gestalt herabsinkt zum Äußeren, das ein anderes Inneres hat. Er ist in den Gliedern das Innere, das unmittelbar Feste – aber fernerhin hört er auf, das Innere zu sein – Wie das Holz der Pflanze das Innere der Pflanze und Rinde das Äußere ist – im Samen hingegen ist das Holz überwunden – es ist nur äußerliche Schale – So wird der Knochen äußerliche Schale für die Eingeweide, das keinen eigenen Mittelpunkt mehr hat, zunächst aber noch unterbrochen ist, und [weder durch] eine eigene Linie (sternum) zusammenhängt, noch eine eigene Gegliederung [hat] – Aber zuletzt wird er reine Fläche, ohne eigene Innerlichkeit – Kerne, Linie, Fläche – Umschlagen in den Punkt, oder Linie, von dem Linien ausgehen – dies die Totalität, die sich noch nicht gerundet hat – noch dies an ihr hat, sich nach außen zu kehren – zugleich (Rückenwirbel) der Knoten der Mitte durchbrochen – nun in sich zurückkehrend – aber der hohle Schädel – dem Schädelknochen liegt die Form der /Rückenwirbel zum Grunde, können darin auseinander gelegt werden (os spenoideum, Fledermaus), geht aber darauf, den Mittelpunkt ganz zu überwinden und sie ganz zu verflächen – ohne eigenen Mittelpunkt – Zugleich geht aber dieses völlige Aufheben der Kernigkeit in die Wiederherstellung über – Zähne – Rückkehr in sich, die Wiederherstellung – diese sind nun die wiederhergestellten Kerne, die den Prozeß durchloffen, also negative, tätige, wirksame sind; die unmittelbare Sensibilität, die zur Irritabilität geworden.[1] – Die Beinhaut ist nicht mehr äußere, sondern nur innere Membran; sie hören auf, die passive Absonderung zu sein – Die Knochen so wie die Beinhaut sind ohne Empfindung, aber in den (syphilitischen) Lymphen-Krankheiten gewinnen sie solche –[2] Mark bloßes Fett, wenig im mageren, viel in fetten Menschen.

Die Sensibilität des äußeren Organismus geht in Irritabilität, Differenz, Verhältnis zu Anderen, Bewegung über –[3] Seine überwundene Einfachheit geht in den Gegensatz über, in das Muskelsystem; es ist das gedoppelte des Streck- und Beugemuskel; die Linie, Anstemmen haltend, und das sich zurücknehmend die organische Elastizität [ist], die Weichheit, die auf einen Reiz sich in sich zurücknimmt, und ebenso dieses Nachgeben aufhebt, und sich wiederherstellt. Der Muskel ist die Einheit dieser beiden Momente, und diese Momente existieren auch als Muskeln, als Arten der Bewegung.

Diese[4] Gestalt hat die Haut zu ihrer organischen Tätigkeit – ist nur erst noch der / Begriff des inneren Organismus gesetzt, er ist darum das Äußere der Gestalt, Haut, Haut kann alles sein und werden – Verletzung erzeugt eine Menge von Gefäßen, Nerven-, Blutgefäße; wenn sie fixiert ist, als eine besondere Tätigkeit, in ihrer Verletzung – Sie ist das allgemeine Verdauungsorgan des vegetativen Organismus.

[1] *Am Rande:* Mark der Knochen ist fett. Wird die Beinhaut abgetrennt, so bildet sich um sie ein neuer Knochen

[2] *Am Rande:* Zahnschmerzen zum vegetabilischen unmittelbaren Prozeß, rheumatische Schmerzen.

[3] *Am Rande:* Das Knospen des Knochens ist in die einfache Differenz des Muskels zurückgenommen

[4] *Am Rande:* Die unmittelbare Rückkehr dieses äußeren Organismus in sich selbst ist die Haut; sie ist Allgemeinheit, einfache Totalität; das abscheidende Eins; und ununterschiedene Ganze.

Aber[1] der Organismus verhält sich nicht nur zum Äußeren als allgemeinem Elemente, sondern zu ihm als vereinzelnten; die Gestalt geht in den Prozeß über, und dieser ist das Werden der Gestalt. Der Prozeß ist bedingt durch das Sein seines vegetativen Organismus; dies Sein mußte daher vorher ausgesprochen werden. Er verhält sich gegen Einzelnes und ist selbst die vermittelte Bewegung, die die Momente der Verwandlung unterscheidet.

(Die Haut hat sich in den Klauen, Knochen und Muskeln ein differentes Verhältnis gegeben, und ist ein Einzelnes, unterbricht das Einsaugen, und verhält sich als Einzelnes zur Luft und Wasser –)

(Der Hautprozeß ist Verhältnis zum Wasser; (ihm unterworfen; und es ausdünstend) – Die Bewegung der Muskeln ist die elastische Irritabilität, welche [als] Moment des Ganzen ein freies Verhältnis, eigentümliche sich trennende, das Einströmen hemmende Bewegung setzt, und als Bewegung an sich selbst einen Feuerprozeß, der jenes träge Bestehen aufhebt, und aus sich setzt und erzeugt. – Diese Auflösung des Bestehens, der wahre Prozeß, ist Verhältnis zur Luft; er ist das eigene sich Bewegen des Organismus, der ein- und ausstößt, als Elastizität.)[2]

Diese unmittelbare Verwandlung, Sensibilität des Ganzen, ist ebenso Irritabilität des Ganzen, ein sich unterbrechendes, vermittelndes, die / einzelnen Momente unterscheidendes Bewegen, wahre organische Elastizität, jene des Muskels die formale[3] – ein Verhältnis, das vereinzelt, und sich zu Einzelnen verhält, wenn es auch nur der einzelne Schluck Wasser ist. Die Haut schlägt sich nach innen zurück, sie bildet, wie sie sonst ganz Öffnung ist, eine einzelne Öffnung, und das Unorganische wird als einzelnes gefaßt und eingenommen. Das Individuum bemächtigt sich desselben, zer-

[1] *Am Rande:* Diese Rückkehr in sich selbst ist verschieden von seinem Dasein, tritt ihm gegenüber.

Die Rückkehr der Gestalt in sich beginnt in der Haut; sie ist das Insich, [das sich] aus der Äußerlichkeit in sich zurücknimmt, und Verhalten zu sich selbst wird

[2] *Am Rande:* Hautprozeß

[3] *Am Rande:* Äußerliches ist ebenso in sich zurückgekehrtes

malmt es als Gestalt, und verwandelt es in sich nicht durch die unmittelbare Infektion, sondern sie als vermittelnde Bewegung, welche sie die verschiedenen Momente durchlaufen läßt. Die animalische Wärme ist überhaupt dadurch gesetzt, daß es Gestalten, Einzelne überhaupt sind, welche durch sie aufgehoben werden;[1] ein organisches Eins – als Einheit von Einzelnheiten. – Unmittelbar ist der Magen diese verdauende Wärme überhaupt, und der Darmkanal die Entzweiung des Verdauten. Die Entzweiung überhaupt in ganz Unorganisches, Auszuscheidendes und in vollkommen Animalisiertes, welches ebenso die Einheit der bestehenden Gestalt, als der Wärme des Auflösens ist – Blut.

Hier beginnt der innere Organismus; er ist die Einheit des mechanisch Organischen und des chemisch Organischen – jenes das Gestalten des äußeren Organismus, dies der verdauenden Wärme. So erst ist er lebendiges Eins – Das Blut ist Resultat, der in sich an sich selbst, durch sich selbst zurückkehrende äußere Organismus. – Dieser ist nun die lebendige Individualität, das Hervorbringende, Setzende des / Äußeren, der wirkliche Begriff; welcher die Glieder zu Eingeweiden erzeugt – er ist das im Selbst wiedergeborene Sonnensystem, er ist α)[2] das Blut, als die achsendrehende, sich um sich selbst jagende Bewegung, dies absolute in sich Pulsieren und Erzittern – das individuelle Leben des Ganzen, in welchem nicht unterschieden ist –

β) Alsdenn entzweit sich diese achsendrehende Bewegung in den kometarischen Prozeß und in den innerlichen, – atmosphärischen und vulkanischen. Die Lunge ist das animalische Blatt,

[1] *Am Rande:* Diese Wärme ist die absolut vermittelte Bewegung des in sich reflektierten Organismus, der die Elemente an ihm selbst hat, und durch diese sich tätig verhält, das Einzelne mit der Bewegung aller angreift α) nach der reinen Äußerlichkeit sie zermalmt, β) αα) mit der organischen Lymphe sie infiziert, Speichel, ββ) mit der Neutralität des kalischen und sauren, Magen und pankreatische Saft – endlich dem Feuer der Galle. Konstituierung der abstrakten d. h. nach außen gerichteten Innerlichkeit – Dies Verhalten ist darin durch diesen Verlauf in sich zurückgegangen

[2] *Am Rande:* α) Organisation dieses inneren Organismus in sich selbst

welche sich zur Atmosphäre verhält, und den Hautprozeß zu einem vereinzelnten, sich unterbrechenden und herstellenden, aus- und einatmenden macht, heruntergesetzt aus der Sensibilität in die Irritabilität, und zu EINEM einzelnen Momente des Lebens. – Die Leber dagegen ist das aus dem Kometarischen in das Fürsichsein, in das Lunarische Zurückkehren, es ist das seinen Mittelpunkt suchende Fürsichsein, die Hitze des Fürsichseins, der Zorn gegen das Anderssein, und das Verbrennen desselben.

Lungen- und Leberprozeß stehen in der engsten Verbindung miteinander – der flüchtige, ausschweifende Lungenprozeß mildert die Hitze der Leber; diese belebt jenen – Die Lunge ist in Gefahr, in Leber überzugehen, sich zu verknoten, und dann sich selbst zu verzehren, wenn sie die Hitze des Fürsichseins in sich empfängt. – In diese zwei Prozesse dirimiert sich das Blut, dies ist sein realer Kreislauf; dieser dreifache Kreislauf zu sein, einer für sich selbst, der andere der Kreislauf der Lunge, der dritte der Leber – In jedem ein eigener Kreislauf, worin das, was [als] Arterie im Lungenkreislauf eintritt, als Vene erscheint, – und umgekehrt im Pfortadersystem die eintretenden Venen als die Arterien.

Dies[1] System der lebendigen Bewegung ist das dem äußeren Organismus ent/gegengesetzte. – Es ist die Kraft der Verdauung; es ist die Erde, die Wurzel in sich selbst; – die Kraft, den äußeren Organismus zu überwinden – Diese unorganische Natur ist hier notwendig die dreifache α) die äußere, allgemeine, Lunge ist dagegen gekehrt, β) die besonderte, das Allgemeine herabgesetzt in das organische Moment, die Lymphe und der ganze seiende Organismus, γ) gegen das Vereinzelnte. Das Blut bereitet sich aus der Luft, Lymphe, und der Verdauung; Verwandlung dieser drei Momente; aus der Luft nimmt es sich die reine Auflösung, das Licht derselben, Oxygen – aus der Lymphe die neutrale Flüssigkeit, aus der Verdauung die Einzelnheit, das Substantielle. Und so die ganze Individualität setzt es sich wieder selbst entgegen – erzeugt die α) Gestalt, seine eigene unorganische Natur

[1] *Am Rande:* Blut das Leben des Tiers, verboten zu genießen – Indier lassen ganz Tier leben.

β) die negative seiner [, die] *fremde* unorganische Natur, Exkretionen γ) und das Ganze, den Sinn.

α)[1] Das Blut, im Lungenkreislauf, ist es dies rein negative immaterielle Leben, für welches die Natur Luft ist, und hier die reine Überwindung derselben hat; der erste Atemzug ist das eigene individuelle Leben des Kindes, das vorher in der Lymphe schwamm, und sich vegetabilisch einsaugend verhielt; aus dem Ei oder Mutterschoße hervortretend atmet es, es verhält sich zur Natur, als einer zu Luft gewordenen, und ist nicht dieser kontinuierliche Strom, sondern die Unterbrechung desselben; organische Irritabilität. Tätigkeit, wodurch das Blut sich als reines Feuer beweist und wird.

β) Es ist das Aufhebende der Neutralität, des Schwimmens in der Lymphe, es überwindet diese, indem es den ganzen äußeren Organismus erregt, bewegt, ihn zu seinem Rückgehen in sich disponiert. – Diese Bewegung ist gleichfalls ein Verdauungssystem – ein Kreislauf unterschiedener Momente. Die lymphetischen Gefäße bilden sich allenthalben eigene Knoten, Magen, worin die Lymphe sich verdaut, und end/lich sich im Ductus thoracicus zusammenführt; das Blut gibt sich darin seine Flüssigkeit überhaupt –[2]

γ) Endlich ist es eigentlicher Verdauungsprozeß des Einzelnen, – peristaltische Bewegung überhaupt. Als dieser Prozeß der Einzelnheit teilt es [sich] in die drei Momente des stumpfen innerlichen Fürsichseins, das hypochondrisch-melancholisch-Werden, sein Schlaf, – venose Blut überhaupt, das in *der Milz* diese mitternächtliche Kraft wird; man sagt, es werde darin gekohlenstofft; diese Karbonisation ist eben sein Erde-, absolut Subjekt Werden; – von hier ist seine Mitte das Pfortadersystem, wo seine Subjektivität Bewegung ist, und zur Tätigkeit wird, zum verzehrenden Vulkan – So betätigt in der Leber verhält es sich gegen

[1] *Am Rande:* *eigene Bewegung*

[2] *Am Rande:* Lymphe wird aus ihrer wässrigen Neutralität zum Fette, Mark der Knochen ist dieses selbe Fette, zu keiner höheren Animalisation, vegetabilisches Öl; dient zur Nahrung, die Tiere, die einen Winterschlaf haben, werden im Sommer sehr fett, und zehren im Winter aus sich, und sind im Frühjahr ganz mager.

den im Magen gekochten Speisenbrei – Die Verdauung fängt vom Vorkauen und Durchdringen mit der Lymphe des Speichels an, im Magen; der Magen- und pankreatische Saft – sind gleichsam die auflösenden, die Speisen in Gärung versetzenden Säuren; es ist das Lymphieren und Wärmen[1] – chemischorganische Moment – im Duodenum geht die eigentliche völlige Überwindung durch die Galle vor; – der nach außen gekehrte, noch in die Lymphe fallende Prozeß wird zum Fürsichsein, und nun ins animalische Selbst verwandelt; der Chylus, dies Produkt des Bluts kehrt ins Blut zurück – es hat sich selbst erzeugt.[2]

Dies ist der große innere Kreislauf der Individualität – die Mitte in demselben ist das Blut selbst, es ist das individuelle Leben selbst; es ist davon die Rede gewesen, daß die Säfte, weil sie das Ausgeschiedene seien, unorganisch seien, und / das Leben allein den festen Teilen angehöre; allein teils sind solche Unterscheidungen an sich etwas sinnloses, teils ist das Blut, – nicht das Leben, sondern das Lebendige, Subjekt als solches, im Gegensatze gegen die Gattung, das Allgemeine – Das schwache Blumenvolk, die Inder, verzehren kein Tier, der jüdische Gesetzgeber verbot nur, das Blut der Tiere zu verzehren – weil, heißt der Grund, das Leben des Tieres in dem Blute ist. α) Es ist die allgemeine Substanz, welche alle Teile in sich aufgelöst enthält, das Wesen aller – β)[3] es ist die absolute Bewegung, das natürliche lebendige Selbst, der Prozeß selbst; es wird nicht bewegt, sondern es ist die Bewegung – daß es bewegt werde, dazu suchen die Physiologen allerhand Kräfte auf; der Herzmuskel stößt es zunächst aus, und dazu helfen die Wandungen der Arterien und Venen, und der Druck der festen Teile, die es treiben; bei den Venen freilich hilft der Herzstoß nicht mehr – da muß es

[1] *Am Rande:* gedoppelter Magen, haben die widerkeuenden Tiere eine Pankreas?

[2] *Am Rande:* α) Kreislauf* β) es bringt hervor $\alpha\alpha$) die Gestalt Glieder als seiendes

* *Daneben:* der Organismus bedarf der äußeren Bewegung Ankylosen, Weißwerden des Muskel – im Auge die Arterienäste ohne Blutkügelchen ins Venose, die wieder Blut haben.

[3] *Am Rande:* hat aus der äußeren Gestalt den Muskel herübergenommen –

der Druck der Wandungen allein tun – dieser elastische Druck derselben und des Herzens, wo kommt dieser her? von dem Reiz des Bluts – Das Herz also bewegt das Blut, und die Blutbewegung ist wieder das Bewegende des Herzens – es ist ein Kreis – ein perpetuum mobile, das sogleich stille steht, weil die Kräfte im Gleichgewichte sind.[1] Ebendarum ist das Blut selbst das Prinzip der Bewegung, es ist der springende Punkt – nichts unbegreifliches, unbekanntes – außer wenn Begreifen in dem Sinne genommen, daß etwas anderes, die *Ursache* aufgezeigt wird, von der es bewirkt wird – immer etwas *anderes*; dies ist aber nur die *äußere*, d. h. gar keine Notwendigkeit, nicht der *Grund*; die Ursache ist selbst wieder ein Ding, nach dessen Ursache zu fragen ist, und so fort in die schlechte Unendlichkeit – Unfähigkeit, das *Allgemeine*, den Grund zu denken und vorzustellen. – νους ist das Wesen der Welt, d. h. das Allgemeine – das Einfache, welches die Einheit Entgegengesetzter ist – und daher Unbewegbare, das aber bewegt – dies ist das Blut, es ist das Subjekt, so gut als der *Willen* eine Bewegung anfängt – Vorstellungen bewegen / mich – eben weil sie meinem Ich gemäß – als *Vorstellungen*, d. h. als *Mein*, als *Ich*; nicht als Dinge, bloßer Inhalt, von diesem kann ich abstrahieren – das Selbst, die Form ist die Einheit, das Allgemeine der Grund und die Bewegung selbst – dies ist das *Blut* – Aber es ist die *ganze* Bewegung; es tritt ebenso auf die Seite, wie die Zeit gegen den Raum; als ein Moment, denn es ist die Unterscheidung seiner von sich selbst; die Bewegung ist eben dies auf die Seite Treten ihrer selbst, wodurch sie Subjekt, Ding ist, und das Aufheben ihres auf der Seite Stehens und Übergreifens über sich und das Entgegengesetzte. So erscheint sie als ein Teil, und *Resultat*, indem das Entgegengesetzte an sich selbst sich aufhebt, der Rückgang von seiner Seite geschieht. So wird die lebendige und belebende Kraft des Bluts aus der Gestalt – und seine innere Bewegung erfodert auch die eigentliche mechanische äußere Bewegung – Es *bewegt*, hält

[1] *Am Rande:* die Zusammenziehung der Arterien fällt mit dem Nachlassen der Herzventrikel zusammen.

die Teile in ihrem negativen qualitativen Unterschied –[1] Aber bedarf des einfachen negativen der äußeren Bewegung; ein Kranker, der sich lange nicht bewegt, (bei Amputationen) bekommt Ankylosen, das Gelenkwasser vermindert sich, die Knorpel verhärten sich zu Knochen; die Muskel werden weiß, durch diese äußere Ruhe.

Der Blutumlauf selbst ist einesteils als dieser allgemeine Kreislauf zu nehmen, wodurch jeder Teil diesen Zirkellauf nimmt; allein er ist ebenso etwas ganz in sich pulsierendes, erzitterndes, elastisches, das nicht nur jener Zirkellauf ist – Schon ist der Lauf in verschiedenen Teilen überhaupt etwas verschieden, im Pfortadersystem ist er langsamer, innerhalb des Schädels ebenso, als den übrigen Teilen, in der Lunge hingegen beschleunigter; bei einem Panaritium hat die Arterie (radialis) hundert Pulsschläge in einer Minute, während die auf der gesunden Seite nur 70 gleichzeitig mit dem Pulse des Herzens hat – Ferner der Übergang der Arterien und Venen ineinander geschieht durch feinste Kanäle,[2] die zum Teil so fein sind, / daß sie keine rote Blutkügelchen mehr enthalten, sondern nur gelbliches Blutwasser – Sömmerring § 72. „im Auge scheint der Fall zu sein, daß die Arterien in feineren, kein rotes Blut mehr enthaltende Zweigchen fortgesetzt werden, die anfangs in eine gleiche Vene, endlich aber in rotes Blut führende Venchen übergehen." Hier geht also das Ding, das eigentlich Blut heißt, nicht über, sondern [es ist] eine Bewegung gesetzt, worin es verschwindet, und wieder hervortritt, oder ein elastisches Erzittern, das nicht ein Fortgang ist – Ferner anastomosieren die Arterien besonders, auch die Venen so häufig, teils in größeren Ästen, teils bilden sie ganze große Gewebe, wo also gar keine eigentliche Zirkulation mehr denkbar ist; in den anastomosierenden Zweig treibt sich das Blut von beiden Seiten herein, es ist ein Gleichgewicht, das nicht ein Laufen nach Einer Seite, sondern nur ein Erzittern in sich selbst; bei

[1] *Am Rande:* drei* verschiedene Bewegungen β) Atmen γ) Hirn vom Blut

* *Daneben:* wurmförmig peristaltisch Blut –

[2] *Am Rande:* bei Insekten scheint kein Kreislauf statt zu finden – Autenrieth §. 346

einem Zweige könnte man etwa denken, daß hier die Eine Richtung ein Übergewicht hat, allein bei mehreren ganzen Kränzen, Geweben von Anastomosen hebt eine Richtung die andere auf, und macht die Bewegung zu einem allgemeinen Pulsieren in sich selbst.

Die Unterscheidung des arteriellen und venosen Bluts kommt zu ihrer Realität in Lunge und Leber – es ist der Gegensatz des Streck- und Beugemuskels; – das arterielle Blut ist die hinausgehende auflösende Tätigkeit, das venose das in sich Gehen; Lunge und Leber sind ihr Unterschied, als Systeme, ihr eigentümliches Leben. – Die Chemie zeigt den Unterschied so auf, daß das arterielle Blut mehr Sauerstoff enthalte, und dadurch heller rot ist – venöses Blut gekohlenstoffter, das auch in Sauerstoffgas geschüttelt – heller rot wird – ein Unterschied, der nur das Ding, nicht ihre Natur, Verhältnis im ganzen Systeme ausdrückt.

Der[1] allgemeine Prozeß ist diese Rückkehr des Selbst aus seiner kometarischen, lunarischen und irdischen Laufbahn zu sich selbst, aus seinen Eingeweiden zu seiner / Einheit. Diese Rückkehr ist dann seine allgemeine Verdauung, und so zurückgekehrt ist sein Dasein die Ruhe; es kehrt zu seiner Ruhe zurück, – d. h. zur Gestalt überhaupt; diese ist sein Resultat – jener die Gestalt aufhebende Prozeß – der sich nur in Eingeweide entzweit,[2] er gestaltet sich, und ist Ernährungsprozeß; die Gestalt ist ebenso sein Produkt; sie ist nicht nur das unmittelbare, sondern gesetzt als das unmittelbare, Ernährung des Ganzen.[3] Diese besteht nun nicht darin, daß das arterielle Blut

[1] *Am Rande:* Verhältnis des inneren Organismus zum äußeren. α) Der innere zehrt die träge Lymphe des äußeren auf; β) er ist das allgemein Belebende desselben, so daß dieser seine eigene Verdauung an ihm selbst hat, Drüsensystem, und Verwandlung der Lymphe in Fett – der äußere verhält sich auf diese Weise αα) allgemein verdauend durch die Haut nach außen, zur Luft, ββ) die Lymphe erhält das Ölige wie die Pflanze an ihr; γγ) sie ist Verdauungssystem in den Drüsen. β) Hervorbringen der Gestalt als solcher.

[2] *Am Rande:* die unmittelbare absolute Einheit beider ist dies am äußeren, daß er selbst produktiv in sich ist; und am inneren, daß er das Gestalten ist.

[3] *Am Rande:* A. Wechselwirkung des äußeren und inneren

seinen sauergestofften Faserstoff absetze. – Allein[1] die aushauchenden Gefäße der Arterien sind mehr Dunst, der verarbeitet ist, und ganz allgemeines Nahrungsmittel, aus dem jeder einzelne Teil sich das seine nimmt, und das daraus macht, was es im Ganzen ist; diese aus dem Blute geborene Lymphe ist das belebende Nahrungsmittel, oder vielmehr es ist die allgemeine Belebung, das Fürsichsein eines jeden – die unorganische Natur, den allgemeinen Organismus in sich zu verwandeln; das Blut führt nicht Materien zu, sondern ist die Belebung eines jeden[2] – die Form ist die Hauptsache; und nicht nur / die Arterie, sondern eben es als dies gedoppelte, Vene und Arterie; so ist das Herz allenthalben, und das Feuer die Galle; jeder Teil die spezifizierte Kraft seiner selbst.[3]

Die allgemeine Gestaltung der Form nach ist, daß das Blut in seinem Aushauchen sich in die Lymphe herabsinken läßt; aber die träge, unbestimmte Flüssigkeit entzweit in den Gegensatz oder die entgegengesetzte Linie des Muskels, der eine der Gestalt immanente Bewegung ist – die Gestalt ist das Bestehen im Raume; die Bewegung des Blutes die in sich bleibende;[4] aber auch eine Bewegung gegen äußeres, das träge Ganze; endlich in die Ruhe des Knochens auf der anderen Seite sich zusam-

α) Übergang eines jeden in den anderen. β) Gleiche Substantialität beider αα) des äußeren, selbst belebt, ββ) der innere ist das Ganze mit dem äußeren zusammen; Selbstverdauung

[1] *Am Rande:* Venenblut der Pfortader bringt die Galle hervor

[2] *Am Rande:* Das seiende Andere, in welches der Prozeß zurücksinkt, zerfällt in zwei Teile, α) Gestalt das Organische β) das Unorganische Ausscheiden des Harns und Fäulnis der Exkremente; – Blasensteine in nördlichen feuchten Klimaten (Schwitzbäder), in südlichen Hautkrankheiten – dort in die irdische Neutralität (Kalk) statt der elementarischen (hier diese statt jener, hier mehr Vegetation)

[3] *Am Rande:* Funktionen* der Ernährung, nicht tauglicher Milz Galle, sondern damit es dies Moment an ihm habe – Insichsein, feurige Kraft.

* *Daneben:* Hervorbringen der Gestalt
Venen und Arterien sind allenthalben in den Gliedern, allgemeine Belebung

* [4] *Am Rande:* Knochenbildung Richerand 2. 256. Wenn das innere periostium zerstört wird, – durch ein stilet, so trennt sich das äußere

mennimmt – Die Flüssigkeit der Lymphe befestigt und gliedert. Das Fett, Mark des Knochens ist jenes Vegetabilische, das bis zum Öl fortgeht, und die Neutralität von sich abscheidet,[1] nicht als Wasser, sondern als eine erdige / Neutralität, als Kalk – die Pflanze schon geht zur Produktion von Kiesel fort, nicht nur Luft und Wasser – ebenso der animalische Organismus, der die vereinzelnte unorganische Natur aus sich setzt, eine erdige (vereinzelnte) Neutralität. *Selbstverdauung, Selbstverzehrung* des Organismus.

(Der Organismus hat sich selbst als dieses Ganze hervorgebracht – es ist nach außen Gekehrtes; tierische *Begierde*; er ist Fürsichsein, das die Gewißheit hat, daß das Ausgeschlossene nicht *an sich*, sondern an sich Aufgehobenes ist. Sein Blut ist *die einfache Auflösung*, welche *nicht nur alles enthält*, sondern die Wärme, die Einheit seiner und der Gestalt ist; das *sich selbst* Aufzehren; hiedurch ist er gespannt als ganzes Individuum gegen das Äußere, er hat Hunger und Durst; – er ist Ganzes, das sich aufzehrt, und so Gefühl seiner Negativität, seines

von dem Knochen, das bedeckte eignet sich den Phosphorkalk zu, den die Gefäße, die in sein Gewebe verbreitet sind, führen, und bildet einen neuen Knochen um den anderen. – Das äußere abgezogen, so bilden sich Exkreszenzen und Vegetationen auf dem Knochen. Magere Personen haben wenig oder flüssiges Mark in den Knochen. Vögel haben keins, es dient also nicht zur Ernährung des Knochens; Vögel vegetieren nach außen

[1] *Am Rande:* Ausschließende innere Individualität, ist Hervorbringen – α) sich selbst, die *Gestalt*, β) Exkretion seiner *unorganischen Natur* – *Knochen* ist *tote Neutralität*, aufgeschlossen zwischen der Lymphe und Mark (DAS GANZE ist nach *außen gekehrt* γ) *Bewaffnung* der Gestalt, Kehren des inneren Organismus gegen äußeres Ding; (*Begierde* als solche gehört noch nicht hieher) hier ist das ausschließende Verhalten gegen Anderes durch es selbst gesetzt); eigene *Bewegung* der ganzen Gestalt. Der Organismus hat Bewegung, fällt in Raum und Zeit, weil er die *reine abstrakte* Einheit seiner selbst geworden – *freie* Bewegung ist die Erhebung in die Idealität. Das *Fürsich* ist Zeit – das Ansich, die Gestalt, ist *Raum*. Raum hat als *Raum*, als Entfernung, Bedeutung für den Organismus; aber die Zeit ist nicht aus ihm herausgetreten; (Tiere wissen ihre Stunde, wenn sie zu essen kriegen) – Idealität des Organismus als *seiend*; *äußerlich*.

leeren Fürsichseins ist; er ist auf das Aufheben der Entfremdung seiner Substanz, einfachen Seins gerichtet. Die Bildung seines Bluts ist die Erzeugung der Begierde, seine Substanz ist ihm entfremdet und eine einzelne geworden, gegen welche er sich als kräftige Gestalt erhält, die sich in den Knochen fest für sich erhält, ihre Haut zu Klauen kontrahiert, und die Differenz der Muskel spannt; – alle Seiten seiner Gestalt nach außen kehrt, ihnen das Feuer des Herzens gegeben, sie das ruhig Bestehende zu Waffen verkehrt – und dem Wesen nach (in der / unorganischen Natur) als in sich reflektiert sich erweist; dem Wesen nach, daß das Einzelne kein Sein für es, dies Wesen ist Ansich, Sein, Gestalt, diese ist selbst Waffe; Haut ein Krampf der Klaue, nach außen gekehrt, Muskel, das Herz, Mitte, Selbst,[1] und der sensible Knochen ein Zahn, das Zermalmen, die Rückkehr in sich. Schluß ist Haut (Klaue), Packen allgemeines Extrem, Mitte Muskel – Extrem der Einzelnheit, Zahn.

(Seine[2] Begierde; sein reines Fürsichsein, ist das Setzen eines Ausgeschlossenen; es selbst ist reiner Begriff, das Negative; nicht durch seinen Begriff, sondern durch seine Wirklichkeit und Dasein ist diese Ausschließung gesetzt; es ist sein Tun, denn es ist da, als negatives. Das Tier aber ist nur das individuelle; es ist Begierde oder wird begehrt, oder schläft und verdaut; es lebt in

[1] *Am Rande:* Dieser Organismus ist so die daseiende Kraft. Kraft, die als solche Gestalt hat; unmittelbar in sich zurückgekehrt. Innerlichkeit, die ebenso unmittelbar Äußerlichkeit; Äußerlichkeit die ebenso unmittelbar Innerlichkeit ist.

[2] *Am Rande:* Innerliche Idealität desselben; er existiert als Ideelles, in seine Einfachheit Zurückgekehrtes; einfache selbstische Substanz des Ganzen – deren Selbst das Anderssein vollkommen durchsichtig ist, weil sie sich selbst hervorbringt; Kreislauf Blut, dem das Andere, das er aufzehrt, so wie erzeugt, dasselbe Selbst ist; – es unterscheidet seine Glieder von sich.

Diese Idealität ist unmittelbar der Organismus. Raum und Zeit sind die Formen seiner Anschauung; ungegenständliche Gegenständlichkeit, der Sinn.

(Dieses Reflektiertsein in sich ist der Nerv; – es ist System – α) Bewegungsnerven der Gestalt β) Verdauungsnerven, Ganglien, Epigastrische Zentra γ) Sensationsnerven Gehirn)

dieser Angst, in dieser unruhigen Beziehung, worin es nicht allgemein, und das gegenständliche sich bewegende nicht Dingheit, ruhende Allgemeinheit für es ist.

Die gesättigte Begierde aber ist sein Schlaf, sein Insichsein; die Nacht, die Selbst / ist. – Erst in dieser Rückkehr aus dem Ansich,[1] in das Fürsichsein und daß das Ansich durch das Selbst gesetzt ist, ist er das Selbst, das Einheit seiner und seines unterschiedenen Ansichseins ist.)

Als[2] diese Einheit ist er Ganzes, in sich Zurückgekehrtes als Einheit zweier Selbst – erstens Ganzes als Individuum; als in der Begierde sich selbst fühlend; und dann ein Ganzes, welches dies abstrakte Ich aus sich ausschließt, für welches ein Anderes ist; das in seinem Anderssein unmittelbar in sich Reflektiertsein, Vorstellung überhaupt, so daß, was ist, unmittelbar dies gedoppelte ist, an sich frei Seiendes, und das Seinige; Gefühl eines Anderen überhaupt, als anderen – Sinn – durch die Verdauung ist es zu dieser Abstraktion gediehen – es ist begriffen, durchs Selbst hindurchgegangen; so ist es im Sinne. Es ist die befriedigte Begierde, weil der Gegenstand mein ist.

Aber dies Andere als allgemeines ist es zugleich das Ganze;[3] der Sinn geht zum Geschlechte über, nachdem er die Skale von dem Gefühl bis zum Gesichte durchloffen, und in diesem die Reflexion in sich freigelassen hat; Totalität derselben – Der Satz des Sinnes ist: der Gegenstand ist Mein; der umgekehrte: Ich bin der Gegenstand, ist der Satz des Geschlechts – das Durchlaufen des Sinnes macht den Gegenstand, der das Mein erst zum Prädikate hat, zum Ganzen Mein, zum Geschlechtsverhältnisse.

Diese[4] Kategorie, oder einfache unmittelbare Einheit des

[1] *Am Rande:* Nerven der willkürlichen Bewegung – gehört der unmittelbaren Allgemeinheit an, oder rein leeren Äußerlichkeit, des Raumes; –

[2] *Am Rande:* Dies daß die Momente der ruhenden Gestalt und des Fürsichseins zu reinen Abstraktionen geläutert sind, macht den Sinn aus – jene in dem inneren Organismus, dieses in diesem selbst, daß das Selbst ein hervorgebrachtes ist.

[3] *Am Rande:* Sinn Begierde und Geschlecht

[4] *Am Rande:* Die Gleichgültigkeit im Raume geht in der Zeit in sich zurück. Raum und Zeit sind selbst so als gleichgültige auseinan-

Seins und des Seinen, – / der Sinn, ist zuerst das Gefühl, die ungegenständliche Einheit mit dem Gegenstand, worin dieser noch nicht für sich zurückgetreten; diese Einheit ist darum das gedoppelte, Sinn der Gestalt als Gestalt, Figur, und Sinn der Wärme. Es ist die dumpfe Unterscheidung; das Andere ist Anderes überhaupt, noch nicht in sich unterschiedenes; der Unterschied – das Positive und Negative fällt daher auseinander, – Figur und Wärme; es hat ihn nicht an ihm selbst. – Bestehen und Aufgelöstsein – Raum und Zeit unmittelbare Einheit.

Aber es hat ihn in Wahrheit an ihm selbst; das Tier ist neutrales Bestehen; die beiden gleichgültigen Seiten verbinden sich in einem allgemeinen Medium, worin sie sich durchdringen – es hat Geschmack;[1] es tritt in den Gegenstand selbst die Unterschiedenheit der Zeit und des Raumes – des Gegensatzes als Gegensatzes; und daher in das Verhältnis des Organischen zu demselben; – aber es ist nur / ein neutrales; der Geschmack ist die Aufhebung der Figur; er ist das unmittelbare gleichgültige Dasein, das eben darum das äußerlich aufzuhebende ist, und erst durch diese Vermittlung zum Gefühl wird.

Die Durchdringung der Gleichgültigen ist ihre vollkommne Porosität, oder ihre in Eins gegangene Differenz, die sich ihrer

der gehalten; itzt nur räumliches Verhältnis, dann zeitliches; – der Raum das gleichgültige auseinanderfallende Bestehen – Zeit Aufheben dieses Auseinanderfallens – $\alpha\alpha$) Verschwinden des Subjekts und Objekts füreinander, bloß negative leere Bedeutung der Negation; – aber bestimmt Negation der Form, des Auseinanderfallens; – unmittelbare Berührung in der Gleichgültigkeit des Bestehens beider – Sinn der Gestalt; die Bestimmtheit des räumlichen Fürsichseins, daß sie in Gegensatz treten; ist er als die Bestimmtheit an jedem selbst; die heraustretende Zeit, die ihre Mitte ist; als Mitte einfacher Einheitspunkt, ihre Unterschiede an dem erfüllten räumlichen.

[1] *Am Rande:* Besonderung des Anschauens ist Sinn. Im Gefühl alle vereinigt, so daß im Finger der Sitz derselben sein kann – Sehen, Hören mit dem Finger

α) Getast, unmittelbares unbestimmtes Dasein, Schwere und Wärme, einfacher Geschmack β) den Unterschied in sich γ) in sich Reflektiertsein überhaupt, einfache Individualität unmittelbar* bestimmte als noch nicht in sich reflektierte

* *Daneben:* Besonderheit – ganze Individualität Einzelnheit

Realität bemächtigt und sie aufgelöst hat;[1] Sinn der Luftigkeit, des Geruchs, entspricht der Wärme, aber ist Aufgelöstsein der Gestalt an sich selbst; wie die Neutralität Bestehen an ihr selbst – Bestehen, insofern der Unterschied an ihr, sie ihn überwunden.[2]

Diese Auflösung aber ist endlich das einfache Ganze, das in sich reflektierte wirkliche Licht;[3] Gesicht, Sinn der Wirklichkeit, die gegenwärtig, in sich reflektiert ist.[4] Es ist der Sinn selbst,[5] der Gegenstand ist.

Dieser noch Gegenstand seiende Sinn sich in sich zurücknehmend, ist das Gehör; / der für sich selbst seiende Sinn. – Gehör vernimmt das reine, ideelle Selbst[6] – hier hört der Gegenstand auf, ein Ding zu sein. –

Tierische Begierde ist der Idealismus der Gegenständlichkeit; Gewißheit, daß sie kein Fremdes ist. Die Beziehung auf Anderes ist nur als Begierde durch dieses ideelle Eins vorhanden – Es ist ein Selbstgefühl, – daß was fehlt, es selbst ist; ein innerer Mangel, Hunger, Durst – Das Individuum schließt sich selbst aus sich aus, verzehrt sich; und tritt sich als Fremdes gegenüber; das Negative ist seine eigene Negativität, d. h. sie ist für es.[7]

[1] *Am Rande:* Individualität überhaupt Schluß, Äußerlichkeit β) Organ γ) Nerven

[2] *Am Rande:* An dem Sinnesorgane, Sinne ist zu unterscheiden α) sein Sein als Tun – Haut – Nerv

[3] *Am Rande:* α) Haut äußeres Organ des Sinnes, Subjekt des Gegenstandes Körper, ebenso Totalität der Sinne

[4] *Am Rande:* α) allgemeine elementarische Beziehung auf Anderes – Sinn Subjekt als seiendes, Nerv β) absolute Einheit beider, Seele ist ein Ding, so ist es Gehirn, aber subjektiv ist es reiner Raum – Raum ist, kein Ding – das Tier ist Seele

[5] *Am Rande:* α) Getast Haut überhaupt
β) Geschmack Muskel
γ) Geruch Knorpel
δ) Gesicht organisierte Haut, lymphatische Muskel Kristallinse
ε) Knochen – reines in sich Gehen; unwankende Sichselbstgleichheit

[6] *Am Rande:* Großes, kleines Gehirn; jenes mehr der Sensation, dies mehr dem Willen; dem Übergange

[7] *Am Rande:* Sinneswerkzeuge; gedoppelt als Bestehen in sich Reflektiertsein, Unterschied nicht Differenz, zwei, sind wie am Ein-

(– Exkretion α) seiner unorganischen Natur überhaupt – β) der Einzelnen eigentliche Exkremente γ) sein ganzes anderes Individuum.)

Die[1] Sinneswerkzeuge, als Gefühl, sind der allgemeine Sinn der Haut; der Geschmack ist der Muskel der Zunge – Muskel, Neutralität, verbindet sich mit dem Munde – der beginnenden innerlich werdenden Haut. – Geruch, Nase mit der Luftigkeit, Atmen – Gesicht ist nicht der Sinn einer früheren Funktion, sondern, wie Gehör, des Gehirns; befreite Idealität. – Gefühl, Sinn der Gestalt über/haupt – Geschmack des Verdauens, des in sich Gehens des Äußeren – Geruch dem inneren Organismus, Luftigkeit. Auge und Gehör, sich selbst.

Gefühl, in zwei Arten; – Geruch und Geschmack – Auge, die gegenständliche Wirklichkeit, als Selbst, das gleichgültig ist – Ohr, als sich aufhebendes Selbst; Stimme tätiges Gehör – reines Selbst, das sich als allgemeines setzt. Schmerz, Begierde; Freude, Zufriedenheit, Aufheben des einzelnen Selbst – dort Bewußtsein des Widerspruchs,[2] hier Zurückgekehrtsein in sich, Gleichheit – Jedes Tier hat im gewaltsamen Tode eine Stimme; spricht sich als aufgehobenes Selbst aus. – (Vögel den Gesang – den die anderen entbehren, weil sie dem Elemente der Luft angehören; – artikulierende Stimme; ein aufgelösteres Selbst.)

In der Stimme kehrt der Sinn in sein Inneres zurück – er ist negatives Selbst – Begierde. – Es ist Mangel, Substanzlosigkeit an

geweide, Glieder vollkommen gleich, Füße; Arme dem Willen ungleich, Eingeweide dem Selbst, Sinne verschieden gestimmt, Ohr Auge

[1] *Am Rande:* α) Haut, Getast; allgemein
β) Geschmack, neutral, Gegenstand, Muskel
γ) Geruch, Knorpel, Schneckenwindung, Luft und Gehirn, noch unvollkommen – Beruhen auf sich selbst.
δ) Gesicht, organisierte Haut – Muskel, Lymphe, Haut, Blut, Körper des Licht, Hornhaut, Blut, Gefäßhaut

[2] *Am Rande:* Was ich sehe, höre, ist in mir, aufgehobenes – ebenso frei davon

ihm selbst, er ist sich als boßer Raum ideelles im Gegensatze gegen seine Erfüllung.[1] Die Sinne sind der satte erfüllte Raum; – Begierde ist Bewegung, die sich nicht nur aufgehobener Raum, sondern aufgehobener erfüllter Raum ist. – Er selbst ist sich das Mangelnde; Selbstgefühl des Hungers. Durst.

Der Organismus ist auf diese Weise ein sich selbst nach außen Kehrendes – er selbst ist sich negativ – die unorganische Natur ist dies Andere; das Fehlende tritt zugleich außer ihm[2] – es ist das Ganze, das ihm mangelt; – die Reflexion aus dem Theoretischen ist das Praktische – weil es in dieser erst als / Ganzes außer sich tritt; es ist hier erst das sich gegen anderes Einzelnes Bewegende.

Das begehrende Organische ist die Gestalt, unter das Fürsichsein subsumiert; das allgemeine Selbst, d. h. das sich weiß als die Einheit seiner und des Ansich oder des Gegenständlichen – es durchschaut das Dasein des Anderen.[3] Die Gestalt ist hier die nach außen gekehrte bewaffnete – Zähne die Knochen – Klauen die Haut, und Muskel die Kraft überhaupt, das Innere; die Sensibilität des Knochens ist überwunden, so wie das allgemeine nur ein- und ausströmende Verhalten der Haut. Die Haut ist die Waffe des Äußeren, der Knochen des Inneren; – die Lippe das Empfangende, aber küßt nicht nur, sondern packt durch die Zähne. – (Feurige entflammte Augen)

Die Nerven sind hier nur das Innere, Dienende; Bewegungs- und Verdauungsnerven – Ganglien, epigastrische Mittelpunkte, Gehirn, die dem Unterleib angehören – sympathetischer

[1] *Am Rande:* weiß sein nicht erfülltes Selbst; die Erfüllung ein Anderes; – in dem theoretischen hat er sich die Gewißheit erworben, daß der Gegenstand verschwindet – Selbst ist, er hat ihn gehört, als reines Selbst ist er ihm geworden

[2] *Am Rande:* innere Organismus ist die Form des Ganzen, was nicht der Gestalt gegenübersteht, wie in der abstrakten Betrachtung; oder was nicht Eine Seite gegen sie ausmacht, in welche die Gestalt übergeht, oder die in die Gestalt übergeht – sondern Totalität, bestimmt als für sich seiend – Sie mangelt ebendarum als bestehend

[3] *Am Rande:* Schluß; das Ganze unter der Herrschaft der Begierde; sein bloßes träges Bestehen, die Gestalt unter das Fürsichsein gesetzt

Nerven, splanchnicus Phrenicus –[1] Anastomosen dieser Ganglien.

Die gesättigte Begierde hat hier nicht die Bedeutung des sich als dieses einzelne hervorbringenden Individuums; sondern als allgemeines,[2] als Grund derselben, an dem die Individualität nur Form ist; der innere Organismus, das Fürsichsein, das / zur Äußerlichkeit geworden. Die befriedigte Begierde ist daher das zu sich zurückgekehrte Allgemeine – das unmittelbar die Individualität an ihm hat; – die theoretische Rückkehr – des Sinnes in sich bringt nur den Mangel im Allgemeinen hervor; die der Individualität aber dasselbe, als positives. Dieses[3] Mangelnde ist mit sich selbst erfüllt – es ist ein gedoppeltes Individuum. Geschlecht – α) Idealität, beide dasselbe – Allgemeine, Gattung, (Gehör) – β) und beide selbständig – (Mangel des reinen Selbst erfüllt) – Es tritt der unmittelbare gestaltete Organismus, und der innere fürsichseiende einander gegenüber; beide aber nicht mehr als unvollendete Seiten des Ganzen, sondern als vollkommene. – Kontraktion des ganzen Organismus, ein einfacher Typus desselben – Exkretion des Ganzen – α) Testikeln, System der lymphatischen Gefäße als Gehirn – und β) Penis, Herzmuskel – Gehirn und Fürsichsein – Weibliche Uterus entspricht der Prostata, die im Manne bloß Drüse ist – sein Empfangen, einfaches Verhalten, ist entzweit in das produzierende Gehirn – und das äußerliche Herz.

(Ihre Vereinigung ist das Verschwinden der Geschlechter – einfache Gattung ist geworden. (Assimilation als Absorbtion, Exkretion, und Nutrition entspricht der Sensibilität, Irritabilität und Reproduktion)

– Krankheit ist Sukzession der Prozesse; diese kann der Orga-

* [1] *Am Rande:* Bichat – sympathetische Nerven, Anastomosen oft unterbrochen, dicker als das, woraus er entstehen soll.

[2] *Am Rande:* Die unorganische Natur ist durch sein Ganzes hindurchgegangen – Verdauung ist hier des Ganzen, das sich selbst verdaut; Schlaf, seine allgemeine Nacht; seine Tätigkeit nach außen, ebenso gegen sich; – denn das Andere ist es selbst, Vergewisserung seiner selbst an ihm, durch die innere Aufzehrung seiner

[3] *Am Rande:* inneres Organ. Gefäß, Blut, System – Herz, Gehirn und Verdauung – Ganzer Organismus nachgebildet

nismus nicht aushalten; es tritt die Gattung, das Allgemeine ihnen gegenüber; – das Tier stirbt; Tod des Tiers Werden des Bewußtseins; es ist das Allgemeine, das die Prozesse geschieden in sich ertragen, sich analysieren kann; der Raum, worin sein Leben ausgelegt besteht – als Glieder, die einfache Prozesse an ihnen selbst – oder Prozesse, die unmittelbar ruhende, allgemeine sind.)

Geschlechtsteilen, männlichen und weiblichen, liegt derselbe Typus zum Grunde – nur daß in den einen oder den anderen der eine oder der andere Teil das Wesent/liche ausmacht; bei dem Weibe notwendig das Indifferente, bei dem Manne das Entzweite – Gegensatz – dort der Uterus; diesen an den männlichen Teilen zu entdecken, hat die meiste Schwierigkeit gemacht; ungeschickterweise den Hodensack dafür genommen; da doch die Testikeln sich bestimmt als das dem weiblichen Eierstock Entsprechende ankündigen,[1] [der] in vielen Tieren – eine Reihe Bläschen ist; nicht aus dem begrifflosen Entsprechen, sondern der Unterschied, der durch den Begriff gesetzt ist – der Uterus sinkt daher im Manne zur Drüse, zur gleichgültigen Allgemeinheit herunter; er ist die Prostata im Manne – Dies hat Ackermann an seinen Hermaphroditen sehr gut gezeigt; er hat einen Uterus, bei sonstigen männlichen Formationen; aber dieser Uterus ist nicht nur an der Stelle der Prostata, sondern die conduits éjaculateurs traversent la prostate et s'ouvrent séparement dans l'urètre au fond d'une lacune appellée verumontanum; Ausführungsgänge des Samens gehen durch seine Substanz und öffnen sich an der crista galli in die uretra (Harngang). Die weiblichen Schamlippen enthalten die Hoden; – die Mittellinie des Scrotums dagegen ist gespalten, und bildet die vagina. Man versteht auf diese Weise die Umbildung beider Geschlechtsteile vollkom-

[1] *Am Rande:* Schubert Seite 185. in Heuschrecken, Gryllus verruccivorus, die großen Testikel bündelweis zusammengerollte Gefäße, den ebenso großen Ovarien aus ähnlichen bündelweis gerollten Eierleitern bestehend ähnlich – Breme, die Hoden sind nicht nur in ihrem Umriß ganz ebenso gestaltet als die gröberen, größeren Eierstöcke; bestehen auch aus fast eiförmigen, länglichen, zarten Bläschen, die mit ihrer Basis auf der Substanz der Hoden aufstehen, wie Eier an einem Eierstocke. Vegetabilische Verknoten

men. – Wie im Manne der Uterus zur bloßen Drüse herabsinkt, so dagegen bleibt der männliche Testikel im Eierstocke eingeschlossen, tritt nicht heraus in den Gegen/satz, wird nicht für sich, zum tätigen Gehirne, und der Kitzler ist im Weibe das untätige Gefühl überhaupt; das hingegen im Manne das tätige Gefühl,[1] das aufschwellende Herz, Bluterfüllung der corpora cavernosa und der Maschen des schwammigen Gewebes der Uretra – Der Mann ist also das Tätige – dadurch daß diesen Unterschied seine Tätigkeit hat; das Weib aber ist das Empfangende,[2] weil sie in ihrer unentwickelten Einheit bleibt.

Die Empfängnis ist die Kontraktion des ganzen Individuums in die einfache sich hingebende Einheit,[3] in seine Vorstellung; der Samen, die einfache physische Vorstellung – ganz Ein Punkt, wie der Name, und das ganze Selbst; – Empfängnis nichts anderes als dies, daß Entgegengesetzte,[4] diese abstrakten Vorstellungen, zu Einer werden.[5]

So hat der tierische Organismus seinen Kreis durchlaufen; er ist nun das ge/schlechtslose Allgemeine, das befruchtet ist; es ist zur absoluten Gattung geworden. Diese ist der Tod dieses Indi-

[1] *Am Rande:* Blutergüsse weibliche – entsprechen der männlichen Bluterfüllung

[2] *Am Rande:* Verdauung nach außen gekehrt* – Weib die Milch der Brust; – Mann, Bartwuchs äußere Bedeutungslosigkeit; abgestumpfte Waffen

* *Daneben:* metaphorisches Hingeben des Herzens und Seele an das Weib

[3] *Am Rande:* Feuer, Wasser, einfache Vorstellungen – so die organische Natur, nicht analysiert in ihre abstrakte Momente – Zerlegen ins Chemische – unsägliche Kleinlichkeiten; – sondern ihre Kraft eben allgemein; nicht Säure, Kali, ohne sich abzustumpfen.

[4] *Am Rande:* Teil ist Mittel, wesentlich die Vermittlung

[5] *Am Rande:* Jedes Organ dient, aber zugleich wird dasselbe auf einfache Weise zu Stande gebracht (Embryonen leben; Notwendigkeit irgend einer Funktion wird widerlegt durch den Fall, wo diese Funktion nicht statt hat –) der Unterschied der Teile ist, daß diese Anstalten nicht einfacher – Maschinen können vereinfacht werden, und sind um so vollkommener – nicht so der Organismus; Wirklichkeit ist diese Momente heißt nichts* so entwickelt zu haben; das bloße Resultat ist nichts – wie Glauben an einen geometrischen Lehrsatz

* *Daneben:* zur Materie Beweis

viduums. Niedrige tierische Organismen sterben unmittelbar nach der Begattung;[1] wie die Blütenteile, die reine Eingeweide, keine Individuen sind; höhere Organismen erhalten sich noch, haben höhere Selbständigkeit, und ihr Tod ist der entwickelte Verlauf an ihrer Gestalt. Er ist das Werden des Individuums zur Gattung α) der noch unwirklichen, des Kindes, aber daseienden einfachen Einheit des Allgemeinen und der Individualität; β) der nicht wirklichen, sondern abstrakt seienden; im Tier ist dies noch nicht vereinigt, daß die wirkliche Gattung unmittelbar als einfachallgemeine, als abstrakte da ist; sondern beides fällt auseinander; das Allgemeine hat die Form der Individualität, und wo sie diese ablegt, und als Gattung ist, ist sie unwirklich, nicht Subjekt, und zerfällt in die Extreme der in sich beschlossenen totalen Gattung, und der abstrakten seienden; Begriff und Sein getrennt, und das wirkliche Leben, das ihre Mitte ist, steht zwischen diesen Extremen.

Die Individualität in ihrem sich Aufheben entzweit sich in diese beiden Extreme; die Bewegung zum Ersten haben wir gesehen * – die Bewegung zum Anderen ist die Krankheit, die zum Tode führt; – der Organismus, der vom Selbst verlassen; stirbt aus sich, an sich selbst. – Eigentliche Krankheit, insofern sie nicht absterben ist, ist / der äußerliche, existierende Verlauf. – Die Notwendigkeit des Todes besteht nicht in einzelnen Ursachen, wie überhaupt nichts im Organischen; gegen einzelnes gibt es immer Hilfe; es ist schwach, es ist nicht der Grund.[2] Dieser ist die Not-

[1] *Am Rande:* Geschlechtsverhältnis ist Totalität – Gattung, α) Dieselbigkeit des Ganzen vollkommene Einheit an sich – β) Gegensatz; Realität der Gattung, selbständige Individuen, die unmittelbar begehrend sind, d. h. denen die Gattung Zweck ist, die das Allgemeine außer sich wissen;* ihre Begattung ist die Existenz der Gattung. Aber das tierische Selbst als solches ist nicht als solches ihre Existenz; sie zerfällt an ihm in drei Seiten α) Kind, in sich vollkommenes Ganzes – unmittelbar daseiend β) Ganzes, als Bewegung – in die nicht unmittelbare Einheit; Auseinandertreten der zwei Selbst am Eins; sein Resultat γ) Tod – die reine Negativität; unmittelbares Nichtsein.

* *Dazwischen:* an sich Inneres noch nicht an ihnen

[2] *Am Rande:* ohne äußere Ursache; daß das Äußere Ursache sei, liegt selbst im Organismus.

wendigkeit des Überganges der Individualität in die Allgemeinheit; denn das Lebendige ist als lebendig; die Einseitigkeit des Daseins als Selbst – Die Gattung ist die Bewegung, die sich aus dem Aufheben des einzelnen seienden Selbsts wird; und in dasselbe zurückfällt – Seiende Einzelne geht darin zu Grunde – Sein, diese Abstraktion, die in ihr Gegenteil übergeht.

So ist der Tod aus Alter überhaupt, die Kraftlosigkeit; allgemeiner einfacher Zustand, Abnehmen – äußere Erscheinungen die Zunahme der Verknöcherung, und die Nachlassung der Straffheit der Muskeln und Sehnen, schlechte Verdauung, schwache Sensation; Rückgang aus dem individuellen zum bloß vegetativen Leben. – Dieses[1] bloß quantitative Verhalten aber als qualitatives, als bestimmter Prozeß, ist die eigentliche Krankheit; – nicht Schwäche, oder übergroße Stärke, vollkommene Oberflächlichkeit. –[2]

Die Gesundheit besteht α) im gleichmäßigen Verhältnisse des Organischen zum Unorganischen – daß nicht Unorganisches für den Organismus ist, das er nicht überwinden kann; – nicht darin, daß ein Reiz zu groß oder zu klein ist für die Reizempfänglichkeit – er empfängt den Reiz, der zu groß oder zu klein ist. – Als / Unorganisches an ihm selbst ist er der Vergrößerung oder Verminderung fähig – Disproportion seines Seins, und seines Selbsts – d. h. Freiwerden seines Daseins[3] – keine Disproportion zwischen Faktoren, die innerhalb seiner auseinandertreten, Faktoren sind abstrakte Momente und können nicht auseinandertreten α) auch ist sich nicht mit der Disposi-

[1] *Am Rande:* Gattung

[2] *Am Rande:* α)* Gesundheit ist Proportion des organischen Selbsts zu seinem Dasein; oder daß es als Eins nicht in zwei Selbst auseinandertritt; – daseiendes Selbst, allgemeines Selbst – Wie ist sein Dasein dieser Disproportion empfänglich? – Dem Begriffe nach haben wir die Notwendigkeit gesehen. – Itzt begriffen im Gegensatze.

* *Daneben:* Brownisches Verdienst, allgemeines Zusammenfassen überhaupt, allgemeinere Wirkung gröber – Spezifikation ebenso

[3] *Am Rande:* Erhöhung der Erregung, und Verminderung der Erregbarkeit – Gegensatz der Größe muß sogleich verdächtig sein – um so größer das Eine, um so geringer das Andere, wie das Eine steigt, fällt das Andere.

tion herumzustreiten – an sich krank ohne wirklich, angesteckt, ohne Übelsein – in seinem Dasein, ohne für sein Selbst; wesentlicher Unterschied; – der Organismus macht diese Reflexion selbst, daß was an sich, auch wirklich ist. β) Ursache im Organismus selbst (Alter, Sterben, angeborener Fehler – γ) viele meinen wunder, wenn [sie] so eine Begriffsbestimmung erhascht oder widerlegt haben) – Krankheit,[1] wenn er als seiender Organismus sich trennt vom inneren – nicht Faktoren, sondern ganze reale Seiten – Der seiende Organismus ist äußerer Einflüsse fähig, daß Eine Seite vermehrt wird – der die Kraft der inneren nicht angemessen ist. Der Organismus ist eine bestimmte Kraft – So scheint jenes die Kraft nichts anzugehen, allein der äußere ist der Inhalt, Substanz der Kraft – Der Organismus ist in den entgegengesetzten Formen des Seins und des Selbsts; nach jenem für Äußeres, und um der Entgegensetzung willen verschieden – seine Substanz kann dann das Selbst nicht überwinden. Das Selbst ist eben dieses, FÜR WELCHES das Negative seiner selbst; – es ist nicht gleichgültig, das Andere nicht gar Nichts für es; sondern seine Macht; es ist für es als das Negative seiner selbst – es ist im Gegensatze dagegen. – Der Stein kann nicht krank werden, weil er im Negativen seiner selbst untergeht, chemisch aufgelöst wird, seine Form nicht bleibt; nicht das Negative seiner selbst ist, das über sein Gegenteil übergreift – Übelsein, Selbstgefühl, wie Be/gierde, Gefühl des Mangels, d. h. es ist sich selbst als Negatives; es bezieht sich auf sich als Negatives, dies Mangelnde ist es Selbst, und es ist sich als Mangelndes;[2] nur daß bei der Begierde dieser Mangel ein ÄUSSERES ist, oder das selbst nicht gegen seine Gestalt als solche gerichtet ist; in der Krankheit aber ist das negative Ding, die Gestalt. Krankheit[3] ist also eine Disproportion zwischen Reizen und Wirkungsvermögen – dies ist die wahre Bestimmung – Dies sind

[1] *Am Rande:* das Ganze ist viel gröber zu nehmen

[2] *Am Rande:* Verdauungsfieber – Verdauung des Ganzen

[3] *Am Rande:* Heraclit 144. b *ὁσα ἐν ἡμιν ἑκαστου κρατος νοσημα, ὑπερβολη θερμου, πυρετος, ὑπερβολη ψυχρου παραλυσις, – ὑπερβολη πνευματος, πνιγος.* *

wahre Gegensätze, Reize, die Form des Daseins;[1] der Organismus kann über seine Möglichkeit gereizt werden, weil er ebensosehr *ganze* Einheit der Möglichkeit, Substanz, und Wirklichkeit des Selbsts, ganz unter der einen und der anderen Form ist; jenes theoretischer Organismus, dies praktischer. Der Geschlechtsgegensatz trennt dies, verteilt dies an zwei organische Individuen, *Wirksamkeit*, und *Reize*; das organische Individuum selbst beides, und dies ist *die Möglichkeit seines Todes an ihm selbst*; daß es selbst unter diesen Formen auseinander tritt; im Geschlechtsgegensatze sterben unmittelbar nur die ausgesonderten Geschlechtsglieder – *die Pflanzenteile*. Sie sterben hier durch ihre Einseitigkeit; nicht als Ganze; als Ganze sterben sie durch den Gegensatz der Männlichkeit und Weiblichkeit, den jedes an ihm selbst hat. – Wie bei der Pflanze die Stamina zum passiven Fruchtboden aufschwillt, die passive Seite des Pistills zum gebährenden, so ist nun jedes Individuum selbst die Einheit beider Geschlechter; dies aber ist sein Tod; es ist *nur Individualität*, dies ist seine wesentliche Bestimmtheit; nur die Gattung ist in *Einer* Einheit, in einem *Eins*, die Einheit vollständiger Ganzer. An der Individualität ist diese Bewegung beider der Verlauf, der sie aufhebt, und dessen Resultat das Bewußtsein ist, die Einheit, die an und für sich selbst Einheit beider vollständiger Individualitäten ist, – als Selbst, nicht nur als Gattung / in seinem inneren Begriffe. Möglichkeit der Krankheit ist, daß das Individuum dies beides ist – im Geschlechtsverhältnisse hat es seine wesentliche Bestimmtheit *nach außen* aufgegeben, insofern es sie im Verhältnisse ist; itzt an sich selbst, sich gleichsam mit sich selbst begattend.

Der Organismus also an sich selbst so *auseinandertretend*, *dies ist der Begriff der Krankheit*, der in seinem näheren Verlaufe zu betrachten; – Freiheit, Selbständigkeit beider Seiten, – wie Individuum und Staat, und dies die Substanz von jenem; IST *bestimmte* Substanz, insofern die Substanz unter ihm steht,[2] es ist, wie in der Begierde, Macht über seine Gestalt, sein

[1] *Am Rande:* abstrakte Momente

[2] *Am Rande:* Substanz als Subjekt, dort als seiendes; hier als negatives; Subjekt ist eine bestimmte Negativität, wenn die Be-

Ansichsein; bestimmte Gestalt, aber es ist zugleich das darüber hinausgehende, an sich Allgemeine; dem die Individualität erliegt, worüber sie nicht Meister werden kann, – weil das, worüber sie Meister ist, eine bestimmte Größe ist; die Individualität, Selbst als solches, nicht allgemeines ist, sondern nur an sich. – Ihr Ansich tritt über das hinaus,[1] was sie als Selbst ist, d. h. es tritt überhaupt in den Gegensatz – als allgemeines Wesen – oder der Organismus wird sich selbst Gegenstand, ist in der Form des Negativen seiner selbst, für ihn.

Er hat ein selbstloses Bestehen der Systeme; er ist gereizt gegen das Wir/kungsvermögen. Der Anfang der Krankheit ist, daß von irgend einer Seite, der Teil, das einzelne System, Bestehen gegen das Selbst gewinnt. – Sie kann im Ganzen anfangen, Unverdaulichkeit überhaupt, denn aufs Verdauen kommt es doch an; oder an einer einzelnen Seite, daß diese sich befestigt, Gallen- Lungenprozeß – das seiende Ganze in einer Bestimmtheit; seine allgemeine Bestimmtheit ist, zu bestehen gegen das Selbst; aber die seiende Bestimmtheit, eine einzelne, die sich des Ganzen bemächtigt, statt des Selbsts; – so unmittelbar als isoliert, ist die Krankheit noch in ihren ersten Wegen. Aber so fern die Bestimmtheit Mittelpunkt, Selbst des Ganzen geworden, statt des freien Selbsts, bestimmtes Selbst – so ist die eigentliche Krankheit gesetzt.[2] Dort helfen also auch äußerliche Mittel, Vomitife, Abführungen, es ist die Verdauung überhaupt, – das Selbst Macht der Gestalt, – das affiziert ist. Zweites Stadium.

stimmtheit der Substanz der Bestimmtheit des Subjekts ungleich wird, – so ist jenes größere noch für das Subjekt, weil dieses als Negativität das Allgemeine ist, aber das Allgemeine, dem dann sein Dasein, das wesentlich ein bestimmtes ist, nicht angemessen und insofern unter ihm steht.

[1] *Am Rande:* Erstes Stadium, Krankheit an sich ohne Übelsein

Zweites Stadium ist, daß es für das Selbst wird, d. h. es ist selbst ein fixes Selbst. Gegen das Selbst als allgemeines, setzt sich eine Bestimmtheit in ihm fest, d. h. sie macht sich zum Selbst; oder sein Selbst wird ein fixes Dasein, ein bestimmter Teil des Ganzen

[2] *Am Rande:* allgemeine Erschütterung, heftiger Angriff des Ganzen, auf Haut einwirken, Haut-Verdauung

Die[1] eigentliche Konstitution der Krankheit ist nun, daß[2] der organische Prozeß sich nun in dieser befestigten Gestalt verläuft, in diesem Bestehen, d. h. daß die Prozesse eine Aufeinanderfolge bilden; – und zwar die allgemeinen Systeme auseinandergerissen, nicht unmittelbar eins sind, sondern diese Einheit durch die Bewegung, Übergehen des einen in das andere darstellen. Fieber, dies ist denn die eigentliche reine Krankheit, oder der kranke individuelle Organismus, der sich / befreit hat, von seiner bestimmten Krankheit,[3] wie der gesunde von seinen bestimmten Prozessen; Fieber ist also das reine Leben des kranken Organismus; zugleich als dieser Fluß der Funktionen, ist es die Bewegung, die Fluidisation derselben, so daß durch diese Bewegung zugleich die Krankheit, eben das Fixieren einer Funktion aufgehoben wird, die Krankheit verdaut wird; es ist ein Verlauf in sich, und gegen seine unorganische Natur gekehrt, Verdauung von Arzneimitteln. α) Fieber für sich ist die Aufeinanderfolge der Seiten des Organismus; erstlich fällt der ganze Organismus in das Nervensystem, in den allgemeinen Organismus; dann in den inneren, dann in die Gestalt; – Fieberfrost; Schwere im Kopfe, Ziehen in dem Rückgrate, Hautkrampf, Schauder, ist Freilassen der Muskel, die ihre eigene Irritabilität [haben], ungebändigtes Zittern, Kraftlosigkeit der Muskel – Schwere der Knochen, Müdigkeit der Glieder; Rückgehen des Bluts aus der Haut – Gefühl von Kälte, der Gestalt; das einfache, ganz in sich reflektierte Bestehen des Organismus isoliert sich, hat das Ganze in seiner Gewalt – Aber eben dies ist vielmehr als Auflösung des Ganzen, negative Kraft; – durch diesen Begriff geht dieser nervigte Organismus in den hitzigen Blutor-

[1] *Am Rande:* Drittes Stadium; dem RUHIGEN allgemeinen Selbst gegenüber wird das Ganze als unterscheidende Bewegung, Fieber.

[2] *Am Rande:* Der Organismus setzt sich als Ganzes gegen die Bestimmtheit; – er als Ganzes wird ein Bestehen, die einzelne krankhafte Affektion verwandelt sich in das Ganze, und diese Krankheit des Ganzen ist zugleich Heilung, denn es ist das Ganze, das in Bewegung gerät; – schlägt sich in den Kreis der Notwendigkeit auseinander; weil es Kreis, das Ganze.

[3] *Am Rande:* eben weil er das Ganze krank macht

ganismus über – eben jenes Zurückziehen ist die Verwandlung in Hitze, Negativität; Blut ist itzt das Herrschende. – Diese Auflösung geht aber drittens in Gestalten, Produkt über, der Organismus fällt in die Lymphe herab, Schweiß; das flüssige Bestehen. Dies Produkt hat die Bedeutung, daß darin das Isolieren, das Einzelne, die Bestimmtheit aufhört, der Organismus sich als Ganzes hervorgebracht hat,[1] überhaupt sich verdaut hat; er ist gekochte Krankheitsmaterie, wie die Älteren sich ausdrückten; ein sehr guter Begriff, – es ist die kritische Ausscheidung; – die / Krise ist der über sich Meister gewordene Organismus, der sich reproduziert, und diese Kraft durch das Exzernieren beweist; – es ist freilich nicht der Krankheitsstoff, der ausgeschieden wird, so daß, wenn diese Materie nicht im Körper, oder mit Löffel hätte herausgeschöpft werden können, er gesund gewesen wäre, sondern Krise ist wie die Verdauung überhaupt, zugleich ein Ausscheiden[2] – das Produkt ist gedoppelt. Kritische Ausscheidungen daher sehr verschieden, von Ausscheidungen der Kraftlosigkeit, die keine Ausscheidungen eigentlich sind, sondern Auflösungen des Organismus, gerade die entgegengesetzte Bedeutung haben. – Er so zu Stande kommend ist als Allgemeines geworden, nicht als dieser kranke; – die Bestimmtheit verwandelt sich zuerst in Bewegung, Notwendigkeit, ganzer Verlauf, und dieser in ganzes Produkt, und dadurch ebenso in ganzes Selbst; – das Produkt ist einfache Negativität –

So[3] ist der innere Organismus beschaffen; dieser ist eben dieser Verlauf.[4] – Aber er ist auch tätiger nach außen; er verdaut die in ihm mächtige Bestimmtheit, als eine unorganische, als eine selbstlose – So dargeboten ist sie ihm die Arznei.

[1] *Am Rande:* Das organische Eins ist sich selbst Gegenstand in der Krankheit

[2] *Am Rande:* weil das Selbst in alle Systeme nacheinander fiel – bloß darum, dies ist der Grund, gedoppeltes Selbst, ausschließend

[3] *Am Rande:* der Gegenstand ist, an ihm selbst in seinem Selbst gegen die Bestimmtheit, als gegen ein Äußeres, unorganische Natur gekehrt

[4] *Am Rande:* Chronische Übel, durchs Fieber nicht überwindliche Bestimmtheiten, schleichendes Fieber, dieser Verlauf hat dann nicht die Übermacht.

Der Instinkt des Tieres fühlt die Bestimmtheit in ihm gesetzt, der Selbsterhaltungstrieb, eben der ganze sich auf sich beziehende Organismus hat das *bestimmte* Gefühl seines Mangels; er geht darauf, diese Bestimmtheit aufzuzehren;[1] / er sucht sie als zu verzehrende, als unorganische Natur auf, so ist sie in minder mächtiger Form für ihn vorhanden, – in einfacher seiender.[2]

(Der[3] Tod aber ist diese Auflösung, daß die Reihe der Prozesse zum leeren nicht in sich zurückkehrenden Prozeß wird, das Fieber, das nur *schleichend* bleibt, oder alle einzelne *Prozesse* des *verdauenden* Organismus ungebunden sich erzeugen, und jeder für sich operiert.[4] Hier ist das Fieber nur der oberflächliche Verlauf, der diese Teile nicht unterkriegt. – *Hitziges* Fieber fällt die Hauptmacht in Gefäßsysteme – Asthenisches Fieber in das Nervensystem; es kommt zu keinem rechten Fieber in chronischen Krankheiten.)

Wie zuerst der *Gegensatz von Männlichkeit* und Weiblichkeit *unüberwunden* in den Organismus fiel, so bestimmter der Gegensatz dieser *abstrakten Formen* des Ganzen, die im Fieber auftreten, oder des Ganzen in diesen Formen gesetzten, Abstraktionen, die mit dem Ganzen erfüllt sind – die *Individualität kann ihr Selbst nicht so verteilen*, weil es nicht ein allgemeines ist. (Der *empfindende* Organismus ist nicht zugleich der Schauder des Fieberorganismus, der in sich selbst alle seine Teile in der Einfachheit des Nerv aufgelöst, in die einfache Substanz zurückgehen fühlt. – Der begehrende ist ebenso / gegen Äußeres gekehrt; er ist nicht die Hitze, das Fürsichsein, welches sich selbst der Gegenstand, und nach der *eigenen* Substanz und Wesen begehrt, die sich selbst das Negative ist. – Die Krise /

[1] *Am Rande:* in vielen Fällen nur eine allgemeine *Erschütterung*,* ein Mittel so gut als das Gegenteil, Vorbrownische Manier, Hoven hat dies gestanden.

* *Daneben:* Moxa

[2] *Am Rande:* Perioden der Fieber, Raum und Zeit frei –

[3] *Am Rande:* Krankheit geht in das Selbst, das Eins ist, zurück;

[4] *Am Rande:* Das *Selbst*, das in den *äußeren kranken Organismus* fällt, als einfaches, fällt außer ihm, als einfaches – in die Fingerspitze des *Magnetiseurs*, der es allenthalben herumführt durch den Organismus, und diesen auf diese Weise *fluidisiert*. – Reibung, die den elektrischen Funken hervorbringt.

[PHILOSOPHIE DES GEISTES]

[I. Der Geist nach seinem Begriffe]

[a. Intelligenz]

Das Bestehen des Gegenstandes, sein Raum, ist im Geiste Sein; es ist der abstrakte reine Begriff des Bestehens. Ich und das Ding sind im Raume;[1] er wird wesentlich verschieden gesetzt von seinem Inhalte, er ist nicht das Wesen seiner Erfüllung selbst, er ist nur formal Allgemeines, das getrennt ist von seinem Besonderen; aber das Bestehen des Geistes ist wahrhaft allgemein; es enthält das Besondere selbst; das Ding ist, es ist nicht im Sein – sondern es ist selbst.

Dies ist unmittelbar das Wesen der Anschauung; Wissen eines Seienden. Aber der Geist ist dieses mit sich Vermittelnde, er ist nur als aufhebend das, was er unmittelbar ist, davon zurücktretend; oder es ist die Bewegung in ihm zu betrachten, wie das Seiende zum Allgemeinen für ihn wird,[2] oder wie er es dazu macht, es als das setzt, was es ist – Sein ist Form der Unmittelbarkeit, es soll aber in seiner Wahrheit gesetzt werden.

α) Als anschauend überhaupt, daß für ihn ein Sein ist, ist er unmittelbar – / aber er [kehrt] aus dieser Unmittelbarkeit heraus in sich zurück, [ist] für sich; er setzt sich frei von dieser Unmittelbarkeit, erstens sich entfernt davon, er ist, wie das Tier, die Zeit, die für sich ist, und ebenso Freiheit der Zeit; dies reine Subjekt, das frei ist von seinem Inhalt; aber auch über diesen Herr, wie Raum und Zeit nicht sind, die das selbstlose sind; er geht von diesem Sein [aus], und setzt dasselbe in sich als ein Nichtseiendes, als ein Aufgehobenes überhaupt, so ist er vorstellende Einbildungskraft überhaupt – Er ist das Selbst, ge-

[1] *Am Rande*: Aufmerksamkeit überhaupt Herausnehmen eines einzelnen Punktes, unterscheiden für den Geist.

[2] *Am Rande:* wie er das Ding setzt.

gen sich selbst. – Er selbst ist zuerst Anschauen; dies Selbst stellt er sich entgegen – nicht der Gegenstand, sondern sein Anschauen ist ihm Gegenstand, d. h. der Inhalt der Wahrnehmung als der seine. – Im Anschauen ist das Angeschaute in mir, – denn ich schaue ja an – es ist meine Anschauung –[1] Aus diesem Anschauen tritt der Geist heraus und schaut sein Anschauen an, d. h. den Gegenstand als den seinen; den Gegenstand aufgehoben als seienden, das Bild. Im Anschauen ist der Geist das Bild – für ihn als Bewußtsein ist er ein Sein, abgetrennt von dem Ich; – aber für uns Einheit beider. Dies wird für den Geist selbst – er ist an und für sich; im Anschauen ist er nur erst an sich, er ergänzt dies durch das Für sich, – durch die Negativität, Abtrennung des Ansich, und geht in sich zurück – und sein erstes Selbst ist ihm Gegenstand; das Bild, das Sein als meines, als aufgehobenes. Dies[2] Bild gehört ihm an,[3] er ist im Besitz desselben, er ist Herr darüber; es ist in seinem Schatze aufbewahrt, in seiner Nacht – es ist bewußtlos, / d. h. ohne als Gegenstand vor die Vorstellung herausgestellt zu sein. Der Mensch ist diese Nacht, dies leere Nichts, das alles in ihrer Einfachheit enthält – ein Reichtum unendlich vieler Vorstellungen, Bilder, deren keines ihm gerade einfällt –, oder die nicht als gegenwärtige sind. Dies die Nacht, das Innere der Natur, das hier existiert – reines Selbst, – in phantasmagorischen Vorstellungen ist es rings um Nacht, hier schießt dann ein blutig Kopf, – dort eine andere weiße Gestalt plötzlich hervor, und verschwinden ebenso – Diese Nacht erblickt man, wenn man dem Menschen ins Auge blickt – in eine Nacht hinein, die furchtbar wird, – es hängt die Nacht der Welt hier einem entgegen.

[1] *Am Rande:* α) wie das Tier, ist er in sich willkürliche Bewegung die Freiheit, das Selbst der Zeit und des Raums setzt willkürlich den Inhalt da oder dort in Raum und Zeit; – die Zeit und Raum ist die äußere Beziehung, diese äußere Beziehung als Form hebt er auf; β) das Sein, dies gehört eigentlich dem Ich als solchem an, nicht Raum und Zeit;

[2] *Am Rande:* α) Nacht der Aufbewahrung

[3] *Am Rande:* seines einfachen Selbst – aber das Einfache hat keinen Unterschied, so auch hier, es ist in ihm als ununterschiedenem

In[1] dieser Nacht ist das Seiende zurückgegangen – Aber[2] die Bewegung dieser Macht ist ebenso gesetzt. α) Das Bild ist ein mannigfaltiges – die Form ist an ihm als Bestimmtheit, und dadurch andere Bestimmte, Vielheit überhaupt. Ich ist die Form nicht nur als einfaches Selbst, sondern als Bewegung; die Beziehung der Teile des Bildes, – die Form, Beziehung als die seinige setzen; insofern sie einen Teil des Inhalts ausmacht – verändert sie dieselbe[3] – Für sich ist hier die freie Willkür – Bilder zu zerreissen und sie auf die ungebundenste Weise zu verknüpfen. – Läßt es sich bei seinem Hervorziehen der Bilder nach der empfangenen Beziehung gehen, so steht es unter der Herrschaft der sogenannten Ideenassoziation – ein englisches Wort, denn diese nennen noch heutigstags das bloße Bild von einem Hund z. B., eine Idee. Die Gesetze dieser Ideenassoziation heißen weiter nichts, als die passive Ordnung der Vorstellung – zugleich gesehen, reproduziert sich auch miteinander u.s.f. /

Diese Willkür ist die leere Freiheit, denn ihr Inhalt ist nacheinander, sie liegt bloß in der Form, und geht nur diese an.

β) Der Gegenstand hat hiedurch überhaupt die Form, die Bestimmung, meiner zu sein, erhalten; und indem er wieder angeschaut wird, so hat sein Sein nicht mehr diese reine Bedeutung des Seins, sondern des Meinen, er ist mir schon bekannt; oder ich erinnere mich seiner. Oder ich habe unmittelbar das Bewußsein Meiner darin – im unmittelbaren Anschauen nur das Bewußtsein seiner; aber wenn er bekannt ist, wird er mir mit dieser ausdrücklichen Bestimmung; wir werden an etwas auch durch einen anderen erinnert, bloß das Bild des Gegenstandes in uns gebracht – Erinnerung setzt das Moment des Fürsichseins hinzu – ich hab es schon einmal gesehen,[4] oder gehört; ich erinnere mich; ich sehe, höre nicht bloß den Gegenstand, son-

[1] *Am Rande:* β) Selbstsetzen; innerliches Bewußtsein, Tun, Entzweien.

[2] *Am Rande:* Macht, aus dieser Nacht die Bilder hervorzuziehen, oder sie hinunterfallen zu lassen–

[3] *Am Rande:* eine ganz andere Bewegung als die des Raums und der Zeit, freie vor dieser seienden Bewegung bestehende

[4] *Am Rande:* Fürmichsein oberflächlich angeknüpft an die Anschauung

dern gehe dabei innerhalb meiner – erinnere – mich, nehme mich aus dem bloßen Bilde heraus, und setze mich in mich; ich setze mich besonders zum Gegenstande.

γ) Dieses Fürmichsein, das ich zum Gegenstande hinzusetze, ist jene Nacht, jenes Selbst, worein ich ihn versenkte, das itzt hervorgezogen, mir selbst Gegenstand ist – und was vor mir ist, ist die Synthese beider,[1] Inhalt und Ich. Aber der äußere Gegenstand selbst ist ebendarin aufgehoben worden – ein anderes [geworden] als er ist, er ist unter die Herrschaft des Selbst gekommen, er hat die Bedeutung, unmittelbar, selbständig zu sein, verloren. Es ist nicht nur eine Synthese geschehen, sondern das Sein des Gegenstandes ist aufgehoben worden; es ist also dies, daß der Gegenstand nicht ist, was er ist. Der Inhalt ist nicht frei von seinem Sein; das Sein ist Selbst, – der Inhalt ist sein einfaches Wesen überhaupt – dies ist ein anderes als sein Sein; er gilt als Ganzes anderes, hat ein anderes Wesen, Selbst, andere Bedeutung; oder gilt als Zeichen. Im Zeichen ist das Fürsichsein als Wesen des Gegenstandes Gegenstand, und er als aufgehobener seiner Totalität, / seinem Inhalte nach; sein Inhalt hat keinen freien eigenen Wert mehr; sein Sein ist Ich selbst – Idealismus, der sich Gegenstand wird; das Ding ist nicht, was es ist; jenes Sein ist Selbst; – mein Fürmichsein ist Gegenstand als Wesen des Dinges, in der Erinnerung nur synthetisch äußerlich angeknüpft. Das Ich ist hier als Inneres des Dinges selbst Gegenstand, noch ist diese Innerlichkeit des Dinges getrennt von seinem Sein, es ist noch nicht die Allgemeinheit, oder das Ding als Ding gesetzt. Dies[2], daß Ich das Ding nur als Zeichen, sein Wesen aber als Ich, als Bedeutung, als Reflexion in sich anschaue, ist ebenso selbst Gegenstand; es ist unmittelbare Innerlichkeit erst so, es muß auch ins Dasein treten, Gegenstand werden, umgekehrt diese Innerlichkeit äußerlich sein; Rückkehr zum Sein. Dies ist die Sprache, als die Namengebende Kraft,[3] – Einbildungskraft nur leere Form gebende, bezeichnende [Kraft] die Form als Innerliches Setzende, aber die

[1] *Am Rande:* sein Sein ist als dieses Fürmichsein bestimmt Inneres

[2] *Am Rande:* Innerlichkeit, die selbst da ist.

[3] *Am Rande:* Gedächtnis, Schöpferkraft

Sprache [setzt Innerliches] als Seiendes. Dies ist denn das wahre Sein des Geistes als Geistes überhaupt – er ist da als Einheit zweier freier Selbst; und ein Dasein, das seinem Begriffe gemäß ist, – es hebt sich ebenso unmittelbar auf – verhallt, aber ist vernommen. Zunächst spricht die Sprache nur mit diesem Selbst, der Bedeutung des Dinges, gibt ihm einen Namen, und spricht dies als das Sein des Gegenstandes aus; was ist dies? antworten wir, es ist ein Löwe, Esel u.s.f. es ist, d.h. es ist gar nicht ein gelbes, Füße und so fort habendes, ein eigenes Selbständiges, sondern ein Name, ein Ton meiner Stimme; etwas ganz anderes als es in der Anschauung ist, und dies sein wahres Sein. Dies ist nur sein Name, das Ding selbst ist etwas anderes; d. h. wir fallen dann zurück in die sinnliche Vorstellung; – oder nur ein Name in höherer Bedeutung, denn der Name ist selbst nur erst das sehr oberflächliche geistige Sein. – Durch den Namen ist also der / Gegenstand als seiend aus dem Ich heraus geboren. – Dies ist die erste Schöpferkraft, die der Geist ausübt; Adam gab allen Dingen einen Namen, dies ist das Majestätsrecht und erste Besitzergreifung der ganzen Natur, oder das Schaffen derselben aus dem Geiste; λογος, Vernunft, Wesen des Dinges und Rede, Sache und Sage, Kategorie. Der Mensch spricht zu dem Dinge als dem seinigen,[1] und dies ist das Sein des Gegenstandes. Geist verhält sich zu sich selbst; – er sagt zum Esel, du bist ein Inneres und dies Innere ist Ich – und dein Sein ist ein Ton, den ich willkürlich erfunden – Esel ist ein Ton, der ganz etwas anderes ist, als das sinnliche Sein selbst; insofern wir ihn sehen, auch fühlen oder hören, sind wir es selbst, unmittelbar eins mit ihm, erfüllt; zurücktretend aber als Name, ist er ein Geistiges – etwas ganz anderes.

Die Welt, die Natur ist nicht mehr ein Reich von Bildern, innerlich aufgehobene, die kein Sein haben, sondern ein Reich der Namen. – Jenes Reich der Bilder ist der träumende Geist, der mit einem Inhalte zu tun hat, der keine Realität, kein Dasein [hat] – sein Erwachen ist das Reich der Namen; hier ist zugleich die Trennung, er ist als Bewußtsein; itzt haben seine Bilder erst Wahrheit; – der Träumende meint dies wohl auch, aber es ist

[1] *Am Rande:* und lebt in einer geistigen Natur, in seiner Welt.

nicht wahr – der Träumende kann sich nicht vom Wachenden unterscheiden; aber das Wachende sich vom Träumenden, dadurch daß es wahr ist, was für ihn ist – es ist wahr – es ist nicht bloß mehr sein Fürsichsein vorhanden – der Gegenstand Bilder; sondern das verschlossene Fürsichsein hat zugleich die Form des Seins; es ist.

In[1] Namen ist erst eigentlich das Anschauen, das Tierische, und Zeit und Raum überwunden; das Angeschaute ist ein verflüchtigtes; seine Ganzheit gleich/sam die einfache Atmosphäre, der Geruch,[2] einfache Individualität, aus dem Gefühl emporgehoben in den höheren geistigen Sinn; Individualität,[3] Wirklichkeit überhaupt, aber sie ist noch erste; ohne eigene Erfüllung, oder unmittelbare;[4] der Name hat noch eine andere Bedeutung als er ist. – Der Gegenstand, im Zeichen, hat eine andere Bedeutung als er ist – das Innere; des Namens Bedeutung umgekehrt ist das sinnlich Seiende. Sein Inhalt muß ihm selbst, seiner einfachen, seienden Geistigkeit gleich werden.

α) Der Geist geht in sich aus diesem Sein des Namens, oder sein Benamen ist ihm Gegenstand, als ein Reich, als eine Vielheit von Namen; sie sind einfache, in sich abgeschlossene, die Mannigfaltigkeit des Bildes ist in diesem Selbst getilgt, eingehüllt – die Einbildungskraft nimmt den Gegenstand mit seiner Vielheit, seinen nächsten Umgebungen heraus[5] – aber der Namen ist einsam ohne Beziehung und Verknüpfung – eine sich nicht selbst

[1] *Am Rande:* die Grenze ganz in sich zurückgenommen, abgeschnitten

[2] *Am Rande:* Wie in dem Sinne Gefühl und Wärme; Sein und Zeichen aufgehobenes Sein

[3] *Am Rande:* so Geruch erste Wirklichkeit und darum Einzelnheit

[4] *Am Rande:* Die andere Bedeutung beruht darin, daß er die noch in sich selbst unentwickelte Einzelnheit ist; er ist dies; – Sein des Bildes, es ist durch die Bestimmtheit* – Bestimmtheit unvollkommene Einheit des Seins und Fürsichseins

* *Daneben:* (Einheit mit seinem Gegenteil, in die Einzelnheit zurückgegangen)

[5] *Am Rande:* (schneidet ein Stück Raum heraus, unterbricht, negiert die Kontinuität des Raumes – aber Ideenassoziation)

tragende Reihe, weil keine Bestimmtheit, d. h. Beziehung an ihm selbst auf Anderes ist. Ich[1] ist ganz allein / der Träger, Raum, Substanz dieser Namen – es ist die Ordnung derselben – oder die Beziehung als vollkommen gegeneinander gleichgültiger, sie haben an ihnen keinen Rang, Beziehung. Ich muß sich nun anschauen, als dieses ordnende, oder sie als geordnet, und diese Ordnung festhaltend; – daß sie eine bleibende Ordnung ist.

Es ist zuerst im Besitze der Namen, es muß sie Behalten in seiner Nacht, als dienstbare, die ihm gehorchen; – und nicht nur so die Namen überhaupt, sondern sie in seinem Raume als feste Ordnung anschauen, denn es ist ihre Beziehung, und Notwendigkeit, ist an sich seiende Beziehung verschiedener – Es geht dem zu, den Inhalt aus sich zu schaffen. Sein Inhalt sind die gleichgültigen Namen; aber an ihrer Gleichgültigkeit als Vieler ist nicht das Selbst, als Negatives, wie es in Wahrheit ist; das Negative am Vielen ist die Beziehung eines jeden durch sich selbst auf das Andere. Diese Beziehung setzt es an seinen Namen als solchen, hält sie in der Notwendigkeit überhaupt fest,[2]

[1] *Am Rande:* α) Ich tritt den Vielen Namen gegenüber; ihr Einzelner Inhalt ist Fremde; aber ihre Bestimmtheit ist Ich – und ihre Einzelnheit einfach.

β) gegenübergetreten ist Ich, ist ihre Einfachheit, ihr Wesen; sie sind durch Ich, durch ihr Wesen aufeinander bezogen; Ich ist allein die Notwendigkeit,was an sich selbst das Gegenteil seiner selbst ist – sie haben nunmehr Ich zu ihrem Sein, – weil sie einfach sind. –

γ) Wie wird nun diese ihre Notwendigkeit oder ihre Befestigung – so daß Ich ihr Sein wird; oder daß das Ich, das ihr Wesen ist, zu ihrem Sein werde, denn Sein ist das feste Gegenständliche, Ich ist die Form der reinen Unruhe, Bewegung, oder Nacht des Verschwindens – Oder: Ich ist im Namen seiend (allgemein) unmittelbar; itzt durch Vermittlung – es muß es durch sich werden; seine Unruhe muß das sich Befestigen, sich als Unruhe, sich als reine Bewegung aufhebende Bewegung werden. Dies die Arbeit; seine Unruhe wird Gegenstand, als befestigte Vielheit, als Ordnung; – die Unruhe wird Ordnung eben dadurch, daß sie Gegenstand wird.

[2] *Am Rande:* Im Namen ist Ich unmittelbare Einzelnheit, – sich setzen als diese macht sich zur Notwendigkeit – aber leeren, gerade so wenn wir sagen: Schicksal, wissen nicht, was sein Gesetz, sein Inhalt, was es will.

noch nicht an ihnen gesetzte Notwendigkeit, sondern nur feste Ordnung ist. – Oder es ist Gedächtnis (eigentliches), der sich noch in seinem Gegenstande als Gegenstand habende Verstand. Das Gedächtnis bewahrt den Namen überhaupt, die freie willkürliche Verknüpfung dieses Bildes, (der Bedeutung) und des Namens, daß bei dem / Bilde ihm der Namen, und beim Namen das Bild da ist; aber höher ist die Befreiung der Beziehung von diesem Ungleichartigen, daß sich Namen nur auf Namen bezieht – (Blitz, Donner, Ähnlichkeit mit der sinnlichen Erscheinung) aber freie Namen [sind] untereinander nicht [bezogen] – Ich ist die Kraft dieser freien,[1] noch nicht als notwendig gesetzten Ordnung, aber Ordnung. – Es ist der freie Träger, die freie ungegenständliche Ordnung – es ist das erste sich selbst als Kraft erfassende Ich; es selbst ist die Notwendigkeit, frei von der Vorstellung – die fixierende und fixierte Ordnung – Die Übung des Gedächtnisses ist deswegen die erste Arbeit des erwachten Geistes[2] als Geistes – Das Geben, Erfinden der Namen ist eine erfindende Willkür; in dem Gedächtnis verschwindet zuerst diese Willkür, Ich zum Sein gekommen; Namen ist befestigtes Zeichen; bleibende Beziehung, eine allgemeine – Ich hat seine Willkür in seinem Sein aufgegeben; sich als allgemeines gesetzt. – Daher Ordnung notwendige Beziehung hier überhaupt; – aber noch innerliche, oder selbst zufällige Ordnung, willkürliche Notwendigkeit, – denn ihre Seiten sind noch nicht gesetzt, noch nicht an sich selbst; – sie ist nur Notwendigkeit überhaupt, d. h. zufällige. –

Das Festhalten nun einer solchen Beziehung des Namens und der Namen ist DIE STOFFLOSE BESCHÄFTIGUNG und Bewegung des Geistes mit sich, er knüpft nicht mehr sinnliche, seiende Vorstellungen zusammen nach Willkür – oder daß er sie nur reprodu-

[1] *Am Rande:* Vertilgung der Willkür, leere Einzelnheit – es ist Einzelnheit (im Namen) BISHER in sich gewesen; itzt gebunden, keinen Stoff, über den es hinausgehen kann; wobei es IN SICH bleibt; entgegen dem Stoff, wohl dem sinnlichen Bewußtsein in diese Leerheit – leeres sich selbst als selbst

[2] *Am Rande:* unmittelbare Aufheben seiner selbst, das auf sich gerichtet ist

zierte,[1] wie sie sind – sondern er ist die freie Kraft, und hält sich fest als diese freie Kraft. – Die Arbeit ist zugleich, daß Ich sich selbst zu dem / macht, was es im Namengeben ist, nämlich Ding, Seiendes, der Namen ist es, und ist ein Ding; – es macht sich zum Dinge, indem es in sich die Ordnung der Namen fixiert; es fixiert sie in sich, d. h. es macht sich selbst zu dieser gedankenlosen Ordnung, die nur den Schein einer Ordnung hat – im Scheine der Ordnung liegt Ich – Notwendigkeit, Selbst der Seiten; aber die Seiten sind noch rein gleichgültige – Es kann nur als Gedächtnis sich zum Dinge machen, weil das Ding, zu dem es sich macht, an sich Ich ist;[2] es ist itzt das tuende, die Bewegung sich zum Gegenstande machende, der er es unmittelbar im Namengeben ist. (Das Fürsich der Erinnerung ist hier sein Tun auf sich selbst) Hervorbringen seiner selbst, Negieren seiner selbst – wenn der Name als der Gegenstand, worauf es tätig ist, angesehen wird, so hebt es sich selbst auf –

Diese Arbeit ist daher das erste innere Wirken auf sich selbst – eine ganz unsinnliche Beschäftigung – und der Anfang der freien Erhebung des Geistes, denn er hat sich hier zum Gegenstande – Eine viel höhere Arbeit als die kindische Beschäftigung mit äußerlichen sinnlichen, oder gemalten Bildern, – Pflanzen Tieren – große Schnauze, gelbe Mähne, langen Schwanz haben u.s.f., dies Sehen, Aufmerksamkeit ist die erste notwendige Tätigkeit, präzis Sehen, Tätigkeit des Geistes, Fixieren, Abstrahieren, Herausnehmen, Anstrengung, Überwindung des /

[1] *Am Rande:* passsives Verbinden, – oder ganz willkürliches

[2] *Am Rande:* Diese Arbeit ist wiederholen desselben; darin besteht das Saure, Ich tut auf seine freie Willkür Verzicht, Hinausgehen über das Bestimmte; – Wiederholen ist das Setzen der GLEICHHEIT des Seins. Festhalten an sich [als] demselben. Es ist Wiederholen eines Bekannten, wo kein Interesse mehr an der Sache ist; kein Genuß, sich im Anderen zu finden, nicht das Benamen; – daher rein unsinnliche Beschäftigung –

Festhalten der Abstraktion, sich als den leeren Raum, Sterne darin fixieren, reines Fixieren, – α) reine befreite Tätigkeit; wiederholen β) ohne Objektivität, – die zu Befestigenden sind noch gleichgültig.

Unbestimmten der Empfindung; – aber das Tun geht nicht auf sich selbst –[1]

Diese Beschäftigung mit sich ist eben dies, sich hervorzubringen; – die UMGEKEHRTE als die, das Ding zum Ich zu machen; die Ordnung festhalten, ist der / Gedanke des eigenen Inhalts des Ich – nicht an den Namen hat es einen Inhalt, als des Ichs – sondern in der Form, Ordnung – aber [an ihr] als einer festen, willkürlichen, zufälligen ist Äußerlichkeit, Dinglichkeit. Ich weiß etwas auswendig, ich habe mich zu einer gleichgültigen

[1] *Am Rande:* α) Namen geben, das Allgemeine dieser Sphäre
β) Tätigkeit, Fürsichsein, Gedächtnis; innerliche Wirksamkeit
γ) Anundfürsichsein. Ich reflektiert auf sein Tun, d. h. reflektiert sich aus ihm, und macht es sich zum Gegenstand; – das nächste Produkt ist, daß wir etwas auswendig WISSEN; aber noch nicht inwendig wissen – Ich ist Sein – ganz unvollständiges äußerliches Produkt; das Ganze ist α) die feste Beziehung, die durch Ich gesetzt ist, und sie ist fest, weil sie es durch dasselbe ist; sie ist die Notwendigkeit, Gedächtnis ist Werden des Gedankens, Werden des unsinnlichen Gegenstandes; d. h. α) der nicht mehr Bild ist β) in dem die Einzelnheit des Namens vertilgt ist. Die Arbeit, eigene Tun ist Einzelnheit, Ordnung, ebenso das Selbst; Ich ist sich gegenständlich als Vielheit, – denn sein Tun ist Bewegung, Unterscheidung, – es ist selbst die Ordnung; – und die Ordnung von Unterschieden, welche die seinigen sind, in es eingeschlossen bleiben – Ding-Momente (so an sich oder für uns) es ist denkendes Anschauen, oder anschauendes Denken. Es sind nicht gleichgültige Namen, sondern Momente, Teilung in ihm selbst; durch Arbeit hervorgebracht, es hat dies Produkt zum Gegenstande und zunächst zum unmittelbaren; es ist begreifender Verstand, verständige Notwendigkeit, erklären, Suchen nach Ursache der Wirkung; das Sinnliche ist bestimmt als eine Wirkung und dergleichen oder es ist für Ich, was es im Namen für uns war; das Ding hat als Wesen für Ich etwas anderes als es ist; es ist bloß ein Zeichen; aber seine Bedeutung ist nicht zufällig, sondern ist sein Wesen ; denn es ist allgemeines, – Ich schaut die Kategorie an, es begreift, was es versteht ist die Sache selbst – nicht aber darum, weil es versteht, oder Form der Ichheit [ist] – sondern es versteht die Sache (der Inhalt des Dinges gedoppelt.)

Verstand α) Beziehung entgegengesetzter Begriffe β) Einheit derselben, Grund; jene haben am Sein ihre Substanz; Grund ist aufgehobenes Sein.

Ordnung gemacht – Ich bin Ordnung, Beziehen – Tun – aber sie ist willkürlich – Ich dadurch zum Dinge gemacht.

Diese Richtung auf den Namen hat also die entgegengesetzte Bedeutung, daß nämlich die Richtung auf Ich, Aufheben desselben als des fürsichseienden, d. h. willkürlichen, tätigen gesetzt ist – es ist gesetzt die Allgemeinheit, mit gleichem Werte, gleichem Aufgehobensein des tätigen Ich und des Gegenstandes – das zum Gegenstande gewordene Ich – im Namen [ist es] nur zum Sein [geworden], dem das Fürsichsein gegenübersteht; oder Namen ist noch willkürlich, einzeln. – Ding, Verstand, Notwendigkeit. Ding als einfache Allgemeinheit, Notwendigkeit als sich bewegen. Das Ding hat die Notwendigkeit an ihm, denn es hat das Selbst des Ich an ihm. Unterschied im Dinge ist Unterschied im Selbst – d. h. an sich selbst negative Beziehung – Verstehen, Einsehen ist der Unterschied, nicht im Dinge, sondern des Dinges gegen den Verstand – der hieher eigentlich nicht gehört – sondern Erfahrung des Bewußtseins.[1]

Ich[2] ist also auf das Ding oder das Allgemeine als solches tätig, oder es ist die / Bewegung des Allgemeinen gesetzt; der Un-

A) Verteilung; Gegenstand ist Ding, Ich ist Selbst, die Substanz Einheit der entgegengesetzten Bestimmungen, die es an mehrere Substrate verteilt. B) Im Gedanken der Substanz wird Ding selbst dieses Selbst; Substanz und akzidentelle Eigenschaft – in Ursache und Wirkung beides vereint, begeistete Dinge; aber ihr Wesen ist die Begeistung; Tätigkeit* geht zu Grunde im Produkt

* *Darüber:* bloße Form der Selbständigkeit die Ursache

[1] *Auf dem unteren Rande:* Verstand, Urteil, Schluß –

[2] *Am Rande:* Der Verstand ist α) auf das Ding bezogen, so daß die Form des Seins an demselben für ihn ist. Eins, Vieles, Ursache, u.s.f. Beziehung derselben, als differenter gegeneinander Begeisteter, die Abstraktion oder der Begriff hat am Sein die Substanz; Begriffe treten nur in die Beziehung ein; das Ding ist noch nicht an ihm selbst das beruhigte, die Einheit der entgegengesetzten Bestimmungen –

Aber jene begeisteten Bestimmungen gehen in der einfachen Neutralität zu Grunde, der Allgemeinheit zum Grunde, es wird der Grund. Itzt ist β) für Ich der Grund das Allgemeine als solches, es weiß sich als den Verstand; es spricht von bestimmten Begriffen als den seinigen –

terschied desselben: es als von sich unterschieden; es das Allgemeine, dem es selbst als die Negativität, die es enthält, entgegengesetzt ist, diese selbst in der Form der Allgemeinheit ist die Einzelnheit. Sie sind beide vollkommen Gleichgültige gegeneinander; denn jedes ist das Allgemeine oder das sich auf sich Beziehen. Diese Extreme aber sind ebenso schlechthin aufeinander bezogen, sie sind sich gleich, in der Gleichgültigkeit, oder Allgemeinheit; an sich bezogen; aber füreinander, denn jedes ist selbst, was es ist, nur im Gegensatze gegen das andere; Grund durch diese Bewegung geworden – das Allgemeine nur als die Negativität in seine Einfachheit einhüllend und sie / verbergend; das Einzelne aber als das negative ist das negative Ausschließende eines Anderen, des nicht Negativen, des Allgemeinen. Beide beziehen sich auf sich, oder sind allgemeine, aber ebenso ist nur eins das Allgemeine; beide sind Negative des Anderen, aber ebenso ist nur eins das Negative. Das eine (das Einzelne) ist nach innen in Beziehung auf sich allgemein, auf sich selbst, denn es schließt eben das Andere, sein Sein nach außen, aus; – und ist negativ gegen dies Andere; – das Andere aber, das Allgemeine, ist innerlich negativ, es enthält die Negativität in sich, ist aber allgemein nach außen.[1] Jedes hat hiemit

und β)urteilt, ist die Bewegung des bestimmten Begriffs. Einzelnheit und Allgemeinheit sind verschieden, und entgegengesetzt. α) Schluß – sie sind also, der ersten Ansicht nach, nur in einem dritten gleich; Kopula ist Ich, trägt sie, es ist zunächst das Leere. Aber wie ist dies Dritte beschaffen, β) es ist nicht die reine Kopula A=A, leere Identität – meinen oft, sie sei die absolute – sonst wäre es nicht die Gleichheit derselben, γ) sondern enthält sie beide, ebenso ihre Gleichheit als ihr Gegensatz ist Ich; δ) dasselbe sind sie beide, (seiende) – jedes ist darin dem anderen gleich, worin es ihm entgegengesetzt ist; oder es ist ihm darin entgegengesetzt, worin es ihm gleich ist – Unterschied und Gleichheit sind dasselbe. – Es bleibt ihnen die leere Form des Seins, die sie längst verloren.

[1] *Am Rande:* Gedächtnis Setzen der Notwendigkeit überhaupt α) Begriff, Verstand des notwendig nur Entgegengesetzten – Grund ist Ich, so setzt es sich im Urteil β) Urteil Setzen der Gleichgültigkeit der beiden, nicht Bezogensein wie bestimmte Begriffe γ) Schluß Einheit beider, so daß jede selbst diese Einheit der Entgegensetzung und der Gleichgültigkeit ist.

das, was es innerlich ist, außer ihm zugleich als das Andere. Oder das Ansich eines jeden, das, was es nicht für das Andere ist, ist das Andere, ist das, was für es ist. Sie sind das Gegenteil ihrer selbst; sie selbst diese Bewegung, dieses Anderssein; sich Beziehens, eben Beziehung ist das Gegenteil ihrer Gleichgültigkeit, die sie im Urteile haben.

Sein Sein nach Innen [ist] unterschieden von ihrem Sein nach Außen; [sie sind] also in sich entzweite sich Aufhebende; – jenes Sein nach Innen ist an und für sich, aber eben dies (z. B. Negativität, Allgemeines) ist sein Anderes. Oder das Allgemeine ist sich selbst gleich, so ist es die Negativität, denn diese ist sein Inneres; so Einzelnheit, so ist es Allgemeinheit, Gegenteil, Ungleichheit, sein wahres Sein sei Sein nach Außen, d. h. nur im Verhältnisse nicht an und für / sich. Ihre Allgemeinheit hat dadurch zugleich die Bedeutung des Seins; sie sind so sich selbst gleich, daß eben dies, was sie an sich sind, zerfällt in zwei Gleichgültige. Die Allgemeinheit als solche ist nur Eine, das Sein aber ist eben die Realität, oder das Bestehen als Vieler. – Sie sind also beide allgemeine, und nur eins ist das Allgemeine, sie sind seiende, und ebenso ist dies Sein ungleich, das eine Sein ist das Innere, Ansich des anderen, und sie sind negative. – Ihr Einheit ist α) selbst ein anderes als die beiden Extreme; denn sie sind entgegengesetzte; aber β) ist ihre Entgegensetzung so beschaffen, daß gerade darin, worin sie einander entgegengesetzt, sie einander gleich sind; – (und wieder, daß ihre Entgegensetzung etwas anderes ist, als sie, als ihre Sichselbstgleichheit.) Aber gerade in ihrer Einheit und in ihrer Entgegensetzung sind sie aufeinander bezogen, und indem beides ein anderes ist als sie, ist es ihre Mitte, die sie bezieht. Es ist ihr Schluß gesetzt; sie sind, insofern sie entgegengesetzt sind, in einem Dritten eins, und insofern sie gleich sind, ist ihre Entgegensetzung, das sie Dirimierende ebenso ein Drittes.

Dies Dritte ist aber so beschaffen, daß es alles ist, was sie, es ist die Allgemeinheit, Negativität, und da mehrere Allgemeine sind, ihr Sein. Die Allgemeinheit ist eine solche, welche unmittelbar sich gleich, und sich selbst entgegengesetzt; in sich und ihr Gegenteil dirimiert ist, ebenso die Negativität; und das einfache Sein ist unmittelbar Vieles. Es ist die Einheit der Gegenteile, das sich in sich selbst bewegende Allgemeine, das sich entzweit in Seiende, die es sind, das dadurch die reine Negativität ist. – Der Verstand ist Vernunft, und sein Gegenstand ist Ich selbst.–[1] Die Hauptsache ist, daß die Dingheit, insofern sie Allgemeinheit ist, ebenso unmittelbar sich darstellt zu sein, und die Negativität oder Einheit gesetzt ist. Die Dingheit als Sein vorgestellt geht aus dem Urteil in den Schluß über;[2] / die Beziehung durch den Gegensatz ist ein Anderes, Drittes; aber, jedes ist durch das Dritte mit dem Anderen vermittelt, das Einzelne nach seinem sich auf sich Beziehen ist es ansich nicht da, der Verstand ist sein Ansich;[3] ebenso das Allgemeine ist nicht da als Negativität, dies ist sein Ansich; und ebenso der Verstand; – denn [er] ist das Ansich. Er ist[α)] das Innere eines jeden. – Aber β) ebenso ist der [Verstand das] Äußere eines jeden; denn als die Negativität ist er das Äußere, das Dasein des Einzelnen; und als Allgemeinheit ist er das Äußere, das Dasein des Allgemeinen. Er ist γ) ebenso das Sein (Vieler), denn er ist das sie als gleichgültige Enthaltende. Er ist also diese reine Bewegung der Allgemeinheit, welche das Ansich und das Dasein des von ihr Unterschie-

[1] *Am Rande:* (oder daß die Einzelnheit, der INHALT der Sprache, als rein negative Einzelnheit wird; – es wird Gegenstand als solcher)

[2] *Am Rande:* α) Sie sind anderes als Ich; WAS ist ihr Sein? Sie sind an ihnen selbst, denn andere; β) Einzelnes und Allgemeines; aber dieser Unterschied ist gerade ein solcher, daß, worin sie unterschieden sind, sie sich gleich sind, d. h. sie sind nicht; d.h. nicht andere als ich

[3] *Am Rande:* Die Bewegung der reinen Kategorien ist Werden des [Seins] in der Form des Dinges zum Grunde; oder der Grund hat das Seiende als Bewegung zu seinem Inneren; umgekehrt der Grund geht in der Bewegung des Schlusses zum Sein, insofern als diese Bewegung zur einfachen, nicht negativen Gleichheit aller Momente zurückgeht; – aber Totalität, Wirklichkeit als dies durchsichtige Spiel aller Seiten. Gegensatz (Gegenstand) Extreme – reale, die so beschaffen sind, daß eben dies ihr erfülltes Sein ausmacht, darin entgegengesetzt zu sein, worin sie gleich sind – Abstoßen des Gleichnamigen – und umgekehrt; – so ist Sein selbst diese reine Bewegung. Schluß Einheit des Gegensatzes als solchen, Vermittlung ist selbst unmittelbare Einheit.

denen ist; er ist Vernunft, die sich selbst der Gegenstand ist. Sie ist der Schluß in seiner Unendlichkeit, der sich in Extreme entzweit, welche unmittelbar, indem sie sind, eben zu ihrem Ansich das Andere haben.[1] –

Die Intelligenz hat auf diese Weise nicht einen anderen Gegenstand mehr zu / ihrem Inhalte, sondern sie hat sich erfaßt, und ist sich der Gegenstand, – das Ding, das Allgemeine ist ihr, wie es an sich ist, aufgehobenes Sein, und dies positiv, oder als Ich. – Sie ist wirklich, Möglichkeit des Wirkens; – der Gegenstand ist an sich, was sie ist, und darum kann er aufgehoben werden. Aber [sie] ist für sich noch nicht tätig gewesen; für sich, d. h. daß sie die Veränderung als sich angeschaut hätte; oder das Tun, als Selbst; – die Änderung, das gegenständliche minus desselben, als sich selbst. .

Diese Intelligenz ist frei, aber ihre Freiheit ist umgekehrt ohne Inhalt, auf dessen Kosten, durch dessen Verlust eben sie sich befreit hat. Ihre Bewegung ist die entgegengesetzte, sich zu erfüllen, nicht durch Intussusception,[2] sondern durch Erzeugung [eines Inhalts] und zwar eines solchen, worin sie das Bewußtsein ihres Tuns hat; d. h. ihrer als des Setzens des Inhalts, oder sich zum Inhalte Machens. – Im theoretischen [weiß sie] wohl auch im Bilde, [in der] Erinnerung, sich selbst, aber nicht als Inhalt, sondern als Form; oder das Ich selbst ist nicht der Grund, das Allgemeine, worauf das Bestimmen, die Unterschiede aufgetragen sind.[3]/

[1] *Am Rande:* Einzelnheit, unmittelbare negative Einheit der Gleichgültigkeit und Entgegensetzung, Wirklichkeit – Ich alle Wirklichkeit

[2] *Am Rande:* Form und Inhalt; leere Gegenständlichkeit, Allgemeinheit

[3] *Am Rande:* Übersicht der Intelligenz – Dingheit des Verstands ist Licht, Vernunft ist Vernehmen, Hören; Intelligenz, Gegenstand die Form des abstrakten Seins.*

Bewegung zum Ich, durch Setzen des Ich, darum weil Sein an sich allgemeines ist, im Geiste, so für uns im Begriffe – dies für Ich, oder es ist sein selbst setzen; zuerst selbst nur formales Setzen

* *Daneben:* was es an sich für uns ist; im Verstehen schließen an sich – Innerlichkeit noch nicht davon abgetrennt

b. Willen[1]

Das Wollende will, d. h. es will sich setzen, sich als sich zum Gegenstande machen. Es ist frei, aber diese Freiheit ist das Leere, Formale, Schlechte. Es ist in sich beschlossen, oder es ist der Schluß in sich selbst; α) ist es das Allgemeine, ZWECK; β) ist [es] das Einzelne, Selbst, Tätigkeit, Wirklichkeit[2], γ) ist es die Mitte dieser beiden, der Trieb;[3] er ist das Zweiseitige, das den Inhalt hat, Allgemeines, der Zweck ist, und das tätige Selbst desselben; jenes der Grund, dies die Form. α) Welches der bestimmte Inhalt des Triebes ist, kann hier noch nicht angegeben werden, denn er ist noch nicht bestimmt; er hat noch keinen; denn es ist hier nur erst der Begriff des Willens gesetzt. Welche Triebe Ich habe, dies ergibt sich erst aus dem Inhalte seiner Welt; diese sind seine Triebe.

β) Die bestimmte Weise, wie jener Schluß im Ich gesetzt ist, ist so, daß alle Momente desselben in dem Selbst als dem Allgemeinen oder der Kugel befaßt sind; jetzt das Ganze ist, und ihr Gegensatz nur leere Form für das Selbstbewußtsein. Dies macht eben die Kraft seines Schlusses, seines Willens, daß es, insofern [es] eine Seite hinausbietet, in dieser in sich zurückgenommen ist, dadurch nicht eine Bestimmtheit ausstellt, an der es gefaßt werden kann, es sind pattes de velour, die gegen den anderen Krallen sind, aber wie er sich dagegen wendet, greift / er in den flüssigen Samt, den er nicht festkriegen kann. – Er ist also darin Ganzheit, und eben darum unangreifbar.

γ)[4] (Dieser in sich geründete Schluß ist zugleich nach außen gekehrt, oder er ist eigentliches Bewußtsein, das aber hier in Ich eingeschlossen betrachtet wird.) – Nämlich der Willen ist

[1] *Am Rande:* a) der Trieb hat eigenen Inhalt, Zweck; das Entgegengesetzte ist es selbst, und zwar für es

[2] *Am Rande:* Schluß Magnet in jedem Extrem. Ich urteilt so in sich reflektiert – aus dem Extrem heraus

[3] *Am Rande:* erste Diremtion des Schluß, Gleichgültigkeit der Extreme: an Allem ist Selbst unmittelbar – Tätigkeit ist die seinige

[4] *Am Rande:* α) Setzen des Schlusses in seine Extreme, sodaß sie durch ein anderes Verhältnis vermittelt sind.

die Einzelnheit entgegengesetzt dem Zwecke

Fürsichsein, das allen fremden, seienden Inhalt in sich getilgt hat; dadurch aber ist es das Anderslose, das Inhaltslose,[1] und fühlt diesen Mangel; es ist aber ein Mangel, der ebenso positiv ist; (er ist der Zweck; die Form, daß er nur Zweck ist, ist das mangelnde Sein. Sein als solches ist eben zur Form geworden.) Das Negative, Ausschließende ist so im Willen selbst, daß er darin nur auf sich gerichtet ist; er das von sich ausgeschlossene ist; – der Zweck dem Selbst gegenübersteht; Einzelnheit, Wirklichkeit dem Allgemeinen; das Gefühl des Mangels ist die α) oben gesetzte Einheit beider im Triebe, als Gefühl; als Mangel des Gegensatzes. Der Schluß ist nur der erste, das Allgemeine ist mit der Einzelnheit durch den Trieb zusammengeschlossen; die Extreme haben die Form des gleichgültigen Seins füreinander. Setzen der ersten Realität, die unvollkommen ist.

b)[2] Die Befriedigung des Triebes ist der zweite Schluß. α) Die Befriedigung ist [die] des Triebes, nicht der Begierde, diese ist tierisch, d. h. der Gegenstand hat die abstrakte Form des eigentlichen Seins, der Äußerlichkeit; und nur so ist er für das Selbst; die Vereinigung ist daher das ebenso reine Verschwinden. Aber hier ist Sein nur Form, oder was Ich ist, als Ganzes, ist der Trieb; diesen trennt / es ab, und macht ihn sich zum Gegenstande, der also nicht die leere Sattheit, das einfache Selbstgefühl ist, das in der Begierde verloren und in ihrer Befriedigung wieder hergestellt wird,[3] sondern was verschwindet, ist die reine Form der Gleichgültigkeit der Extreme des Triebes, oder der Zweck, Inhalt, welcher der Einzelnheit entgegengesetzt ist, und dies Verschwinden dieser Gleichgültigkeit ist als Verschwinden des Gegensatzes Sein, aber erfülltes Sein. α) Es wird anschauend, durch die Unmittelbarkeit, welche wird

[1] *Am Rande:* Mangel darum, weil der Schluß der unmittelbar erste ist, also Gleichgültigkeit der Extreme.

[2] *Am Rande:* Setzen im Elemente der Allgemeinheit, Gleichgültigkeit, Sein; – denn dies die Wahrheit – nicht im Ich eingeschlossen zu sein – Ich innerlich gespannt –

[3] *Am Rande:* äußeres Selbstbewußtsein, Sein, und Begierde – abstraktes Fürsichsein Tier, oder nicht einzelne Befriedigung – sondern Allgemeine – Begierde ist Moment, Fürsichsein eben der ins Selbst eingeschlossene Schluß.

durch das Aufheben des Gegensatzes (überhaupt geht Ich immer auf diese Weise in Anschauen und Gefühl allenthalben über.) β) Die Hauptsache ist der Inhalt des Gegenstandes; er trennt sich von seinem Triebe ab, dadurch erhält er eine andere Form; er ist der beruhigte, sich selbst gewordene, mit sich erfüllte Trieb; der Mangel war das Anschauen des leeren Ich;[1] denn dieses war sich Gegenstand; es hielt die Unterschiede des Schlusses zusammen, war ihre Gleichgültigkeit, ihr Bestehen, – nicht Sein als solches, es war das erste unmittelbare Ich, aber als solches. Der vom Ich abgetrennte Trieb ist er aus dem Selbst freigelassen, oder die bloße Erfüllung durch das Sein zusammen gehalten – Werk des Ich, es weiß sein Tun darin, d. h. sich als das Ich, das vorher im Inneren das Sein war; – als Tun (nicht wie bei der Erinnerung), sondern daß der Inhalt als solcher durch es ist; weil der Unterschied als solcher der seinige war; der Unterschied macht den Inhalt aus, und darauf kommt es hier allein an, daß Ich den Unterschied aus sich gesetzt [hat], oder ihn als den seinigen weiß, (Name, und Ding sind jenes nicht der Unterschied als solcher des Ich, dieses ist einfach.)/ *

c) Bestimmung des Gegenstandes; er ist also Inhalt, Unterschied, und zwar des Schlusses; Einzelnheit und Allgemeinheit, und eine Mitte derselben. Aber α) seiend, unmittelbar, seine Mitte ist tote Allgemeinheit, Dingheit, Anderssein; und β) seine Extreme sind Besonderheit, Bestimmtheit, und Individualität – Insofern es das Andere ist, ist seine Tätigkeit die des Ich; es hat keine eigene; dies Extrem fällt außer ihm; als Dingheit ist es Passivität, Mitteilung dieser Tätigkeit, hat als Flüssiges sie aber als Fremdes in ihm. – Sein anderes Extrem ist der Gegensatz – (die Besonderheit) dieses seines Seins und der Tätigkeit; es ist passiv, es [ist] für Anderes, berührt dasselbe,[2] ist (Säure) über-

[1] *Am Rande:* sich selbst als unterschieden in sich – (nicht einen äußeren Gegenstand)

[2] *Am Rande:* Spiel* dieser Tätigkeit, Verwandlung seiner Passivität in Aktivität –

Dingheit ist sein Mittelpunkt, einfache Allgemeinheit, Kraft sein anderes, außer ihm nur mitgeteilt, denn es ist reiner Gegenstand, hat sie als eine fremde in ihm. – Werkzeug;

* *Daneben:* Stolz der Völker auf ihr Werkzeug

haupt Aufzureibendes, Mitteilung des Anderen, dies ist sein Sein, aber zugleich tätige Gestalt gegen es. Umgekehrtes Verhältnis, nach einer Seite ist die Tätigkeit nur ein Mitgeteiltes, und es die Mitteilung, das rein Aufnehmende, nach der anderen ist es tätig gegen Anderes.

(Der befriedigte Trieb ist die aufgehobene Arbeit des Ich, dies ist dieser Gegenstand; der an seiner Statt arbeitet. Arbeit ist das diesseitige sich zum Dinge Machen, die Entzweiung des triebseienden Ich ist eben dies sich zum Gegenstande machen – (Begierde muß immer von vorne anfangen, sie kommt nicht dazu, die Arbeit von sich abzutrennen) der Trieb aber ist Einheit des Ich als zum Dinge gemachten.)

Die bloße Tätigkeit ist reine Vermittlung, Bewegung; – die bloße Befriedigung der Begierde ist reines Vernichten des Gegenstandes.

Die[1] Arbeit selbst als solche ist nicht nur Tätigkeit, (Säure); sondern in sich / reflektierte, Hervorbringen; einseitige Form des Inhalts einzelnes Moment; aber hier bringt sich der Trieb hervor, er bringt die Arbeit selbst hervor – er befriedigt sich – jene fallen ins äußere Bewußtsein. – Es ist der Inhalt auch insofern als es das Gewollte ist, und Mittel der Begierde, die bestimmte Möglichkeit desselben; in dem Werkzeuge oder in dem bebauten, fruchtbar gemachten Acker besitze ich die Möglichkeit, den Inhalt als einen allgemeinen; darum das Werkzeug, Mittel vortrefflicher als der Zweck der Begierde, der einzelner ist; – es umfaßt alle jene Einzelnheiten.

Aber das Werkzeug hat die Tätigkeit noch nicht selbst an ihm; es ist träges Ding; kehrt nicht in ihm selbst [zurück] – ich muß noch damit arbeiten; ich habe die List zwischen mich und die äußere Dingheit hineingestellt, – mich zu schonen und meine Bestimmtheit damit zu bedecken und es sich abnutzen zu lassen;[2]

Darum macht der Mensch Werkzeuge, weil er vernünftig ist, und dies ist die erste Äußerung seines Willens, dieser Willen noch der abstrakte Willen –

[1] *Am Rande:* nicht Ursache, dasselbe ist die Wirkung

[2] *Am Rande:* Ich bleibt die Seele dieses Schlusses, in Beziehung auf es die Tätigkeit

ich erspare dabei aber nur der Quantität nach – bekomme aber doch Schwülen; das mich zum Dinge Machen ist noch notwendiges Moment; die eigene Tätigkeit des Triebes noch nicht im Dinge. Es ist in das Werkzeug auch eigene Tätigkeit zu legen; es zu einem selbsttätigen zu machen. Dies geschieht so, daß es α) so verschlungen ist, an der Linie Faden, seine Zweiseitigkeit benutzt wird, um in diesem Gegensatze ihn in sich zurückgehen zu machen – überhaupt die Passivität, verwandelt sich in Tätigkeit, in Festhalten des Zusammengehens. β) Überhaupt daß die eigene Tätigkeit der Natur, Elastizität der Uhrfeder, Wasser, Wind, angewendet wird, um in ihrem sinnlichen Dasein etwas ganz anderes zu tun, als sie tun wollten – ihr blindes Tun zu einem zweckmäßigen gemacht wird;[1] – zum Gegenteile / ihrer selbst[2] – vernünftiges Verhalten der Natur-Gesetze in ihrem äußeren Dasein. Der Natur selbst geschieht nichts – einzelne Zwecke des natürlichen Seins [werden] zu einem Allgemeinen. Vogel fliegt dahin –

Hier tritt der Trieb ganz aus der Arbeit zurück; er läßt die Natur sich abreiben, sieht ruhig zu, und regiert nur mit leichter Mühe das Ganze – List.[3] Ehre der List gegen die Macht, die blinde Macht an einer Seite anfassen, daß sie sich gegen sich selbst richtet – sie begreifen, sie als Bestimmtheit fassen, gegen diese tätig sein – oder sie als Bewegung eben in sich selbst zurückgehen machen, sich aufzuheben – Mensch ist so das Schicksal des Einzelnen. Durch die List ist der Willen zum Weiblichen geworden.[4] Der hinausgehende Trieb ist als List theoretisches Zu-

[1] *Am Rande:* Die Realität, Gleichgültigkeit der Extreme des Schlusses, die in Spannung gegen einander sind; daß diese Gleichgültigkeit an sich selbst

[2] *Am Rande:* einzelnes Huhn, sein vernünftiges Dasein ist, daß es gefüttert und gegessen wird – Wind, mächtige Strom, mächtiges Weltmeer, bezwungen, geackert. Keine Komplimente mit ihr zu machen – elende Empfindsamkeit, die sich an einzelne hält.

[3] *Am Rande:* die breite Seite der Seite der Gewalt wird von der Spitze der List angegriffen.

[4] *Am Rande:* List etwas anderes als Pfiffigkeit; – das offenste Handeln ist die größte List, – (wir müssen sie in ihrer Wahrheit nehmen) – nämlich durch seine Offenheit bringt er das Andere zum Tage, daß es

sehen; das Nichtwissende Treiben zum Wissen; zwei Mächte, Charaktere.

Dies Zusehen, wie sich das Seiende an sich selbst aufhebt, ist verschieden vom Triebe, das aus ihm in sich zurückgetretene Ich, und die Nichtigkeit dieses Seins wissende Ich, da hingegen [der Trieb] das in ihnen Gespannte ist./

Der Willen ist ein gedoppelter entzweiter geworden, er ist bestimmt; er ist Charakter. Der eine Charakter ist diese Spannung, die Macht der Entgegensetzung des Seienden,[1] die aber blind [ist,] kein Bewußtsein hat, über die Natur dieses Sein, es ist das offen Liegende, geradeaus Gehende, Hinaustreibende, und Getriebene; das andere, das Böse, in sich Seiende, das Unterirdische, das Wissende über das, was am Tage liegt, und das zusieht, wie dieses sich seinen Untergang durch sich selbst [gibt], oder so gegen es tätig ist, daß es seinem Sein, seiner Selbsterhaltung vielmehr das Negative unterschiebt. – Jenes ist als seiendes, gegen Seiendes gerichtet; dies vernünftigerweise als Sein, mit dem es ihm nicht Ernst ist, – wie ein Mantel dem Stiere dargeboten wird, gegen den er anrennt und, nichts treffend, getroffen wird. Der Willen hat sich selbst in die zwei Extreme entzweit, in deren Einem er ganz ist, dem Allgemeinen, wie im Anderen dem Einzelnen.[2]

Diese[3] Extreme haben sich in Eins zu setzen, das Wissen des letzteren in Erkennen / überzugehen. Diese Bewegung des

an und für sich sich zeigt, eben darin sich selbst vernichtet. – Das große Betragen, die anderen nötigen zu sein, wie sie an und für sich sind; ins Licht des Bewußtseins; wenn sie auch Recht haben, wissen's nicht zu verteidigen durch die Rede – Stummheit die schlechte niederträchtige List; von Grund aus Meister, daß das Andere in seinem Tun sich selbst verkehrt

[1] *Am Rande:* der Mann hat Begierde, Trieb; der weibliche Trieb ist dies, vielmehr nur Gegenstand des Triebes zu sein; zu reizen, Trieb zu erwecken, und ihn sich an ihm befriedigen zu lassen.

[2] *Am Rande:* Seine einsame Existenz ist vollendet

[3] *Am Rande:* erste Einheit der Intelligenz und des Willens, d. h.. es sich zwei selbständige Ich füreinander, der erste Schluß des Willens hat sich so verändert, daß das Sein eines jeden Extrems die Bedeutung von Ich erhalten. – (Sein ist gerade das Gegenteil des Mangels,

Schlusses ist dadurch gesetzt, daß jedes an sich ist, was das Andere ist. Das eine, das Allgemeine ist die Einzelnheit, das wissende Selbst; ebenso ist das Einzelne das Allgemeine, denn es ist das auf sich Beziehen. Aber es hat für sie zu werden. Oder diese Dieselbigkeit ein Wissen derselben.

α) Der Trieb kommt zum Anschauen seiner selbst – er ist in sich zurückgekehrt in jener Befriedigung, er ist ebenso Wissen geworden dessen, was er ist –Die einfache Rückkehr in sich, das Wissen, ist ebensosehr am Entzweien (Schluß) die Mitte. – Trieb außer sich – im anderen einfachen Selbst, und weiß es als Selbständiges Extrem; ebenso das Wissen weiß sein Wesen im Anderen – Spannung im Trieb Selbständigkeit beider. β) An sich selbst aufheben beider; gerade darin ist jedes dem Anderen gleich, worin ihm entgegengesetzt, oder das Andere, das, wodurch ihm das Andere ist, ist es selbst. Eben indem jedes sich im Anderen weiß, hat es auf sich selbst Verzicht getan. Liebe.

(Das[1] Wissen ist eben dieser Doppelsinn; jedes ist darin dem Anderen gleich, worin es sich ihm entgegengesetzt [hat]. Sein sich Unterscheiden vom Anderen ist daher sein Sichgleichsetzen mit ihm;) und es ist Erkennen ebendarin, daß es selbst dies Wissen ist, daß ihm für es selbst seine Entgegensetzung in die Gleichheit umschlägt, oder dies, wie es im Anderen sich anschaut, als sich selbst weiß; Erkennen heißt eben das Gegen-

aber es ist der Mangel selbst, oder es wird Mangel gefühlt, weil die Extreme sind.)

Diese Ich aber, die die Extreme des Schlusses ausmachen, sind noch nicht Ganze Totalität; sind sich entgegengesetzt als daß das eine innerlich dieses ist, was das andere äußerlich. Erst die Gleichgültigkeit ist aufgehoben, und Ich, das Fürsichsein, an seine Stelle getreten. – Erstes Wissen eines selbständigen Ich von einem selbständigen Ich; – weil sie Ich, Wissen, sind, ist für sie diese Gleichheit beider in der Entgegensetzung. α) Das Eine in ihm sich selbst gleich, gekehrt gegen das Andere; das Andere verschließt seine Unruhe, seine Tätigkeit in sich, und verhält sich ruhig, als ob nichts geschehen wäre.

[1] *Am Rande:* Sie sind in der Form des Wissens füreinander; jedes ist selbständig; noch nicht Erkennen, was es mit diesem Anderssein auf sich hat; sie sind an sich dasselbe; – dies Ansich in das Fürsichsein übergehend ist ihre Bewegung.

ständliche in seiner Gegenständlichkeit als Selbst Wissen, begriffener Inhalt, Begriff, der Gegenstand ist.

Dies Erkennen ist nur *Erkennen* der Charaktere; oder beide hatten sich gegen/einander noch nicht als Selbst bestimmt, nur das Eine ist das Wissen, in sich, und das Andere Wissen als Tätigkeit nach außen; – und das Eine ist nach außen das allgemeine, die *gerundete* Substanz, – das Andere nach innen. Sie sind daher nur entgegengesetzte Charaktere, nicht sich selbst wissende, sondern sich nach Einer Seite im Anderen wissende, und nach Einer Seite nur sich in sich; die Bewegung des Wissens ist daher im Inneren selbst, nicht im Gegenständlichen; in ihrem *ersten Verhältnisse* fallen die Seiten der Spannung schon auseinander; sie nähern sich zwar mit Ungewißheit und Schüchternheit, aber doch mit Vertrauen, denn jedes weiß unmittelbar sich im Anderen, und die Bewegung ist nur die Verkehrung, wodurch jedes erfährt, daß das Andere sich ebenso in seinem Anderen weiß. Diese Umkehrung liegt darin, daß eben jedes seine Selbständigkeit aufgibt; der Reiz ist selbst eine *Erregung*, d. h. er ist das nicht in sich Befriedigtsein, sondern sein Wesen im Anderen zu haben – dadurch, daß es sich *im Anderen* weiß, sich *aufhebt*, als für sich seiend, als verschieden. Dies eigene Aufheben ist sein *Sein für Anderes*; worein sein *unmittelbares Sein* umschlägt. Sein eigenes Aufheben wird jedem am Anderen als *Sein für Anderes*. Das Andere ist also für mich, d. h. es weiß sich in mir. Es ist nur Sein für Anderes, d. h. es ist außer sich.

Dies Erkennen ist die *Liebe*. Es ist die Bewegung des Schlusses, so daß jedes Extrem vom Ich erfüllt; unmittelbar so im Anderen ist, und nur dies Sein im Anderen vom Ich sich abtrennt und ihm Gegenstand wird. – Es ist das Element der Sittlichkeit, noch nicht sie selbst, es ist nur die Ahndung derselben. Jedes nur als *bestimmter Willen*, Charakter oder *natürliches* Individuum, sein ungebildetes natürliches Selbst ist anerkannt. – Hohe[1] ritterliche Liebe fällt in das mystische Bewußt/sein, das in ei-

[1] *Am Rande:* Gedoppelte Ahndung des Ideals in der Wirklichkeit, von der unmittelbaren Existenz erhoben zu ihm – Ideal *allgemeines Selbst*; – Herabsteigen aus der Welt des Himmels in die Gegenwart – Sprosse der Himmelsleiter – daß das Göttliche in der Gegenwart ist – Gott ist die Liebe, Freude, weil das Natürliche anerkannt ist.

ner geistigen Welt als der wahren lebt, die sich itzt seiner Wirklichkeit nähert, und in dieser es ahndet, als gegenwärtig; Freundschaft ist allein im gemeinschaftlichen Werke, und fällt in die Periode des Werdens des sittlichen Wesens – Milderung der herkulischen Tugend, Theseus und Pirithous, Orest und Pylades.

Die[1] *Liebe* wird sich ebenso unmittelbar gegenständlich; es tritt die Bewegung in sie ein; sie ist befriedigt, die Einheit der Extreme, die vorher der Trieb war; diese[2] befriedigte Liebe, unterschieden von den Charakteren, ist das *Dritte*, das Erzeugte. – Die Einheit entzweit sich in solche, die *gleichgültig* gegen die Mitte sind;[3] sie sind verschieden Seiende.

Die befriedigte Liebe wird sich zuerst so *gegenständlich*, daß dies Dritte ein *anderes* ist als die Extreme, oder die Liebe das *Anderssein*, unmittelbare *Dingheit* ist, worin die Liebe nicht unmittelbar sich erkennt, sondern es um eines anderen willen ist (wie das Werkzeug nicht die Tätigkeit an ihm selbst hat;) – oder beide erkennen ihre gegenseitige Liebe durch die gegenseitige Dienstleistung, vermittelt durch ein Drittes, *das Ding* ist; es ist Mittel, und Mittel der Liebe; und zwar wie das Werkzeug die bleibende Arbeit ist, so ist dies Dritte auch ein Allgemeines; es ist die dauernde bleibende Möglichkeit ihrer Existenz. – Sie als *gleichgültige* Extreme SIND; dies Sein ist, da es Sein des Extrems ist, ein verschwindendes – als Mitte, als Einheit ist es allgemein. Es ist ein Familienbesitz, als Be/wegung, *Erwerb*.[4] Es ist hier erst das INTERESSE des Erwerbens und *bleibenden Besitzes*, und der allgemeinen Möglichkeit des Daseins vorhanden. Hier tritt erst eigentlich die Begierde selbst als solche ein,

[1] *Am Rande:* Gott ist die Liebe, daß er das geistige *Wesen* ist, großes Erkennen, Erkennen des Erkennens.

[2] *Am Rande:* die nordamerikanischen Wilden töten ihre Eltern, wir tun dasselbe.

[3] *Am Rande:* Entzweiung der Liebe in die *seienden* Extreme, deren Mitte ihnen als ein abstraktes *Sein* gegenüber tritt, worin jedes seine Liebe vorstellig macht für das Andere – sich zum *Anderssein*, zum *Dinge*; – Arbeit für das Andere ebenso bleibende Befriedigung der Begierde. Das Ding erhält die Bedeutung der Liebe.

[4] *Am Rande:* Besitz hat die Bedeutung, daß ein Ding Mein ist, oder Ich ist allgemein, es ist viele Ich, dies hier vorhanden.

nämlich als vernünftige, geheiligte, wenn man so will; sie wird durch die gemeinschaftliche Arbeit befriedigt. Die Arbeit geschieht nicht für die Begierde als einzelne, sondern allgemeine; der dies bearbeitet, verzehrt nicht gerade dieses, sondern es kommt in den gemeinsamen Schatz, und aus diesem werden alle erhalten. – Es ist wie das Werkzeug die allgemeine Möglichkeit des Genusses, und auch die allgemeine Wirklichkeit desselben; es ist ein unmittelbar geistiger Besitz.

– Das Familiengut hat das Moment der Tätigkeit höher als das Werkzeug so an ihm, daß die beiden Extreme selbstbewußte Tätigkeiten sind – Aber dieser Gegenstand hat noch nicht die Liebe an ihm,[1] sondern die Liebe ist in den Extremen; das Erkennen der beiden Charaktere ist noch nicht selbst ein erkennendes Erkennen, die Liebe selbst ist noch nicht der Gegenstand; das Ich der Liebe aber zieht sich aus ihr zurück, stößt sich von sich selbst ab, und wird sich der Gegenstand. Die Einheit der beiden Charaktere ist nur die Liebe, aber sie weiß sich nicht als die Liebe; dies weiß sie sich im Kinde. In ihm schauen sie die Liebe an, ihre selbstbewußte Einheit, als selbstbewußte.

Sie ist der unmittelbare Gegenstand, oder ein Einzelnes; und die Einheit der Liebe ist itzt zugleich Bewegung, diese Einzelnheit aufzuheben. Diese Bewegung hat nach Einer Seite die Bedeutung, das unmittelbare Dasein aufzuheben – Tod der Eltern, sie sind das verschwindende Werden, der sich aufhebende Ursprung. – / Gegen das erzeugte Individuum ist diese als bewußte Bewegung das Werden seines Fürsichseins, die ERZIEHUNG;[2] nach seinem Wesen aber überhaupt das Aufheben der Liebe.

Die Familie ist beschlossen in diesen Momenten α) der Liebe, als natürlicher, Erzeugung von Kindern β) die selbstbewußte Liebe, bewußte Empfindung und Gesinnung und Sprache dersel-

[1] *Am Rande:* Die Liebe ist α) als Gleicheit abstraktes Sein, dies gesetzt, Besitz erscheint als ein Fremdes, aber in ihrem Begriff β) Wirklichkeit, Selbst, Fürsichsein

[2] *Am Rande:* es ist unmittelbare geistige Substanz; es schaut sie an, als sein Wesen, aber Fremdes, worin es sein Selbst noch nicht hat; – es dient, es ist nicht die Individualität, das Fürsichseiende; aber sein Dienen ist Tun; durch das Tun macht es die Substanz zur seinigen; die

ben γ) die gemeinsame Arbeit, und der Erwerb, gegenseitige Dienstleistung und Sorge δ) die Erziehung – Kein Einzelnes kann zum ganzen Zwecke gemacht werden.

Die Liebe ist sich zum Gegenstande geworden, und dieser ein Fürsichseiendes; nicht mehr der Charakter, sondern es hat das ganze einfache Wesen an ihm selbst; es ist jedes [das] geistige Anerkennen selbst, welches sich selbst weiß. Die Familie ist als Ganzes einem anderen in sich geschlossenen Ganzen gegenübergetreten, oder es sind vollständige, freie Individualitäten füreinander; oder es ist hier erst ein eigentliches Sein für den Geist, indem es ein selbstbewußtes Fürsichsein ist. /

Sie[1] sind zugleich aufeinander bezogen, und gespannt gegeneinander. Ihr unmittelbares Dasein ist ausschließend; der Eine hat in seinem Gute sich eines Stücks der Erde bemächtigt, – nicht eines einzelnen Dinges, wie im Werkzeuge, sondern des dauernden allgemeinen Daseins. Er hat es durch die Arbeit bezeichnet, oder dem Zeichen seinen Inhalt als daseiendes gegeben; eine negative ausschließende Bedeutung. Der Andere ist also aus dem, was er ist, ausgeschlossen; das Sein ist nicht mehr ein allgemeines.

Dies Verhältnis ist es gewöhnlich, was der Naturzustand ge-

Bewegung setzt das Moment des Selbst hinzu – (Ein getriebenes Rad behält eine zeitlang die Bewegung an ihm, ob es gleich nicht mehr getrieben wird) aber Ich der Begriff, selbst die Bewegung; es bewegt durch Anderes, schlägt dies in Selbstbewegung um, und diese umgekehrt in Anderssein, Gegenständlichwerden des Ich, und Fürsichsein, und zwar nicht als das abstrakte der Begierde, sondern als Ganzes, das aus dem Ganzen, der Liebe hervorgegangen ist. Zwei Ganze stehen itzt einander gegenüber – Es ist Charakter, der es sich durch die Vermittlung geworden, durch Dienen, gegen die Substanz, gegen das Ganze; – ist daher nicht mehr natürlicher Charakter, sondern hat sein natürliches Dasein verlassen; die Bestimmtheit des Willen ist aufgehoben. Wirklichkeit der Liebe;

[1] *Am Rande:* α) Naturzustand – Recht im Naturzustande, als absolutes Recht.–Recht enthält die reine PERSON, reines Anerkanntsein; – so sind sie nicht im Naturzustande, sondern versenkt in das Dasein – dadurch daß er Mensch ist, in seinem Begriff, aber im Naturzustand ist er nicht in seinem Begriffe, sondern als Naturwesen, in seinem Dasein. – Frage widerspricht sich unmittelbar – ich betrachte den Menschen in seinem Begriff, d. h. nicht im Naturzustande

nannt wird; das freie gleichgültige Sein von Individuen gegeneinander, und das Naturrecht soll beantworten, was nach diesem Verhältnisse die Individuen für Rechte und Pflichten gegeneinander haben; welches die Notwendigkeit ihres Verhaltens ist, – ihrer nach ihrem Begriffe selbständiger Selbstbewußtseine. Das einzige Verhältnis derselben aber ist, eben dies Verhältnis aufzuheben, * exeundum e statu naturae. In diesem Verhältnisse haben sie keine Rechte und keine Pflichten gegeneinander, sondern erhalten sie erst durch das Verlassen desselben. Es ist der *Begriff* der gegeneinander freien Selbstbewußtseine gesetzt; – aber eben nur der Begriff; er hat sich, weil er Begriff ist, vielmehr zu realisieren, d. h. eben sich, der in der Form des Begriffs ist gegen seine Realität, aufzuheben. – Es geschieht in der Tat bewußtlos selbst in der Auflösung der Aufgabe, und in ihr selbst; – bewußtlos, d. h. daß der Begriff nicht in den Gegenstand fällt. Die Aufgabe lautet so, *was ist Recht und Pflicht für das Individuum im Naturzustande?* – der Begriff dieses Individuums / wird zum Grunde gelegt, aus diesem Begriff soll es entwickelt werden. Ich bringe dazu die Bestimmung des *Rechts* herbei; ich zeige aus ihm, daß er eine rechtsfähige, eine Person ist; – aber dies Zeigen fällt in mich; es ist die Bewegung meines Gedankens; aber der Inhalt ist das freie Selbst; – diese Bewegung läßt aber dies nicht, was es ist – oder es ist die Bewegung dieses Begriffs – Recht ist die *Beziehung* der Person in ihrem Verhalten zur anderen – das allgemeine Element ihres freien Seins – oder die Bestimmung, Beschränkung ihrer leeren Freiheit. Diese Beziehung oder Beschränkung habe ich nicht für mich auszuhecken und herbei zu bringen; sondern der Gegenstand ist selbst dieses Erzeugen des Rechts überhaupt, d. h. der *anerkennenden* Beziehung – In dem Anerkennen hört das Selbst auf, dies einzelne zu sein; es ist rechtlich im Anerkennen, d.h. nicht mehr in seinem unmittelbaren Dasein. Das Anerkannte ist anerkannt als *unmittelbar* geltend, durch *sein Sein*; – aber eben *dies Sein ist erzeugt aus dem Begriffe*; es ist anerkanntes Sein; der Mensch wird notwendig anerkannt und ist notwendig anerkennend. Diese Notwendigkeit ist seine eigene, nicht die unseres Denkens im Gegensatze gegen den Inhalt. Als anerkennend ist er selbst die Bewegung, und diese Bewegung hebt eben seinen

Naturzustand auf; er ist Anerkennen; das Natürliche ist nur, – es ist nicht Geistiges.

Die Individuen, wie sie gegeneinander sind, anerkennen sich noch nicht, sondern ihr Sein ist vielmehr gestört; der eine hat es durch seinen Besitz gestört; dieser Besitz ist noch kein Eigentum.[1] – Das Recht des Besitzes unmittelbar geht gegen / die Dinge, nicht gegen einen Dritten – Der Mensch hat das Recht, in Besitz zu nehmen, was er als einzelner kann; er hat das Recht, dies liegt in seinem Begriffe, Selbst zu sein, dadurch ist er die Macht gegen alle Dinge. Aber seine Besitznahme erhält auch die Bedeutung, einen Dritten auszuschließen –was ist in Ansehung dieser Bedeutung das den Anderen Verbindende? Was darf ich in Besitz nehmen, ohne Unrecht des Dritten? Solche Fragen eben können nicht beantwortet werden. – Die Besitzergreifung[2] ist die sinnliche Bemächtigung,[3] und sie hat durch das Anerkennen zur rechtlichen zu werden. Sie ist rechtlich nicht darum, weil sie ist. An sich nimmt der unmittelbare Mensch Besitz. – Es ist dieser Widerspruch, daß das Unmittelbare den Inhalt ausmacht, das Subjekt, dessen Prädikat das Recht sein soll. – Weil es von den Anderen anerkannt ist, ist es mein Eigentum; aber was anerkennen die Anderen? das, was ich habe, in dessen Besitz ich bin. Der Inhalt geht also von meinem Besitze aus. Kann ich nun haben, was und soviel ich will? Ich kann es nicht einem Dritten nehmen, um des Anerkennens willen, denn was er hat, ist ja anerkannt. – Aber indem ich es unmittelbar, d. h. als ein solches,

[1] *Am Rande:* Betrachte ich ihn deswegen in diesem Naturzustande, als unmittelbar besitzend, und frage, was hier Rechtens ist, so erfodert dies eine absolute Bestimmung, jenes aber ist das zufällige Sein; ebenso zufällig ist ihre Beziehung aufeinander, und es ist keine Bestimmung zu gewinnen – Es scheint, die Sache, weil sie mein ist, Ich bin anzuerkennen, gelte unmittelbar und in der Form der Unmittelbarkeit; dies Anerkennen ist das Recht.

[2] *Am Rande:* herauswärts oder Bestimmung des allgemeinen Seins

[3] *Am Rande:* Widerspruch des Habens und des Fürsichseins – Im Haben bin ich unmittelbar seiend – jenes als unmittelbares Sein, dies als für sich seiend, unmittelbarer Widerspruch – meine Sache, insofern sie meine ist, nicht insofern sie Sache ist, Unterscheidung

das keinem angehört, in Besitz nehme, schließe ich ihn *an sich* aus, und so kommt wieder bei der Besitznahme die Frage nach dem Anerkennen hervor; ich nehme das, was sein Besitz werden könnte. – Es *könnte* nur aber erst sein Besitz werden, der meinige aber ist es *wirklich*, seine Möglichkeit steht meiner Wirklichkeit nach; er hat mich, der ich *wirklich* bin, anzuerkennen. Aber was besitze ich denn? – a) meinen Körper, b) das Ding, das ich schon im Mund, oder in der Hand habe –[1] / aber nicht nur dieses, sondern was ich schon mit der Begierde, mit dem Blicke bezeichnete, schon wollte, schon danach griff, – Kinder behaupten ein Recht, weil sie es *zuerst* gesehen, gewollt haben; und Große werden, ob sie wohl nichts mehr machen können, durch Zuvorkommen eines Anderen ärgerlich – Außer dem unmittelbaren Ergriffenhaben aber ist das seiende Ding als mein Besitz kundgetan durch ein *Zeichen*, z. B. die Bearbeitung selbst – was als *mein* bezeichnet ist, hat der Andere nicht zu verletzen – Die Bezeichnung aber ebenso zufällig – ein eingeschlossenes Erdreich – wo nur die Umschließung, eine Furche darum gezogen ist[2] – ist bezeichnet als mein, und wieder nicht – Das Zeichen hat eine unbegrenzte Ausdehnung[3] – Pfahl auf einer Insel eingeschlagen, bedeutet,[4] daß ich Besitz will von ihr genommen haben – ebenso in der Bearbeitung kann ich Form nicht von einem metallnen Becher trennen; aber wo hebt bei einem bearbeiteten Acker, Baum, die Form [an] und wo hört sie auf – das Innere jeder Erdscholle ist unberührt gelassen[5] – oder wenigstens bewegt, so das Untere – und viel nicht – u.s.f.

[1] *Am Rande:* Gegenständlichkeit;Freie Abtrennung des *Mein* (in den Besitz, der Liebe freier Gegenstand;) *Wesen* Ding, *Form* die meine.

[2] *Am Rande:* Erweiterung des gegenständlichen Ich, – durch seine *Bedeutung**

* *Darunter:* Waffe, Masse

[3] *Am Rande:* *Form*; *Aushöhlen* eines geformten – das *Ding* als *Ding* gehört mir, mein Willen schließt es in sein Selbst ein

[4] *Am Rande:* Erster Besitz Zufall, *so ist es* Seite der Zufälligkeit, diese eben ist aufzuheben –

[5] *Am Rande:* Steinmasse an einigen Seiten bearbeiten, da wo nicht, kann ich ihn aushöhlen – Baum nicht gepflanzt von ihm – Tier

Das sinnliche Unmittelbare, worauf das Allgemeine angewandt ist, entspricht diesem nicht; – nicht von ihm umgeben – schlecht unendliche Teilung.

Es ist nicht an sich allgemein, immer ein Widerspruch in Ansehung dieses Inhalts – Angemessenheit zum Bedürfnisse einer Familie eines Einzelnen, widerspricht dem reinen Selbst, der Gleichheit, die gerade dem Rechte zu Grunde liegt. – Nichts an sich hierüber zu bestimmen, sondern der Einzelnheit angehörig, ist es die Seite, die dem Zufalle anheimgestellt ist; – es ist keine Vernunft darin, sondern diese erst so hineinzubringen, daß nichts durch unmittelbares Nehmen / einem angehört, sondern durch Vertrag, d. h. eben dies unmittelbare Besitznehmen nicht stattfindet, daß nicht an sich ausgeschlossen wird, sondern anerkannt. Das Ausschließen an sich ist vielmehr das nicht Rechtliche, was nicht statt finden soll, denn der Ausgeschlossene ist darin nicht als wirkliches Bewußtsein vorhanden, noch ich verhalte mich dabei gegen ein solches.

Das Anerkennen ist also das Erste, was werden muß. Oder die Individuen sind die Liebe, dies Anerkanntsein, ohne Gegensatz des Willens, worin jedes der ganze Schluß wäre, worin sie nur als Charakter, nicht als freie Willen eintreten. Ein solches hat zu werden. Es hat für sie zu werden, was sie an sich sind. – Ihr Sein füreinander ist der Anfang dazu. –

Sie[1] sind also α) ein solches Individuum, das ausgeschlossen hat aus seinem Besitze, und das andere für sich gewordene, das ausgeschlossene. Sie sind so selbst unmittelbare füreinander. Der Schluß ist, daß jedes sein Wesen nicht im anderen weiß, wie der Charakter, sondern sein Wesen in sich selbst, oder er ist für sich, der Eine aber als Ausgeschlossener aus dem Sein, der Andere als Ausschließender. Sie sind so entgegengesetzt und füreinander, daß das eine vielmehr sich als Wesen, als Sein von dem anderen negiert findet; wenn er aber nicht für den Ersten ist, so ist er dagegen für sich.

[1] *Am Rande:* Seine Substanz, sein Bestehen ist Ding, das dieses Ganze für sich besitzt, – in der Bedeutung dieses einzelnen Ganzen, er hat nur erst, noch nicht Eigentum

Die Bewegung fängt also hier nicht mit dem positiven an, sich im Anderen zu wissen, und dadurch das Selbstnegieren des Anderen anzuschauen; sondern im Gegenteil sich nicht in ihm zu wissen, und vielmehr *sein*, des Anderen Fürsichsein im Anderen zu sehen. Der Schluß fängt also mit der Selbständigkeit des Fürsichseins der Extreme an, oder damit es für das Andere ist, daß sie selbständig sind. Und zwar zuerst von der einen Seite, der des Ausgeschlossenen, denn er ist *für / sich seiend*, weil er für den Anderen nicht ist, weil er vom Sein durch den Anderen ausgeschlossen wird; der Andere aber, – die Familie, – ist ruhig unbefangen für sich. Der Ausgeschlossene verletzt den Besitz des Anderen, er setzt sein ausgeschlossenes Fürsichsein darein, sein *Mein*; er verdirbt etwas daran, – vernichten, wie das der Begierde, um sein Selbstgefühl sich zu geben, aber nicht sein leeres Selbstgefühl, sondern sein Selbst in einem Anderen selbst setzend, in das Wissen eines Anderen; – die Tätigkeit geht nicht auf das Negative, das Ding, sondern das sich Wissen des Anderen. Es wird dadurch ein Unteschied in das *Wissen* des Anderen gesetzt, der nur in das Dasein des *Anderen* einen setzte. Er wird dadurch ebenso aufgeregt, er ist *in sich* getrennt, und sein Ausschließen aus dem Sein ist in ein Ausschließen des Wissens umgeschlagen; er kommt zum Bewußtsein, daß er ganz etwas anderes tat, als er *meinte*; sein *Meinen* war das reine Beziehen seines Seins auf sich selbst, sein unbefangenes Fürsichsein. – So erregt stehen beide gegeneinander, – und zwar der zweite als Beleidiger, der erste als der Beleidigte; denn dieser *meinte* nicht *jenen* in seiner Besitznehmung – dieser aber beleidigte, er meinte ihn, was er vernichtete, war nicht die eigene Form des Dinges, sondern die Form der Arbeit oder das Tun des Anderen. Daß also der Ausgeschlossene sich wiederherstellte, bringt nicht die Gleichheit beider, sondern vielmehr eine neue Ungleichheit; – Gleichheit, daß *beide* nun in dem Dinge sich setzten; aber die höhere Ungleichheit des Setzens des Einen in das Fürsichsein des Anderen; – der erstere setzte sich in das herrenlose Ding, der Andere in das besessene.–

Diese Ungleichheit ist aufzuheben; sie muß aber schon an sich aufgehoben sein, und das Tun beider ist nur, daß dies für beide wird. Das Aufheben des Ausschließens ist schon geschehen, beide sind außer sich. Beide sind ein Wissen, sind sich Gegenstand, jeder ist seiner im Anderen bewußt, zwar als ein Aufgehobenes, aber ebenso steht die Positivität auf der Seite eines Jeden, jeder will dem Anderen gelten; es ist jedem Zweck, im Anderen sich anzuschauen;[1] jeder ist der Schluß, / dessen eines Extrem außer ihm ist (aufgehoben im anderen) und jeder ist in sich – aber beide Ich, das in mir, und das aufgehobene im Anderen sind dasselbe. Ich bin mir Inhalt als Zweck, d. h. ich bin mir positiv – mein Ich soll ebenso positiv sein; – oder meine Positivität ist nur erst in mich eingeschlossen, nur erst mein Zweck. Die Ungleichheit hat also α) die Form, daß der Eine nur das Sein des Anderen aufhob, der Andere aber das Fürsichsein des Ersten β) in jedem, daß jeder sich außer sich weiß, der Eine hat sein Dasein verloren, nämlich der Beleidigte; der Andere hat sein Dasein sich wieder gegeben, aber diese Herstellung geschah auf Kosten des Anderen, ist bedingt dadurch, es ist nicht ein unmittelbarer, freier Erwerb. Ihre Rollen sind also umgetauscht, der Beleidiger ist für sich zufrieden, (nicht an sich, denn sein Ansichsein ist bedingt), der zweite ist itzt der Gereizte, der Gespannte, ein fremdes Fürsichsein hat sich in das seinige gesetzt; er geht darauf, nicht mehr sein Dasein herzustellen, sondern sein Wissen von sich, d. h. anerkannt zu werden. Es[2] soll das wirkliche Fürsichsein als solches gesetzt werden, nicht als Form des Dinges, denn diese hatte nicht Bleibendes, noch durch die Sprache; denn das Wissen ist wirklich; – es ist Willen, das Fürsichsein als solches; seine Wirklichkeit hat die Bedeutung, von dem Anderen anerkannt zu sein, ihm als absolut zu gelten. – Daß es aber als absolutes gelte, muß es sich selbst [als] absolutes, als Willen darstellen, d h. als ein solches, dem nicht mehr sein Dasein, das es als Besitz hatte, gilt, sondern dies sein gewußtes Fürsichsein; dessen Sein die reine Bedeutung

[1] *Am Rande:* jeder ist außer sich

[2] *Am Rande:* Jeder weiß sich für sich – denn der Eine hat das Fremde Fürsichsein aufgehoben; der Andere aber schaut sein Fürsichsein aufgehoben; – er schaut es als aufgehoben an – er ist wissen –

des Wissens von sich hat, und so zur Existenz kommt. Solches Darstellen aber ist das durch sich vollbrachte Aufheben des Daseins,[1] das ihm angehört, durch sich selbst, Richtung des / Willens auf sich selbst, auf das Extrem seiner Einzelnheit; (der Charakter ist nur gerichtet auf sich als allgemeines) – Ihm als Bewußtsein erscheint dies, daß es auf den Tod eines Anderen geht, es geht aber auf seinen eigenen, Selbstmord, – indem er sich der Gefahr aussetzt.

Es[3] schaut also sein aufgehobenes äußerliches Dasein an; dies Dasein ist sein eigenstes; es verwandelt das Aufgehobensein jenes Fremden in das seines eigensten Fürsichseins; weil es Vernunft ist. – Das Wiederherstellen ist die Aufnahme seines Daseins in die Abstraktion des Wissens. – Die List ist das Wissen, das Insichsein, Wissen von sich, – wie der Willen nur Trieb; im Triebe haben die Extreme die Form der Gleichgültigkeit, des Seins, er ist noch nicht ein Wissen; der wissende Willen ist zu erfüllen α) als der Liebe, mit dem Wissen der unmittelbaren Einheit der beiden Extreme, ihrer als selbstloser; β) mit dem Anerkennen, mit ihnen als freiem Selbst; jenes ist die Erfüllung des allgemeinen Extrems, – dies des einzelnen; d. h. das Machen desselben zum ganzen Schlusse, dieser Schluß hat die Extreme in der Form des Fürsichseins in ihm. Jenes Erkennen wird Anerkennen. – Es sind sich als fürsichsein Wissende, – so sind sie getrennt – Die Bewegung ist der Kampf auf Leben und Tod. Aus diesem geht jedes [so] hervor, daß es das Andere als reines Selbst gesehen – und es ist ein Wissen des Willens; und daß der Willen eines jeden wissender ist, d. h. in sich vollkommen in seine reine Einheit reflektierter. Triebloser Willen; die Bestimmtheit in sich eingehüllt – das Sein nicht als ein Fremdes zu wissen.

Dieser wissende Willen ist nun allgemeiner. Er ist das Anerkanntsein; / sich entgegengesetzt in der Form der Allgemein-

[1] *Am Rande:* α) Besitz; β) Verschwinden dieses Fürsichseins der Form, des Besitzes γ) Verschwinden seines eigenen unmittelbaren Daseins

[2] *Am Rande:* Gewalt, Herrschaft und Dienen

heit,[1] ist er das Sein, Wirklichkeit überhaupt, – und der Einzelne, das Subjekt ist die Person. Der Willen des Einzelnen ist der allgemeine, und der allgemeine ist [der] einzelne – Sittlichkeit überhaupt, unmittelbar aber Recht.[2]

II. Wirklicher Geist[3]

Weder als Intelligenz ist der Geist wirklich, noch als Willen – sondern als Willen, der Intelligenz ist, d. h. in der Intelligenz sind die Einheit zweier Allgemeinheiten; und im allgemeinen Willen sind diese vollständige Selbst; – sie sind ein Wissen von ihrem Sein, und ihr Sein ist dies geistige, der / allgemeine Willen. In diesem Element hat sich nun das Vorhergehende darzustellen, in ihm hat sich, wie in dem Willen die abstrakte Intelligenz [sich] aufgehoben hat, – oder ihre Gegenstände sich durch sich selbst erfüllten, – so hier der abstrakte Willen aufzuheben, oder als aufgehobener zu erzeugen in dem Elemente des allgemeinen Anerkanntseins, dieser geistigen Wirklichkeit. Der Besitz verwandelt sich dadurch in das Recht, so wie die

[1] *Am Rande:* Wie* die Stufen der Intelligenz und des Willens sich entsprechen.

a) Sprache, Name	α) Liebe hat Dasein
b Verstand Urteil und Vernunft	β) Urteil, Ganzes – Bewegung des Schlusses

Bewegung im Elemente der Sprache

* *Darüber:* Einbildungskraft freier Willen überhaupt
Erinnerung Werkzeug
Zeichen, List.

[2] *Am Rande:* Beschränkung der Freiheit, d. h. der Willkür der Freiheit im Einzelnen, Zufälligen.

[3] *Am Rande:* a) Intelligenz, besondere Vorstellung, Bild überhaupt – seiendes Fremdes leeres Mein – Anerkanntsein ist Dasein erfüllt mit dem Willen;*

b. Willen, Liebe das unmittelbare Anerkanntsein; das Recht dies allgemeine abstrakte Anerkanntsein.

* *Daneben:* ein vollständiges Mein ist erfüllt mit dem ganzen Willen.

* Arbeit vorher in allgemeine; was Familiengut war, worin die Ehegenossen sich wußten,[1] wird allgemeines Werk und Genuß Aller; – und der Unterschied der Individuen wird ein Wissen vom Guten und Bösen;[2] – persönliches Recht und Unrecht.

[a. Anerkanntsein]

a. [Unmittelbares Anerkanntsein]

Das[3] Anerkanntsein ist unmittelbare Wirklichkeit, und in ihrem Elemente die Person, zuerst als Fürsichsein überhaupt; sie ist genießend und arbeitend. – Erst hier hat die Begierde das Recht aufzutreten; denn sie ist wirklich; d. h. sie selbst hat allgemeines, geistiges Sein. Arbeit Aller und für Alle, und Genuß – Genuß Aller; jeder dient dem Anderen, und leistet Hilfe – oder das Individuum hat hier erst als einzelnes Dasein. Vorher ist es nur abstraktes, oder unwahres. – Der Geist kann wohl in eine Abstraktion sich setzen, sich analysieren, und einer Existenz geben – wie das Tier nicht, – wo das Selbst, das in ein System / sich legt, zur Krankheit wird; aber es hat nur augenblickliche verschwindende Existenz. Hier ist die Begierde. Dem Ich, als abstraktem Fürsichsein, steht ebenso seine unorganische Natur als seiend gegenüber; es verhält sich negativ dagegen, und hebt [als] Einheit beider dies auf; aber so daß er es zuerst formiert, es als sein Selbst, die eigene Form anschaut, sich selbst also ebenso verzehrt.[4] Das Dasein, der Umfang der natürlichen Bedürfnisse, ist im Element des Seins überhaupt eine Menge von Bedürfnissen; die Dinge, die

[1] *Am Rande:* (Erlaubte und Unerlaubtes) kommt erst in dem anderen.

[2] *Am Rande:* (Gutes und Böses)

[3] *Am Rande:* abstraktes Sein und Bewegung

[4] *Am Rande:* α) unmittelbares Ich der Arbeit
α) unmittelbare Bewegung des Tuns, das nicht ins Wissen aufgenommen ist; den Charakter der Abstraktion hat seine Arbeit. Arbeitet nicht als Einzelner, konkreter – Totalität der Bedürfnisse

zu ihrer Befriedigung dienen, *werden verarbeitet*; *ihre allgemeine innere Möglichkeit*, als äußere, als FORM gesetzt. Dies Verarbeiten aber ist selbst ein Vielfaches; es ist das sich *zum Dinge Machen* des *Bewußtseins*. Aber im Elemente der Allgemeinheit ist es so, daß es ein abstraktes Arbeiten wird. – Die Bedürfnisse sind viele. Diese Vielheit in Ich aufnehmen, arbeiten, ist die *Abstraktion der allgemeinen* Bilder; aber ein sich bewegendes Bilden. Das *fürsichseiende* Ich ist *abstraktes*; es ist aber arbeitend; sein Arbeiten ist ein ebenso abstraktes. – Das Bedürfnis überhaupt wird *analysiert* in seine viele Seiten; das *abstrakte* in seiner Bewegung ist das Fürsichsein, das Tun, Arbeiten. – Weil nur für das *Bedürfnis als abstraktes Fürsichsein gearbeitet wird*, so *wird auch nur abstrakt gearbeitet*, dies ist der Begriff, die Wahrheit der Begierde, die hier existiert.[1] Jeder Einzelne, / weil er hier Einzelner ist, also arbeitet für Ein Bedürfnis; der Inhalt seiner Arbeit geht über *sein* Bedürfnis hinaus, er arbeitet für die Bedürfnisse Vieler, – und so jeder. Jeder befriedigt also die Bedürfnisse Vieler, und die Befriedigung seiner vielen besonderen Bedürfnisse ist die Arbeit vieler anderer. – Da *seine Arbeit* diese abstrakte ist, so verhält er sich als abstraktes Ich, oder nach der Weise der Dingheit; – nicht als umfassender, inhaltreicher, umsichtiger *Geist*, der einen *großen* Umfang *beherrscht*, und über ihn Meister ist – es hat keine *konkrete* Arbeit, sondern seine Kraft besteht im Analysieren, in der Abstraktion, – in der Zerlegung des konkreten in viele abstrakte Seiten. – Sein Arbeiten selbst wird ganz *mechanisch*, oder gehört einer vielfachen Bestimmtheit an, aber je abstrakter sie wird, desto mehr ist er nur die abstrakte Tätigkeit, und dadurch ist er im Stande, sich aus der Arbeit heraus zu ziehen, und an die Stelle seiner Tätigkeit die der äußeren Natur zu substituieren – er braucht bloße Bewegung, und diese fin-

[1] *Am Rande:* Wie sein Begriff ist, so sein Arbeiten; Befriedigung aller der Bedürfnisse des Einzelnen ist nicht wie er sich zum Gegenstande in seinem Dasein wird, das von ihm hervorgebracht ist. *Allgemeine* Arbeit *Teilung* der Arbeit, – Ersparnis – 10 können so viel Stecknadeln machen als 100;

det er in der äußeren Natur; oder die reine Bewegung ist eben das Verhältnis der abstrakten Formen des Raumes und der Zeit; – die abstrakte äußere Tätigkeit. – Maschine.

Zwischen diesen vielerlei abstrakten Bearbeiteten muß nun eine Bewegung stattfinden, wodurch sie wieder zum konkreten Bedürfnisse werden, d. h. zum Bedürfnisse eines Einzelnen, dies wieder [im] Subjekte, das viele dergleichen in sich enthält. Das Urteil, das sie analysierte,[1] stellt sie sich als bestimmte Abstraktion gegenüber;[2] – ihre Allgemeinheit, zu der es hinaufsteigt, ist die Gleichheit derselben, oder der Wert. In diesem sind sie dasselbe; dieser Wert selbst als Ding ist das Geld. – Die Rückkehr zur Konkretion, dem Besitz, ist der Tausch. – / Das abstrakte Ding stellt im Tausche dar,[3] was es ist, nämlich diese Veränderung zu sein, an der Dingheit in Ich zurückzugehen, und zwar so, daß seine Dingheit darin bestand, der Besitz eines Anderen zu sein. Jedes gibt selbst seinen Besitz, hebt sein Dasein auf, und so, daß es darin anerkannt ist, der Andere es mit Einwilligung des Ersteren erhält; sie sind anerkannt; jeder erhält von dem Anderen den Besitz des Anderen, so daß er nur insofern bekommt, insofern der Andere selbst, dies Negative seiner selbst [ist] – oder als Eigentum durch Vermittlung. – Es ist jeder das Negierende seines Seins, seiner Habe, und diese ist vermittelt durch das Negieren des Anderen; nur weil der Andere seine Sache losschlägt, tue ich es – und diese Gleichheit

[1] *Am Rande:* Bestimmtheit an sich selbst, Zurückgehen zur Einzelnheit

[2] *Am Rande:* Er hat es selbst gemacht zu einem Sein für das Bedürfnis Anderer, wie im Familienbesitz er im Gegenteil damit an sich hielt. Grund ist, weil sein einfaches Dasein allgemeines ist; sein Besitz hat Bedeutung, für Andere zu sein.

[3] *Am Rande:* b) in seiner abstrakten Arbeit schaut er die Allgemeinheit seiner selbst an, seiner Form oder daß es für Anderes ist; – er will also dies setzen – Anderen mitteilen. Oder diese Anderen sollen selbst darin angeschaut werden. Zweite Bewegung, welche die Momente der ersten entwickelt enthält – ich Tun gegen ein anderes Ich, und zwar als anerkannt von ihm; – als ein solches, das sich auf meinen Besitz bezieht, aber den es nur mit meinem Willen haben will, so wie ich mich auf den seinigen nur mit seinem Willen – die Gleichheit beider als ANERKANNTER – WERT, Bedeutung des Dinges

im Dinge, als sein Inneres, ist sein WERT, der vollkommen meine Einstimmung und die Meinung[1] des Anderen hat, – das positive Mein, und ebenso das Sein; die Einheit meines und seines Willens; und mein [Willen] gilt als wirklicher, daseiender, das Anerkanntsein ist das Dasein; dadurch gilt mein Willen, besitze ich, der Besitz ist in Eigentum verwandelt. Im Besitze hat das Sein die ungeistige Bedeutung meines Habens als dieses einzelnen; hier aber das Anerkanntsein – das Sein des Besitzes, daß das Ding ist und ich bin, und jenes als im Selbst befaßtes – Hier / [ist] das Sein allgemeines Selbst, und Haben ist vermitteln durch den Anderen oder ist allgemein – Das Allgemeine ist der Wert; die Bewegung als sinnliche ist der Tausch – dieselbe Allgemeinheit ist Vermittlung als wissende Bewegung – Eigentum, also ein unmittelbares Haben, das vermittelt ist durch das Anerkanntsein – oder sein Dasein ist,[2] ist das geistige Wesen. – Hier ist die Zufälligkeit des Besitzergreifens aufgehoben; ich habe Alles durch Arbeit, und durch Tausch, im Anerkanntsein. (Ich bin ebenso ein Allgemeiner, nicht diese einzelne Person, sondern zugleich Familie; – oder das Eigentum ist α) die Bewegung des Dinges im Tausch. Erbschaft nachher ist der Wechsel der Individuen, Familie ist das *
Bleibende, dies kommt hier noch nicht vor)[3] Quelle, Ursprung des Eigentums ist hier diese der Arbeit, meines Tuns selbst, unmittelbares Selbst, – und Anerkanntsein; Grund; Ich bin die Ursache; ebenso weil ich gewollt habe, Zweck im Tausche – Ursache, Grund das Allgemeine – Ich habe gewollt im Tausche, – mein Ding als Wert gesetzt, d. h. innerliche Bewegung, innerliches Tun – wie Arbeit, das in das Sein versenkte –

[1] *Am Rande:* Das Ding hat die Bedeutung der Beziehung auf Andere, Sein für Anderes, Dasein ist Anerkanntsein, d. h. es ist der besondere Willen jedes Einzelnen darin, und Gleichheit desselben – Einheit absolut Verschiedener – und so daß für jeden der Willen des Anderen ist

[2] *Am Rande:* α) Bilden
β) Erinnerung Wert

[3] *Am Rande:* Ich bin die Zufälligkeit des Besitzes meiner Geschicklichkeit, Neigung, Talent – bessere, näher gerückte Zufälligkeit. Ich selbst absolut notwendig

dieselbe Entäußerung. α) Ich mache mich unmittelbar zum Dinge, Form, die Sein ist in der Arbeit β) dieses meines Daseins entäußere ich mich ebenso, mache es zu einem mir Fremden, und erhalte mich darin; eben darin schaue ich mein Anerkanntsein an; Sein als wissendes, – dort mein unmittelbares Ich; hier mein Fürmichsein, meine Person.

Ich schaue hier also mein Anerkanntsein als Dasein an, und mein Willen ist dies Gelten. /

b. Vertrag

Dies Anerkanntsein im Tausche, das Gegenstand geworden, oder mein Willen ist Dasein, wie der des Anderen. Die Unmittelbarkeit des Anerkanntseins ist auseinander gegangen. Mein Willen ist vorgestellt als geltender nicht nur mir, sondern dem Anderen, und er ist soviel als Dasein selbst. – Der Wert ist meine Meinung von der Sache, diese meine Meinung und Willen hat dem Anderen gegolten, (vermittelt durch seine Meinung und Willen) ich etwas geleistet, ich habe mich dessen entäußert, Negative ist positiv, diese Entäußerung ist ein Erwerben.[1] Meine Meinung – des Werts galt dem Anderen, und mein Wollen seiner SACHE. Sie schauen sich an als solche, deren Meinung und Willen Wirlichkeit hat. Es ist ein Bewußtsein, eine Unterscheidung des Begriffes des Anerkanntseins, Willen des Einzelnen ist gemeinsamer Willen, Satz oder Urteil – und sein Willen ist seine Wirklichkeit[2] als Entäußerung seiner, die mein Willen ist. Dieses Wissen ist im VERTRAG ausgesprochen. – Es ist dasselbe was Tausch – aber ideeller Tausch[3]

[1] *Am Rande:* über was kann ich im allgemeinen kontrahieren – über meine Person, über mein einzelnes unbestimmtes Dienen – (Sitte tritt hier ein – an sich unbestimmbar, die Einzelnheit) – nicht über das Ganze meiner Person – lebenslang unabänderlich – und nicht * [über] Familie und Kinder, davon nachher –

[2] *Am Rande:* Sinn des Eigentums ist, daß mein Willen und Meinungen Dasein hat

[3] *Am Rande:* Anbieten, Gebot,

– α) ich gebe nichts hin, ich entäußere nichts, leiste nicht – als mein *Wort*, *Sprache*, ich wolle mich entäußern, – β) der Andere ebenso – dies mein Entäußern ist ebenso *sein* Willen, er ist damit zufrieden, daß ich ihm dies überlasse, γ) es ist auch sein Entäußern, es ist gemeinsamer / Willen, meine Entäußerung ist vermittelt durch die seinige, nur darum will ich mich entäußern, weil auch *er* seinerseits sich entäußern will; und weil seine Negation meine Position wird. Es ist ein *Tausch* des Erklärens, nicht mehr der Sachen – aber er gilt soviel, als die Sache selbst. Beiden gilt der Willen des Anderen, als solcher. – Willen ist in *seinen Begriff* zurückgegangen.

Hier aber [tritt] diese Trennung ein, die ebensosehr in das Gegenteil umschlagen kann; das in sich Gehen. Der Willen hat als solcher Gültigkeit, – er ist *befreit* von der Wirklichkeit, eben darin ist das Gegenteil – Einzelner und gemeinsamer Willen trennen sich; – jener als negativer des *allgemeinen*, *Verbrechen* nur insofern als ich anerkannt bin, mein Willen für allgemeinen, für Willen an sich gilt; – nicht Beleidigung, Verletzung vor dem Anerkennen. Oder der gemeinsame Willen hat im Vertrage nur positive Bedeutung für den meinigen, wie dieser für jenen, sie stimmen überein. – Aber sie *können* auch nicht übereinstimmen; ich kann den Vertrag einseitig brechen; denn mein einzelner Willen *gilt* als solcher; nicht nur insofern er gemeinsamer ist, sondern der gemeinsame Willen ist ja selbst nur, insofern mein einzelner gilt; – es ist beides gleich wesentlich, mein einzelner so sehr wesentlich [als] die Gleichheit; mein einzelner ist Ursache – und der einzelne und allgemeine erscheinen hier so auseinandertretend; daß mein Willen *gilt*, insofern er nur Willen ist, insofern ich noch nicht geleistet habe. Aber das Leisten ist das Dasein, oder ist der seiende allgemeine Willen. – Es tritt also auseinander in der Vorstellung [der Willen] als allgemein geltender Willen, und der im Dasein; jener gilt für diesen; und doch ist er nicht dasselbe.

Die Unterschiedenheit wirklich setzend, so *breche ich den Vertrag*; der Andere anerkannte *meinen nicht daseienden Willen*; – er war mit ihm zufrieden; das nicht Dasein, nicht geleistet Haben *sollte* zwar aufgehoben werden, ein *Sollen*, aber er anerkannte das Sollen als Sollen; – gerade darin daß der Willen als solcher gilt, liegt die Gleichgültigkeit gegen das Dasein und die Zeit. –[1] / Dies ist Ein Sinn, aber der umgekehrte ist die Wesentlichkeit des Daseins, als eines solchen, und zwar gegen die Wesentlichkeit des Willens als eines solchen, gegen den einzelnen Willen, das Dasein, das die Bedeutung des gemeinsamen Willens hat, gegen die Einzelnheit des Willens, und dieser ist vielmehr gegen jenen zu behaupten.[2] Diese Behauptung ist das Aufheben jenes Daseins, Zwang, der Andere muß leisten, sein Willen, ob er schon Willen ist, wird nicht respektiert, weil er sich selbst als gemeinsamen entgegengesetzt ist. – Mein einzelner Willen ist wesentlich aber zugleich nur Moment; – und darin daß ich ihn als gemeinsamen gesetzt, darin habe ich [mich] als gemeinsamer [Willen] gesetzt; mein Wort muß gelten; nicht aus moralischen Gründen, daß ich mir innerlich gleich bleiben, meine Gesinnung, Überzeugung und so fort nicht ändern solle, sondern ich kann dies ändern; aber mein Willen ist nur als anerkannter da, ich widerspreche nicht nur mir, sondern dem, daß mein Willen anerkannt ist; man kann sich nicht auf mein Wort verlassen, d. h. mein Willen ist bloß mein, bloße Meinung. Die Person, das reine Fürsichsein wird also nicht als einzelner vom gemeinsamen sich abtrennender Willen respektiert, sondern nur als gemeinsamer, – ich werde gezwungen, Person zu sein.

Der[3] Vertrag enthält α) den bestimmten, besonderen Willen als einen allgemeinen β) daher ist sein Inhalt das Ding, welches die Mitte der Beziehung ist, ein besonderes Ding, ein besonderes Dasein, von dem ich abstrahieren kann; – mein zufälliger Willen betrifft Zufälliges, wie im Tausche, das Seiende, das der Mitte angehört, ist ein besonderes, und ich trete als besonderer Willen gegen den anderen / besonderen auf, nicht als Person gegen Person, ich will weder an diese, noch ist diese, der allgemeine Willen als solcher, das Auftretende, sondern er ist verborgen un-

[1] *Am Rande:* Widerspruch des Sollen, vorgestellten Daseins

[2] *Am Rande:* weil er selbst sich als einen solchen setzte, dem sein wirkliches Dasein gleichgültig ist; hält ihn dazu an –

[3] *Am Rande:* Aber dies Anhalten ist einseitig – Widerspruch des Eigentums; Ich bin Person, das Dasein ist mit gleichgültig – und ich lege meine Persönlichkeit in mein Dasein

ter dem bestimmten Dinge; der allgemeine Willen als gemeinsamer, und er als mein reiner Willen oder Person ist vorgestellt im besonderen. – Und mein reiner Willen als solcher ist in der Sprache, meiner Erklärung; – er hat sich darin zurückgenommen aus dem unmittelbaren Dasein des Tausches, aber er ist nur Bedeutung des besonderen Leistens; und der gemeinsame Willen nur Auflösung nicht der Person als solcher, sondern derselben als besonderen Daseins, der Zwang geht nicht auf die Person, sondern nur auf ihre Bestimmtheit, ihr Dasein.

Aber[1] dem Begriffe nach ist das Dasein aufgelöst in der Person, und im allgemeinen Willen; oder es ist nur als reine Person, und als rein allgemeiner Willen, als reine Negativität; dies ist die Kraft des Vertrags; wie ich im Leisten meinen Willen in ein Dasein, d. h. Besonderheit legte, aber dies nur konnte als Person, d. h. weil der Willen als Sein überhaupt gilt, so wurde ich auch gezwungen als Person, denn in dieser Negation meines Daseins war auch mein Sein überhaupt negiert, denn beides ist unzertrennlich; – ich bin in mich reflektiert. – Eben im Zwange kommt dies zur Gegenwart; – nicht diese Besonderheit wird gezwungen, sondern Ich. Es ist also der Begriff gesetzt, aufgestellt, daß der allgemeine Willen das einzelne Ich in sich absorbiert, – als Seiendes gegen ihn, – das ganze Einzelne, und daß ich für mich anerkannt bin, als Person; nicht nur meine Habe und Eigentum ist hier gesetzt, sondern meine Person, oder dies insofern in meinem Dasein mein Ganzes liegt, Ehre und Leben./

c. Verbrechen und Strafe[2]

(Über meine Ehre und Leben findet kein Vertrag statt) – der Vertrag ist aufgehoben, seinem Begriffe nach, nicht [als] ein

[1] *Am Rande:* Ich halte mich nicht an das, was der Andere meint, daß ich leisten sollte, sondern an das, was ist; dies gilt

[2] *Am Rande:* Vertrag geht über Eigentum, Dasein, nicht Person; denn er ist diese Vermittlung, die sich im Dinge, im Dasein anschaut (wie in der Familie Gut, nicht Kind, Werkzeug im Willen, noch nicht)

einzelner.[1] – Der Vertrag setzte meinen Willen in eine abtrennbare Besonderheit; – ich habe diese weggegeben, wie im Tausche, und was geworden ist, ist das Dasein meiner als reiner Person, und so trete ich itzt auf als ein nach meinem reinen Willen Anerkanntes – das Dasein ist im Vertrag zurückgetreten zu einer bloßen Folge; aber, im Vertrage als solchem, ist die Sache abgemacht. – Hier scheint die notwendige Bewegung aufgehoben zu sein,[2] die Verletzung meiner Ehre und Lebens [erscheint] als etwas Zufälliges. – Aber diese Verletzung ist notwendig – Ich bin gezwungen worden; – nicht nur meinem Dasein nach, sondern eben meinem Ich nach, als in mich reflektiertes in meinem Dasein. – Das Anerkennen meiner Person im Vertrag läßt eben mich als daseiend gelten; mein Wort schon für die Leistung; d. h. Ich, mein bloßer Willen, ist nicht getrennt von meinem Dasein, beide gleich – eben diesem widerspricht der Zwang und die Gewalt, denn in meinem Dasein verletzt er mich. / Ich bin beleidigt, wie in der Bewegung des Anerkennens; der Andere hat meinen Besitz verletzt, – nicht, wie in dieser, unmittelbar nur meine Form, sondern meinen anerkannten Willen als solchen, den er anerkannte, daß er im Dasein sei, mit ihm unzertrennlich verbunden. – Ich halte mich für verletzt, und zwar als Person, dem Begriffe nach – Hin- und Hergehen von dem Dasein als einem äußerlichen und einem solchen, worein mein Ich gelegt ist, oder das inneres ist. – Der Widerspruch tritt an mir als Ungleichheit meines ersten und zweiten Wortes hervor, aber er ist derselbe als Ich als allgemeines und als besonderes; – oder indem der Andere ein bestimmtes Geschäft mit mir abmachte, nahm er meinen reinen Willen als das sich Ungleiche, als das Allgemeine, das ein bestimmtes Dasein hat.

[1] *Am Rande:* Im Vertrag hat mein Wort die BEDEUTUNG der Sache; aber [als] Vertrag über Person wäre es mein Wort, mein unmittelbares reines Sein selbst, das ich einsetzte, es gibt hier nichts Bindendes – d. h. das bestimmte Dasein ist persönlicher Dienst

[2] *Am Rande:* Ich habe den Vertrag gehalten, Mann von Wort, d. h. der als ideelle, reine Person, als Ansich, als Sein gilt – Unverletzbarkeit der reinen Person – des Lebens, oder meines Willens, als freien Willen, reine Einstimmung, der sich noch nicht an ein Dasein gebunden hat.

– Gegen den Zwang stelle ich also mein Fürmichsein her; nicht wie in der Bewegung des Anerkennens mein überhaupt verletztes Ich, sondern mein verletztes anerkanntes Ich; – ich will ihm zeigen, daß er mich doch nicht soll zwingen können, d. h. daß mein an die bestimmte Leistung gebundenes Ich, und der Zwang, den ich darin erlitten, eine Verletzung meines reinen Ich war; – ich finde meine Ehre gekränkt, nur meinen Willen nach der Seite dieses bestimmten Daseins aufgehoben, aber dadurch meinen gedachten, reinen Willen. Ich trete als Person gegen die Person eines Anderen auf, ich hebe sein Sein als allgemeines auf, die Sicherheit seiner Person; – ich zeige ihm, daß er in diesem Dasein, Bestimmtheit, mich als Allgemeines verletzt, also ungleich sich betrug, da es nur um die bestimmte Sache zu tun war, ich stehe also zurück gegen ihn; in seiner Leistung gegen mich ist nicht sein Willen verletzt worden, sondern er hat seinen Willen gehabt, und sich nur eines bestimmten Daseins entäußert. – Sein Zwang aber ist eine Entäußerung meines Willens. Ich hebe diese Ungleichheit auf, ihn als Willen, wie er mich – Ich räche mich an ihm, nicht wie im Naturzustande, bloß als an selbstbewußter Tätigkeit, für sich, sondern als an einem Willen, d. h. hier der zugleich In/telligenz [ist], sich selbst denkt, sich als Allgemeines weiß –[1] ein allgemeines Wissen, das auch mein Wissen ist, oder als an einem Anerkannten. Im Zwange stellte er den gemeinsamen Willen zum seienden her, und hob meinen einzelnen Willen, den ich nur anerkenne, auf; mein Willen als solcher ist mir dem allgemeinen gleich; und da er verletzt ist, sein Dasein ihm genommen, so stelle ich dasselbe her – so daß ich des Anderen Sein [aufhebe], der den seinigen, der mir, der ich nicht leistete, entgegen ist, als den allgemeinen setzte. Ich begehe damit das Verbrechen. Gewalttätigkeit, Raub, Diebstahl, Injurie u.s.f. – Die Verbalinjurie hebt ihn auf als[2] ein Allgemeines; ich sage nicht, er hat mir dies oder jenes Schlechte getan, sondern er ist dieses; das Schimpfwort setzt ihn im Allgemeinen als ein Aufgehobenes – Urteil setzt den Baum als grün, er ist grün, d. h. er

[1] *Am Rande:* ein solches wird verletzt, das als gemeinsamer Willen durch mich selbst gesetzt war.

[2] *Am Rande:* culpa, dolus

[ist] nicht Subjekt, sondern allgemein; so das Schimpfwort, macht sein Ganzes zu einem an sich nichtigen. – Oder Realinjurie hebt ihn als Willen auf; – es sei, daß ich ihn bestehle, raube; – dort sein bewußtloses Dasein angreife, und das Sein, seinen Willen überhaupt nicht achte, sondern dagegen tue; – hier offen seinem daseienden, sich aussprechenden Willen entgegen handle; jenes niederträchtiger, dies verletzender – offener Mord endlich,[1] (nicht durch Hinterlist) [ist] überhaupt am wenigsten niederträchtig, aber die größte Verletzung. – Denn Niederträchtigkeit ist das Verhalten zu einem Anderen als nichtseiend, oder das [die] Form der Innerlichkeit behält, daß meine Tat nicht ans Licht / tritt, nicht nach was sie in Wahrheit IST, gefaßt werden kann, sondern listig in sich reflektiert bleibt. – Die innere Quelle des Verbrechens ist der Zwang des Rechts, – Not und so fort – sind äußerliche Ursachen, die dem tierischen Bedürfnisse gehören, aber das Verbrechen als solches geht gegen die Person als solche, und sein Wissen von ihm, denn der Verbrecher ist Intelligenz, seine innere Rechtfertigung ist dies, der Zwang, das Wiederherstellen seines einzelnen Willens zur Macht, zum Gelten, zum Anerkanntsein; er will Etwas sein, (wie Herostrat) nicht gerade berühmt, sondern daß er seinen Willen zum Trotz dem allgemeinen Willen ausgeführt hat. – Das vollzogene Verbrechen ist der Willen, der sich als einzelnen fürsichseienden weiß, zum Dasein gekommen; der Macht des anderen sich als allgemeinen wissenden Willens [zum Trotz]. Aber dies Verbrechen ist die Belebung, die Betätigung – Erregung zur Tätigkeit des allgemeinen Willens. Der allgemeine Willen ist tätig; die anerkannte Tätigkeit ist allgemeine, nicht einzelne, d. h. sie ist ein Aufheben des einzelnen. Strafe ist dieses Umschlagen; sie ist Wiedergeltung als des allgemeinen Willen; ihr Wesen beruht nicht auf einem Vertrage, noch Abschrecken der Anderen, noch Besserung des Verbrechers, – sondern ihr Wesen, Begriff ist

[1] *Am Rande:* Diebstahl [verletzt] nicht den wissenden Willen, – heimlich aber die Verletzung größer, denn er ist im wissenden Willen in seiner Vollständigkeit – ich greife im Raube seine Intelligenz nur als Dasein an; – nicht sein reines Sein – Leben; – absolute Macht über ein Leben, Meister, dies unendliche

dieser Übergang, Verkehrung; des verletzten allgemeinen Anerkanntseins; sie ist Rache, aber als Gerechtigkeit, d. h. das Anerkanntsein, das an sich ist und (äußerlich) verletzt, wiederherzustellen. Dem Verbrecher geschieht das Gleiche, was er getan hat, insofern er sich als Macht gegen einen konstituiert hatte, ein anderes, das Allgemeine als seine Macht – und zwar das Allgemeine als solches – nicht der Einzelne, wie in der Rache; die Rache kann gerecht sein, aber hier ist es die Gerechtigkeit. – α) Der Verletzte ist an sich anerkannt, alles geht im Elemente des Anerkanntseins, des Rechtes vor; – dolus, das Verbrechen hat diese Bedeutung, daß der Verletzer den Verletzten vorher anerkannte (Dieb am meisten), daß der Verbrecher wußte, was er tat – nicht bestimmt den Umfang u.s.f. [, sondern] die Bestimmtheit überhaupt, daß es verboten – oder eben darin dies, daß er eine Person verletzte, ein solches, das an sich / anerkannt ist, daß er im Elemente des Anerkanntseins lebt, daß das Seiende die Bedeutung hievon hatte.[1] β) Dadurch geschieht, daß der Verletzte nicht an seiner Ehre litt, des Bestohlenen, Gemordeten Ehre ist nicht gekränkt – denn er ist an sich anerkannt; oder sein Anerkanntsein ist – nicht wie im Naturzustande die Ehre durch die Verletzung des Besitzes angegriffen wurde, d. h. ein Anerkanntsein, das nur noch in Gedanken ist – die Verbalinjurie verletzt die Ehre, aber nicht absolut, der Injurierte ist nicht rechtlos – an sich ist der Ehrlose auch rechtlos.[2]

Durch diese Bewegung hat sich das Anerkanntsein realisiert vorgestellt α) das bestimmte Dasein und den besonderen Willen in sich zu enthalten; in dem Aufgeben seiner selbst, in seiner Äußerung sich zu erhalten, seinen Willen zu behalten β) diesen Willen als solchen, als den einzelnen als das Seiende [im] Vertrag; Zurückgehen in die Einzelnheit, Verbrechen, als ob dieser als solcher es wäre, Verbrechen Verlust der Einzelnheit des Seins durch den allgemeinen Willen; der versöhnte allgemeine

[1] *Am Rande:* Der sich verletzt Glaubende greift den Anderen bei seinem Leben an, als dem Sein, das unmittelbar mit seinem Fürsichsein Eins ist – quantitatives Verhältnis

[2] *Am Rande:* In dem Tode die absolute Macht, der Herr des Einzelnen – oder der gemeinsame Willen ist zum reinen Sein geworden.

Willen, der absolut als solcher gilt, Abschrecken vom Verbrechen. Anschauen des Gesetzes als die absolute Macht – nicht die des Einzelnen.

b. Das Gewalt habende Gesetz[1]

Es ist die Substanz der Person, und hat diese Momente an ihm, daß sie α) die Vermittlung der Person nach ihrem unmittelbaren Dasein mit ihr / selbst ist; die Substanz ihrer Existenz – die ganz auf der Gemeinschaft mit den anderen beruht,[2] also die absolute Notwendigkeit derselben; das Ganze ist zugleich nur diese allgemeine Subsistenz;[3] die einzelne ist in ihr aufgehoben, oder es wird nur für Alle, nicht den Einzelnen als solchen gesorgt, dieser vielmehr dem Allgemeinen aufgeopfert. β) Der Einzelne gilt als Eigentum besitzend, das Allgemeine ist die Substanz des Vertrags, oder eben dieses Dasein, dieses Gelten des gemeinsamen Willens. Er ist Person, Sicherheit derselben,

[1] *Am Rande:* Das Gesetz ist von dem Anerkanntsein so verschieden, daß es das Selbst des Einzelnen in sich schließt α) nach seinem Dasein β) und nach seinem Wissen – intelligentes Anerkanntsein – α) Substanz β) daß er dies Allgemeine als solches weiß, und sich selbst darin weiß. – Diese Momente kommen an jedem einzelnen Akte vor, α) daß jeder in der allgemeinen Substanz besteht, daß er es weiß – daß sein besonderes Sein unmittelbar allgemeines ist – Es ist, und ist Gegenstand, als Wesen, und als nicht Fremdes, sondern worin jeder sich selbst weiß.

Bewegung dieses intelligenten Gemeinwesen ist seine Erfüllung, als gewalthabende Macht –

[2] *Am Rande:* in seinem Anderssein sich selbst; gemeinsamen Willen – und zwar sich selbst, als reine Abstraktion (Tod) oder reines Wissen.

[3] *Am Rande:* Unterschied, wo der gemeinsame Willen erst durch Einwilligung und bestimmte Erklärung zu Stande kommen muß (Ehe und Vertrag) und wo er unmittelbar Gelten ist (Erbschaft), Sein. Gesetz α) bloßes Erhalten, Existenz des zu Stande gekommenen gemeinsamen Willens; β) wo kein Willen ist, Aufnahme des Begriffs [als] Ansich – Verwandschaftsgrade, Inhalt des Gesetzes; γ) das Gesetz ist das daseiende Ansich, tritt an die Stelle der Lebendigen ein, Vormundschaft; behauptet das Recht des Einzelnen als solchen.

– Gerechtigkeit, die Macht, die ihn als reines Sein enthält,[1] die Macht seines Lebens wie über sein Leben, wie über die Erhaltung seines subsistierenden Daseins. γ) Seine Existenz in ihr ist itzt das Werden an ihm selbst zum Allgemeinen, die Bildung. Oder dieses Kraft / habende Gesetz hat die zwei Seiten, das Einzelne darin bestehend, und das Werden desselben, jenes Bestehen ist aber überhaupt die Bewegung an ihm selbst.

Die[2] Kraft des Gesetzes ist an sich, oder die Substanz, sie ist dies für den Einzelnen, Gegenstand, der sein Wesen, sein Ansich ist, und er selbst ist ihr Leben; er wird α) an ihm selbst das allgemeine, das tote, stumpfe Bewußtsein, β) gebildetes Bewußtsein, das sich in seiner reinen Abstraktion selbst erhält.

a) Das Gesetz [als] das Bestehen seines unmittelbaren Daseins. α) Er ist unmittelbar als natürliches Ganzes in ihm, er ist als Familie; er gilt als dies natürliche Ganze nicht als Person, dies hat erst zu werden – Er ist α) unmittelbares Anerkanntsein, er ist durch Liebe Verbundenes; diese Verbindung ist eine Totalität vieler Beziehungen; die natürliche Zeugung, gemeinsames Zusammenleben, Sorgfalt, Erwerb, Erziehung – die Verbindung ist dies Ganze; das Einzelne ist in diesem Ganzen absorbiert – Als dieses Ganzes ist es für das Gesetz, für das Allgemeine – so ist es Ehe; nicht dieser oder jener Zweck, sondern als das Allgemeine; diese totale Bewegung in sich, Anerkanntsein, Liebe, Anschauen in Sorgfalt, Tun, Arbeit, und Zurückgehen im Kinde,

[1] *Am Rande:* Gesetz des Willens als solchen, und des Daseins

[2] *Am Rande:* Inhalt und Bewegung des Gesetzes. Das Gesetz ist so unmittelbar, sein Inhalt ebenso unmittelbar, es ist noch nicht Sitte, nicht lebendig; sondern abstrakt, als Gesetz ist es das Existieren des gemeinsamen Willens Verschiedener über eine einzelne Sache; sie treten da für das Gesetz [ein], wo sie zu einem gemeinsamen Willen gekommen, über ein bestimmtes Verhältnis und dieses erklären, die Freiheit hebt sich dadurch auf, den Kontrakt zu halten oder nicht – insofern der Einzelne reine Person, Leben ist, Willen als solcher, ist er unmittelbar Gegenstand des Gesetzes. – Das durch Gesetz Unbestimmte ist erlaubt, d. h. das Unbestimmbare durch es als Abstraktion; – nur verboten kann vom Gesetz als solchem werden, geboten nicht, weil der einzelne Willen hier der Anfänger ist, ein gemeinsamer Willen durch sich selbst erst zustande kommen muß – das Einzelne ist das Wirkliche gegen seine Abstraktion

der Zeugung, aber eben darin Auflösung, Eingreifen ins / Ganze. * Dies in sich beschlossene Ganze ist nicht Verbindung durch einen Kontrakt, über ihr Eigentum kontrahieren sie wohl beide; aber nicht über ihren Leib – barbarische Vorstellung Kants, sich die Geschlechtsteile zum Gebrauch überlassen zu wollen, und so auch den ganzen Körper gleichsam als Zugabe; – durch Soldaten könnten sie so zusammengezwungen werden. – a) Daß nicht zu nahe Verwandte sich heiraten ist das positive Gesetz über die Ehe; – dem Begriff der Liebe entgegengesetzt. Selbständige, natürlich Freie, nicht im unmittelbaren Anerkanntsein Gesetzte sollen sich finden; Verwandte sind dasselbe Blut, dasselbe Anerkanntsein. – Auch in diesem Grad der Verwandschaft fängt schon die Unbestimmtheit an, noch mehr aber in Ansehung der übrigen Seiten. b) Einwilligung beider Personen. Für das Gesetz ist die Ehe, insofern beide Personen sind, Willen; die Einwilligung beider Teile, – ob sie sich verheiraten wollen, ob sie dies Ganze, was Ehe heißt, so im Allgemeinen wollen, – nicht im Einzelnen, wie im Kontrakte; – und da jedes zugleich nicht als Einzelnes, sondern als Mitglied der Familie gilt, ob die Familie beider einwilligt. – Die Ehe [ist] eben diese Vermischung der Persönlichkeit und Unpersönlichkeit des Natürlichen – dies das Göttliche – als Natürliches, das geistig in dieser Natürlichkeit ist, nicht nur den Willen bestimmt; daher [ist sie] religiöse Handlung; aber um des Willens willen eine bürgerliche, die vor das Gesetz gehört; – es tritt beides zusammen, wie auch in der Einwilligung die Personen und die Familien. – Das Gesetz ist als der reine Willen die Freiheit von der Einzelnheit; sowohl der Personen, ihres natürlichen Charakters,[1] – als der besonderen Momente, worein die Ehe sich analysiert. – Diese freie Lebendigkeit und das reine Gesetz sind im Wechselspiel miteinander; das reine Wollen ist das Resultat der lebendigen Bewegung, und diese hat jene Abstraktion, reines Denken zu ihrem Sein – und bloß von Seiten des reinen Wollens – des Er/klärens zu wollen, tritt das Gesetz ein; es ist das, was die mehreren Seiten der Individualität nach gar nicht umfaßt hat, noch gar nicht lebendiger Geist ist – daher dieses empirische Widerspiel. Nach

[1] *Am Rande:* Gesetz ist keine Nötigung zur Ehe

dem *leeren Gesetze* ist die Ehe unauflöslich, weil sie ihren *Willen* erklärt haben;[1] – aber dies [ist] vollkommen einseitig – das *Gesetz* erfüllt, muß auf die von ihm *freie Lebendigkeit* Rücksicht nehmen; Zurückgehen aus der gemeinsamen Einheit der Personen in sich (Ehebruch, bösliche Verlassung, incompatibilité d'humeur) – Bestimmungen, die den Inhalt betreffen. – Ob der Zweck der Ehe positiv erfüllt wird, geht das Gesetz nichts an; es ist eine Ehe gestiftet, – *Möglichkeit* der Ehe, nicht zu großer Unterschied des Alters, – (Möglichkeit, sich zu ernähren) – Gesetze bleiben bei diesem Inhalte unbestimmt. *Trennung* der Ehe, dazu gehört der positive Willen eines sich scheiden Wollenden.

Vor dem Gesetz, oder *an sich* ist die Ehe nicht geschlossen durch Eheversprechen, noch durch den Beischlaf, sondern durch den *erklärten* Willen, das Aussprechen, dies *gilt*; – ebenso *ansich* nicht gebrochen durch den Ehebruch, durch bösliche Verlassung, Unverträglichkeit, schlechte Wirtschaft, sondern ob beide dies dafür *ansehen* und es *wollen* – Aber die Frage ist, ob wie sie es ansehen, [es] auch *an sich* so ist; – und umgekehrt, ob was an sich ist, die Parteien auch so *ansehen* wollen; ihr erster Willen der Ehe ist verändert, aber ebenso gut kann auch ihr zweiter Willen sich verändern. Das steife Gesetz könnte bei jenem ersten Willen beharren, und die Ehe für unauflöslich erklären, oder auch das *Natürliche*, das *Ansich* betrachten, und sie auflösen. – Das Natürliche, Unmöglichkeit der Ehe wegen zu ungleichem Alter, – Auflösung wegen Ehebruch, positive Verletzung, die / ansich mit Willen ist (nicht leeres Ansich, Unfruchtbarkeit)[2], ist das Bestimmteste, d. h. die Form der Allgemeinheit aber keine Bestimmung; die Gesetzgebung muß sehen, wie sie zurecht kommt; – diese oder jene Bestimmung festsetzen, – Bestimmung, Sein wegen anderer lebendiger Zwecke; – Soldatenstand, Entvölkerung, – Charaktere der Stände u.s.f. –

[1] *Am Rande:* abstrakte Gesetz kommt in Konflikt mit der *Lebendigkeit*, [es ist] der leere reine Willen – es muß seine Abstraktion erkennen; und nachgeben gegen den erfüllten Willen; – das Gesetz ist noch diese *unlebendige* Allgemeinheit.

[2] *Am Rande:* Die Ehe als das allgemeine Inschutznehmen gegen die Zufälligkeit und andere Verhältnisse

β) Der Einzelne ist nach seinem Wollen in der Ehe betrachtet; – aber als *lebendiger nur eins mit der Familie*, *er hat seiner natürlichen Einsamkeit entsagt*; – in *dieser* hat die *Familie Eigentum*, es ist Eigentum nicht des Einzelnen, sondern derselben, es ist *Familiengut*, – stirbt ein Glied, so fällt nur dies Akzidenz hinweg, und die Familie bleibt, – daher *Erbschaft*, – nicht der nächste Beste hat es in Besitz zu nehmen, es tritt nicht der Naturstand ein – Grund des *Erbens*. – Aber der Einzelne [ist] ebenso reine Person, es ist sein Eigentum – und er ist als solcher allgemein; er stirbt nicht; es ist *sein erklärter* Willen, der über sein Eigentum gilt; nicht ob er lebendig oder tot ist; – so wie ein Vertrag nicht aufhört durch den Tod des einen Kontrahenten, wenn der Willen erfüllt werden kann ohne sein Leben; – Tote können sich nicht heiraten, ebenso wenig als ein Lebendiger mit einem himmlischen Bräutigam; – aber daß einer das Eigentum des Anderen bekommt, dazu bedarf es des Lebens des Empfangenden nicht. – Aber diese Disposition des Einzelnen über sein Vermögen widerspricht der Erbschaft. – Dies kann auf keine absolute Weise vermittelt werden, sondern eins ist durch das andere auf eine bestimmte Weise zu beschränken – bizarre Einfälle in Testamenten (Thellussons) – Zufälligkeit, es ist eben zu sehen, wie man auf eine billige Weise zurecht kommt; – es muß hier und da ab- und zugegeben werden; die Härte / des Gesetzes ist so sehr als möglich zu handhaben, wenn es nicht zu arg wird; – der Willen ist am meisten zu respektieren.

γ) Das Gesetz der Kinder als solcher ist ebenso unbestimmt, Vermischung des eigenen und noch fremden Willen; daher Verträge von nicht Mündigen vor dem Gesetze nicht gültig; das Bestimmte ist α) ihre Mündigkeit, die in Ansehung der Zeit ebenso unbestimmter ist β) die Vormundschaft, die Familie tritt zunächst ein;[1] aber die Aufsicht des Gesetzes ergänzt ihre Unvollständigkeit, als reiner Willen der unmittelbaren Eltern.[2]

b. Dies Gesetz des unmittelbaren Daseins des Einzelnen ist als

[1] *Am Rande:* Gesetz tritt hier positiv ein; – ebenso in Ansehung der Erziehung –

[2] *Am Rande:* Die Erziehung, Anstalten des Staats, Zufälligkeit; der Familienwillen ist zu respektieren; Gesetz.

Gesetz ihr Willen, oder es erhält diesen als solchen – im Verschwinden des zufälligen Seins – Tod der Eltern – wird es positiv, es tritt als das Dasein auf, da sie es vorher waren; – Staat. Es ist das wirkliche Gelten des Eigentums, Element des wirklichen Daseins, durch das Wollen Aller. Das Gesetz beschützt die Familie, läßt sie in ihrem Sein, aber es ist wie die Familie die Substanz und Notwendigkeit des Einzelnen; es ist die bewußtlose Vormundschaft über den Einzelnen, dessen Familie gestorben, das heißt insofern er als Einzelner auftritt. – Es ist die Substanz und Notwendigkeit – harte Seite, in der es auftritt.

α) Ist es das allgemeine Recht, Eigentum überhaupt, schützt jeden bei seinem unmittelbaren Besitz, Erbschaft und Tausch. Aber dies ist nur formales Recht, das in Ansehung [des Inhalts] ganz frei bleibt. – (Zufälligkeit des Erbens) – Das Individuum tritt als erwerbend durch Arbeit auf; hier ist sein Gesetz bloß, daß ihm gehört, was er bearbeitet und was er eintauscht. Aber das Allgemeine ist zugleich seine Notwendigkeit, die ihn bei seiner Rechtsfreiheit aufopfert./

Das Allgemeine ist α) reine Notwendigkeit am einzelnen Arbeitenden; – er hat seine bewußtlose Existenz in dem Allgemeinen, die Gesellschaft ist seine Natur, von deren elementarischer blinder Bewegung er abhängt, die ihn geistig und physisch erhält oder aufhebt. Er ist da durch unmittelbaren Besitz [oder] Erbschaft, vollkommener Zufall. – Er arbeitet eine abstrakte Arbeit, er gewinnt der Natur um so viel ab; aber dies verkehrt sich nur in eine andere Form des Zufalls α) er kann mehr verarbeiten; aber dies vermindert den Wert seiner Arbeit, er tritt damit nicht aus dem allgemeinen Verhältnisse heraus. β) Die Bedürfnisse werden dadurch vervielfältigt – jedes einzelne ist in mehrere abgeteilt; der Geschmack ist verfeinert; er macht mehr Unterschiede; eine Zubereitung ist gefodert, die das zu brauchende Ding dem leichten Gebrauche immer näher bringe, und daß für alle Seiten seines Mißverhältnisses gesorgt werde (Kork, Korkzieher, Lichtputze); er wird gebildet als natürlich Genießendes γ) aber ebenso durch die Abstraktion der Arbeit mechanischer, abgestumpfter, geistloser. – Das Geistige, dies erfüllte selbstbewußte Leben wird ein leeres Tun, die Kraft des Selbsts besteht in dem reichen Umfassen, diese geht verloren. – Er kann einige Arbeit als Maschine freilassen, um so formaler wird sein eigenes Tun. – Sein stumpfes Arbeiten beschränkt ihn auf einen Punkt; – und die Arbeit ist um so vollkommener, je einseitiger sie ist – Aber diese Vielheit erzeugt die Mode, die Veränderlichkeit, die Freiheit im Gebrauche der Formen; – diese Dinge, Schnitt der Kleidung, Art des Ameublements sind nicht Beständiges – ihre Veränderung ist wesentlich und vernünftig – viel vernünftiger, als bei einer Mode bleiben, in solchen einzelnen Formen etwas Festes behaupten wollen – das Schöne ist keiner Mode unterworfen – aber hier findet keine freie Schönheit statt, sondern eine reizende, d. h. die Zierrat eines Anderen / ist und sich auf anderes bezieht – Trieb, Begierde erregen will, also Zufälligkeit an ihr hat – Ebenso unablässig ist das Ringen nach Vereinfachung der Arbeit, Erfindung anderer Maschinen u.s.f. – Die Geschicklichkeit des Einzelnen ist die Möglichkeit der Erhaltung seiner Existenz. – Diese ist der völligen Verwicklung des Zufalls des Ganzen unterworfen – Es werden also eine Menge zu den ganz abstumpfenden, ungesunden und unsicheren und die Geschicklichkeit beschränkenden Fabrik-, Manufakturarbeiten – Bergwerken u.s.f. – verdammt, und Zweige der Industrie, die eine große Klasse Menschen erhielten, versiegen auf einmal wegen der Mode – oder Wohlfeilerwerden durch Erfindungen in anderen Ländern u.s.f., und diese ganze Menge ist der Armut, die sich nicht helfen kann, preisgegeben. – Der Gegensatz großen Reichtums und großer Armut tritt [auf] – die Armut, der es unmöglich wird, etwas vor sich zu bringen; – der Reichtum, wie jede Masse, macht sich zur Kraft, – Anhäufung des Reichtums teils durch Zufall, – teils durch die Allgemeinheit, durch die Verteilung – ein anziehender Punkt einer Art, der [seinen] Blick über das Allgemeine weitere wirft, sammelt um sich her – wie eine große Masse die kleineren an sich zieht; – wer da hat, dem wird gegeben. – Der Erwerb wird ein vielseitiges System, das nach allen Seiten einbringt, die ein kleineres Geschäft nicht benutzen kann; – oder die höchste Abstraktion der Arbeit greift durch desto mehr einzelne Arten durch, und erhält einen um so weiteren Umfang. – Diese Ungleichheit des Reichtums und der Armut, – diese Not und Notwendigkeit wird die höchste Zerrissenheit des Willens, – innere Empörung und Haß – Diese Notwendigkeit, welche die vollkommene Zufälligkeit des einzelnen Daseins ist, ist aber ebenso die erhaltende Substanz desselben; – die Staatsgewalt tritt ein, und muß sorgen, daß jede Sphäre erhalten werde, ins Mittel treten; Auswege, neue Kanäle des Verkaufs in anderen Ländern aufsuchen – u.s.f. – die eine erschweren, insofern sie zu sehr zum Nachteil der anderen übergreift – Freiheit des Gewerbes, das Eingreifen muß so unscheinbar als möglich sein; denn es ist das Feld der Willkür – Schein der Gewalt muß vermieden / werden; – und nicht retten wollen, was nicht zu retten ist, sondern die leidenden Klassen anders beschäftigen – sie ist die allgemeine Übersicht; – der Einzelne ist nur ins Einzelne vergraben – Das Gewerbe wird freilich verlassen von selbst, – aber mit Aufopferung dieser Generation, und Vermehrung der Armut. – Armentaxen und Anstalten.

Aber die Substanz ist nicht nur dies ordnende Gesetz als die Einzelnen erhaltende Macht – sondern sie ist selbst erwerbend – ein allgemeines Gut, ein Gut des Ganzen; – Abgaben; – α) direkte Abgaben vom festen Besitz β) indirekte – jene nach dem physiokratischen System allein; allein die rohen Materialien sind zwar der abstrakte Grund – aber selbst ein bestimmtes Einzelnes – das zu sehr gedrückt erscheint; – es wird verlassen; – dieser Zweig fehlt im Ganzen, und dann werden die Einnahmen vermindert. – Das Abgabesystem muß sich allenthalben einnisten – unscheinbar vorkommen, wenig von Allem, aber überall – ist es unverhältnismäßig auf einer Branche, so wird sie verlassen, weniger Wein getrunken, wenn schwere Auflagen, für alles ist eine Art von Surrogat zu finden, oder Entbehrung – Aber diese Notwendigkeit kehrt sich ebenso gegen sich selbst – die Kosten der Perzeption werden um so beträchtlicher – die Gène, der Mißmut immer größer, da in Allem der Genuß gestört und mit Weitläufigkeiten verbunden ist. – Der Staatsreichtum muß sich so wenig als möglich auf Domänen gründen, sondern Auflagen; jene sind Privatbesitz und zufällig, der Verschleuderung ausgesetzt, weil keiner nichts zu verlieren scheint, sondern gewinnt oder Hoffnung zu gewinnen hat, Auflagen fühlt jeder, und will sie gut verwendet wissen.

b) Diese elementarische Notwendigkeit, Zufälligkeit des Einzelnen, geht in die richterliche Gewalt über; der Einzelne ist zufällig seinem wirklichen Besitz und seiner Geschicklichkeit, Verstand nach,[1] aber als allgemeiner wesentlich, α) als Eigentum überhaupt besitzend, d. h. das abstrakte Recht / – Der Staat[2] ist das Dasein, die Macht des Rechts; das Halten des Vertrags (und des Bleibens bei seinem ruhigen Eigentume;) die daseiende Einheit des Wortes, des ideellen Daseins und der Wirklichkeit, so wie die unmittelbare Einheit des Besitzes und des Rechts, das Eigentum als allgemeine Substanz, – das Bleiben; das Anerkanntsein als geltendes. Gelten ist die Vermittlung des Unmittelbaren, die ebenso unmittelbar geworden.

– Hier ist die Substanz ebenso wie sie das unmittelbare Bestehen ist, so das allgemeine Gesetz, und das Festhalten dieser Abstraktion gegen den Einzelnen, seine gewußte und gewollte Notwendigkeit gegen ihn, und die versuchte Ausgleichung dieser leeren Notwendigkeit und seines Daseins.

αα) Sie ist das Bestehen, der Schutz des unmittelbaren Eigentums, der allgemeine Willen, und ihre Kraft die Kraft aller Einzelnen, ββ) sie ist der Schutz des Vertrags, des erklärten gemeinsamen Willen; das Band des Wortes und der Leistung – und wenn nicht geleistet wird, die Bewegung und Herstellung des Leistens. Richterliche Gewalt. – Sie hält darauf, daß der Vertrag erfüllt werde, was für sie ist, ist der gemeinsame Willen; dieser gilt als das Wesen – Die Zweideutigkeit des Sollens,[3] die im Vertrage seinem Begriffe nach liegt, ist verschwunden; in ihm ist gesetzt als geltend der von der Unmittelbarkeit des Leistens abgetrennte Willen; er ist da, der Andere ist damit zufrieden – Aber dies Dasein ist nur das Dasein des Besonderen – unmittelbares, nicht vermitteltes – im Augenblikke der Übereinkunft[4] ist es so vorhanden, / aber eben dies un-

[1] *Am Rande:* daß der Vertrag gehalten werde

[2] *Am Rande:* der Einzelne hat sein gemeintes Recht nur am Allgemeinen

[3] *Am Rande:* Gebot ist Gesetz – reines Ich, reine Abstraktion im Gesetz – durch strafende Gewalt

[4] *Am Rande:* der Einzelne hat sich seines gemeinten Rechts entäußert – Gebot ist Gesetz, das Gewalt hat.

vermittelte Vorhandensein gilt nicht mehr – sondern ein Vorhandensein, das als gemeinsamer Willen ist, – oder das ebenso ein vermitteltes ist – die BEDEUTUNG *gilt*, der Andere anerkannte mich wohl als noch nicht Leistenden, aber in der Bedeutung des *gemeinsamen Willens* – Diese Bedeutung gilt im Gesetze – die Bedeutung ist das Innere – *die reine Person*, das Gesetz *ist* diese Bedeutung – In der Todesstrafe hat sich alle Zweiheit der *Bedeutung* und des Daseins aufgehoben; ich bin da, wie ich *an mir* selbst bin, nach der Bedeutung, nicht die ich besonders hineinlege, sondern nach der Bedeutung *des gemeinsamen Willens*. –[1] Das Gesetz *zwingt* daher, d. h. hier, es führt gegen meine besondere Bedeutung die gemeinsame aus, gegen mein *Dasein* mein Ansich, oder gegen mein besonderes Selbst mein *allgemeines*. (–Durch diesen Zwang ist meine Ehre nicht mehr verletzt (Bildung), denn *der Zwang* enthält nicht meine Unterwerfung; das Verschwinden meines Selbsts, gegen ein anderes Selbst, sondern *meiner gegen mich selbst, meiner als Besonderen, gegen* mich *selbst als Allgemeinen*, und zwar diesen nicht als *Macht*, sondern als Macht *des Gesetzes*, das ich anerkenne; d. h. *die negative* Bedeutung meiner hat ebensosehr *positive*; ich bin ebenso darin erhalten – Es kommt mir ebenso zu[2] gute – ich[3] bin nicht nur in *meinem Gedanken* erhalten, – Ehre – sondern auch in meinem Sein.)

Allein die Zufälligkeit kommt auf andere Weise hier herein – sie war im Begriff Zufälligkeit des Leistens. Hier $\alpha\alpha$) die Bestimmung des abstrakten Gesetzes seinem / Inhalte nach, – überhaupt vielfach – in den mannigfaltigen Bestimmungen des Einzelnen – je einfacher die Gesetze, desto unbestimmter, je bestimmter, desto mannigfaltiger, desto weiter die Unterscheidung getrieben; und der konkrete einzelne Fall wird dadurch um so mehr zerlegt, und bezieht sich auf [um] so mehrere Gesetze; – da

[1] *Am Rande:* über das Einzelne keinen absoluten *allgemeinen* – sondern gemeinsamen Willen

[2] *Am Rande:* Bildung, sich im Allgemeinen anzuschauen. Menschen müssen zuerst wie Tiere gezwungen werden.

[3] *Am Rande:* Weil ich *positive Bedeutung* habe, behalte ich nicht meine *Meinung* gegen dies Gesetz; – nichts für mich

das Allgemeine hier unmittelbar aufs Besondere angewendet ist, so daß das letztere bestehen soll; so entsteht die schlechte Unendlichkeit; – und eine vollkommene Gesetzgebung nach ihrer Vollständigkeit ist dasselbe Beginnen, wie z. B. alle Farben angeben zu wollen. – Fortdauerndes Gesetzgeben. bb. Je größer diese Mannigfaltigkeit wird, desto zufälliger wird das Wissen von ihnen; die Bürger sollen die Gesetze kennen, wenn sie sie auch nicht begreifen, d. h. nicht ihr Selbst darin wissen – aber geschweige daß die Bürger sie wüßten, wird es um so schwerer, daß die Richter sie wissen, und wenn auch dies, sie in jedem Falle präsent haben; – keine Sammlungen von Gesetzen, eine Menge widersprechender, da man nicht weiß, was schon geboten oder verboten ist. cc) Noch größer wird die Zufälligkeit in Ansehung des Scharfsinns des Richters – die Gesetze geschickt auf den vorliegenden Fall anzuwenden, Gegenwart des Geistes.

Die Rechtspflege und der Prozeßgang ist dann die Ausführung des Rechts – sie ist der gehörige Schutz der Ausführung des Rechts beider Parteien,[1] ihnen ihre Verteidigungsmittel zu erhalten – Der Prozeßgang ist noch wesentlicher fast als die Gesetze selbst. Hier tritt derselbe Gegensatz ein – Prozeßkosten größer, unmöglicher für den, der die Bewahrung des Rechts am meisten nötig hat, die Kosten aufzutreiben – Je vortrefflicher, desto länger, kurz nach allen Seiten ein großes Übel – Schadenersatz nicht vollkommen zufällig – Zeit. Das Gesetz muß von seiner Strenge nachgeben; α) Vergleiche statt des strengen[2] Rechts befördern, Vergleichskommissionen, mit denen die Juristen sehr / unzufrieden sind; Strafe auf prozeßsüchtige Parteien und rabulistische Rechtsbeistände – die Vermehrung der Gerichtskosten selbst, und besonders bei höheren Instanzen u.s.f. – das Recht erschweren,[3] und die Leute nötigen, zu sehen, wie sie zu Rechte kommen; – aber ebenso dafür sorgen, daß, wer Lust hat, sich der ganzen Länge

[1] *Am Rande:* Ausführung des Rechts beider Parteien vor dem Gerichte.

[2] *Am Rande:* Zeit – Wechsel, Ruin der ganzen Einzelnen – Teleskop auf eine gewisse Zeit; chirurgisches Instrument Arznei

[3] *Am Rande:* Abhelfen des Übels ist wieder selbst ein Übel

und Breite der Ausführung überlassen kann. – Es ist der Betrug, in solchen zeitlichen, bestimmten, konkreten sinnlichen Dingen und Verhältnissen als solchen eine absolute Bestimmung finden wollen.

c.[1] Die *peinliche* Rechtspflege ist die Gewalt des Gesetzes über das Leben des Einzelnen; das Gesetz ist seine absolute Macht selbst über sein Leben; denn es ist sein Wesen, als rein allgemeiner Willen, d. h. als Verschwinden seiner als eines besonderen Seins, Lebens; – das Gesetz ist ebenso die Befreiung vom Verbrechen und die *Begnadigung*; es ist ebenso über das Böse Meister, als das reine Leben; die Tat ist für es als ob sie nicht geschehen wäre, das Daseiende hat als solches keine Wahrheit für sie.

Diese[2] Macht über alles *Dasein*, Eigentum und Leben, und eben so den Gedanken, das *Recht* und das Gute und Böse, ist das Gemeinwesen, das lebendige / Volk. – Das Gesetz ist leben-

[1] *Am Rande:* Der Einzelne ist rechtliche Person – und die richterliche Gewalt Bewegung der *Entäußerung* seines Rechts, *seines gedachten Wesens*, in Beziehung auf sein Dasein gilt er als seinen *Willen* in seinem Dasein habend, – und sein *ruhiger* besonderer Willen wird respektiert. – Aber indem er sein *Meinen von Recht* aufgegeben an das Allgemeine so GILT er als *reine Person*, und insofern er als reine Person, als reiner Willen sich vom allgemeinen abtrennt, als das Böse; – in dem bürgerlichen Streite nicht als reiner Willen, sondern *gemeintes* Recht gegen das Allgemeine; so daß dies gelten soll; – oder Recht gegen Besonderheit des Anderen, Betrug, dolus umgeht seinen Willen, aber richtet sich an sein Wissen –

[2] *Am Rande:* Dadurch daß der Einzelne sein *gemeintes* Recht aufgegeben, stellt er sich dar als *reines* Anerkanntsein; er gilt als solcher – wie vorhin sein Willen im gemeinsamen Willen über bestimmte *
Dinge – so gilt itzt sein reiner Willen als solcher – Dieses reine Anerkanntsein hat unmittelbar an ihm selbst die beiden Seiten, reines Anerkanntsein und reines Sein zu sein –

a) α) Als reines Anerkanntsein, als Willen, ist er der Gewalt entgegengesetzt – dem fremden Willen, der *nicht* gemeinsam ist – er ist geschützt gegen Gewalt über sein Eigentum und Tun, und sein Leben überhaupt – sein Leben ist *unmittelbar* sein reiner Willen – β) Er ist als reiner Willen die Abstraktion des reinen Seins – oder er ist nicht mehr ein *Meinen* von seinem Rechte – d. h. er ist *nur da* durch sein Meinen – dies ist er nicht mehr – er ist ein lebloses – D. h. das Gesetz

dig, vollkommenes, lebendiges, selbstbewußtes Leben; als der allgemeine Willen, der *Substanz* aller Wirklichkeit ist, Wissen von sich / als allgemeiner Macht alles Lebendigen und aller Bestimmung des Begriffs – alles Wesens. – Es ist α) der *allgemeine Reichtum* und die allgemeine Not/wendigkeit, die als solche gewußt wird, die mit Wissen dafür erkannt, diesem Bösen geopfert wird; und läßt Allen überhaupt auch ihre Existenz dadurch zu Teil werden; um sie benutzen zu können; – verurteilt eine Menge zur Rohheit, zur Abstumpfung in der Arbeit, – und Armut, um Reichtum Andere sammeln zu lassen, und um ihnen diesen abnehmen zu können; die Ungleichheit des Reichtums macht, daß es gegönnt wird, wenn große Abgaben gegeben werden, vermindert den Neid, und wendet die Furcht vor der Not und der Beraubung ab. – Aristokraten, die keine Abgaben bezahlen, stehen in der größten Gefahr, mit Gewalt ihn zu verlie-

hat vollkommene Macht über sein Leben – er, *sein* Leben, steht gegenüber dem Allgemeinen, worin er reine Abstraktion ist – und dies ist sein von ihm anerkanntes Wesen. – Er hat auf sein Leben gegen das Allgemeine Verzicht getan – es ist, wie Richter über sein *gemeintes* Recht, so über sein reines Sein. – Dies ist die absolute Macht über das Leben – der Einzelne weiß sich *positiv* darin.

b) Der Einzelne aber gegenübertretend, als absolute Macht für sich selbst – ist er für sich absoluter unendlicher Willen; – und absolute Macht – d. h. das Aufhebende eines anderen *absoluten* – dies Andere kann er aufheben – weil es *Sein* ist; quantitativ – bestimmbar durch anderes – unwissend – er faßt es bei diesem an, und hat dadurch das Andere unter sich gebracht – *Mord*; – Verbrechen – er ist das Böse* –

c) Das Gesetz ist die *wirkliche Strafe*, diese Substanz, welche die Umkehrung des Begriffs ist, – daß er sich selbst umgebracht hat – das Andere ist ihm *gleich*, also sich selbst – nicht ein Fremdes – Strafe als Strafe – nicht als Rache – Es ist gegen das *Böse* gekehrt als Böses – dolus, nicht *Schuld überhaupt* – Befriedigung des Begriffes, und beruhigtes Gesetz. Gesetz führt das *Recht* aus.

Aber dies reine Recht ist ebenso der Zufälligkeit ausgesetzt, – oder als reines Recht ist es die *Abstraktion*, die nicht auf sich selbst absolut halten kann – α) es hat den Willen als solchen zu beschützen, und die Verletzung, Gewalt des Anderen auf ihn selbst zurückschlagen zu machen;

* *Daneben:* – nur gegen den WILLEN Gewalt, oder *List*, *aber im einzelnen wo Gewalt und Nichtgewalt* angeht, ist

ren, weil er keine Versöhnung hat in der Aufopferung – Staats-Macht des Daseins und Bestehenlassen, Notwendigkeit und Gewährenlassen den Einzelnen, der es durch seine Versöhnung erkauft. – Die Regierung verschleudert ihren Reichtum, spart nicht.

β) Im Rechte wird sie angeschaut als das gedachte Wesen, erwirbt sich Achtung – Sie überläßt ebenso die Einzelnen dem Betrug, zu ihrem Recht zu gelangen, und gibt sie dieser Verwirrung ihrer Meinung, sich als Personen, Bürger, / zu wissen, als abstrakt Allgemeine, die achtungswert seien, [anheim]; – Achtung erhält das abstrakt Allgemeine; – sie hat dabei die Güte, ihr Recht durch Vergleich und Billigkeit zu korrigieren – Ist ebenso Meister über das Eine als das Andere – abstrakte Allgemeinheit, oder am Dasein. γ) Endlich ist sie die Macht über Leben und Tod, das Furchtbare des Einzelnen – aber ist über das

schwer zu sagen; schon im eigentlichen Vertrage kann sie anfangen. – Das Wollen ist bestimmtes Wollen – es hat Zweck, ist ihm Gegenstand, also Verhältnis des Wissens; dadurch greift es in das Anderssein ein, in Quantitatives, in Zufälliges – der Gegenstand seines Wissens kann ihm verändert werden, verborgen, Zusammenhang des Zwecks und seines Tuns, Mittels ist [eine Frage der] Beurteilung – er kann seinen Zweck auf eine Weise erreicht glauben gemacht werden, wodurch er ihn zerstört – es ist ihm keine eigentliche Gewalt geschehen – er hat sich mit Wissen und Willen im Vertrag ernorm lädiert, und – das Gesetz, dem nur der erklärte gemeinsame Willen gilt, hat hier den eigentlichen Zweck in Schutz zu nehmen; die innere Bedeutung gegen eine enorme Laesion; – den besonderen Willen gegen gemeinsamen Willen, der wesentlich erklärt ist – Hier ist unbestimmt auszumitteln, wo eigentlich die Betrügerei als Gewalt anfängt, die zu bestrafen ist; β) Diebstahl, Raub, – sind eben solche Vermischungen; sie betreffen besonderes Dasein, verletzen dort den Willen, ohne Wissen – hier den Willen und Wissen – aber sie verletzen hier nicht den absoluten Willen, sondern über α) bestimmtes, d. h. β) ihn in einem besonderen Dasein – nicht als reines Sein, nicht als Leben; und die Rückwirkung kann daher auch nicht die absolute, nicht der Tod sein – [sie geht nur] an seine Freiheit, Prügel besonderes Sein – Aber die öffentliche Sicherheit wird zu sehr kompromitiert, d. h. es wird der reine Willen auch darin verletzt – Dieb, Räuber verletzt im Willen den reinen Willen – zwar in einem besonderen Dasein – aber der Willen reine Böse Meister, sie ist der göttliche Geist, der das absolut Andere, das Böse, das im Gedanken als solchem schlechthin Andere als sich selbst weiß.

Dies sind ihre Gewalten, oder abstrakten Momente, sie hat noch kein Dasein, worin diese in sich selbst reflektiert sind.

Die[1] peinliche Gerichtsbarkeit gründet sich darauf, daß α) das Allgemeine die Substanz des Einzelnen ist β) die gewußte und gewollte Substanz, wer sein Recht aufgegeben, hat eben als abstraktes Allgemeines sich entäußert, – d. h. α) positiv, er gilt als Lebendiges und reiner Willen gegen Gewalt, und wird geschützt β) er hat sich als Lebendiges und Willen in die Gewalt des Staats gegeben; durch die Entäußerung des gemeinten Rechts bin ich eine reine Person,[2] bin aber nur als solche als Gesetz, – mein Dasein ist das Gesetz, – d. h. ich hänge ganz davon ab. –

III. Konstitution

Der Staat als Reichtum ist das Aufgehobensein sowohl des vereinzelnten Daseins, – als des Ansichs im Dasein, und als des

ist nur als reiner Willen; – es kann auch die Todesstrafe zuerkannt werden; – (Aber zufällige Umstände) – Grade des Verbrechens ungefähre vielerlei Bestimmung – γ) Eigentlichen Mord – erst wesentlich das Böse, die Imputation – nicht zufällige Tötung – aber auch dort – die Absicht – schwer auszumitteln – zurückflieht aus dem einfachen Dasein des Tuns in die Nacht des Inneren – Geständnis des Verbrechers ist erforderlich – um des Mißtrauens des Schlusses aus den Umständen auf das Innere, dies Innere muß sich selbst aussprechen – ist frei von allen Umständen – Eigensinn gegen diese Aussprache – nicht zu überwinden, soll das Gesetz wissen δ) Das Böse ist das an sich Nichtige – das reine Wissen von sich selbst – diese Finsternis des Menschen in sich selbst – eben dadurch der absolute Willen – nicht Fremdes dem Gesetze; es als sich selbst erkennen, es verzeihen – oder als Tat – ungeschehen machen, denn eben diese einzelne Tat ist ein Tropfen, der das Allgemeine nicht berührt, absorbiert ist – Geist, und behandelt den Menschen als Geist, ein Totschlag, was macht es dem Ganzen? und wieder darin Ungeschehenes.

[1] *Am Rande:* an sich Rache ist gerecht

[2] *Am Rande:* das daseiende Böse ABSICHT, (culpa, dolus–)

reinen Ansichseins der Person – der Mensch hat sein Dasein, Sein und Denken allein im Gesetze.– Das Gesetz / weiß sich als die absolute Gewalt, die ebenso der Reichtum ist, als [sie] den allgemeinen aufopfert, ebenso das Recht beschützt, als Billigkeit und Vergleich, ebenso das Leben beschützt und am Leben straft, wie das Böse verzeiht und das verwirkte Leben schenkt – So ist dieser Geist die absolute Macht überall, welche in sich selbst lebt, und sich nun die Anschauung seiner selbst als dieses geben [muß], oder sich selbst zum Zwecke macht. Als Gewalt ist es nur der Einzelne der Zweck – oder das abstrakte des Einzelnen; seine Selbsterhaltung aber ist die Organisation seines Lebens, der Geist eines Volkes, der sich selbst beabsichtigt. – Sein Begriff, Allgemeinheit in der vollkommenen Freiheit und Selbständigkeit der Einzelnen –

Der Geist ist die Natur der Individuen, ihre unmittelbare Substanz, und deren Bewegung und Notwendigkeit; er ist ebenso ihr im Dasein persönliches Bewußtsein, wie ihr reines Bewußtsein ihr Leben, ihre Wirklichkeit. Sie wissen den allgemeinen Willen α) als ihren besonderen und so, daß er ihr entäußerter besonderer ist, und ebenso ihn als ihr gegenständliches Wesen, ihre reine Macht, die an sich ihr Wesen ist; wie in ihrem Wissen. An der Bewegung der Gewalten ist dreierlei zu unterscheiden α) diese selbst, als geworden durch die Entäußerung β) als Wissen der Einzelnen, und γ [als] allgemeines Wissen. α) Das Werden der Gewalten ist die Entäußerung; aber nicht der Notwendigkeit, sondern die Gewalt des Allgemeinen wird als Wesen gewußt;[1] um dieses Wissen willen entäußert sich jeder seiner selbst;[2] nicht als gegen einen Herrn, sondern gegen sie / in

[1] *Am Rande:* Von Seiten des Einzelnen Bewegung dieser Gewalten – Wegen der Notwendigkeit

[2] *Am Rande:* Dies die Bildung überhaupt, Entäußerung seines unmittelbaren Selbsts – α) Arbeiten überhaupt, Abgaben, β) Meinen, Abstraktion seiner Konkretionen von sich als dem allgemeinen – Roheit, Übelnehmen γ) sich als reines Selbst als aufgehoben wissen.

α) Entäußerung seines besonderen Selbst – er setzt das Selbst auf die Seite des Allgemeinen, das Allgemeine ist das Buch, toter Buchstabe – sein Leben, Willen ist das Selbst der Individuen – Sie

der Form seines reinen Wissens, d. h. seiner als eines Entäußerten, oder seiner als Allgemeinen. Die allgemeine Form ist dies Werden des Einzelnen zum Allgemeinen, und Werden des Allgemeinen; – aber es ist nicht eine blinde Notwendigkeit, sondern durchs Wissen vermittelte; oder jeder ist sich selbst Zweck dabei, d. h. der Zweck ist schon das Bewegende; – es ist unmittelbar jeder Einzelne sich die Ursache, sein Interesse treibt ihn, aber ebenso ist das Allgemeine ihm das Gültige, die Mitte, welche ihn zusammenschließt mit seinem besonderen und seiner Wirklichkeit.

Daß ich mein positives Selbst in dem gemeinsamen Willen habe, ist das Anerkanntsein als Intelligenz, als von mir gewußtes, daß er durch mich gesetzt ist; – daß ich es negativ darin habe, als meine Macht, als das Allgemeine, das das Negative meiner ist, durch Anschauen seiner Notwendigkeit, oder durch die Entäußerung. – Das Allgemeine seinerseits stellt sich so dar, das letztere meine Notwendigkeit zu sein, das erstere sich selbst aufzuopfern, und mich zu dem Meinen kommen zu lassen; hierin erhalte ich das Bewußtsein als meiner / selbst. – Das Recht war der unmittelbare Begriff des Geistes – die Gewalt, die Notwendigkeit seiner Bewegung, das Entäußern, anders Werden. (Das Allgemeine, indem es mein Leben beschützt, und es Macht über mein Leben ist, ist es diese unmittelbare Einheit – des reinen Willens, und des Daseins,[1] – des reinen Bewußtseins und meiner selbst. Zu ihm mich als dieser unmittelbaren Einheit verhaltend habe ich Vertrauen zu ihm –[2] zu ihm nur als meinem negativen Wesen, Furcht, zu ihm,

sind seine Gewalt, sie helfen ihm alle, es kann auf den äußeren Beistand Aller zählen.

β) Eben so gehört ihr reines Wissen ihm an; sie wissen es als ihr Wesen – (als ihre Natur, ihre Sitte,) – Macht, reine Wesen;

γ) ihr besonderes Selbst, sie werden erhalten und Güte –

Das Allgemeine

[1] *Am Rande:* Rückkehr in sich selbst – in der Begnadigung; alles Wirkliche Tat – BÖSE innerliche Wirkliche – ist das Wirkliche, als sich selbst – daseiende, absolute Gewißheit seiner selbst

[2] *Am Rande:* reine Nacht des Fürsichseins absolutes Wissen, das von allem Dasein ganz frei ist

das unmittelbar mein Willen ist, – nicht nur mit ihm übereinstimmt, sondern indem es mein wirkliches Selbst ist, ich bin Regent. – Es ist Herr,[1] öffentliche Gewalt, und Regent, nach diesen drei Seiten gegen mich –)

– Es ist Volk, Menge der Individuen überhaupt, daseiendes Ganzes, die allgemeine Gewalt; es ist von unüberwindlicher Stärke gegen den Einzelnen, und seine Notwendigkeit und niederdrückende Macht, und die Stärke, die jeder nach seinem Anerkanntsein hat, ist die des Volkes.[2] Aber diese Stärke ist[3] wirksam nur insoweit sie in ein Eins verbunden ist,[4] nur als Willen; – der allgemeine Willen ist der Willen als Aller und Jeder, aber als Willen ist er schlechthin nur dieses Selbst, – das Tun des Allgemeinen ist ein Eins; der / allgemeine Willen hat sich in dieses Eins zusammen zu nehmen. – Er hat sich zuerst aus dem Willen der Einzelnen zu konstituieren als allgemeiner, so daß jener das Prinzip und Element scheint, aber umgekehrt ist er das Erste und das Wesen, und die Einzelnen haben sich durch Negation ihrer, Entäußerung und Bildung,[5] zum allgemeinen zu machen, er ist früher als sie, er ist absolut da für sie, sie sind gar nicht unmittelbar derselbe. – Man stellt sich das Konstituieren des allgemeinen Willens so vor, daß alle Bürger zusammentreten,[6] sich beratschlagen, ihre Stimmen geben, und so die Mehrheit den allgemeinen Willen mache – Auf diese Weise ist eben das gesetzt, was gesagt wurde, daß der Einzelne [sich] durch Negation,

[1] *Am Rande:* reale Geist unmittelbares Anderssein, allgemeine Macht

[2] *Am Rande:* Begriff der Konstitution – ihr allgemeines Wesen

[3] *Am Rande:* α) sein Wissen von sich als Gegenstande, als fremder Macht – Einzelner

[4] *Am Rande:* Freiheit des Geistes von der Einzelnheit überhaupt – und die höhere Freiheit von dem bestimmten Dasein

[5] *Am Rande:* Aristoteles – das Ganze ist der Natur [nach] eher als die Teile

[6] *Am Rande:* Es ist vorausgesetzt, was werden soll, – um der Allgemeinheit willen vereinigen sie sich – Zweck – Sie wollten dieselbe, weil sie an sich ist.

Schluß wie im Begriffe des Willens

* durch sich Aufgeben, dazu machen müsse. – Das Gemeinwesen, der Staatsverein, bestehe auf einem urspünglichen Vertrag, zu dem jeder stillschweigend seine Einwilligung gegeben zu haben präsumiert werde, – eigentlich aber ausdrücklich – und dies bestimmt zu jeder folgenden Handlung des Gemeinwesens – Und dies sei das Prinzip des wahren, des freien Staats. – Es wird die Menge wirklicher so vorgestellt, als das Gemeinwesen konstituierend, – es sei von Anfang, daß dieses noch nicht da ist, oder etwa, daß eine Revolution die bisherige Konstitution aufgelöst hat. Hier treten sie als wirkliche Einzelne auf, die jeder seinen positiven Willen im allgemeinen wissen will; aber ihre positive Einzelnheit, weil sie noch keine entäußerte ist, oder die Negativität nicht an ihr selbst hat, ist sie eine Zufälligkeit für das Allgemeine, und dies ein wirkliches anderes als sie; es ist keine Notwendigkeit, daß alle dasselbe wollen, keine Verbindlichkeit, daß die Minderheit sich der Mehrheit unterwerfe, sondern jeder hat das Recht, – denn er ist als einzelner positiver Willen gesetzt, anerkannt, – wegzulaufen; und über etwas anderes mit Anderen zu übereinkommen. – Aber es ist zugleich vorausgesetzt, daß sie an sich allgemeiner Willen seien; dies / Ansich ist ein anderes als ihr wirklicher, und sie haben ihren noch nicht entäußert, anerkennen den allgemeinen nicht, sondern es gilt nur ihre Einzelnheit in ihm[1] – Aber er ist Ansich, er ist da, er ist ihr Ansich; d. h. er ist ihre äußere Gewalt, welche sie zwingt. So sind alle Staaten gestiftet worden, durch die erhabene Gewalt großer Menschen – nicht physische Stärke, denn viele sind physisch stärker als Einer; aber der große Mensch hat etwas in seinen Zügen, das die anderen ihren Herren nennen mögen; sie gehorchen ihm wider Willen, wider ihren Willen ist sein Willen ihr Willen – ihr unmittelbar reiner Willen ist sein Willen – aber ihr bewußter Willen ist anderes; der große Mensch hat jenen auf seiner Seite, und sie müssen, ob sie schon nicht wollen – Dies ist das Voraus des großen Menschen, den absoluten Willen zu wissen, auszusprechen, es sammeln sich alle um sein Panier, er ist ihr Gott. – So stiftete Theseus den Staat Athens, so in

[1] *Am Rande:* zuerst ungebildet – Moment der Unmittelbarkeit überhaupt –

der französischen Revolution erhielt eine fürchterliche Gewalt den Staat, das Ganze überhaupt.[1] Diese Gewalt ist nicht Despotismus, sondern Tyrannei, reine entsetzliche Herrschaft, aber sie ist notwendig und gerecht, insofern sie den Staat als dieses wirkliche Individuum konstituiert, und erhält – Dieser Staat ist der einfache absolute Geist, der seiner selbst gewiß ist, und dem nicht bestimmtes gilt, als er selbst, – keine Begriffe von gut und schlecht, schändlich und niederträchtig, Arglist und Betrug; er ist über alles dieses erhaben, – denn das Böse ist in ihm mit sich selbst versöhnt – In diesem großen Sinne ist * Machiavellis Fürst geschrieben, daß in der Konstituierung des Staats überhaupt, das was Meuchelmord, Hinterlist, Grausamkeit u.s.f. heißt, keine Bedeutung des Bösen hat, sondern des mit sich selbst Versöhnten. – Man hat seine Schrift sogar für Ironie * genommen – aber welch tiefes Gefühl des Elendes seines Vaterlandes, welche Begeisterung des Patriotismus seinen kalten besonnenen Lehren zu Grunde liegt, – spricht er in der Vorrede und im / Schlusse aus – sein Vaterland von Fremden zu Boden getreten, verheert, ohne Selbständigkeit, jeder Edelmann, Anführer, [jede] Stadt[2] behauptete sich als souverän; das einzige Mittel, den Staat zu stiften, diese Souveränetäten zu vertilgen, und zwar, da sie eben als unmittelbare Einzelne für souverän gelten wollen, ist gegen Roheit nur der Tod der Anführer das Mittel, und der Schrecken des Todes für die übrigen – Die Deutschen haben solche Lehren am meisten verabscheut, und Machiavelism drückt das Böseste aus, weil sie eben an derselben Krankheit darniederliegen, und an ihr gestorben sind. – Gleichgültigkeit der Untertanen gegen ihre Fürsten aber, und dieser dagegen, Fürsten zu sein, d. h. als Fürsten sich zu betragen, – macht jene Tyrannei überflüssig – denn der Eigensinn der Fürsten ist dadurch kraftlos geworden.

So ist das Allgemeine gegen die Einzelnen als solche, die ih-

[1] *Am Rande:* Nach Solon Pisistratus hat die Gesetze jenes den Bür- * gern zu eigen gemacht.

[2] *Am Rande:* Ausführung des nordischen Eigensinns der Deutschen, weil sie keinen Tyrannen ertragen konnten, sind sie als Volk verschwunden; – waren nur Nation – Prinzip der absoluten Einzelnheit in die Welt gebracht – das Dasein des Gedankens im Süden der christlichen Religion –

ren unmittelbaren positiven Willen absolut behauptet wissen wollen, Herr, Tyrann, reine Gewalt, – denn es ist ein Fremdes für sie, und die Staatsmacht, die weiß, was sie ist, muß den Mut haben, in jedem Notfalle, wo die Existenz des Ganzen kompromittiert ist, vollkommen tyrannisch zu verfahren – Durch die Tyrannei ist die unmittelbare Entäußerung des wirklichen Einzelnen Willens erfolgt;[1] diese [ist] Bildung zum Gehorsam. – Durch diese Bildung zum Gehorsam – das Allgemeine vielmehr als die wirklichen Willen zu wissen – ist die Tyrannei überflüssig geworden, und die Herrschaft des Gesetzes eingetreten – Die Gewalt, die der Tyrann ausübt, ist die Gewalt des Gesetzes, an sich; durch den Gehorsam ist selbst es / nicht mehr fremde Gewalt, sondern der gewußte allgemeine Willen[2] – die Tyrannei wird gestürzt von den Völkern, weil sie abscheulich, niederträchtig sei und so fort, – in der Tat aber nur darum, weil sie überflüssig ist, – das Andenken des Tyrannen wird verabscheut; – er ist eben darin auch dieser seiner selbst gewisse Geist, der als der Gott nur in sich und für sich handelt, und nur auf Undank seines Volkes gefaßt ist – Wäre er aber weise, – so würde er seine Tyrannei, sowie sie überflüssig ist, selbst ablegen, – so aber ist seine Göttlichkeit nur die Göttlichkeit des Tiers, die blinde Notwendigkeit, die eben [als] das Böse verabscheut zu werden verdient – Robespierre ging so damit um –, seine Kraft hat ihn verlassen, weil die Notwendigkeit ihn verlassen, und so wurde er mit Gewalt gestürzt – Das Notwendige geschieht – aber jeder Teil der Notwendigkeit pflegt nur Einzelnen zugeteilt zu werden[3] – der Eine ist der Ankläger und Verteidiger, der Andere Richter, der Dritte Henker, aber alle sind notwendig.

– Die[4] Herrschaft des Gesetzes ist nun nicht dies Gesetz-

[1] *Am Rande:* Aufgehobene unmittelbare Diese

[2] *Am Rande:* sie machen es sich zu eigen – Schmeichelei erwirbt das, dem sie schmeicheln – Wegwerfung ist Bemächtigung dessen, wogegen man sich wegwirft

[3] *Am Rande:* Furcht ist im Gehorsam verschwunden

[4] *Am Rande:* als ansich seiende, die ewigen Gesetze der Götter – ob sie Solon gegeben – sie sind ansich; Wesen des Denkens und Seins – keine selbstgegebenen Gesetze – haben nicht mehr die Gestalt des einzelnen Willens, sondern des eigenen

geben, als ob keine da wären, sondern sie sind da –, und das Verhältnis ist die Bewegung der zum Gehorsam Gebildeten gegen das Gemeinwesen; zum Grunde liegt dies daseiende Wesen. – Das Zweite ist das Vertrauen, das eintritt, d. h. daß der Einzelne sein Selbst ebenso darin weiß, als sein Wesen; – sich darin erhalten FINDET,[1] zwar dies nicht begreift und einsieht, wie er darin erhalten werde, durch welchen Zusammenhang und Veranstaltung. Das Allgemeine hat so unmittelbar / negative und positive Bedeutung zugleich – jene durch die Tyrannei, diese in der Erhaltung des Einzelnen, oder [durch] die Entäußerung des Allgemeinen.

Diese[2] Einheit der Individualität und des Allgemeinen ist nun auf die gedoppelte Weise da – Extreme des Allgemeinen, das selbst Individualität ist, Regierung – ist nicht ein Abstraktum des Staats –, Individualität, welche das Allgemeine als solches zum Zwecke hat – und das andere Extrem derselben, welche das Einzelne zum Zweck hat – Beide Individualitäten als dieselben, – derselbe sorgt für sich und seine Familie, arbeitet, schließt Verträge, u.s.f. und ebenso arbeitet er auch für das Allgemeine, hat dieses zum Zwecke – nach jener Seite heißt er bourgeois, nach dieser citoyen.[3] – Dem allgemeinen Willen wird als der Mehrheit von Allen gehorcht, und konstituiert durch das bestimmte Aussprechen und Stimmen der Einzelnen; auch diejenigen, welche nicht der Meinung der Majorität sind, gehorchen; – wenn schon die Maßregel oder das Gesetz wider ihre Überzeugung ist. – Es steht ihnen offen, zu protestieren, d. h. ihre Überzeugung zu verwahren,[4] daß sie zwar mit ihrem Gehorsam, aber nicht mit ihrer Überzeugung dabei sind, bestimmt zu erklären; was besonders Sache der Deutschen ist, diese Zähigkeit, an der Überzeugung zu hängen, diesen Eigensinn des abstrakten Wollens, des leeren Recht, ohne die Sache, ohne den Besitz. – In dieser Demokratie ist der Wil-

[1] *Am Rande:* Form der unmittelbaren Einheit

[2] *Am Rande:* Lebendige Einheit – alte Sittlichkeit

[3] *Am Rande:* Spieß- und Reichsbürger, einer so sehr formaler Spießbürger als der andere

[4] *Am Rande:* abgeschmackt

len des Einzelnen noch zufällig α) als Meinung überhaupt – er muß auf sie gegen die Majorität Verzicht tun, β) als wirklicher Willen – als Selbst, oder Tun – ist der Willen selbst einzeln, und ihm muß sich jeder unterwerfen; die Ausführung setzt das willenlose wirkliche Gehorchen, jeder entsagt seiner Meinung über die Ausführung γ) die Beschlüsse, Gesetze gehen hier nur auf besondere Umstände – die Einsicht des Zusammenhanges derselben mit dem Allgemeinen ist die Einsicht Aller, aber wegen ihrer Besonderheit selbst zufällig. / Die WAHL der Beamten, Heerführer, steht der Gemeine zu, sie ist ein Zutrauen zu ihnen, das aber erst durch den Erfolg gerechtfertigt wird; – die Umstände sind immer verschieden – Dies ist die schöne glückliche Freiheit der Griechen, die so sehr beneidet worden und wird[1] – Das Volk ist zugleich aufgelöst in Bürger, und es ist zugleich das Eine Individuum, die Regierung – es steht nur in Wechselwirkung mit sich; – die Entäußerung der Einzelheit des Willens ist unmittelbare Erhaltung desselben. – Aber es ist eine höhere Abstraktion notwendig, ein größerer Gegensatz und Bildung, ein tieferer Geist. Es ist das Reich der Sittlichkeit – jeder ist Sitte, unmittelbar eins mit dem Allgemeinen; – es findet kein Protestieren hier statt; jeder weiß sich unmittelbar als allgemeines; d. h. er tut auf seine Besonderheit Verzicht, ohne sie als solche, als dieses Selbst, als das Wesen zu wissen. – Die höhere Entzweiung ist also, daß jeder vollkommen in sich zurückgeht, sein Selbst als solches[2] als das Wesen weiß, zu diesem Eigensinne kommt, vom daseienden Allgemeinen abgetrennt, doch absolut zu sein – in seinem Wissen sein Absolutes unmittelbar zu besitzen; – er läßt als Einzelner das Allgemeine frei, er hat vollkommene Selbständigkeit in sich, – er gibt seine Wirklichkeit auf,

[1] *Am Rande:* derselbe Willen ist der Einzelne, und derselbe der Allgemeine

[2] *Am Rande:* sein Selbst nicht im Gesetze, Sitte; oder Wesen das Gesetz, – das Böse; die in sich gegangene, und ebendadurch vollkommen entäußerte – das sein Dasein preisgegeben – eine andere Welt – als die seinige, weiß – In der Wirklichkeit kommt nur diese Entäußerung selbst überhaupt zum Vorschein. – Dieser absoluten Allgemeinheit steht die Unmittelbarkeit des Seins ebenso gegenüber.

gilt sich nur in seinem Wissen.[1] b) Das freie Allgemeine ist der Punkt der Individualität, diese, so frei von dem Wissen Aller, ist eine nicht durch sie konstituierte, – als Extrem der Regierung also eine unmittelbare, eine natürliche, es / ist der erbliche Monarch, er ist der feste unmittelbare Knoten des Ganzen. – Das geistige Band ist die öffentliche Meinung; – dies das wahre legislative Korps, Nationalversammlung – (allgemeine Bildung) – unnütze Künsteleien, Kollegien, Gesetze zu verbessern – Erklärung des allgemeinen Willens – er lebt in der Exekution aller Befehle – die Regierungsbeamten gehören diesem Geiste an – Es wird itzt anders regiert und gelebt in Staaten, deren Konstitution noch dieselbe ist – und diese ändert sich nach und nach mit der Zeit – die Regierung muß nicht auf die Seite des Vergangenen treten und es hartnäckig beschützen – Aber gleichsam der letzte sein, der überzeugt ist; und ändert – wirkliches Tun wirklicher Willen – durch Wahl der Beamten – jede Sphäre, Stadt, Zunft [vertreten] in der Verwaltung ihrer besonderen Angelegenheiten – Volk ist schlecht, wenn es die Regierung ist – und so schlecht als unvernünftig. Das Ganze aber ist die Mitte, der freie Geist, der sich frei von diesen vollkommen befestigten Extremen selbst trägt, das Ganze [aber ist] unabhängig von dem Wissen der Einzelnen, sowie von der Beschaffenheit des Regenten – leere Knoten.

Dies ist das höhere Prinzip der neueren Zeit, das die Alten, das Plato nicht kannte, – in der alten Zeit war das schöne öffentliche Leben die Sitte Aller, – Schönheit unmittelbare Einheit des Allgemeinen und Einzelnen, ein Kunstwerk, worin kein Teil sich absondert vom Ganzen, sondern diese genialische Einheit des sich wissenden Selbsts und seiner Darstellung [ist;] aber das sich selbst absolut Wissen der Einzelnheit, dieses absolute Insichsein, war nicht vorhanden – Die Platonische Republik ist – wie der Lacedämonische Staat – dies Verschwinden der sich selbst wissenden Individualität.[2] – Durch dies Prinzip ist

[1] *Am Rande:* öffentliche Meinung – einer ist so vernünftig als sein Staat es ist

[2] *Am Rande:* Plato hat nicht ein Ideal aufgestellt, sondern den Staat *

die äußere wirkliche / Freiheit der Individuen in ihrem unmittelbaren Dasein verloren; aber ihre innere – die Freiheit des Gedankens – erhalten; der Geist ist gereinigt von dem unmittelbaren Dasein, er ist in sein reines Element des Wissens getreten, und gleichgültig gegen die daseiende Einzelnheit; er fängt hier an, als Wissen zu sein; oder es ist seine formale Existenz als [die des] sich Selbstwissens; – er ist dies nordische Wesen, das in sich ist, aber sein Dasein im Selbst Aller hat.

Nach diesem Prinzip ist α) die Vielheit der Individuen, Volksmenge, gegenüber deren Einen Individuum, dem Monarchen – jene sind die Vielheit, Bewegung, Flüssigkeit; – dieses ist das Unmittelbare, Natürliche – dies allein ist das Natürliche, d. h. hieher hat sich die Natur geflüchtet; – es ist der letzte Rest derselben, als positiv – die Familie des Fürsten ist die einzige positive – die anderen sind zu verlassende [1] – das andere Individuum gilt nur als entäußertes, gebildetes, als das, zu was es sich gemacht hat, – das ganze Gemeinwesen ist so wenig an das Eine als Andere gebunden – es ist der sich selbst tragende unzerstörbare Körper, – der Fürst mag beschaffen sein, wie er will, die Bürger, wie sie wollen, – das Gemeinwesen ist in sich geschlossen und sich erhaltend.[2] β) Ebenso / frei als jeder Einzelne in seinem Wissen, in seiner Gesinnung und so verschieden sie ist

seiner Zeit in seinem Inneren gefaßt – aber dieser Staat ist vergangen – nicht die platonische Republik ist nicht ausführbar – weil er des Prinzips der absoluten Einzelnheit entbehrte – Das Wirkliche sieht freilich äußerlich nicht so [aus], als das Ideal – weil der Beobachter sich an das Unmittelbare hält – an das Notwendige – Ausschweifung, Untergang, Liederlichkeit, Lasterhaftigkeit der Einzelnen muß ertragen werden können – der Staat ist die List

[1] *Am Rande:* dies allein dazu geboren, unmittelbarer Willen – oder große Individualität – Energie des Wollens absoluter Entschluß, an sich, eines Willens – Wir befehlen.

[2] *Am Rande:* Nicht die Künstlichkeit der gesetzgebenden u.s.f. Gewalt – Selbst ist das höchste – freies Preisgeben der Gewalten, der Notwendigkeit

List, die Einzelnen machen zu lassen, sorgt jeder für sich, fließt ins Allgemeine – höheres Insichreflektiertsein des Geistes. Garantie

– ebenso frei sind die Gewalten, die einzelnen Seiten des Ganzen, abstrakte Momente – die Arbeit, Fabrikation, – Rechtszustand und Verwaltung und Militär, jedes bildet sich vollkommen nach seinem einseitigen Prinzip aus,[1] – das organische Ganze hat vollkommene Eingeweide, die sich in ihrer Abstraktion ausbilden, – es ist nicht jeder einzelne, Fabrikant, Bauer, Handwerker, Soldat, Richter u.s.f. – sondern dies teilt sich – jeder gehört einer Abstraktion an – und er ist sich Ganzes in seinem Denken.

(Es ist nun dreierlei zu entwickeln, erstlich die Glieder des Ganzen, die äußere feste Organisation und ihre Eingeweide, die Gewalten wie sie an ihnen sind[2] – β) die Gesinnung eines jeden Standes, sein Selbstbewußtsein – sein Sein als in sich rein wissendes – unmittelbares Losreißen von dem Dasein – Wissen des Geistes von seinem Gliede, als solchem – und Erhebung darüber – jenes Sittlichkeit – dies Moralität – drittens Religion; – das Erste ist die frei entlassene geistige Natur – das andere ist das Wissen ihrer von sich selbst, – als von dem Wissen; das dritte der sich als absoluter Geist wissende Geist, – die Religion.) /

gegen die Willkür; allgemeine Konstitution der Stände – nicht Landstände; allgemeine Vernunft die Vernunft des Volkes – so gescheit als die Einrichtungen sind –*

* *Daneben:* Flüssigkeit alles Einzelnen

[1] *Am Rande:* Organisation des Geistes; α) Pflicht – b) Moralität; jeder von seinem Stand über sich erheben. α) Natur – oder Stand der Einzelnheit β) allgemeine Stand, Zweck das Allgemeine, Geschäftsmann, – Gelehrter, Soldat und Regierung γ) Religion, Philosophie, seiender Geist

[2] *Am Rande:* Der Stand und der Geist eines Standes; dieser bestimmte Geist ist es eigentlich, der sich fortbildet, vom rohen Vertrauen und Arbeit an bis zum Wissen des absoluten Geistes von sich selbst. – Er ist zuerst das Leben eines Volkes überhaupt, von diesem hat er sich zu befreien –

α) sein Bewußtsein ist im Besonderen, drei erste Stände – β) sein Gegenstand wird das Allgemeine im Geschäftsstand,

Die Stände; oder die Natur des sich in sich selbst gliedernden Geistes

Der[1] alle Wirklichkeit und Wesenheit als sich selbst wissende Geist schaut sich an, ist sich Gegenstand, oder er ist sich daseiender Organismus.[2] Er bildet sein Bewußtsein – er ist nur erst wahrer Geist; an sich; in jedem Stande hat er eine bestimmte Arbeit, Wissen von seinem Dasein und Tun in demselben, – und einen besonderen Begriff, Wissen von der Wesenheit. Beides hat sich teils zu trennen, teils zu vereinigen; – das Vertrauen ist das Erste, die Entzweiung desselben in die Abstraktion des Rechts ist das Zweite; – das absolute Mißtrauen ist das Dritte; (oder das absolute Gelten des Dinges – des Geldes – des Repräsentanten, des Allgemeinen) – Damit [tritt] der Gegenstand ein, der an sich der allgemeine ist, der Staat ist Zweck – Wissen von der Pflicht; Moralität – aber dies Allgemeine in seinen besonderen Zweigen, Geschäftsstand. – Dann das Allgemeine als Allgemeines, der Gelehrte, – endlich der Soldatenstand – das negierte wirkliche Einzelne, Gefahr des Todes – dem Gelehrten ist die Eitelkeit seines Selbsts das Wichtigste. – Absolute Individualität des Volkes. /

I) Die niederen Stände und Gesinnungen

a) Der Stand des unmittelbaren Vertrauens und der rohen konkreten Arbeit, Bauernstand. – Das absolute Vertrauen ist der Grund und das Element des Staates; – es tritt aber in dem gebildeten Staate zurück zu einem Stande – zu dem elementarischen Ausgangspunkte – und allgemeinen Elemente, das in Allen bleibt – aber die ihrer bewußtere Form annimmt. – Der Bauernstand ist also dies individualitätslose Vertrauen, das seine Individualität in dem bewußtlosen Individuum, in der

[1] *Am Rande:* I. die unteren Stände, oder die im Besonderen ihren Gegenstand und ihr Bewußtsein haben.

[2] *Am Rande:* Das Bewußtsein ist sein Stoff, woraus er sich sein Dasein macht

Erde hat.[1] Als Arbeiten ist er nicht der Arbeiter der abstrakten Form, sondern sorgt so ungefähr für das meiste, Ganze seiner Bedürfnisse, ebenso ist sein Werk nur im Inneren mit seinem Tun verbunden – der Zusammenhang seines Zwecks und der Verwirklichung ist das Bewußtlose, die Natur – er ackert, sät, aber es ist Gott, der das Gedeihen gibt – die Jahreszeiten, und das Vertrauen, daß von sich selbst das werde, was er in den Boden gelegt – die Tätigkeit ist das unterirdische – Steuern und Abgaben bezahlt er, weil es ebenso IST – diese Äcker, Häuser, sind von allen Zeiten so belegt – es ist so, weiter nichts – alte Rechte – und wenn Neues ihm aufgelegt wird, so versteht er es nicht warum, sondern sieht es als eine individuelle Herrschaft an, daß die vornehmen Herrn viel brauchen, – daß im Allgemeinen der Staat dessen wohl bedarf – aber unmittelbar sieht er dies nicht ein, sondern [nur, daß] eben Geld von ihm gezogen wird, die Geschäftsmänner auch leben müssen, und der vornehme Herr, der Fürst, eben der vornehme Herr, der Fürst ist – So läßt er sich das Recht auch mehr wie einen Befehl auflegen, und verlangt nur, nicht daß er die Sache einsehe, sondern daß nur mit ihm gesprochen werde, daß ihm gesagt werde, was er tun [solle], und [wozu er] kommandiert sei, – eine derbe Anregung, daß er merkt, es sei hier eine Gewalt vorhanden, in / dieser Form muß beigefügt sein; – er seinerseits bringt dann seinen Bauernverstand auch zu Tage, zeigt, daß er so dumm nicht sei, spricht etwas ins Gelag, so eine Maxime, und gegen die Gewalt, daß man ihn anzufahren brauche, er tue es schon; und indem er so das Recht seines Verstandes und seines Willens verwahrt, so gehorcht er – Es ist das Formelle des Sprechens und Einsehens – Dieser Formalismus des Wissens geht in das abstrakte Wissen, sowie das konkrete Arbeiten in das abstrakte über.

Die konkrete Arbeit ist die elementarische, [das] substantielle Erhalten, der rohe Grund des Ganzen, wie das Vertrauen; – der Stand macht im Kriege die rohe Masse aus; ein rohes blindes Tier, das in seiner Dumpfheit mit sich zufrieden, wenn ihm sein Recht nicht widerfährt sich nur in seine Einzelheit reflektiert und tückisch wird, – und wenn es losschlägt, als ein blindes tolles Ele-

[1] *Am Rande:* es arbeitet nur die Möglichkeit

ment tobt, wie eine Wassersflut, die nur zerstört,[1] höchstens allgemeinen befruchtenden Schlamm absetzt, aber sich verläuft, ohne ein Werk zu Stande gebracht zu haben.

b) Diese Substantialität geht über in die Abstraktion der Arbeit und des Wissens vom Allgemeinen, – Stand des *Gewerbes* und des *Rechts* – *Des Bürger*standes Arbeit ist die abstrakte des einzelnen Handwerks; – seine *Gesinnung* die *Rechtschaffenheit* – Er hat die Arbeit der Natur genommen, und das Formieren aus der Bewußtlosigkeit herausgehoben; – das Selbst ist über die Erde herausgetreten; die Form, das Selbst des Werkes, ist das Selbst des Menschen – das Natürliche ist gestorben – es kommt nur als bloße Fähigkeit für einen Gebrauch und Arbeit in Betracht.

Das Vertrauen ist ein näheres, bestimmteres im Bewußtsein; der Bürgerstand sieht auf den Nahrungsstand seiner Stadt; auf die Zahl der Genossen seiner Arbeit; – seine Tätigkeit und Geschicklichkeit ist die Zufälligkeit, die aus der Zufälligkeit der Natur in ihn zurückgekehrt ist, und ihm zukommt. – Er weiß sich bestimmt als / Eigentümer, und nicht nur weil er besitzt, sondern weil es sein Recht ist, behauptet er es; er weiß sich als Anerkannter in seiner Besonderheit, und drückt dieser allenthalben den Stempel auf; – er genießt nicht so, wie der Bauer in seiner Rohheit, sein Glas Bier oder Wein, um sich zu seiner allgemeinen Dumpfheit zu erheben, teils in ihr eine Bewegung seines Geschwätzes und Verstandes zu geben, sondern sich damit zu zeigen, wie mit seinem Rocke, und dem Putze seiner Frau und Kinder, daß er so gut ist, wie ein anderer, und es so weit gebracht hat – er genießt darin sich selbst, seinen Wert und Rechtschaffenheit, dies hat er sich erarbeitet und vor sich gebracht – Nicht den Genuß des Vergnügens genießt er, sondern daß er diesen Genuß hat, die Einbildung von sich selbst.

c) Diese Einbildung seines Wertes, seines allgemeinen Selbsts, in die Besonderheit wird zur unmittelbaren Einheit, indem das Gelten und Haben gleichbedeutend wird, – die Einbildung verschwindet, seinen Stand auszufüllen, seine Besonderheit in diese

[1] *Am Rande:* Lehensystem, Freiheit vom Boden, – diese tierische Freiheit, die über das Pflanzenleben hinausgeht.

Allgemeinheit erhoben zu haben; – es ist]nicht] der Stand als solcher, der mehr gilt, sondern die Realität der Habe, als solche – die Abstraktion des Rechts und Standes ist erfüllt, und gilt nur so sehr sie erfüllt ist. – *Kaufmannstand*. Die Arbeit des Kaufmanns ist der reine Tausch, weder natürliches, noch künstliches Produzieren und Formieren – der Tausch ist die Bewegung, das Geistige, die Mitte, das vom Gebrauch und Bedürfnisse so wie von dem Arbeiten, der Unmittelbarkeit Befreite; diese Bewegung – die reine, ist hier Gegenstand, und Tun – der Gegenstand selbst ist entzweit in den besonderen, Handelsartikel, und das abstrakte, das *Geld*[1] – eine große Erfindung – das Ding des Bedürfnisses zu einem bloß *vorgestellten*, ungenießbaren geworden; – der Gegenstand ist also hier ein solches, das rein nur nach seiner *Bedeutung* gilt, nicht mehr ansich, d. h. für das Bedürfnis – es ist ein schlechthin *Inneres*. Die Gesinnung des Kaufmannstandes ist also dieser Verstand der Einheit des *Wesens* und des *Dinges* – so reell ist einer, als er Geld hat; – die Einbildung ist verschwunden – die Bedeutung hat unmittelbares / Dasein – das *Wesen* der Sache ist die Sache selbst – Der *Wert* ist klingende Münze. – Es ist das formale Prinzip der Vernunft vorhanden. (Aber dies Geld, das die *Bedeutung* aller Bedürfnisse hat, ist selbst nur ein *unmittelbares Ding*,) – es ist die Abstraktion von aller Besonderheit, Charakter u.s.f., Geschicklichkeit des Einzelnen; die Gesinnung ist diese Härte des Geistes, worin der Besondere ganz entäußert nicht mehr gilt, striktes *Recht*, der Wechsel muß honoriert werden, es mag zu Grunde gehen, was will – Familie – Wohlstand, Leben u.s.f. – gänzliche Unbarmherzigkeit – Fabriken, Manufakturen gründen gerade auf das Elend einer Klasse ihr Bestehen – Der Geist ist sich also in seiner Abstraktion Gegenstand geworden – als das *Selbstlose* Innere. Aber dies Innere ist das Ichselbst – und dies Ich ist sein Dasein selbst – die Gestalt des Inneren ist nicht das tote Ding – *Geld*, sondern ebenfalls *Ich* – Oder[2] dem Geist ist der Staat überhaupt Gegenstand seines Tuns und Bemühung, und Zweck.

[1] *Am Rande:* alle Bedürfnisse sind in dies Eine zusammengefaßt

[2] *Am Rande:* α) Vertrauen und Konkretion der Bauern; – der Geist als *dieser* hebt sich auf in die abstrakte Allgemeinheit, den Gegen-

II. Der Stand der Allgemeinheit

α) Der öffentliche Stand ist unmittelbar dies Eingreifen des Allgemeinen in alles Einzelne, oder die Blutgefäße und Nerven, die sich durch alles hindurch-/schlingen, es beleben, erhalten, und ins Allgemeine zurückbringen – Er ist die Notwendigkeit und das Leben des Ergießens des Besonderen ins Allgemeine; die Verwaltung und Werden des öffentlichen Reichtums, wie die Ausübung des Rechts, und dann die Polizei. – Die Kraft der Regierung besteht darin,[1] daß jedes System als ob es allein wäre frei sich und unabhängig seinem Begriffe nach ausbildet, – und die Weisheit der Regierung, jedes zugleich nach dem Stande zu modifizieren, d. h. von der Strenge des abstrakten Begriffes nachzulassen für ihr lebendiges Eingeweide – wie die Adern und Nerven den verschiedenen Eingeweiden nachgeben, und sich nach ihnen richten und bilden – Die steife abstrakte Anordnung der Gewalten für alle Stände auf dieselbe Weise macht das Harte einer Regierung aus. – Ist aber dies Abstrakte, ohne sich aufzugeben, modifiziert, so entsteht dadurch die Zufriedenheit der Stände mit ihrer Regierung – Abgaben beim Bauern gröber, Steuern und Zehenten etwas, daß ohne große Formalität ist; – er muß nicht den weitläufigen Formalitäten ausgesetzt werden, die bei Zöllen der Kaufmannsgüter vorkommen. Die indirekten Auflagen müssen vorzüglich auf den Bürger und Kaufmannstand mit ihrer ganzen Schwere lasten – Der Bauer wird durch Formalitäten selbst zwar aufmerksamer und gebildeter – aber es muß seiner Dumpfheit nachgegeben werden – Ebenso in Ansehung des Gerichtlichen – es muß für den Bauernstand die leichtere, gröbere Justiz – für den Bürger die rechtliche ausführliche, daß ihm ja sein Recht nach allen Seiten geschieht – für den Kaufmann die harte strikte des Wechselrechts vorhanden sein – Ehegesetze geändert nach dem Charakter der Stände – Bauernvolk – auch Bürger vertragen sich leichter wieder, – prügeln sich und werden wie-

satz des Rechts, oder das Gelten des Allgemeinen – β) Kaufmann stellt die Einbildung wieder her – formalen Begriff der Einheit des Selbsts und der Realität, naiver unmittelbarer Einheit – Ich = Ding – ihre Bedeutung das konkrete

[1] *Am Rande:* Substanz, worin alle Momente fortwuchern

der gute Freunde – Aber der tiefere Sinn, das Bösere der höheren Stände geht in sich, kann nicht vergessen, noch sich versöhnen – Auch in Ansehung des peinlichen [Rechts] kann Unterschied, Modifikationen in An/sehung der Strafe stattfinden – die formale steife Gleichheit ist eben das [, was] den Charakter nicht schont, – dasselbe verletzt in dem einen Stande tiefer, oder Herstellung unwiderbringlich, was im anderen nicht schändend ist. – Die Strafe ist die Versöhnung des Gesetzes mit sich selbst – wenn sie nicht Todesstrafe ist,[1] muß sie nicht den Menschen bürgerlich töten; wer seine Strafe ausgestanden, dem kann kein Vorwurf mehr gemacht werden über sein Verbrechen – er ist in seinen Stand reintegriert – es gibt nicht absolut schändendes – Verletzung des Gefühls, daß er nicht mehr wiederkehren kann – aus seinem Stande, Charakter ausgestoßen ist; es muß ihm in seiner Strafe noch sein Stand erhalten werden (höhere Stände auf die Festung, statt ins Zuchthaus unter die anderen Verbrecher anderer Stände)

Wie besondere Rechtspflege, so besondere Wissenschaft, – Religion – dahin sind unsere Staaten noch nicht gekommen –

(Die[2] Polizei kommt hier hinzu, – von Politia, das öffentliche Leben und Regieren, Handeln des Ganzen selbst – itzt herabgesetzt zum Handeln des Ganzen auf die öffentliche Sicherheit jeder Art – Aufsicht auf Gewerbe – gegen Betrug – das allgemeine Vertrauen realisiert – Vertrauen beim Umtausch der Waren – Es sorgt jeder nur für sich, nicht für das Allgemeine, das ruhige Ausüben seines Eigentumsrechts und freie Disposition über sein Eigentum ist der mögliche Schaden für Andere – Beschränkung hievon, Verhütung von Schaden – auch davon, daß bloß nach Vertrauen verfahren wird – Polizei [wacht] über Dienstboten, daß ein Kontrakt / gemacht werden [muß] – Zünfte bestimmen

[1] *Am Rande:* Duell* bei dem Soldatenstande erlaubt; weil er nicht ein bürgerlicher ist – nicht den Zweck des Erwerbs hat – Stand der Ehre; des im reinen ANERKANNTSEIN der MEINUNG leben – nicht des Eigentums und Rechts

* *Darüber:* Selbstrache, Naturzustand; Ehre seiner Waffen ebenso wie für den Staat, so für sich selbst – nicht der Feldprediger darf sich dagegen muksen

[2] *Am Rande:* freie Disposition über sein Eigentum,

Rechte der Meister über Lehrlinge und Gesellen – so über Arbeitslohn und dergleichen)

Der öffentliche Stand arbeitet für den Staat, der Geist hat sich zum allgemeinen Gegenstande erhoben – Geschäftsmann; aber seine Arbeit ist selbst sehr geteilt, abstrakt, – Maschinenarbeit;[1] es ist wohl unmittelbar für das Allgemeine – aber nach einer beschränkten und zugleich feststehenden Seite, bei der er nicht ändern kann. – Seine Gesinnung ist, daß er seine Pflicht erfüllt; er erhebt das bestimmte Allgemeine zum Wissen des Allgemeinen; er sieht in seinem bestimmten Tun das Absolute. Moralische Gesinnung – der Geist hat sich über den Charakter erhoben – er tut ein Allgemeines.

b) Der eigentliche Geschäftsmann ist zum Teil auch zugleich Gelehrter; – er weiß, seine Pflicht zu erfüllen – dieses Wissen ist leer, allgemein, oder in der besonderen Pflicht gilt nur das Allgemeine – Dies[2] reine Wissen ist zu erfüllen, hat sich einen Inhalt an sich selbst zu geben – einen freien Inhalt, der ein interesseloser Gegenstand zugleich ist – oder worin Ich mein Denken ebenso habe wie die Pflicht ist – aber so daß dies mein Denken zugleich frei von mir ist – dies[3] ist die / Wissenschaft überhaupt – Der Geist hat hier irgendein Objekt, das er ohne die Beziehung auf die Begierde und Bedürfnis behandelt – es ist die Intelligenz,[4] die sich selbst weiß – der Gegenstand ist der Begriff irgend ei-

[1] *Am Rande:* das Anerkanntsein an sich selbst haben; – jeder [stimmt] dieser Moralität nach überein, obenein, daß er tut, was seinem Stande angehört –

[2] *Am Rande:* leeres Denken seiner – als Pflicht

[3] *Am Rande:* gebildete öffentliche Meinung, Schatz der Maximen des Bewußtseins – Begriffe des Rechts – und Unrechts – Einsicht – gegen diese öffentliche Meinung kann man nicht – Von ihr gehen alle Veränderungen aus, und sie selbst ist nur der bewußte Mangel des fortschreitenden Geistes; was der Geist sich zu eigen gemacht – das ist als Gewalt überflüssig. Wenn die Überzeugung nachgelassen – die innere Notwendigkeit, so kann keine Gewalt sie zurückhalten – aber Weisheit der Regierung zu wissen, was eigentlich der Geist nicht mehr will – Seine Sprache formell Allgemeinheit – So französische Revolution – Abschaffung der PRIVILEGIERTEN Stände – dies vollbracht – Abschaffung der Ungleichheit des Standes, leeres Gerede –

[4] *Am Rande:* erfülltes Denken –

nes bestimmten Dinges – von seiner sinnlichen Beschaffenheit aufsteigend zu seinem Wesen. – Aber es ist ein fremd erscheinender Gegenstand; ein Tun, welches den *Gedanken* als solchen behandelt – *sich selbst* als Intelligenz entäußert, nicht als absolutes *wirkliches Selbst*;[1] – der Begriff wird sich nicht zum Gegenstande. Er erhebt sein *Denken* in die Allgemeinheit, tilgt die *Willkür* desselben, was an sich und notwendig ist.

Dies fehlende Moment wird in dem *Soldatenstand* ersetzt, – oder das Ganze ist Individualität. – Seine Geschäftigkeit für das daseiende Ganze,[2] sein Denken desselben geht in das Selbst zurück – das Ganze ist Individuum, Volk, das gegen andere gekehrt ist; die Wiederherstellung des gleichgültigen Standes der Individuen gegeneinander, *Naturzustand*; hier erst ist er *real*. – Das Verhältnis ist teils ruhiges Bestehen der unabhängigen Individuen von einander, Souveränität; – teils Verbindung durch *Verträge*; aber die Verträge haben nicht die *Wirklichkeit* des wirklichen Vertrags; nicht eine *daseiende* Macht derselben, sondern das Volksindividuum ist eben das Allgemeine als daseiende Macht – Sie müssen daher / nicht nach der Weise bürgerlicher *Verträge* betrachtet werden; – sie haben keine Verbindlichkeit, sowie ein Teil sie aufhebt – Es ist dieser ewige Betrug,[3] Traktaten zu schließen, sich zu verpflichten, und diese Verpflichtung wieder verschwinden zu lassen. – Ein allgemeiner Völkerverein zum ewigen Frieden,[4] wäre die Herrschaft Eines Volks, oder es wäre nur ein Volk – ihre Individualität vertilgt – Universalmonarchie. – *Moralität* hat nichts zu tun in diesem Verhältnisse; denn sie ist das unerfüllte, individualitätslose Wissen der

[1] *Am Rande:* Krieg, die Regierung *nach innen*, einzelnes Volk – Kunst, Religion, die *Philosophie*

[2] *Am Rande:* *Stand* der *Ehre*, Anerkanntsein der Meinung

[3] *Am Rande:* für die *Kunst* arbeiten und einander *lieben*; *Normalvolk* Juden – *Wasser werden zu Sümpfen**

* *Daneben:* leere Träumerei Ewiger Friede, goldenes Zeitalter

[4] *Am Rande:* Krieg
α) Macht gegen die Wirklichkeit der Systeme
β) Weisheit der Regierung – Verletzung der *Prinzipien*

Pflicht als solcher – Unsicherheit, Ungewißheit – aber die Sicherheit in der absoluten Gewißheit seiner selbst.

Soldatenstand und Krieg sind α) die wirkliche Aufopferung des Selbsts, – die Gefahr des Todes für den Einzelnen; das Anschauen seiner abstrakten, unmittelbaren Negativität, wie er ebenso sein unmittelbar positives Selbst ist; das Verbrechen ist notwendiges Moment in dem Begriffe des Rechts und Gewalthabenden Gesetzes; – daß jeder als dieser Einzelne sich selbst als absolute Macht macht – als absolut frei sich schaut, – für sich und reell gegen ein Anderes als die allgemeine Negativität; – im Kriege ist es ihm gewährt – es ist Verbrechen für das Allgemeine; der Zweck die Erhaltung des Ganzen – gegen den Feind, der auf die Zerstörung desselben geht – Diese Entäußerung muß eben diese abstrakte Form haben, individualitätslos sein, der Tod kalt empfangen und gegeben werden, nicht durch die statarische Schlacht, wo der Einzelne den Gegner in das Auge faßt und in unmittelbarem Haß denselben tötet – sondern der Tod leer gegeben und empfangen wird.[1] /

In[2] dieser Individualität, als absolutem Selbst und Negativität der Einzelnen, ist die Regierung, die Spitze des Ganzen vollendet; – α) als Krieg ist sie sich selbst, als bestehend die Organisation ihrer Stände erschütternd, – und die durch alles hindurchgreifenden Systeme des Rechts, der persönlichen Sicherheit und Eigentums, – es kommt darin zur Anschauung, daß sie in der Macht des Allgemeinen verschwinden[3] – was im Begriffe ihr Übergang in einander ist, ist hier vorhanden; – die Zerrüttung derselben, die Unterjochung und Zwang unter die reine Macht – Hier ist Arbeiten und etwas vor sich Bringen, Recht des Eigentums und Sicherheit der Person nicht dies absolute Bestehen, sondern vielmehr ihre Beschädigung, die Einwurzelung des Einzelnen in sein Dasein, dies Auseinanderfallen des Ganzen in Atome tilgt sich hier; – der Einzelne hat seine absolute Freiheit,

[1] *Am Rande:* unpersönlich aus dem Pulverdampf –
[2] *Am Rande:* Regierung der seiner selbst gewisse Geist der Natur
[3] *Am Rande:* Polizei

und eben dies ist die Kraft der Regierung.[1] – Dieser unmittelbare reine Willen ist ebenso selbstbewußter Willen; die Regierung ist dies Wollen, ist das abstrakt Allgemeine des Rechts u.s.f., sie ist der Entschluß, das einzelne Wollen. – Weisheit der Regierung – erstlich – diese abstrakten Momente[2] den Ständen überhaupt anzupassen – und in einzelnen Fällen Ausnahmen vom Gesetze zu machen. – Die Ausführung überhaupt ist nicht dies tote Tun,[3] – sondern die Vereinzelung des Allgemeinen ist / eben, es aufheben, und [im] einzelnen ihm entgegengesetzt handeln.[4] Sie ist der seiner selbst gewisse Geist, der frei vom Geist das Rechte tut, unmittelbar handelt –[5]

Der[6] Geist ist so die erfüllte Freiheit. – Stand, bestimmter Charakter als Realität, und durch sie hindurchgreifendes abstraktes System des Bestehens der Einzelnen – Zweige der Gewalten – aber ebenso die Freiheit von dem Bestehenden als solchem, und der seiner unmittelbar bewußte Geist.

[1] *Am Rande:* List der Regierung, den Eigennutz* der Anderen machen zu lassen, Recht, Verstand des Kaufmanns weiß, worauf es in der Realität [ankommt –] in ihren Nutzen verwenden, so stellen, daß sie in sie zurückgeht

* *Daneben:* α) Roheit β) Moralität γ) die Wissenschaften und Wahrheit, dem menschlichen Geschlechte heilsamen Wahrheiten ausspinnen –

[2] *Am Rande:* Wasser, die nicht vom Winde bewegt, zu Sümpfen werden – –

[3] *Am Rande:* List – in sich Zurückgekehrtsein – die Regierung dies beschäftigte Tun

[4] *Am Rande:* Geist der Regierung* als allgemeine Gesinnung

* *Daneben:* seiner selbst gewisse in seiner Einfachheit zu geben und zu nehmen

[5] *Am Rande:* der seiner gewisse Geist zur Ruhe der Allgemeinheit in sich gekommen

[6] *Am Rande:* γ) Sittlichkeit der seiner selbst gewisse Geist – Selbstgewißheit – der das Herz zum Grab seines Herzens gemacht – alle Freuden und Leiden seines Herzens – alle Sünden und Verbrechen sich selbst verziehen – und getan als ob nichts geschehen – seine Pflicht ohne weiteres nur seine Einbildung – auf Stand, auf das, was er ausgestanden, was er getan – vollkommene Bildung, Gefahren des Todes, Arbeiten u.s.f. vergessen, Ruhe in der unmittelbaren Gegenwart – nicht bornierte moralische Begriffe

C. Kunst, Religion und Wissenschaft

Der absolut freie Geist,[1] der seine Bestimmungen in sich zurückgenommen, bringt nun eine andere Welt hervor; eine Welt, welche die Gestalt seiner selbst hat; wo sein Werk vollendet in sich ist, und er zur Anschauung seiner als seiner gelangt – Als Intelligenz hat das Seiende die Gestalt eines Anderen – als Willen, / seiner selbst – Anerkanntsein ist das geistige Element; aber noch unbestimmt in sich, und daher erfüllt mit mannigfachem Inhalte – das Gewalthabende Gesetz ist die Bewegung dieses Inhalts – oder das Allgemeine sich anschauend als Vermittlung – die Konstitution ist seine Erzeugung des Inhalts aus sich selbst, er konstituiert sich selbst, aber in der Form des Gegenstandes, – er macht sich zum Inhalte, und als Regierung ist er der seiner selbst gewisse Geist, der es weiß, daß dies sein Inhalt ist, er die Macht darüber; geistiger Inhalt. Er hat also itzt diesen Inhalt als solchen sich selbstwissenden zu erzeugen –

So ist er unmittelbar die Kunst. Das unendliche Wissen, das unmittelbar lebendig, seine eigene Erfüllung ist, das alle Bedürftigkeit der Natur und der äußeren Notwendigkeit, der Entzweiung des Wissen von sich und seiner Wahrheit – in sich zurückgenommen – Sie ist unmittelbar die Form, der der Inhalt gleichgültig ist, und die sich in jedem herumwerfen könnte – jedes als Unendliches zur Anschauung bringen kann; sein inneres Leben oder seinen Geist hervortreten läßt – es als Geist zum Gegenstande macht – Sie schwankt zwischen der Gestalt und dem reinen Ich derselben – und so zwischen plastischer und musikalischer Kunst – die letztere ist das reine Hören, worin die Gestaltung nur das verschwindende Tönen zum Dasein [bringt], und die Melodie der Bewegung unter der Harmonie, dem in sich selbst zurückgekehrten Dreiklang sich bewegt – sie ist gestaltlose Bewegung – der Tanz dieser Bewegung selbst ist die anschauungslose – der Zeit angehörige – Darstellung – Das andere Extrem die Plastik ist die ruhende Darstellung des Göttlichen – Zwischen beide fällt die Malerei, – das Plastische, welche die Farbe in

[1] *Am Rande:* Geist als Natur, seine eigene Natur ruhige Gleichmütigkeit, – zur Anschauung

sich, das Selbstische in der Form der Empfindung an sich nimmt – die *Poesie*, das Plastische als Vorstellung der Gestalt in das Musikalische, dessen Tönen zur Sprache erweitert – einen Inhalt in sich hat.

Die absolute Kunst ist die, deren Inhalt der Form gleich ist, – es kann alles in die Kunst erhoben werden – aber diese Erhebung ist eine fremde Einbildung, es muß als *seiender* Inhalt – der prosaischen Anschauung nach – selbst der Form gleich sein – dies ist der Geist selbst – *Natur*poesie daher die schlechteste – Land/schaftliche u.s.f. weil ihre Belebung der Gestalt, in der sie unmittelbar ist, widerspricht – moderne Formalismus der Kunst – Poesie aller Dinge; Sehnen aller, – nicht eine äußere Gewalt – die Dinge sind so *an sich*, in der göttlichen Anschauung – aber dieses *Ansich* ist das abstrakte, das ihrem Dasein ungleich ist – Diese rein intellektuelle Schönheit – diese Musik der Dinge – hat das homerisch Plastische zu seinem Gegensatze – jenes unsinnlich, dies sinnliche Anschauung – hier nicht die Form des Symbols, der Bedeutung, es wird nur leise, fern daran angeschlagen; – hier soll die *Bedeutung* selbst hervortreten – aber die Gestalt ist verloren. Die Kunst ist in diesem Widerspruche mit sich selbst – wenn sie selbständig ist, zur Allegorie ausgedehnt werden zu müssen, und dann ist sie als Individualität verschwunden, und die Bedeutung herabgesetzt in die Individualität, so ist jene nicht ausgedrückt.

Die Kunst erzeugt die Welt als geistige und für die *Anschauung* – sie ist der indische Bacchus, der nicht der klare sich wissende Geist ist, sondern der *begeisterte Geist* – der sich in Empfindung und Bild einhüllende, worunter das Furchtbare verborgen ist. – Sein Element ist die Anschauung – aber sie ist die *Unmittelbarkeit*, welche nicht vermittelt ist – dem Geiste ist dies Element daher unangemessen. Die Kunst kann daher ihren Gestalten nur einen beschränkten Geist geben; die Schönheit ist Form, sie ist die Täuschung der absoluten Lebendigkeit, die sich selbst genügt, und in sich geschlossen und vollendet sei. – Dies Medium der Endlichkeit; die Anschauung kann nicht das Unendliche fassen; es ist nur *gemeinte* Unendlichkeit. Dieser Gott als Bildsäule, diese Welt des Gesanges, welche den Himmel und die Erde, die allgemeinen Wesen in mythischer individueller

Form, und die einzelnen Wesen, das Selbstbewußtsein umschließt; – es ist gemeinte, nicht wahre Vorstellung, – es ist nicht die Notwendigkeit, nicht die Gestalt des Denkens darin; – die Schönheit ist vielmehr der Schleier, der die Wahrheit bedeckt, als die Darstellung derselben. – Oder als Form der Lebendigkeit, – [ihr] entspricht der Inhalt nicht, er ist beschränkt; der Künstler fodert daher häufig, daß das Verhältnis / zur Kunst nur Verhältnis zur Form sei, und von dem Inhalt zu abstrahieren sei; – aber diesen Inhalt lassen sich die Menschen nicht nehmen – Sie verlangen Wesen – nicht bloße Form – der Kenner ist dieser Betrachter der reinen Poesie, und des Verstandes des Künstlers, [ob] die Motive, das Detail, das durchs Ganze bestimmt ist und es hervorhebt, verständig gewählt, die Partien gut auseinandergehalten seien u.s.f.

Die Kunst in ihrer Wahrheit vielmehr RELIGION. Erhebung der Kunstwelt in die Einheit des absoluten Geistes; – in jener gewinnt jedes Einzelne durch die Schönheit freies eigenes Leben – aber die Wahrheit der einzelnen Geister ist, Moment in der Bewegung des Ganzen zu sein – Wissen des absoluten Geistes von sich als absolutem Geiste; er selbst ist der Inhalt der Kunst, die nur die Selbstproduktion seiner als in sich reflektierten selbstbewußten Lebens überhaupt ist –

In der Kunst ist α) dieses einzelne Selbst, Eins, nur ein besonderes, der Künstler; – der Genuß der Anderen ist das Selbstlose, allgemeine Anschauung der Schönheit β) die Bestimmtheit ist einzelner Inhalt – daher seine Unmittelbarkeit als Dasein – wie des Selbsts getrennt von der Schönheit – der Einheit der Individualität und der Allgemeinheit, oder des Selbsts und seines allgemeinen Daseins. – In der Religion aber wird der Geist sich Gegenstand, als absolut Allgemeines, oder als Wesen aller Natur [, des] Seins und Tuns, und in der Gestalt des unmittelbaren Selbsts – das Selbst ist allgemeines Wissen, und die Rückkehr dadurch in sich – Die absolute Religion ist dies Wissen – daß Gott die Tiefe des seiner selbst gewissen Geistes ist, dadurch ist er das Selbst aller – Es ist das Wesen, das reine Denken, – aber dieser Abstraktion entäußert, ist er wirkliches Selbst; er ist ein Mensch, der gemeines räumliches und zeitliches Dasein hat – und dieser Einzelne sind alle

Einzelnen – die *göttliche Natur* ist nicht eine *andere* als die *menschliche* – alle *anderen Religionen* sind *unvollkommen*; – entweder nur Wesen – das Furchtbare der Naturmacht, worin das Selbst nur nichtig ist – oder die schöne Religion, – die mythische – ein Spiel, / das des Wesens nicht würdig, ohne *Gründlichkeit* und *Tiefe ist*, wo *das Tiefe* das *unbekannte Schicksal ist*. *Die absolute Religion aber ist das Tiefe*, *das zu Tage herausgetreten* – dies Tiefe ist das Ich – es ist der Begriff, die absolute reine Macht.

(In ihr ist also der Geist mit seiner Welt versöhnt – der Geist als daseiender ist seine Organisation und Werden durch die Stände, bestimmter Charakter, und bestimmte Pflicht; jedes Selbst hat einen eingeschränkten Zweck, und ebenso beschränktes Tun, – das Wissen von sich als Wesen – in dem Rechte und der Pflicht – ist als reines Wesen und reines Wissen leer, – als erfülltes, eine beschränkte Mannigfaltigkeit – und die unmittelbare Wirklichkeit ein ebenso einzelnes. – Die Moralität ist die Erhebung über den Stand in ihrem Tun, sich selbst und das Tun ihres Standes weiter zu bringen; – fürs Allgemeine etwas zu tun –)

Aber die *Regierung* steht über allen – der Geist, der sich als allgemeines Wesen und allgemeine Wirklichkeit weiß; – das absolute Selbst – in der Religion erhebt jeder sich zu dieser Anschauung seiner als [eines] allgemeinen Selbst – Seine Natur, *sein Stand*, *versinkt* wie ein Traumbild, *wie eine ferne am Saume des Horizonts als Duftwölkchen erscheinende Insel* – er ist dem Fürsten gleich – es ist das Wissen seiner als des Geistes – er gilt Gott soviel als jeder andere. Es ist die Entäußerung seiner ganzen Sphäre, seiner ganzen daseienden Welt, – nicht jene Entäußerung, welche nur Form, *Bildung*, und deren Inhalt wieder das sinnliche Dasein ist – sondern *allgemeine* der ganzen Wirklichkeit, diese Entäußerung gibt sie sich selbst als Vollkommenes wieder –

Beide Reiche der Wirklichkeit und des Himmels kommen aber so noch auseinander zu liegen – Jenseits dieser Welt ist der Geist nur mit sich versöhnt, nicht in seiner *Gegenwart* – Ist er in ihr befriedigt, so ist er nicht der sich über sein Dasein erhebende Geist; er ist in diesem zu erschüttern, und er wird durch den Krieg und die Not darin erschüttert und *flüchtet aus dem Da-*

sein in den / Gedanken, aber es ist eine Sehnsucht des Himmels, und eine Sehnsucht ebenso nach der Erde; jenes ist das pis aller. – Er hat befriedigt durch die Religion das Vertrauen, daß die Weltbegebenheiten und die Natur mit dem Geiste versöhnt sind, und keine Mißhelligkeit, keine unversöhnte, unselbstische Notwendigkeit darin herrscht –

Die Religion aber ist der vorgestellte Geist, das Selbst, das sein reines Bewußtsein und sein wirkliches nicht zusammen bringt, dem der Inhalt von jenem in diesem als ein anderes gegenübertritt. –

Der[1] Gedanke – Innere Idee – der absoluten Religion ist diese spekulative Idee, daß das Selbst, das Wirkliche, Denken ist; – Wesen und Sein dasselbe, – dies so gesetzt, daß Gott, das jenseitige absolute Wesen, Mensch geworden – dieser wirkliche, – aber ebenso diese Wirklichkeit in sich aufgehoben, eine vergangene geworden, und dieser Gott, der Wirklichkeit und aufgehobene, d. h. allgemeine Wirklichkeit [ist], der Geist der Gemeine ist – Daß[2] Gott der Geist ist – dies ist der Inhalt dieser Religion und der Gegenstand dieses Bewußtseins – α) des reinen Bewußtseins α) ewige Wesen, Sohn, und Geist, hier alle dasselbe Wesen; nicht der Unterschied, die Gleichgültigkeit des unmittelbaren Seins gesetzt, dies[3] β) Gott, das Wesen des reinen Bewußtseins wird sich ein anderes, das Welt / ist – aber

[1] *Am Rande:* Die* Religion Vorstellen der Einheit des Wissens und der Wahrheit; oder als Geist [, der] absolutes Wesen, nicht totes Wesen, sondern dies Leben in sich selbst ist – als Lebendigen Gott –
* *Daneben:* dasselbe als Volksgeist nur Unmittelbarkeit

[2] *Am Rande:* α) WAHRE Religion – insofern das absolute Wesen der Geist ist β) offenbare Religion ohne Geheimnis – denn Gott ist das Selbst – Gott ist Mensch.

[3] *Am Rande:* β) Philosophie Natur, die in sich geht; böse wird* – aber umgekehrt ist dies Insichsein der Verlust des Positiven, an sich; Gott nimmt die Gestalt des Selbsts an; dies, was an sich ist, vorausgesetzte stellt sich in seinem Dasein** dar – eben daß das Göttliche sich aufopfert – jenes abstrakte Wesen; es ist nicht der Mensch, der stirbt – sondern das Göttliche, eben dadurch wird es Mensch –
* *Darüber:* Begriff die reine Negativität
** *Darüber:* Entäußerung Bildung – abstrakten Wesens

dies Dasein ist Begriff – Insichsein, Böse, und die Natur, das Unmittelbare muß als böse vorgestellt werden, jeder zur Einsicht seiner bösen Natur kommen – d. h. daß die Natur in den Begriff umschlägt, das Böse, Fürsichsein, gegen das an sich seiende Wesen, aber umgekehrt ebenso das ansichseiende Wesen [ist]; d. h. GOTT TRITT IN der Natur auf – als Wirkliches; alles Jenseits ist entflohen – Daß nun dieser Gegensatz selbst nichtig ist – das Böse, die fürsichseiende Wirklichkeit nicht an sich ist, sondern allgemein ist – dies stellt sich eben dar an der Aufopferung des göttlichen Menschen – α) die Aufopferung der Göttlichkeit, d. h. des abstrakten jenseitigen Wesens, ist schon geschehen in seinem Wirklichwerden β) das Aufheben der Wirklichkeit das Werden ihrer Allgemeinheit[1] – allgemeiner Geist – dies aber eine Vorstellung für das Bewußtsein; – ebenso γ) die Allgemeinheit des Selbsts an ihr selbst – d. h. die Gemeine muß auf ihr Fürsichsein und unmittelbare Natur Verzicht tun – oder eben sie als das Böse ansehen, und diese Ansicht des Bösen hebt sich auf durch die Ergreifung jener Vorstellung. – Darstellung im Kultus;[2] worin jenes selbst sich das Bewußtsein der Einheit mit dem Wesen gibt. – Andacht sich selbst in ihm weiß; Kultus.

Dieser[3] allgemeine Geist, oder der Geist der Gemeine, ist der Staat der Kirche, / – der daseiende wirkliche Geist, sich zum Gegenstande als Geist geworden – aber als Vorstellung und Glauben – Es ist der Geist der Gemeine – aber in ihrer Vorstellung flieht er jenseits ihres Selbsts, weit weg von ihr – jenes unmittelbare Wissen und dies Anderssein ist nicht vereint – Alles[4] hat die Form der Vorstellung, des Jenseits – ohne Begriff – ohne Notwendigkeit, – Geschehen – Zufall – Zwar das Wort ewiger

[1] *Am Rande:* unmittelbares Selbst – Versöhnte Natur – Einbildung des Göttlichen in alles Natürliche – Bevölkerung mit Heiligen, Heiligengeschichte – Erscheinungen – überall unmittelbare Gegenwart (neue Erde, natürliche Sonne ausgelöscht) – Schmerz der Religion – reine Gefühl der Entäußerung –

[2] *Am Rande:* genießt den Leib und Blut, der sich täglich in seiner Gemeine aufopfert, und wird zu diesem einzelnen Selbst.

[3] *Am Rande:* Synthetische Verbindung des Staats und der Kirche

[4] *Am Rande:* Ansich ist ferne – die Versöhnung in ihrem Sein ist längst geschehen

Ratschluß und Willen Gottes[1] – aber nur gesagt, nicht eingesehen – nicht Begriff, nicht Selbst.

Die Kirche hat ihren Gegensatz am Staate, d. h. an dem daseienden Geiste; sie ist er erhoben in den Gedanken, der Mensch lebt in zwei Welten[2] – in der einen hat er seine Wirklichkeit, die verschwindet, seine Natürlichkeit, seine Aufopferung, seine Vergänglichkeit – in der anderen seine absolute Erhaltung – weiß sich als absolutes Wesen – Er erstirbt der Wirklichkeit mit Wissen und Willen, um das Ewige zu erwerben – das unwirkliche Leben im Gedanken – allgemeines Selbst – Aber dies Ewige hat sein Dasein im Volksgeist – es ist der Geist, der eben nur Geist – durch diese Bewegung der Form noch entgegengesetzt, dem Wesen nach dasselbe [ist] – Dies weiß die Regierung, weiß der Volksgeist, daß er der wirkliche Geist ist, der sich selbst und den Gedanken von sich enthält. – Der Fanatismus der Kirche ist, das Ewige, das Himmelreich als solches auf Erden einführen zu wollen, d. h. der Wirklichkeit des Staates entgegen – Feuer im Wasser, zu erhalten – eben die Wirklichkeit des Himmelreichs ist der Staat – Versöhnung im Denken der Wesen beider miteinander durch die Kirche – Sind sie unversöhnt, so ist der Staat und die Kirche unvollkommen. – Der Staat ist der Geist der Wirklichkeit, was in ihm sich zeigt, muß ihm gemäß sein; er hat das Gewissen nicht zu respektieren, – dies ist das Innere, ob es als Handlung, oder Prinzip der Handlung / gültig sei, muß sich aus ihr selbst zeigen – Die Kirche ist der sich selbst als allgemein wissende Geist – die innere, absolute Sicherheit des Staates; der Einzelne gilt als Einzelner – alles Äußerliche ist an sich unsicher und unstät;[3] in ihm seine vollkommene Garantie; was der Mensch aus Religion tut, tut er aus seinem Selbstdenken,[4] insofern es nicht ein Einsehen ist – der allgemeine, in aller

[1] *Am Rande:* Schmerz nicht das Denken – nicht allgemein

[2] *Am Rande:* er ist versichert seiner Versöhnung – in der Andacht Genuß nicht gegenwärtig

[3] *Am Rande:* Sie bearbeiten nur Einzelnes; sie gelten nicht absolut –

[4] *Am Rande:* Gott ist überall – ist reines Denken, wenn insgeheim der Mensch mit sich selbst ist – ist eben seine Einsamkeit, sein Denken bei ihm

verschiedenen Mannigfaltigkeit des Einzelnen nicht verlassende Gedanken, dies ist Pflicht – oder darein muß ich mich ergeben; es ist, ist gerechtfertigt im absoluten Wesen – Moralität im absoluten Wesen, insofern es mein Wissen ist – dort absolutes Wesen überhaupt.

Die Religion als solche ist des Daseins, der unmittelbaren Wirklichkeit bedürftig – sie [ist] das Allgemeine;[1] daher unter der Herrschaft des Staates, – und wird von ihm gebraucht, dient ihm – gebraucht – denn sie ist das Wirklichkeitslose, das an dem wirklichen Geiste sein Selbst hat, also als aufgehobenes ist. – Umgekehrt ist sie wieder das Denken, das sich über seine Wirklichkeit erhebt; dieser innere Eigensinn, der sein Dasein Preis gibt, und für seinen Gedanken zu sterben bereit ist, [ist] das Unbezwingbare, das für den Gedanken stirbt, – dem der reine Gedanke Allles ist, sein inneres Denken als solches, oder die Bedeutung des Tuns [hat], das sonst als ein zufälliges erscheint – So hoch erhoben worden ist das Denken als solches – um des Glaubens willen freudig in den Tod gegangen – Der Staat aber, der sich der Kirche unterwirft, ist entweder dem Fanatismus preisgegeben, und verloren, oder aber [es] wäre das Pfaffenregiment eingeführt, welches nicht die Entäußerung des Tuns und Daseins und bestimmten Gedankens, sondern des Willens als eines solchen und zwar im Dasein als solchem fodert, und zwar nicht gegen das Allgemeine, Anerkanntsein – sondern gegen einen Einzelnen Willen, als solchen.

Der Religion entflieht der Himmel im wirklichen Bewußtsein – der Mensch fällt auf die Erde herab – und findet nur in der Einbildung, in ihr das Religiöse – / Oder dies Selbstlose der Religion ist an ihr selber so, daß sie der sich nur vorstellende Geist ist – d. h. daß seine Momente für ihn die Form der Unmittelbarkeit und des Geschehens haben; – daß sie nicht begriffen, nicht eingesehen sind. – Der Inhalt der Religion ist wohl wahr; aber dies Wahrsein ist eine Versicherung – ohne Einsicht –

Diese Einsicht ist die Philosophie, absolute Wissenschaft – derselbe Inhalt als der der Religion – aber Form des Begriffs –

[1] *Am Rande:* besonderer Stand, bestimmter Charakter.

α) spekulative Philosophie, absolutes Sein, das sich Anderes (Verhältnis) wird, Leben und Erkennen – und wissendes Wissen, Geist, Wissen des Geistes von sich – β) Naturphilosophie – Aussprechen der Idee in den Gestalten des unmittelbaren Seins – Sie ist das in sich Gehen, Böse, Werden zum Geiste; dem als Begriff existierenden Begriffe; diese reine Intelligenz ist aber ebenso das Entgegengesetzte, das Allgemeine, und zwar das sich aufopfert, und dadurch zum Wirklichen wird – und allgemeine Wirklichkeit, das Volk ist, die hergestellte Natur, das versöhnte Wesen, an dem jeder sich durch eigene Entäußerung und Aufopferung sein Fürsichsein nimmt. –

In der Philosophie ist es Ich als solches, welches Wissen des absoluten Geistes ist, im Begriffe in sich selbst, als diesem, das Allgemeines ist. – Es [ist] hier nicht eine andere Natur, nicht die ungegenwärtige Einheit, nicht eine Versöhnung, deren Genuß und Dasein jenseits und zukünftig ist, sondern hier – hier ERKENNT Ich das Absolute; es erkennt – es begreift – es ist kein anderes – Unmittelbar, es ist dieses Selbst. – Ich ist diese untrennbare Verknüpfung des Einzelnen und Allgemeinen – und der Einzelnheit als Allgemeiner aller Natur – und des Allgemeinen – aller Wesenheit, alles Denkens. Die Unmittelbarkeit des Geistes ist der Volksgeist – oder er als seiender absoluter Geist – Die Religion der denkende Geist, der sich aber nicht selbst denkt; nicht sich selbst – daher nicht die Gleichheit mit sich selbst – nicht die Unmittelbarkeit. Dies Wissen der Philosophie ist die wiederhergestellte Unmittelbarkeit; – sie selbst ist die Form der Vermittlung, des Begriffes; als Unmittelbarkeit ist der sich wissende Geist überhaupt – und er ist Bewußtsein, unmittelbares sinnliches Bewußtsein – das sich unter der Form des Seienden ein Anderes ist – das Entzweite in die Natur – und Wissen / von sich – Er ist sein ruhendes Kunstwerk – das seiende Universum, und die Weltgeschichte. – Die Philosophie entäußert sich ihrer selbst – kommt bei ihrem Anfange, dem unmittelbaren Bewußtsein an – das eben das entzweite ist – Sie ist so Mensch überhaupt – und wie der Punkt des Menschen ist – ist die Welt – und wie sie ist, ist er – Ein Schlag erschafft sie beide – Was ist vor dieser Zeit gewesen – das Andere der Zeit – nicht eine andere Zeit, sondern die Ewigkeit, der Gedanke der Zeit – darin ist die Frage aufgehoben; denn diese meint eine andere Zeit; – aber so ist die Ewigkeit selbst in der Zeit, sie ist ein Vorher der Zeit – also selbst Vergangenheit – es ist gewesen; absolut gewesen, es ist nicht – Die Zeit ist der reine Begriff – das angeschaute leere Selbst in seiner Bewegung, wie der Raum in seiner Ruhe – Vorher, ehe die erfüllte Zeit ist, ist die Zeit gar nicht – Ihre Erfüllung ist das Wirkliche aus der leeren Zeit in sich Zurückgekehrte – sein Anschauen seiner selbst ist die Zeit – das Ungegenständliche – Wenn wir aber sagen, vor der Welt – Zeit ohne Erfüllung – der Gedanke der Zeit, eben das Denkende, das in sich Reflektierte. – Es ist notwendig, hinauszugeben über diese Zeit, jede Periode – aber in den Gedanken der Zeit; – jenes [ist die] schlechte Unendlichkeit, die das nie erreicht, wohinaus sie geht.

Diese Entzweiung ist das ewige Erschaffen, d. h. das Erschaffen des Begriffes des Geistes – diese sich und ihr Gegenteil selbst tragende Substanz des Begriffes. – Das Universum, so unmittelbar frei vom Geiste, aber muß zu ihm zurückkehren – oder vielmehr sein ist das Tun, diese Bewegung – er hat sich die Einheit herzustellen – ebenso in Form der Unmittelbarkeit, er ist die Weltgeschichte.[1] In ihr hebt sich dies auf, daß nur an sich die Natur und Geist ein Wesen ist – der Geist wird zum Wissen derselben. /

[1] *Am Rande:* der Mensch wird nicht Meister über die Natur, bis er es über sich selbst geworden ist – Sie ist Werden zum Geiste an sich; – daß dies Ansich da sei, muß der Geist sich selbst begreifen –

BEILAGEN

* EIN BLATT ZUR NATURPHILOSOPHIE

Der Organismus ist Einheit des Inneren und Äußeren, so daß α) der innere der Prozeß, Gestalten ist, und die Gestalt ein aufgehobenes Sein, – sie ist ein aufgehobenes Sein, sie bleibt im Selbst eingeschlossen – Oder dieses Äußere, Andere, das Produkt, ist in das hervorbringende zurückgekehrt – das organische Eins bringt sich selbst hervor; es ist nicht wie bei der Pflanze ein anderes Individuum – Es ist (in sich zurückkehrender) Kreislauf und zwar nicht nur so, daß das Anderssein des Selbsts Eingeweide, sondern Glieder sind – Sein Anderssein ist freie seiende Gestalt. Das Selbst als Einheit seines Blutes, reinen Prozesses, und seiner Gestalt, weil diese in jener Flüssigkeit vollkommen aufgehoben ist, hat das Sein an ihm als ein aufgehobenes, als Sein, als die reine Abstraktion – Hiedurch ist er Selbstgefühl – Der innere Organismus greift über den äußeren über; er ist das reine Tun – unmittelbare einfache Einheit. Er ist die höhere Ruhe – die der Gestalt ist die Ruhe, die entgegengesetzt ist dem Prozesse – er ist die Ruhe als Einheit beider – er ist das Allgemeine beider – der Grund – der unruhige Begriff, der sich selbst gleich ist.

Hiedurch ist der Organismus, in die reine Idealität erhoben, die vollkommen durchsichtige Allgemeinheit; er IST Raum und Zeit – nicht räumlich oder zeitlich, so daß diese reines Prädikat wären eines Subjekts, sondern er ist diese Anschauung; er schaut etwas an, das räumlich und zeitlich ist, d. h. das von ihm unterschieden, anderes, und es unmittelbar nicht ist. /

Er ist an und für sich – das Ansichsein hat unmittelbar die Bedeutung des Fürsichseins – das Sein ist Mein. Raum und Zeit als Subjekt

Selbstgefühl, Raum und Zeit – Raum das Bestehen, das sich an sich selbst verläuft, und in der Zeit in sich zurückkehrt, das Negative des Bestehens; nicht das Ding in sich allein; sondern in das Subjekt – oder das Subjekt in sich; das Ding vergeht ihm, es *wendet* sich weg davon; *es ist* die *Zeit*. Dies Gemeine, das Wegwenden, ist seine Kraft.

Die Bewegung des Anschauens ist das *allgemeine* Element des Sinnes – Die Rückkehr der Zeit, die *Bewegung als solche* dies Element als Ganzes. Der Organismus ist selbst die Zeit, das *sich selbst* Bewegende; er zieht sich in seine einfache Zeit zurück, setzt sich als aufgehobenen *Raum*, *Bestehen* – und bewegt *sich*. Es ist die *einfache Zeit* als Subjekt, das Unbewegbare – oder vielmehr die einfache Einheit der Zeit und des Raumes; – es ist die *Macht*, das *Subjekt* derselben, nicht sie sind seine Macht – es existiert als die *Nacht*, die reine Individualität *der Erde*, worein sie zurückgegangen sind; – oder es ist die einfache Bewegung – gleichförmige Bewegung – es fällt auch, als bloße Schwere; so gehört es der Schwere an, und ist beschleunigte Bewegung – aber als freiwillige Bewegung ist es gleichförmige; weil der Willen, *Selbst*, Subjekt einfaches, Einheit, *Insichsein* [ist], worin beide einander gleich sind, und in der Bewegung, Unterscheidung *gleich* bleiben. – Die Dauer existiert hier als solche. Es ist das sich selbst Bewegende – Subjekt, die einfache Einheit des Tuns, und das Tun selbst, und was von ihm bewegt wird, ist es selbst; denn eben *es ist dies Ruhige*, Möglichkeit der Bewegung; es ist Raum und ist sich aufgehobener Raum als Zeit – es als *ruhende Gestalt* gilt sich nur als Ideelles, als Raum, denn es ist sich *aufgehobene* Gestalt.

Es ist als *Blut* unmittelbar die Bewegung – aber als reines Subjekt ist es die Bewegung seiner als [eines] *Seienden*, *Ruhenden*; in Verschiedenheit von / Anderem; eine äußerliche Bewegung; sie ist eben darin ebenso Idealität des Anderen; – es ist sich selbst aufgehobener Raum; – und unmittelbar darin das Andere, das verschwindet.

Dies Subjektsein ist das Element des Sinnes; – Raum und Zeit noch *leer* als die Bewegung. – Nerven der *willkürlichen Bewegung* /

* GLIEDERUNGSFRAGMENT ZUR NATURPHILOSOPHIE

der Bestimmungen dieser Einheit, oder der physischen Elemente der Substanz und daher der Prozeß derselben. Sie ist das neutrale Wasser, das ebenso schlechthin in sich gespannt, sich in die chemischen Elemente entzweit, welche in dieser Substanz selbst das Werden zum Ganzen sind, α) nach einer Seite ein Werden des Wassers zum Kristallisationswasser des festen Kristalls, Werden der Erde zum Monde β) des Wassers zu der in sich gespannten selbständigen Luft, Werden der Erde zum Kometen; jener für sich werdend, wird er zu dem sich verzehrenden Vulkan, dieser zum Fürsichsein fortgegangen, ist der verschwindende Blitz; dieses Aufheben der beiden Seiten in ihrer Realisation ist die in sich reflektierte, physische Erde. /

III. Physik

Das Physische als diese in der Substanz gesetzte Einheit des mechanischen und chemischen Moments[1] ist die Einheit, die in Momente entzweit ist, welche nach dem ersteren die vollkommene Selbständigkeit des Ganzen und freie gleichgültige Gestalt haben und nach dem zweiten ebenso schlechthin nur im Verhältnisse, d. h. in die einfache Einheit des Ganzen aufgelöst sind. Zunächst[2] als das Einfache, das den Prozeß des Ganzen in sich zurückgenommen, ist es das einfache sichselbstgleiche Licht, welches[3] den ganzen Prozeß oder die absolute Negativität ebenso einfach an ihm gesetzt hat; – diese einfache Negativität des Lichtes ist die Finsternis, und das Licht als Einheit seiner selbst und seines Negativen ist die Farbe. Sie stellt sich als die Grenze des sich nach dem Finsteren beugenden und mit ihm als qualitati-

[1] *Am Rande:* ist die Wirkliche Natur,
[2] *Auf dem oberen Rande:* I. die Farbe
[3] *Am Rande:* II.

vem sich einigenden Lichtes dar, unmittelbar als gelbe Farbe, welche durch das Blau, als der gleichgültigen Verbindung, worin das Licht über die Finsternis nur als über einen Grund hingezogen ist, in die Totalität / des Rot übergeht, worin das Licht die Finsternis aufgelöst, und einerseits sie zur Wärme gemacht, zur Wärme und irdisches Feuer, andererseits zur physischen bestimmten[1] Gestalt geworden ist.

I. Mechanik des Feuers oder Gestaltung des physischen Körpers

α) Der physische Körper hat zuerst die Farbe unaufgelöst in unmittelbarer irdischer Einheit an ihm als Glanz, und den Prozeß ebenso unmittelbar formal oder als einen bloßen Farbenwechsel und Gestaltveränderung an ihm, als Feuer [,er] ist das Metall. –

β) Der Feuerprozeß ist auf diese Weise an den Körper selbst getreten – dieses ist der brennbare Körper und er erhält als zum anderen Gliede des Prozesses die Luft, das unmittelbar erloschene Feuer

γ) Die Rückkehr aus diesem Verhältnis hat den erloschenen Prozeß wie den wirklichen an ihm, ist die Neutralität beider und hat das Wasser zum Elemente; es ist das Salz, worin die beiden Seiten physische Körperlichkeit haben.

δ) Diese Einheit der gleichen Realität beider ist endlich das Eins, oder der / Prozeß als irdisches Sbjekt, das Erdigte, das die Weisen der Existenz des Prozesses gänzlich in sich getötet hat, zugleich aber als abstraktes Subjekt bezogen auf Anderes ist, und nun die Formen des Prozesses als Totalität oder so an sich darstellt, daß es darin in sich reflektiert ist.

[1] *Am Rande:* Erdgeist

II. Chemismus des physischen Körpers

Indem der Begriff der Gestalt in die Wirklichkeit oder der elementarische Prozeß an den physischen Körper selbst getreten ist, so hat der Gegensatz nicht mehr einen physischen Körper und ein physisches Element zu seinen Seiten, sondern zwei physische Körper und das Element nur als das Moment der Allgemeinheit; α) der unmittelbare wirkliche Prozeß des physischen Körpers ist der herausgeschlagene Funken; aber er ist die Wirklichkeit des physischen Körpers selbst und hat solche zu seinen Momenten; er ist wirklicher Feuerprozeß, der die Luft zu seinem Elemente hat; er bringt nur das, was an sich ist, zur Wirklichkeit; und darin entzweit er ebensowohl die einfache Gediegenheit in differente physische Körper als er diese Differenz aufhebt, und sie in gleichgültige entzweit. β) Indem / das Feuer sich so verwirklicht hat, ist es in die Neutralität erloschen, und hat das Wasser zum Elemente; die Momente des Prozesses sind gleichgültige, die aber ebenso different oder gespannt gegeneinander sind. Die ansichseiende Beziehung der gespannten Momente, als die ursprüngliche Wahlverwandschaft, kommt zur Wirklichkeit, aber eben so sehr nur als aufgehobene d. h. durch das Ganze des Prozesses bestimmte und durch die Einheit entzweite Produkte. γ) Nach dem Begriffe ist das Neutrale, das in den Prozeß eingegangen, aus der Einheit desselben selbst einfach hervorgegangen, so daß dies Produkt in seiner in sich reflektierten Bestimmtheit seine Beziehung auf das Entgegengesetzte hat, und hiedurch den galvanischen Prozeß gesetzt, dessen Seiten ihren Gegensatz in die gleichgültige und unauflösliche Einfachheit oder das Prinzip der Gestalt zurückgenommen, zugleich gespannt gegen einander sind und den physischen Körper zu ihrer Mitte und Element haben, so daß der Prozeß in seiner wirklichen Totalität oder der Prozeß und der Körper nun in der gleichen Einheit gesetzt sind – /

III. Organismus

Das Organische ist das nach seinem Begriffe daseiende Physische, oder die individuelle Natur.

A. Mineralogischer Organismus

Zuerst allgemeines Individuum ist es die lebendige Erde überhaupt, welche als Atmosphäre ihr sich befruchtendes Leben und die Erzeugung ihres allgemeinen oder gleichgültigen Daseins ist; als Meer aber ist sie diese aufgelöste oder neutrale Gestalt, welche sich in das Selbst zusammennimmt; und so ist sie die feste Erde; der Ausgangspunkt ihrer Bildung ist der Kern des Granits, welcher seine Momente in die Einfachheit zusammennehmend einerseits in die tonige und [die] basaltische Formation, als dem Tonigen und [der] brennlichen Formation angehörend, / auf der anderen [Seite] in die Neutralität des Kalkes übergeht; und teils diese Bildungen innerhalb ihrer in die Abstraktion der physischen Körper aufschließt, teils außerhalb derselben die ausgeschiedenen gestaltlosen Momente neben einander lagert.

B. Vegetabilischer Organismus

a) Begriff des organischen Prozesses

Die organische Gestalt geht ebenso wesentlich in sich zurück, ist wirkliches Selbst, so daß das gleichgültige Gestalten ebenso unmittelbar an ihr Prozeß [ist]; das Organische ist der Verlauf, die Bewegung folgender Prozesse α) Prozeß der Einzelnheit – als das in sich reflektierte Selbst ist es das Eins, welches an sich die Gattung ist, als Selbst setzt es das Allgemeine sich als das Andere des Selbsts gegenüber; dies ist hiemit das nicht in sich reflektierte Allgemeine, die unmittelbare / oder unorganische Natur; das Organische verhält sich gegen es als seine Macht, welche mit ihm dem Wesen nach Eins, als das Negative aber zugleich über dasselbe und seine Selbständigkeit übergreift, und es sich unmittelbar assimiliert. β) Prozeß des Individuums – Das Organische hat nunmehr den Gegensatz des abstrakt Allgemeinen und der Gattung an ihm selbst und ist der gegen seine allgemeine Natur gerichtete Prozeß, worin es aus sich zehrt, und sich besondert und gestaltet. Diese Individualisierung ist das Aufheben seiner als der einfachen Gattung, und die Entzweiung in zwei selbständige entgegengesetzte Individuen, deren Einheit die Gattung ist – γ) das Geschlechtsverhältnis – Prozeß der Gattung – Der Prozeß, worin dieser Gegensatz sich aufhebt, stellt die unmittelbare gechlechtslose Einfacheit des Organischen her, das sich daher in sich selbst und in ein Gegenteil entzweit, welches das abstrakt Allgemeine ist; der Prozeß ist hiedurch in seinen Anfang zurückgekehrt. /

b) Der erste organische Prozeß; der vegetabilische Organismus

α) Prozeß der Einzelnheit – Der allgemeine vegetabilische Organismus entzweit sich in die unorganische Natur, welche unter der Herrschaft des Selbsts gesetzt ist, in die physichen Elemente Licht, Luft, Wasser und Erde – und in das organische Eins; die innere Kraft des organischen Eins ist als die Erde, [das] selbsttätige einfache Selbst aber als Licht vorhanden, und Luft und Wasser sind die Momente, die das Spiel des Prozesses ausmachen, und das Verhältnis desselben zu den Elementen ist das unmittelbare oder zu ihnen als zu nicht äußerlichen.

β) Prozeß des Individuums. α) Die drei abstrakten Momente seiner Gestalt sind die Holzfaser, als das abstrakte Wesen der Pflanzen – $\beta\beta$) die Wasserzellen[1], und drittens die Luftschläuche[2]. α) Die Wurzel ist als der einfache innerlich blei-

[1] *Am Rande und aus dem Text durch Zeichen herausgerückt:* β) Prozeß der Gestaltung oder Wasserprozeß. In der Erde entzweit in ein Verhältnis zu seiner Innerlichkeit und zu seinem Dasein, gestaltet die Wassereinsaugung die Wurzel

[2] *Am Rande:* $\beta\beta$) Wasserzelle des Moment des gleichgültigen Be-

bende Ursprung, β) [Übergehen] in das sich zum Stamme aufschließende Bestehen, der von der Haut umschlossen [ist.] Dasein der drei Momente in Rinde, Holzfaser und Mark – deren Verschiedenheit sich in die Unruhe des Prozesses / im Blatte zusammennimmt, welches die Neutralität des Wassers überhaupt überwindet, und es in das tote Bestehen des Holzes und in die höhere Totalität des Gattungsprozesses entzweit –

γ) Prozeß der Gattung. Das Individuum, das sich durch seinen Prozeß und Gestaltungen hervorgebracht, ist α) als das unmittelbare Ganze, die Knospe, β) die Blume, das zugleich in seine entgegengesetzten Momente als entgegengesetzte entfaltete Ganze, welche Geschlechtsteile oder Eingeweide der Verdauung sind; sein Reflektiertsein in sich in seinem Sein für Anderes drückt seine Farbe und Geruch aus und γ) die Frucht, worin die Gattung die beiden Momente als vollkommene, aber gegeneinander gleichgültige Ganze, nämlich die unorganische Natur, wie sie durch die Pflanze verdaut und durch sie selbst hervorgebracht und schmackhaft ist, und den Samen als das organische Eins, und die Rückkehr in ihren Anfang, die gärende, sie in äußerliche Elemente auflösende Wärme, und die sie zu ihrer Kraft zurückbringende Schwere, erzeugt hat. /

C. Animalischer Organismus

Dem Wesen nach ist das Resultat des vegetabilischen Organismus die Einheit zweier organischer Selbst oder das in sich reflektierte Lebendige; dies ist der individuelle Organismus oder der animalische Organismus. α) Der einzelne Organismus. Unmittelbar ist sein Inneres noch nicht verwirklicht und als unorganische Natur in den entwickelten Momenten der Einzelnheit für ihn α) als allgemeines physisches Element, zu dem es sich unmittelbar oder als vegetabilischer Organismus verhält; und ist an ihm selbst als Sensibilität bestimmt, β) als das Negative seiner

stehens oder [der] Neutralität $\gamma\gamma$) Luftschläuche, Moment des sich bewegenden Selbsts

selbst, gegen welches er sich als freie Bewegung verhält; an ihm selbst ist er dadurch als Irritabilität bestimmt; und γ) als Einzelnheit, gegen welches er sich als die mechanische Macht erweist; an ihm selbst ist er dadurch als reproduktiv oder als wirkliche organische Individualität bestimmt.

b) Der individuelle Organismus; ist α) äußerer Organismus oder das unmittelbare Sein desselben als seiner Gestalt überhaupt, die in Innere zurückgeht – αα) die animalische Gallerte, die sich durch die umschließende Haut absondert, hat ihre unmittelbare Sensibilität oder bloßes Sein am Knochen, der seine Differenz durch die knospende Bildung zum Ganzen an ihm ausdrückt; die Irritabilität / oder Differenz an dem Muskel und seinen Gegensatz in Streck- und Beugemuskel, ββ) diese allgemeine Absonderung sich in sich zurücknehmend schlägt die Haut nach innen, und bildet den Verdauungskanal. Diese Verdauung ist teils gegen das Einzelne als solches gerichtet, teils ist sie die vermittelte Bewegung, welche sich in ihre unterschiedenen Tätigkeiten teilt, sich nach diesen gegen das Unorganische verhält, und es vollkommen in sich verzehrt. Der Organismus ist hiedurch für sich geworden und ist b) innerer; der absolute in sich selbst gegründete Prozeß, dessen bestehende Glieder dem Selbst angehörige Teile [sind] oder [dessen] Teile und dessen Momente selbst Prozesse sind. Er ist der Kreis des Blutes, das durch die arterielle Seite, welche selbst der Kreislauf der Lunge ist – und die venöse, welche selbst der Kreislauf des Pfortadersystems ist, dort als der Prozeß der reinen Selbstbelebung, hier als der Prozeß der entwickelten Erzeugung seiner verzehrenden Kraft, in sich verläuft. c) Beziehung des äußeren Organismus auf den inneren besteht darin, daß der innere als der Begriff sich aus sich selbst ausschließt, teils sich als seine unorganische Natur aus sich ausscheidet, / teils sich zum äußeren Organismus gestaltet und dessen allgemeine Belebung ist, so wie dieser wieder ebenso von jenem aufgezehrt wird, und in ihn zurückgeht.

c) Der Organismus als allgemeines an ihm selbst ist Sinn, Begierde und Geschlecht α) die unmittelbare Einheit des äußeren und inneren Organismus; daß sein Prozeß Gestalten, und die Gestalt der Prozeß ist, ist als einfaches Ganzes zuerst Zeit und Raum und Bewegung überhaupt, und nach seinem einzelnen

Dasein ist [er] Reflektiertsein, Sein in sich, oder sein an und für sich Sein [ist,] daß das Seiende unmittelbar die Bedeutung des Seinen hat. Dies allgemeine Sein ist das Nervensystem überhaupt, welches teils selbst Moment der Gestalt, teils des inneren Organismus ist, aber in den Sinnesnerven und dem Gehirne das Reflektiertsein im Anderssein frei darstellt. β) Als das einfache Reflektiertsein in [sich] selbst ist das Organische Raum und Zeit, als Subjekt. Dies reine Anschauen ist das Element des Sinnes, worin es in der unmittelbaren Beziehung auf Anderes, ebenso schlechthin gleichgültig gegen dasselbe ist. α) Der Sinn der unmittelbaren Berührung beider und der einfachen Gegenständlichkeit, woran / der Unterschied noch äußerlich ist, ist der Sinn der Gestalt überhaupt, sowohl ihrer als seiender, wie ihrer als aufgehobener der Figur, Schwere und Wärme; das Gefühl – β) der Sinn des in sich selbst zur Neutralität Auseinandertretens [ist] Geschmack, γ) als des Gegenstandes einfachen Unterschieds an sich selbst, oder der reinen noch nicht in sich reflektierten Individualität überhaupt, Geruch δ) des Gegenstandes, als in sich reflektierter Individualität, oder daseiender Wirklichkeit, Gesicht – ϵ) Sinn des Gegenstandes, der in seiner Wirklichkeit unmittelbar als aufgehobener oder allgemeiner da ist, Gehör. Diese Sinne haben in ihren Organen ihr unmittelbares wirkliches Dasein, im Nerv das ihnen gegenübertretende bestimmte in sich Reflektiertsein, im Gehirne aber ihr allgemeines einfaches in sich Reflektiertsein, in Sinne ist das Seine (gegenständliche Selbst) erfüllt; es als reiner Raum ist sich Gegenstand.

c) Die Begierde. Der in sich selbst zurückgegangene Sinn ist der Verlust der Gegenständlichkeit, und die Beziehung des Selbsts auf das Selbst als nichterfülltes; das Gefühl des Mangels – es ist Begierde, setzt den Mangel als ein anderes Selb/ständiges außer ihm, von dem es die Gewißheit hat, daß es kein an sich Selbständiges ist. Der begehrende Organismus steht unter der Herrschaft des inneren, der die Gestalt zu Waffen organisiert und sein Reflektiertsein in sich in den Gehirnen des Unterleibs hat.

d) Die befriedigte Begierde; [sie] ist das erfüllte gegenständliche Selbst, die Gattung als Individualität, welche sich selbst in einem vollkommen gleichen Selbständigsein fühlt, welche hierin abstrakte Ganze werden, hiedurch einerseits der einfache Begriff des in seinen Anfang zurückgekehrten Genzen, andererseits der Tod der Individualität ist; diese als einzelnes Selbst, welches die Einheit ihrer als zweier vollständiger Individualitäten geworden, ist im Gefühle dieses Widerspruchs, oder in der *Krankheit*, worin sie sich innerhalb ihres Selbsts als ein Fremdes, das hiedurch ein Bestimmtes oder nur ein Teil ihrer ist, als Ganzes gegenübertritt. Tod ist die Seite der Entzweiung der Gattung in die unmittelbare Einheit des Seins und die vollkommene Befreiung der Momente; sein *Begriff* aber [ist] *das allgemeine Selbst, welches* als *allgemeines existiert*.

ANMERKUNGEN DES HERAUSGEBERS

Die Anmerkungen bestehen aus einigen textkritischen Mitteilungen sowie aus Sachanmerkungen. Die Sachanmerkungen bestehen zum Teil aus Nachweisen der im Text vorkommenden immanenten Verweise, zum Teil aus Nachweisen der im Text vorkommenden Bezugnahmen und Hinweise Hegels auf andere Schriften und Theorien. Sie sind nicht als Kommentar zu verstehen. Aus den Schriften, auf die sich Hegel explizit oder implizit bezieht, wird dann ausführlich zitiert, wenn Hegel (a) sich auf eindeutig zu lokalisierende Stellen bezieht oder wenn (b) es wenigstens wahrscheinlich ist, daß er eine bestimmte Passage vor Augen hatte. In kürzerer Form wird auf Stellen hingewiesen, wenn (a) die Passage, auf die Hegel hinweist, zu umfangreich ist, um hier ganz wiedergegeben zu werden, oder wenn (b) die angeführte Stelle nur als Beispiel für das von Hegel Referierte in Frage kommt und er sich nur möglicherweise bzw. unter anderem auf sie bezieht. Angeführt werden diejenigen Ausgaben, von denen mit Sicherheit gewußt bzw. mit einiger Wahrscheinlichkeit vermutet werden kann, daß Hegel sie benutzt hat. Ansonsten werden, so weit wie möglich, die jeweiligen Erstausgaben herangezogen. Die Ziffern zu Anfang jeder Anmerkung verweisen auf die zugehörige Textstelle im vorliegenden Band.

Öfter herangezogene Schriften werden wie folgt zitiert:

Aristoteles.	Aristotelis summi semper philosophi, et in quem unum uim suam uniuersam contulisse natura rerum uidetur, opera quaecunque hactenus exiterunt omnia: quae quidem ut antea integris aliquot libris supra priores aeditiones omnes à nobis aucta prodierunt, ita nunc quoque, lucis et memoriae causa, in capita diligenter distincta in lucem emittimus. Praeterea quam diligentiam, ut omnibus aeditionibus reliquis, omnia haec exirent à nostra officina emendatiora, adhibuerimus, quoniam uno verbo dici non potest; ex sequenti pagina plenius cognoscere licebit. Per Des. Eras. Roterodamum. 2 Bde. Basel 1550.
Autenrieth: Handbuch der empirischen menschlichen	Handbuch der empirischen menschlichen Physiologie. Zum Gebrauche seiner Vorlesungen herausgegeben von Joh. Heinr.

Physiologie.	Ferd. Autenrieth. T. 1 und 2. Tübingen 1801–1802.
Berthollet: Essai de statique chimique.	Claude Louis Berthollet: Essai de statique chimique. Première partie. Seconde partie. Paris 1803.
Brown: System der Heilkunde.	John Brown's System der Heilkunde. Nach der letzteren, vom Verfasser sehr vermehrten und mit Anmerkungen bereicherten Englischen Ausgabe übersetzt, und mit einer kritischen Abhandlung über die Brownischen Grundsätze begleitet von C. H. Pfaff. Kopenhagen 1796.
Gren: Grundriß der Naturlehre.	Friedrich Albrecht Carl Gren: Grundriß der Naturlehre. 4. Auflage. Halle 1801.
Heim: Geologische Beschreibung des Thüringer Waldgebürgs.	Johann Ludwig Heim: Geologische Beschreibung des Thüringer Waldgebürgs. Bd. 1. Meiningen 1796. Bd. 2, Erste Abteilung. Meiningen 1798.
Lavoisier: Physikalisch-chemische Schriften.	A. L. Lavoisier: Physikalisch-chemische Schriften. Aus dem Französischen gesammelt und übersetzt, mit Anmerkungen. Fortgesetzt von H. F. Link. Bd. 4–5. Greifswald 1792–1794.
Newton: Principia mathematica.	Philosophiae naturalis principia mathematica. Auctore Isaaco Newtono, equite aurato. Editio ultima auctior et emendatior. Amsterdam 1714.
Platon.	Platonis opera quae extant omnia. Ex nova Ioannis Serrani interpretatione, perpetius eiusde notis illustrata: quibus et methodus et doctrinae summa breviter et perspicue indicatur. Eiusdem Annotationes in quosdam suae illius interpretationis locos. Henr. Stephani de quorundam locorum interpretatione indicium, et multorum contextus Graeci emendatio. 3 Bde. Basel 1578.
Rousseau: Du contract social.	Jean Jacques Rousseau: Du contract social ou Principes du droit politique. In: Oeuvres complètes de J. J. Rousseau. Tome second. Basel 1793.
Schelling: Von der Weltseele.	Friedrich Wilhelm Joseph Schelling: Von der Weltseele. Eine Hypothese der höhern

	Physik zur Erklärung des allgemeinen Organismus. Hamburg 1798.
Winterl: Darstellung der vier Bestandtheile der anorganischen Natur.	Jakob Joseph Winterl: Darstellung der vier Bestandtheile der anorganischen Natur. Eine Umarbeitung des ersten Theiles seiner Prolusionen und Accessionen von dem Verfasser. Aus dem Lateinischen übersetzt von Johann Schuster. Jena 1804.

5,8 Diese Überschrift am Rande.

6,13–14 Diese Überschrift am Rande.

8,26 vorhin] Siehe 6,15–33.

12,9–11 Vgl. dazu Schellings Diskussion des Verhältnisses zwischen einer „bloß zeitlichen Betrachtungsweise“ und dem „absoluten Erkennen“ in *F. W. J. Schelling: Bruno oder über das göttliche und natürliche Princip der Dinge.* Berlin 1802. 6–17.

12,28 erinnert worden] Siehe 9,24–10,3 u. 4,7–10.

13,25 zurück] Siehe 4,5–12,26.

15,12-14 Siehe *Aristoteles: Physik.* Z 9. 239b5-8: Ζήνων δὲ παραλογίζεται· εἰ γὰρ αἰεί, φησίν, ἠρεμεῖ πᾶν ἢ κινεῖται ὅταν ᾖ κατὰ τὸ ἴσον, ἔστιν δ' αἰεὶ τὸ φερόμενον ἐν τῷ νῦν, ἀκίνητον τὴν φερομένην εἶναι ὀϊστόν. *und 239b29-30:* οὗτοι μὲν οὖν οἱ δύο λόγοι, τρίτος δ' ὁ νῦν ῥηθείς, ὅτι ἡ ὀϊστὸς φερομένη ἕστηκεν.

16,2 vorher] Siehe 11,6–9.

16,21 erörtert worden] Siehe 13,24–16,20.

16,35 vorher] Siehe 9,21–15,25.

17,5–6 betrachtet worden] Siehe 15,21–16,20.

17,33 vorhin] Siehe 15,1–15,11.

24,7 vorhin] Siehe 18,30–20,14.

24,17 vorige] Siehe 19,32–20,14.

24,28–25,1 Zur Frage der Relativität der achsendrehenden Bewegung vgl. z. B. *Kant: Metaphysische Anfangsgründe der Naturwissenschaft.* Zweite Auflage. Riga 1787. 149–153.

26,12 vorhin] Siehe 23,25–24,13.

29,22–24 Siehe *J.L. Heim: Ueber die Aehnlichkeit der ehemaligen Erdoberfläche mit der gegenwärtigen des Mondes,* abgedruckt in *Monatliche Correspondenz zur Beförderung der Erd- und Himmels-Kunde,* hrsg. vom Freyherrn von Zach. Bd. 6. Gotha 1802; 531: „Sollte es einmal so weit gekommen sein, daß der physische Bau der Erde, so weit er zugänglich ist, überall hinlänglich bekannt wäre: so werden sich vielleicht auch daraus analogische Folgerungen auf die Einrichtung anderer Weltkörper herleiten lassen, so wie die auf den letztern gemachten Entdeckungen auf der Erde werden in Untersuchung genommen und nachgeprüft werden können. Daß dieses nicht unmöglich sei, darüber will ich zum Beweis, so gut es bei der Schwierigkeit der Darstellung in einem kurzen Aufsatze geschehen kann, die Situations-Verhältnisse eines gewissen Gebirgslagers aus einander zu setzen suchen, aus welchen nicht undeutlich hervor leuchtet, daß die ehemalige Erd-Oberfläche mit der gegenwärtigen des Mondes viele Ähnlichkeit gehabt habe."

31,26 Hegels Quelle für diese von ihm Fourcroy zugeschriebene Beobachtung konnte nicht ermittelt werden. Vgl. aber *M. J. Petry: Hegel's Philosophy of Nature*. Bd. 1. London 1970. 368f.

35,1–9 Vgl. zur Trägheit der Materie *Galileo Galilei: Dialogo. Doue ne i congressi di quattro giornate si discorre sopra i due Massimi Sistemi del Mondo Tolemaico, e Copernicano.* Giornata seconda. In: *Opere di Galileo Galilei divise in quattro Tomi,* in questa nuova Edizione accresciute di molte cose inedite. Bd. 4. Padua 1744. 115f und *Newton: Principia mathematica. Definito III: „Materiæ vis insita est potentia resistendi, qua corpus unumquodque, quantum in se est, perseverat in statu suo vel quiescendi vel movendi uniformiter in directum.* / Hæc semper proportionalis est suo corpori, neque differt quicquam ab inertia massæ, nisi in modo concipiendi. Per inertiam materiæ, fit ut corpus omne de statu suo vel quiescendi vel movendi difficulter deturbetur. Unde etiam vis insita nomine significantissimo Vis Inertiæ dici possit. Exercet vero corpus hanc vim solummodo in mutatione status sui per vim aliam in se impressam facta; estque exercitium ejus sub diverso respectu & Resistentia & Impetus: resistentia, quatenus corpus ad conservandum statum suum reluctatur vi impressæ; impetus, quatenus corpus idem, vi resistentis obstaculi difficulter cedendo, conatur statum ejus mutare. Vulgos restistentiam quiescentibus & impetum moventibus tribuit: sed motus & quies, uti vulgo concipiuntur, respectu solo distinguuntur ab invicem; neque semper vere quiescunt quæ vulgo tanquam quiescentia spectantur." (2)

35,25 betrachtet wurde] Siehe 4,7–9,19.

36,3 Diese Überschrift nachträglich zwischen den Zeilen und auf dem Rande fortgesetzt.

36,19–28 Zum freien Fall vgl. *Galileo Galilei: Discorsi e dimostrazioni matematiche intorno a due nuove scienze attenenti alla Meccanica, ed ai Movimenti Locali.* Giornata prima. In: *Opere di Galileo Galiei divise in quattro Tomi,* in questa nuova Edizione accresciute di molte cose inedite. Bd. 3. Padua 1744. 43–46, bes. 44f: „Voi acutamente fate instanza contro al mio detto, la quale è ben necessario di risolvere. Dico per tanto, che un corpo grave ha da natura intrinseco principio di muoversi verso il commun centro de i gravi, cioè, del nostro globo terrestre, con movimento continuamente accelerato, ed accelerato sempre egualmente, cioè che in tempi eguali si sanno aggiunte eguali di nuovi momenti, e gradi di velocità. E questo si dee intender verificarsi, tuttavolta che si rimovessero tutti gl' impedimenti accidentari, ed esterni; tra i quali uno ve ne ha, che noi rimuover non possiamo, che è l'impedimento del mezzo pieno, mentre dal mobile cadente deve essere aperto, e lateralmente mosso, al qual moto trasversale il mezzo, benchè fluido, cedente, e quieto, si oppone con resistenza or minore, ed or maggiore, e maggiore, secondo che lentamente, e velocemente ei deve aprirsi per dar il transito al mobile, il quale perchè, come ho detto, si va per sua natura continuamente accelerando, vien per conseguenza ad incontrar continuamente resistenza maggiore nel mezzo, e però ritardamento, e diminuzione nell'acquisto di nuovi gradi di velocità, sicchè finalmente la velocità perviene a tal segno, el la resistenza del mezzo a tal grandezza, che bilanciandosi fra loro levano il più accelerarsi, e riducono il mobile in un moto equabile, ed uniforme, nel quale egli continua poi di mantenersi sempre. È dunque nel mezzo accrescimento di resistenza, non perchè si muti la sua essenza, ma perchè si altera la velocità, colla quale ei dee aprirsi, e lateralmenti muoversi, per cedere il passagio al cadente, il quale va successivamente accelerandosi. Ora il vedere, che la resistenza dell' aria al poco momento della vescica è grandissima, ed al gran peso del piombo è piccolissima, mi fa tener per fermo, che chi la rimovesse del tutto, coll' arrecare alla vescica grandissimo comodo, ma ben poco al piombo, le velocità loro si pareggerebbero. Posto dunque questo principio, che nel mezzo, dove o per esser vacuo, o per altro non fusse resistenza veruna, che ostasse alla velocità del moto, sicchè di tutti i mobili le velocità fusser pari, potremo assai congruamente assegnar le proporzioni delle velocità di mobili simili, e dissimili nell' istesso, ed in diversi mezzi pieni, e però resistenti." und *Newton: Principa mathematica.* „Definito VII: *Vis centripetæ Quantitas Acceleratrix est ipsius mensura Velocitati proportionalis, quam dato tempore generat.* / Uti Virtus magnetis ejusdem major in minori distantia, minor in majori: vel vis Gravitans major in vallibus, minor in cacuminibus præaltorum montium, atque adhuc minor (ut posthac patebit) in majoribus distantiis a globo terræ; in æqualibus autem distantiis eadem undique, propterea quod corpora omnia cadentia (gravia an levia, magna an parva) sublata Aeris resistentia, æqualiter accelerat." (4)

37,33 siehe oben] Siehe 34,19–35,15.

40,31–33 Siehe *Abraham Gotthelf Kästner: Anfangsgründe der höhern Mechanik welche von der Bewegung fester Körper besonders die praktischen Lehren enthalten. Der mathematischen Anfangsgründe vierter Theil; erste Abtheilung.* Göttingen 1766. Im Zusammenhang der Diskussion des Gesetzes der Stetigkeit verweist Kästner auf den von Hegel angedeuteten Fall: „Eine richtige Anwendung dieses Gesetzes will ich doch hier noch beibringen, weil sie nebst einer Probe von seinem Gebrauche, auch die vorhin (I. Abschn. 21. u. f. und hier 125. u. f. u. 177) gegebenen Begriffe von der Trägheit, der Gegenwirkung und der Vergleichung lebendiger und toter Kräfte erläutern kann. Bei Gelegenheit der Trägheit stellen einige Naturforscher Versuche an, davon sich das Wesentlichste ohngefähr so beschreiben läßt. Das Gewicht C 1. Taf. 6 F. soll auf einer Unterstützung, einem Brette oder so was liegen, daß es nicht sinkt, aber vermittelst des Fadens, der von ihm nach der Rolle D geht, in die Höhe gezogen werden kann; dieser Faden geht um die Rolle, auf der andern Seite herum, und hat an seinem Ende das Gewicht A. Seine Länge, von dieser andern Seite der Rolle, bis an das dortige Gewicht, oder was in der Figur von der Rolle bis an A herunter geht, heiße x; A sei größer als C; Nun hebe man A auf, daß der Teil des Fadens von der Rolle bis an dieses Gewicht nicht mehr gespannt bleibt, halte es also ganz nahe an die Rolle, und lasse es fallen. Wenn nun da der Faden nicht zu stark ist, so wird er reißen, man bemerkt aber nicht, daß sich das Gewicht C erhübe. Auch wird der Faden unter diesen Umständen reißen, wenn er gleich viel schwerere Gewichte als diese beiden sind, an seinen Enden tragen könnte. / Drei diesem ähnliche Versuche beschreibt Herr Prof. Winkler in seinen Untersuchungen der Natur und Kunst. (Leipz. 1765) I. Abschn. von der Kraft der Trägheit 2. Hauptst. Er führt den Faden statt einer Rolle über zwei, oder braucht statt der Rolle einen Wagebalken, welches hier nichts ändert. Er drückt seine Folgerung daraus dergestalt aus: die Stärke der Trägheit übertreffe die Last ihres eignen Körpers. Mich deucht, nachstehendes ist die natürliche Erklärung des Versuchs, der allerdings Aufmerksamkeit verdient, weil er beim ersten Anblicke unerwartet scheint. / Wenn A von der Rolle herabfällt, so fängt es den Faden nicht eher zu spannen an, als bis es durch die Länge x des von der Rolle herabgehenden Fadens gefallen ist. In diesem Augenblicke, da es den Faden zu spannen anfängt, hat es also die Geschwindigkeit w, welche der Höhe x zugehört (I. Abschn. 43); und erhielt diese Geschwindigkeit in der Zeit $0{,}008\sqrt{x}$ Sekunden (I. Abschn. 38), ginge also mit derselben, in dieser Zeit gleichförmig, durch den Raum 2x, (I. Abschn. 39) folglich in einer Sekunde durch den Raum $250\sqrt{x}$, welchen Raum man durch w ausdrücken kann. Nun wird aber, wenn der Faden nicht reißt, C mit A zugleich fortgeführt werden. Dazu ist in diesem Augenblicke nötig, daß sich die Bewegung der Masse A, wie beim Stoße unelastischer Körper, und nach den Gesetzen der Wirkung und Gegenwirkung unter beide Massen, die bewegte und die ruhende mitteilt, so daß beider gemeinschaftliche Geschwindigkeit $\frac{Aw}{A+C}$ ist. Ich rede hier, wie man leicht sieht, von dem, was sich im ersten Augenblicke ereignet, denn in dem folgenden wird A durch die Schwere beschleunigt. Mit dieser Geschwindigkeit also müßte, in diesem Augenblick, A sinken und C steigen. Weil aber vermöge des Gesetzes der Stetigkeit eine solche Geschwindigkeit in C nicht plötzlich entstehen kann, so wird es eine gewisse, vielleicht kleine, aber doch bestimmte Zeit dauern, bis C solche erlangt, und vor Ablauf dieser Zeit, hat C anfangs gar keine, und denn doch nur eine geringere Geschwindigkeit, das ist, es ist in Vergleichung mit A als ruhend anzusehen, dem es nicht so schnell folgt, als A vorausgehen will. Der Faden wird also zwischen beiden so gezogen, als wenn er bei C an was unbewegliches geheftet wäre; Daß ihn das bewegte Gewicht A unter diesen Umständen zerreißen kann, wenn er gleich stark genug wäre, es ruhig zu tragen, wird niemanden befremden, der sich aus (180) erinnert, was für ein Unterschied unter Druck und Bewegung ist. Warum aber C ruhig liegen bleibt, wird begreiflich werden, wenn man überlegt, daß der Faden eher reißen kann, als eine merkliche Geschwindigkeit in C erregt wird. Der Faden reißt also freilich nicht wegen des Gewichts von C, sondern wegen seiner Trägheit und des Gesetzes der Stetigkeit, welches letztere den Grund angibt, warum C sich nicht bewegt. Und weil auf diese Art kleine Gewichte einen Faden zerreißen, der größere ruhig tragen konnte, so erfolgt hier aus der Trägheit und dem Gesetze der Stetigkeit mehr als aus der bloßen Last der Gewichte erfolgen würde. In dieser Bedeutung läßt sich also meines Erachtens der Ausdruck rechtfertigen, die Trägheit des Gewichtes sei stärker als seine Last, den ich gleichwohl nicht brauchen werde, weil er obenhin betrachtet, dem Grundsatze zu widersprechen scheint, daß die Trägheit, wie das Gewicht, der Masse proportioniert ist. / Wollte man die fortgesetzte Bewegung nach dem erwähnten ersten Augenblicke betrachten, so dürfte man nur nach I. Abschn. 51. 34. Seit. sich vorstellen, daß C so fällt, als würde es von einer Schwere getrieben, die $\frac{C}{C+A}$ der unsrigen wäre. Dies also müßte im I. Abschnitt 81. statt f; statt des dortigen c, die Höhe gesetzt werden, welche der vorhin bestimmten gemeinschaftlichen Geschwindigkeit im ersten Augenblicke des Falles zugehörte. / In Hrn. Winklers Versuchen war c = 8 Loth, A = 2 Pfund, 25½ Loth = 89,5 Loth, x = 5 Fuß. Ein gleicher Faden trug an jedem Ende ruhig 3½ Pf. bis er riß. Wenn man die Fuß für rheinländische annimmt, und x = 5000 setzt, so ist $\sqrt{5000} = 70{,}710$ und A fällt durch seinen Teil des Fadens in $0{,}008 \cdot 7{,}0710 = 0{,}565$ Sekunden; Mit der Geschwindigkeit, die es am Ende dieses Falls hat, ginge es in einer ebenso langen Zeit durch 10 Fuß, und in einer Sekunde durch $250 \cdot 70{,}710$ oder durch 17,677 Fuß. Drückt man die Geschwindigkeit durch diese Menge von Fußen aus, so wäre die gemeinschaftliche Geschwindigkeit, mit der sich beide Massen im ersten Augenblicke bewegen müßten $\frac{89{,}5 \cdot 17{,}67}{89{,}5 + 8} = 16$ F in einer Sekunde. Setzt man im I. Abschn. 41; S = 15 625; T = 1 = b; a = 16 000; so findet man die Zeit, in welcher eine solche Geschwindigkeit durch die Wirkung unserer Schwere entstünde $\frac{16\,000}{31\,250} = \frac{64}{125} = 0{,}512$ einer Sekunde. Dieses wird begreiflich machen, wie eine gewisse Zeit nötig ist, sie durch jede andere Wirkung zu erzeugen, und wie es möglich ist, daß der Faden reißt, ehe sie ist erzeugt worden. Man hat schon längst ähnliche Versuche gemacht, dergleichen Herr W. auch anführt, da man ein dünnes Stäbchen auf ein paar Gläsern zerschlägt, ohne daß sie umfallen; Schwenter math. Erquikst. X. Teil 3. Ausg. hat diese Begebenheit im Grunde ziemlich richtig erklärt, ob er sich wohl nicht ausführlich und deutlich genug ausdrückt." (363–368)

44,27–36 Vgl. zur „absoluten Kohäsion" vor allem *F. W. J. Schelling: Allgemeine Deduction des dynamischen Processes,* erschienen in *Zeitschrift für speculative Physik.* Hrsg. von Schelling. Bd. 1, Heft 2. Jena und Leipzig 1800. 47–61; und *F. W. J. Schelling: Fernere Darstellungen aus dem System der Philosophie. Anderer Theil,* abgedruckt in *Neue Zeitschrift für speculative Physik.* Hrsg. von F. W. J. Schelling. Bd. 1, Stück 2. Tübingen 1802, wo er die „absolute Kohäsion" als „Einpflanzung der Identität in die Differenz insofern" bestimmt, „als das Ding durch diese wahrhaft in sich *selbst,* nur mit sich selbst zusammenhängend, sich selbst gleich, demnach auch *ganz abgesondert* vom Zusammenhang mit andern ist" (106).

44,37 nachher] Siehe 46,34–47,33.

45,30 vorhin] Siehe 42,10–14.

46,33 vorhin] Siehe 45,24–46,30

48,12 vorher] Siehe 41,18–29.

49,9–17 Hegel bezieht sich hier kritisch auf eine Theorie des Magnetismus der Erdkugel, wie sie z. B. von *L. Euler* entwickelt worden ist in dessen *Corrections nécessaires pour la théorie de la déclinaison magnétique,* proposée dans le XIII volume des Mémoires, in: *Histoire de l'Académie royale des Sciences et des Belles Lettres de Berlin.* Bd. 20. 213–265. Hegels direkte Quelle mag die deutsche Fassung der Arbeit von *J. B. Biot: Sur les variations du magnétisme terrestre à different latitudes* gewesen sein, die in den *Annalen der Physik.* Hrsg. v. Ludwig Wilhelm Gilbert. Bd. 15. Halle 1805. 257–298 erschienen ist. Siehe dazu *M. J. Petry: Hegel's Philosophy of Nature.* Bd. 2. London 1970. 312f. Vgl. auch zur Inklination und Deklination der Magnetnadel *E. G. Fischer: Lehrbuch der mechanischen Naturlehre.* Berlin 1805. 372f. Zur philosophischen Deutung des Magnetismus der Erdkugel vgl. z. B. *F. W. J. Schelling: Von der Weltseele.* 172–176.

53,20–30 Siehe *R. J. Haüy: Lehrbuch der Mineralogie.* Aus dem Französischen übersetzt und mit Anmerkungen versehen von D. L. G. Karsten. 1. Teil. Paris und Leipzig 1804, 157f: „Bei der obigen Entwicklung der Theorie haben wir angenommen, daß die Blättchen, aus welchen die von einer und derselben Gattung herstammenden Kristalle zusammengesetzt sind, von einem gemeinschaftlichen Kern ausgingen, indem sie Dekreszenzen erlitten, welche gewissen Gesetzen unterworfen sind, von denen die Formen dieser Kristalle abhängen. Aber das ist nur eine bloße Vorstellungsart, wodurch wir die Verhältnisse der Formen, von denen die Rede ist, gegen einander leichter wahrnehmen. Genauer zu reden, ist ein Kristall in seinem ganzen Inhalt nur ein regelmäßiger Haufen von gleichartigen Moleküls. Er fängt nicht mit einem Kern von einer dem Volumen, das er erhalten soll, proportionierten Dicke an, oder, was dasselbe sein würde, nicht mit einem Kern, der so groß ist, wie der, den man mit Hilfe der mechanischen Teilung aus ihm erhält; und die Blättchen, die diesen Kern bedecken, sind nicht in derselben Ordnung, wie sie die Theorie betrachtet, der Reihe nach über einander gelegt. Der Beweis davon ist, daß unter den Kristallen von ganz verschiedenen Durchmessern, die sich oft auf derselben Unterlage angeschossen befinden, diejenigen, welche man nur mit dem Mikroskop unterscheiden kann, eben so vollendet sind, wie die, welche den größten Umfang haben; woraus sich ergibt, daß sie dieselbe Struktur haben, d. h. daß sie schon einen kleinen, ihrem Durchmesser proportionierten Kern in sich schließen, mit der erforderlichen Anzahl dekreszierender Blättchen so umgeben, daß das Polyëder mit allen seinen Flächen versehen ist. Jene mannigfaltigen Übergänge aus der Grundgestalt in die sekundäre Form sieht man gar nicht, die doch statt finden müssen, wenn die Kristallisation die auf den Kern aufgesetzten pyramidenähnlichen Körper von der Grundfläche bis zur Spitze gleichsam schichtweise aufbaute. / Man muß sich also vorstellen, daß z. B. ein Kristall, der dem vom Würfel entspringenden Rhomboidal-Dodekaëder (Fig. 11 und 12) ähnlich ist, schon vom ersten Augenblick an ein ganz kleines Dodekaëder selbst ist, welches einen seiner Kleinheit angemessenen kubischen Kern enthält, und daß diese Art von Embryo in den nachfolgenden Augenblikken, ohne seine Form zu verändern, durch neue Lagen, die ihn von allen Seiten einhüllen, wächst, so daß der Kern seinerseits ebenfalls zunimmt, und dabei immer in demselben Verhältnis zum ganzen Kristall bleibt."

55,3–4 Siehe *Platon: Timaeus.* 45 b2–d3: τῶν δὲ ὀργάνων πρῶτον μὲν φωσφόρα συνετεκτήναντο ὄμματα, τοιᾷδε ἐνδήσαντες αἰτίᾳ. τοῦ πυρὸς ὅσον τὸ μὲν κάειν οὐκ ἔσχε, τὸ δὲ παρέχειν φῶς ἥμερον, οἰκεῖον ἑκάστης ἡμέρας, σῶμα ἐμηχανήσαντο γίγνεσθαι. τὸ γὰρ ἐντὸς ἡμῶν ἀδελφὸν ὂν τούτου πῦρ εἰλικρινὲς ἐποίησαν διὰ τῶν ὀμμάτων ῥεῖν λεῖον καὶ πυκνὸν ὅλον μέν, μάλιστα δὲ τὸ μέσον συμπιλήσαντες τῶν ὀμμάτων, ὥστε τὸ μὲν ἄλλο ὅσον παχύτερον στέγειν πᾶν, τὸ τοιοῦτον δὲ μόνον αὐτὸ καθαρὸν διηθεῖν. ὅταν οὖν μεθημερινὸν ᾖ φῶς περὶ τὸ τῆς ὄψεως ῥεῦμα, τότε ἐκπῖπτον ὅμοιον πρὸς ὅμοιον, συμπαγὲς γενόμενον, ἓν σῶμα οἰκειωθὲν συνέστη κατὰ τὴν τῶν ὀμμάτων εὐθυωρίαν, ὅπῃπερ ἂν ἀντερείδῃ τὸ προσπῖπτον ἔνδοθεν πρὸς ὃ τῶν ἔξω συνέπεσεν. ὁμοιοπαθὲς δὴ δι'ὁμοιότητα πᾶν γενόμενον, ὅτου τε ἂν αὐτό ποτε ἐφάπτηται καὶ ὃ ἂν ἄλλο ἐκείνου, τούτων τὰς κινήσεις διαδιδὸν εἰς ἅπαν τὸ σῶμα μέχρι τῆς ψυχῆς αἴσθησιν παρέσχετο ταύτην ᾗ δὴ ὁρᾶν φαμεν.

55,21 stand] Siehe 42,31–44,22.

56,7 vorhin] Siehe 54,33–55,10.

56,16 Diese Überschrift am Rande.

60,30–33 Hegel bezieht sich hier auf den dritten Abschnitt von *Berthollet: Essai de statique chimique*. Bd. 1. 151f: „On a vu que dans les modifications de température qui s'opèrent par des mélanges, le calorique se distribue en raison des capacités et des quantités, et que dans les changements d'état des corps, il s'accumule ou s'exprime de manière que dans les changements inverses, les corps en reprennent la même quantité. Un effet semblable a lieu dans les successions de combinaisons qui sont accompagnées d'une absorption ou d'un dégagement de calorique; les auteurs du mémoire sur la chaleur ont établi sur ces considérations les principes suivant. / *Si dans une combinaison ou dans un changement d'état quelconque, il y a une diminution de chaleur libre; cette chaleur reparaîtra toute entière lorsque les substances reviendront à leur premier état, et réciproquement, si dans la combinaison ou dans le changement d'état, il y a une augmentation de chaleur libre, cette nouvelle chaleur disparaîtra dans le retour des substances à leur état primitif. / En généralisant ce principe, toutes les variations de chaleur, soit réelles, soit apparentes qu'éprouve un système de corps en changeant d'état, se reproduisent dans un ordre inverse, lorsque le système repasse à son premier état.*"

60,38–61,34 Hegel zitiert aus einem Aufsatz von *John Dalton: Weitere Erörterung einer neuen Theorie über die Beschaffenheit gemischter Gasarten,* der in den *Annalen der Physik.* Hrsg. von Ludwig Wilhelm Gilbert. Bd. 13. Halle 1803 erschienen ist. Die drei von Hegel angeführten Stellen befinden sich in folgender Passage: „*I. Grundsätze, die ich annehme. Erstens* setze ich als zugestanden voraus, daß alle Teilchen in einer einfachen, (nicht gemengten,) elastischen Flüssigkeit sich gegenseitig mit einer Kraft abstoßen, welche bei einer gegebenen Temperatur im umgekehrten Verhältnisse der Entfernung ihrer Mittelpunkte von einander steht. Dieses ist eine mathematische Folgerung aus einer Tatsache, die jedermann zugibt, daß nämlich der Raum, den eine Gasart einnimmt, sich verkehrt wie der Druck verhält, unter dem sie steht. Die *absolute* Entfernung der Mittelpunkte dieser Teilchen muß nach Verschiedenheit der Umstände variieren, und ist schwerlich zu bestimmen; ihre *relative* Entfernung in verschiedenen elastischen Flüssigkeiten läßt sich dagegen in einigen Fällen angeben. So z. B. hat *Watt* dargetan, daß unter einem Drucke von 28 engl. Zollen Quecksilberhöhe und 212° F. Wärme, Wasserdampf 1800mal leichter als Wasser ist; der Abstand der Teilchen im Dampfe muß sich daher zur Entfernung derselben im Wasser wie $\sqrt[3]{1800}:1$, oder nahe wie 12:1 verhalten. Im Wasserdampfe im luftverdünnten Raume der Luftpumpe haben die Teilchen ungefähr einen 4mal größeren Abstand, und ihre Entfernung verhält sich zu der Entfernung, die sie im tropfbar-flüssigen Wasser haben, wie 48:1. / *Zweitens* nehme ich an, daß die heterogenen Teilchen gemengter elastischer Flüssigkeiten sich gegenseitig *nicht* zurückstoßen, in Entfernungen, in denen die homogenen Teilchen einer und derselben Flüssigkeit einander repellieren, und daß, wenn sie mit einander, (um beim gewöhnlichen Sprachgebrauche zu bleiben,) in wahre Berührung gebracht werden, sie in jeder Rücksicht wie unelastische Körper sich einander Widerstand leisten. – Dieses ist das Charakteristische meiner Hypothese, und das, was nicht allgemein verstanden zu werden scheint. Etwas Ähnliches findet beim Magnetismus statt, und vielleicht läßt sich die Sache hierdurch am besten erläutern. Die beiden gleichnamigen Pole zweier Magnete stoßen sich mit gleicher Kraft ab, gleichviel, ob ein anderer Körper zwischen ihnen liegt oder nicht, und wirken nicht auf diesen anderen Körper. Gerade so, denke ich mir, stoßen sich zwei Teilchen derselben Gasart gegenseitig mit einerlei Kraft ab, gleichviel, ob Teilchen einer anderen Gasart zwischen ihnen sind oder nicht, und wirken gar nicht auf diese fremdartigen Teilchen. Beim Konflikte des Magnets mit jenen anderen Körpern finden in der scheinbaren Berührung mit ihnen die gewöhnlichen Gesetze der Bewegung statt; und gerade so, wenn zwei heterogene Teilchen beider Gasarten sich scheinbar berühren. Sie äußern dann zwar auch eine Repulsivkraft gegen einander; diese ist aber wesentlich verschieden von der Zurückstoßung zwischen den homogenen Teilchen, indem sie sich nur in der Berührung und nicht über sie hinaus äußert. / Man denke sich weiter ein höchst feines senkrecht stehendes Haarröhrchen, in dem sich eine Menge kleiner magnetischer Teilchen, eins über dem anderen, und zwar so befindet, daß die gleichnamigen Pole derselben einander zugewandt sind, und daß die Luft zwischen ihnen frei zutreten kann. Es wird dann *scheinen,* als trüge die Luft, die sich zwischen ihnen befindet, die oberen Teilchen, ungeachtet sie lediglich vermöge der gegenseitigen Repulsion der gleichnamigen Pole, ungeachtet ihrer Schwere, von einander entfernt gehalten und getragen werden. Gerade so, denke ich mir, werden die Teilchen einer Gasart nur von den homogenen

Teilchen derselben Gasart getragen, obschon, wären diese Teilchen sichtbar, es scheinen würde, als ruhten sie unmittelbar auf den heterogenen Teilchen einer anderen Gasart, die sich zwischen ihnen befinden. Der Boden trägt die untersten Teilchen jeder Art, daher beide Flüssigkeiten mit ihrem ganzen Gewichte auf ihm lasten. / Diese Bemerkungen, denke ich, werden hinreichen, jeden mit dem wahren Sinne meiner Hypothese bekannt zu machen. Es wird nicht unzweckmäßig sein, hier noch hinzuzufügen, daß sich in den kleinsten Teilchen der Materie etwas, einer Polarität sehr ähnliches, auch beim Übergange aus dem flüssigen in den festen Zustand zeigt, wie unter anderem das Frieren des Wassers davon ein Beispiel gibt. / *II. Folgerungen.* Er erhellet aus dem Bisherigen, daß ich mir jedes Gas als aus etwa *einem* Teile fester Masse, auf *tausend* und mehrere Teile leere Zwischenräume, oder Poren, (wenn ich sie anders so nennen darf,) bestehend denke, und so, daß eine Menge anderer Gasarten sich in diesen Zwischenräumen befinden könne, ohne dieses erstere Gas wesentlich zu stören, wofern nur nicht die Zwischenräume ganz mit fester Materie ausgefüllt sind, (womit ich auf tropfbar-flüssige und feste Körper hindeute.) So könnte unsere Atmosphäre ein Dutzend verschiedener Gasarten, statt der drei oder vier, aus denen sie besteht, alle in demselben Umfange enthalten, jede in der Dichtigkeit, in der sie für sich allein diesen Raum ausfüllen würde. Das schwerere Gas hat eben so wenig ein Bestreben, das leichtere in die Höhe zu treiben, als Schrotkörner, die in einem Haufen liegen, die Luft zwischen sich herauszudrücken, und es findet hier weder eine Aktion noch eine Reaktion statt, durch die das leichtere Gas bestimmt werden könnte, in die Höhe zu steigen. Daher muß ich schließen, daß alle jene Gasarten zugleich die untersten und die obersten Regionen unabhängig von einander einnehmen werden, und daß sich jede gerade so verbreiten wird, wie das geschehen würde, wenn sie sich in einem völlig leeren Raume befände.“ (439–443).

61,12–13 Hegel spielt hier auf eine Theorie über die Entstehung des elektrischen Funkens an, die von *J. B. Biot* in der Abhandlung *Bildung von Wasser durch bloßen Druck; und Bemerkungen über die Natur des electrischen Funkens* vertreten worden ist, die erschien in den *Annalen der Physik.* Hrsg. von Ludwig Wilhelm Gilbert. Bd. 20. Halle 1805. 99–106. In dieser Abhandlung berichtet Biot von Versuchen zur Bestätigung seiner Überzeugung, „die Verbindung von Wasserstoffgas und Sauerstoffgas lasse sich ohne Hilfe der Elektrizität, bloß durch sehr schnelle Kompression bewirken“ (99). Das Ergebnis dieser Versuche deutet er folgendermaßen: „Die Theorie dieser Phänomene ist sehr einfach. Eine schnelle Kompression zwingt die Gasarten, eine sehr große Menge von Wärme fahren zu lassen, die, da sie sich nicht augenblicklich zerstreuen kann, die Temperatur derselben für einen Augenblick erhöht, und hinreicht, sie in diesem Zustande von Verdichtung zu entzünden. / Man findet also in den beiden Gasarten selbst alle Elemente, welche nötig sind, um sie in Vereinigung zu bringen, ohne alle Mitwirkung des elektrischen Funkens oder äußeren Feuers. Wahrscheinlich möchten sich auf dieselbe Art alle Verbindungen von Gasarten, welche eine Temperaturerhöhung erfordern, ohne irgend ein fremdes Agens, hervor bringen lassen. / Diese Identität der Resultate hat mich auf folgende Idee geführt. Man weiß, und Herr *Berthollet* hat es in seiner *Statique chimique* gezeigt, daß die Elektrizität, indem sie durch Körper hindurch geht, in ihren kleinsten Teilchen eine wahre Kompression bewirkt. Diese Wirkung geschieht mit einer wunderbaren Geschwindigkeit, wie sich das durch unzählige Versuche dartun läßt. Hat aber die Elektrizität eine solche Geschwindigkeit, so ist es nicht anders möglich, als daß sie aus der Luft *Licht* entbinden muß, da es uns gelingt, dies durch eine weit weniger schnelle Kompression zu bewirken. Dieses führt mich darauf, in dem elektrischen Funken ein bloß mechanisches Resultat der Kompression zu sehen. / Vergleichen wir nämlich das, was in der Kompressionspumpe geschieht, mit dem, was in *Volta's* Eudiometer vorgeht, so ist die Ähnlichkeit vollständig; nur daß wir im ersten Falle das Gas einzuschließen gezwungen sind, weil wir dem Kolben nur eine sehr beschränkte Geschwindigkeit zu geben vermögen, indeß beim elektrischen Funken die Teilchen mit einer so außerordentlichen Geschwindigkeit komprimiert werden, daß sie nie schnell genug ausweichen können, um sich seiner Macht zu entziehen, weshalb selbst in freier Luft die Kompression, samt der Lichtentbindung oder dem Funken, der eine Folge derselben ist, vor sich gehen kann. Aber diese Wirkung ist lokal; und wenn Gasarten, die nicht fähig sind, sich zu vereinigen, nach jeder Explosion zu ihren anfänglichen Dimensionen zurück kommen, so nehmen sie bei dieser Dilatation sogleich wieder alle Wärme in sich auf, die sie hergegeben hatten, so daß dadurch in ihrer Beschaffenheit keine bleibende Veränderung vor sich gehen kann. Und hieraus erklärt es sich, warum man beim Elektrisieren recht reiner und nicht gemischter Gasarten nie eine Veränderung in ihnen wahrgenommen hat." (103–105).

61,14–15 Siehe *Berthollet: Essai de statique chimique*. Bd. 1. 156–161: „108. Les physiciens ont tâché depuis longtemps de déterminer les dilatations que les gaz éprouvaient par l'élévation de température, mais les opinions étaient restées flottantes par la diversité des résultats de leurs expériences: un jeune chimiste, Gay Lussac, dont les talents me sont en particulier d'un grand secours, a fixé les incertitudes dans un mémoire qu'il a lu à l'institut, et dont je vais présenter l'extrait. / Deluc, en comparant les hauteurs trouvées par le baromètre à celles qu'il avait mesurées géometriquement, a trouvé que vers la température 16° 3/4 qui'il apelle température fixe, l'air atmosphérique se dilate de 1/215 de son volume pour chaque degré. / Vers le 15e degré, le général

Roy a attribué à l'air sec, une dilatation de $^1/_{172}$, et à l'air humide une dilatation beaucoup plus forte. Saussure observe à cet égard que ce physicien ayant introduit dans son appareil, soit de l'eau liquide, soit de la vapeur d'eau, il a confondu deux choses qu'il était essentiel de séparer, savoir la conversion de l'eau en vapeur élastique, et la dilatation de l'air unie à cette vapeur. D'aprés des expériences faites depuis le 6e degré jusqu'au 22e; il fixe à $^1/_{235}$ la dilatation de l'air sec, et de celui qui est plus ou moins humide, mais tenant toujours son eau en parfaite dissolution, évitant d'ailleurs soigneusement qu'il pût se former des nouvelles vapeurs. / Priestley est le premier qui se soit occupé de la dilatation des autres gaz; mais ses expériences ne donnent que des dilatations relatives très-différentes les unes des autres, et lui-même ne leur accorde pas beaucoup de confiance. / Enfin Guyton et Prieur ont attribué à chaque gaz une dilatation particuliére et très-croissante en approchant du terme de l'ébullition de l'eau. Ils ont trouvé pour le gaz azote, par exemple, que depuis 0 jusqu'à 20°, il se dilate de $^1/_{588}$ de son volume pour chaque degré; depuis 20 jus'quà 40° de $^1/_{108}$; depuis 40° jusqu'à 60 de $^1/_{36}$, et depuis 60° jusqu'à 80 de plus de $^1/_3$; mais cette progression très-croissante et la différence de leurs résultats doivent être rapportées principalement à l'eau qu'ils auront laissée dans leur appareil, et qui comme l'on sait, prend d'autant plus facilement l'état élastique que sa température est très-élevée. Il sera donc arrivé à 80° que l'eau en se convertissant abondamment en vapeur, aura expulsé de leur appareil beaucoup d'air qui ne l'aurait pas été sans elle, et que parconséquent ils auront attribué à l'air restant une dilatation trop forte. / Ce sont ces grandes variations dans les résultats des physiciens sur la dilatation des gaz, qui ont déterminé Gay Lussac à traiter de nouveau cet objet. En évitant dans ses appareils toutes les causes d'erreurs qu'il a pu prévoir, sur-tout la présence de l'eau, il a reconnu que l'air atmosphérique, les gaz oxigène, hydrogène, azote, nitreux, ammoniacal, acide carbonique, acide sulfureux, acide muriatique, et la vapeur de l'ether sulfurique se dilatent également par les mêmes degrés de chaleur, et que depuis 0 jusqu'à 80°, 100 parties de chacun des gaz permanents prennent un accroissement de 37 p. 50, ou de $^1/_{213}$ du volume par chaque degré. / Ce coefficient $^1/_{213}$ semble différer bien peu de celui $^1/_{215}$ de Deluc; mais Gay Lussac observe que la différence des températures desquelles ils sont partis, en établit une très-sensible entre leurs résultats. Il sera voir ailleurs que les coefficients varient avec les températures d'où l'on part, et il déterminera la loi des variations. / Il a remarqué qu'en approchant du terme de l'ébullition de l'éther, les condensations de sa vapeur sont un peu plus rapides que celles des gaz, ce qui correspond à la plus grande dilatation que les liquides éprouvent lorsqu'ils approchent de l'ébullition, et à celle qui se fait remarquer dans quelques liquides près de la congélation; mais l'effet n'est plus sensible quelques degrés au-dessus de celui où s'est fait le passage de l'état liquide à celui de fluide élastique. / Priestley, Guyton et Prieur ont trouvé au gaz ammoniacal une très-grande dilatation. Si l'on recoit directement dans un appareil le gaz ammoniacal provenant de la décomposition du muriate d'ammoniaque par la chaux ordinaire, on trouvera aussi une très-grande dilatation; mais dans ce cas on observera sur les parois de l'appareil, lorsque la température sera abaissée, un peu de liquide et quelques points cristallins qui sont du muriate ou du carbonate d'ammoniaque; si l'on fait séjourner le gaz sur la potasse caustique avant de l'introduire dans son appareil, on trouvera qu'il se dilate comme les autres gaz; mais alors on ne verra dans le récipient ni liquide, ni molécules cristallines. Cela prouve qu'outre les liquides il faut encore éviter scrupuleusement, dans les recherches sur la dilatation des gaz, les corps solides qui sont susceptibles de prendre l'état élastique à la température à laquelle on les expose. / Puisque la solubilité plus ou moins grande des différents gaz, ni leur plus ou moins grande densité sous la même pression et à la même température, ni la nature particulière des gaz et des vapeurs n'influent point sur leur dilatation, et qu'elle dépend uniquement de leur état élastique, on peut conclure généralement que tous les gaz et toutes les vapeurs se dilatent égalment par les mêmes degrés de chaleur. / Il est donc confirmé par là que tous les gaz et l'air atmosphérique qui tiennent plus ou moins d'eau en dissolution, sont également dilatables. Saussure avait reconnu cette propriéte dans l'air atmosphérique. / Tous les gaz étant également dilatables par la chaleur, et également compressibles, et ces deux propriétés dépendant l'une de l'autre, les vapeurs qui suivent les mêmes lois de dilatation doivent aussi être également compressibles; mais cette conclusion ne peut être vraie qu'autant que les vapeurs comprimées restent entièrement dans l'état élastique, ce qui exige que leur température soit assez élevée pour les faire résister à la pression qui tend à leur faire prendre l'état liquide."

62,21–22 Hegel verweist hier auf *Gren: Grundriß der Naturlehre.* 373: „§. 628. IV. *Der unmerkbar gewordene Wärmestoff wird wieder zum freien und sensibeln in Körpern, die aus dem Zustande des Dampfe zu tropfbar-flüssigen oder festen werden.* / §. 629. Dieses Gesetz ist wieder das umgekehrte des vorigen. Als Beispiel zur Erklärung dienen: 1) Warum eine kleine Quantität Wasser in Dampfgestalt, z. B. bei Destillationen, weit mehr Wärme bei seinem Niederschlagen absetzt, als eine gleiche Quantität Wasser, wenn auch die Temperatur in beiden gleich ist. 2) Warum der Wasserdampf bei seiner Zusammendrückung und daher entstehender Vernichtung Temperaturerhöhung bewirkt; und warum unter der Glocke der Luftpumpe ein empfindliches Luftthermometer steigt, wenn man zu dem im Guerickschen Raume enthaltenen Dunste Luft läßt. Nach Hrn. *Watts* Erfahrung ist die Quantität des Wärmestoffes, der als latenter im Wasserdampfe bei gleicher Temperatur mehr enthalten ist, als im kochenden Wasser von eben dem Gewichte, so groß, daß, wenn er in einer nicht verdunstbaren Substanz von einerlei Kapazität und Gewicht mit dem Wasser frei und sensibel würde, die Temperatur dieser Masse um 943° erhöhen würde." Vgl. zur Sache auch *F. A. C. Gren: Uebersicht der Gesetze, nach welchen sich die Kapazität der Körper gegen den Wärmestoff bey Veränderung der Form ihrer Aggregation richtet, und welche zur Erklärung vieler hierher gehöriger Phänomene dienen können.* In: *Journal der Physik.* Hrsg. von Friedrich Albrecht Carl Gren. Bd. 2. Halle und Leipzig 1970. 53: „Es ist also gar nicht zu verwundern, daß eine kleine Quantität Wasser in Dampfgestalt viel mehr Wärme absetzt, als eine gleiche Quantität siedend Wasser, wenn auch die Temperatur in beiden einerlei, nämlich 212° Fahrenh. ist. Bei den Destillationen aus der Blase und dem Helm, wird der letztere und die Röhre des Kühlfasses sehr schnell und ungemein heiß, wenn auch nur wenige Unzen Wasser in Dampfgestalt hindurch gehen; da sie kaum lau werden würden, wenn man ebenso viel Unzen siedend Wasser hindurch gösse."

62,35 Hegel bezieht sich hier auf *Berthollet: Essai de statique chimique.* Dieses Buch erschien im Jahre 1803, also im Jahre 11 nach der Revolutionszählung; daher Hegels Formulierung „XI an". Die Stelle, auf die Hegel anspielt, steht in dem Kapitel „Du calorique" und lautet: „Une expérience de Deiman et de ses savants associés confirme cette explication: ils ont fait passer une commotion à travers du plomb placé dans un vase rempli de gaz azote qui ne pouvait l'oxider; il s'est réduit en poudre en conservant toutes ses propriétés métalliques: s'il eût éprouvé une liquéfaction semblable par l'action de la chaleur, son refroidissement eût été graduel, et il se serait congelé en une seule, ou du moins en plusieurs masses." (262).

63,21–24 Vgl. hierzu *F. A. C. Gren: Uebersicht der Gesetze, nach welchen sich die Kapazität der Körper gegen den Wärmestoff bey Veränderung der Form ihrer Aggregation richtet, und welche zur Erklärung vieler hierher gehöriger Phänomene dienen können.* In: *Journal der Physik.* Hrsg. von Friedrich Albrecht Carl Gren. Bd. 2. Halle und Leipzig 1790. 46: „Einen anderen Versuch erzählt ebenfalls *(Crawford a. a. O. S. 61).* Wenn acht Pfunde Eisenfeil zu 212° mit einem Pfunde Wasser zu 32° vermengt werden, so wird die Temperatur des Gemenges beinahe 122 sein. Das Eisen wird um 90° erkältet und das Wasser um 90° erwärmt werden. Wenn aber acht Pfunde Eisenfeil zu 300° mit einem Pfunde Wasser, das auf dem Siedepunkt oder 212° ist, vermengt werden; so wird die Temperatur des Gemisches auf 212° bleiben, und ein Teil des Wassers wird plötzlich in Dämpfe verwandelt werden. Wenn nun ein empfindliches Thermometer so angebracht wird, daß es mit diesem Dampfe in Berührung kommen kann, so wird auch dies die

Temperatur von 212° anzeigen. Das Eisen verliert also bei diesem Versuche 88 Grad Wärme, erhöht aber die Temperatur des Wassers nicht, sondern dieser Überschuß der Wärme über dem Siedepunkt wird vom Wasser verschluckt, und verwandelt das letztere in Dampf, in welchem keine höhere Temperatur anzutreffen ist, als im kochenden Wasser selbst.“ Vgl. auch *Gren: Grundriß der Naturlehre.* 371–372.

63,35–36 Zum Textverständnis: der Bezug auf Morveau macht es unmöglich, Hegel hier so zu verstehen, als wolle er sagen, daß die Festigkeit eines Körpers bestimmt sei durch chemische Verwandschaft, eine Bemerkung, die auch ohne den Bezug auf Morveau eher unverständlich wäre. Der Bezug auf Morveau legt nahe, Hegel hier so zu deuten, daß er den Grad der Festigkeit einer Vereinigung durch Adhäsion als bestimmt durch chemische Verwandschaft bezeichnet. Zum Bezug auf Morveau siehe die Anmerkung zu 64,22–23.

64,15 früher] Siehe 46,34–47,33.

64,22–23 Hegel bezieht sich hier auf *Guyton de Morveau: Allgemeine theoretische und praktische Grundsätze der chemischen Affinität oder Wahlanziehung zum gemeinnützigen Gebrauch für Naturforscher, Chemisten, Aerzte und Apotheker.* Aus dem Französichen übersetzt von David Joseph Veit. Mit Anmerkungen begleitet und herausgegeben von Siegismund Friedrich Hermbstädt. Berlin 1794. Unter der Überschrift „Von den Verwandschaft-Verhältnissen, nach den Graden der Adhäsion bestimmt“ schreibt Morveau: „Aus dieser Übereinstimmung, welche gewiß nicht ein Werk des Zufalls ist, lassen sich Folgerungen herleiten, welche die Theorie der chemischen Erscheinungen in ein großes Licht setzen. Man sieht klar, daß sie alle von derjenigen allgemeinen Eigenschaft der Materie abhängen, die wir *Anziehung* nennen; daß diese unveränderliche, immer denselben Gesetzen unterworfene Eigenschaft, nach den Entfernungen und Näherungen, welche in der Mannigfaligkeit der elementarischen Formen ihren Grund haben, verschiedene Wirkungen hervorbringt; daß bei der Berührung jeder Materie *Ädhäsion* statt findet; daß die *Ädhäsion* die erste Wirkung, oder besser: den ersten Augenblick der Verwandtschaft ausmacht, daß die Verwandschaft nichts anderes ist, als ein so hoher Grad der Adhäsion, daß er völlige Auflösung der kleinsten einander berührenden Teile hervorzubringen vermag; mit einem Wort: daß man die Verhältnisse der Verwandtschaften durch die Verhältnisse der *Adhäsionen* ausdrücken kann. So können wir z. B. sagen: daß die Verwandtschaften, welche das Quecksilber mit dem Golde, mit dem Zinke, mit dem Kupfer u.s.w. zu vereinigen streben, sich verhalten 446, 429, 204, 142 u.s.w.“ (10f).

65,1–3 Zur Wärmematerie als imponderable Base vgl. *Johann Barholomä Trommsdorff: Systematisches Handbuch der gesamten Chemie zur Erleichterung des Selbststudiums dieser Wissenschaft. Die*

Chemie im Felde der Erfahrung. Bd. 1. Erfurt 1800. 76f: „Der Wärmestoff wird als eine für sich expansible Flüssigkeit angenommen, und da seine Quantität nicht durchs Gewicht bemerkbar ist, so wird er als *imponderable Substanz* betrachtet." Ähnlich *Gren: Grundriß der Naturlehre*. 317f: „Da der Wärmestoff also nicht schwer ist, so können auch seine Quantitäten gar nicht durchs Gewicht bestimmt werden, und seine Vermehrung und Verminderung in den Körpern kann, wie auch die Erfahrung lehrt, das Gewicht des Körpers weder vermehren noch vermindern. Der Wärmestoff ist demnach als *inponderabele Substanz* zu betrachten." Vorsichtiger *A. F. Fourcroy: Chemische Philosophie oder Grundwahrheiten der neuern Chemie auf eine neue Art geordnet*. Aus dem Französischen übersetzt von Johann Samuel Traugott Gehler. Leipzig 1796, der nicht die Unwägbarkeit des Wärmestoffs behauptet, sondern nur erkärt, daß „es kein Mittel" gibt, „sein Gewicht zu bestimmen". (6).

65,32 Hegel bezieht sich hier auf *Winterl: Darstellung der vier Bestandtheile der anorganischen Natur*, und zwar auf den Abschnitt „Von der Verbindung des Säure- und Baseprinzips unter sich zum Wärmestoff" (343–345): „So oft aber zwei Dinge zum Teil oder ganz verschwinden und an deren Stelle ein drittes zum Vorscheine kommt, dieses dritte hingegen nicht gefunden wird, wenn bei ganz gleichem Produkte die Verminderung schon vorausging, dergestalt daß nunmehr keine neue mehr Statt haben konnte (wie im §. 113), und endlich das Verhältnis dieses dritten mit dem Verluste immer gleichen Schritt geht, so darf man den Schluß machen, daß das dritte aus der Verbindung der zwei verschwundenen entstanden ist. Wer den Gebrauch dieser Induktion nicht zugestünde, würde hiermit die ganze Chemie aufheben, in welcher all unser Wissen von jener Schlußart abhängt. Indessen ist sie doch allzeit verdächtig, wenn sie nicht hinreicht, alle Nebenumstände zu erklären. Wenn eine Säure mit einer Base in Verbindung trat, so schloß man, daß das Neutralsalz noch die unveränderte Säure und die unveränderte Base enthalte (wie sie vor der Verbindung waren), aber man irrte, weil man auf die gleichzeitige Erhöhung der Temperatur nicht Rücksicht nahm, die wirklich einen Bestandteil sowohl der Säure als der Base entführt (Abschn. II. III.); – wenn sich die Wassersäure mit der Wasserbase zu Wasser verband, so schloß man, daß das Wasser aus der Wassersäure und Wasserbase bestehe (was es vor der Verbindung war), aber man irrte, weil man auf die Notwendigkeit der Anzündung, welche das Band aushebt (§. 153), und auf die entstehende viel größere Temperaturvermehrung keine Rücksicht nahm, die doch nicht aus der Ursache der Luftform allein abkommt, weil die Verbindung der Wassersäure und Wasserbase, da sie Bestandteile ganz starrer Körper sind, doch auch eine große Temperaturerhöhung mit sich bringt (s. das Ende des §. 126); – der Schluß also, daß der Wärmestoff, welcher aus dem Verschwinden des Säure- und Baseprinzips hervorgeht, aus eben diesen beiden bestehe, würde nicht minder verdächtig sein, wenn dieses Hervorgehen mit Umständen begleitet wäre, die aus dem Zusammentreffen seiner angegebenen Teile nicht erklärt werden könnten; gerade dieses Hervorgehen aber ist von gar keinen Umständen begleitet. Wir sehen in dem Felde, in welchem es vor sich geht, wohin wir immer die Augen wenden, gar nichts anderes, als in demselben Zeitpunkt, wo uns das Säure- und Baseprinzip entgeht, das Eintreffen des Wärmestoffs, der vorher nicht da war; die Natur wollte uns seine Abkunft gar nicht bemänteln, um uns aus der ersten und unmittelbarsten Ursache aller ihrer Handlungen gar kein Rätsel zu machen: wir wagen also nichts, wenn wir anerkennen, daß der Wärmestoff aus dem verbundenen Säure- und Baseprinzip bestehe; wir müßten uns vielmehr lange und fruchtlos nach Gründen umsehen, wenn wir der offenen Lehre der Natur, die sie uns an alltäglichen Erscheinungen immerfort vor Augen legt, auch nur den unbedeutendsten Einwurf entgegensetzen wollten."

65,35 Es ist nicht mit Sicherheit auszumachen, auf welches andere Manuskript Hegel hier anspielt. Nicht von der Hand zu weisen ist die Vermutung, daß Hegel sich auf eine der zwei anderen mehr oder weniger ausgearbeiteten Fassungen der *Naturphilosophie* bezieht, in denen er die chemischen Elemente behandelt, d. h. auf die *Naturphilosophie* von 1803/04 (vgl. *Hegel: Gesammelte Werke.* Bd. 6) bzw. die *Naturphilosophie* von 1804/05 (vgl. *Hegel: Gesammelte Werke.* Bd. 7).

69,16–20 Zur Zusammensetzung des Wassers vgl. z. B. *Lavoisier: Physikalisch-chemische Schriften.* Bd. 5. 100, und *Gren: Grundriß der Naturlehre.* 552. Zur chemischen bzw. mechanischen Zusammensetzung vgl. ebenfalls *Gren: Grundriß der Naturlehre.* 68f, der zwischen gleichartigen und ungleichartigen Teilen einer Masse unterscheidet, die durch die mechanische bzw. chemische Teilung der Masse zustande kommen. Als Beispiel zur Erläuterung dieser Unterschneidung führt Gren das Wasser an.

69,28 vorher] Siehe 54,22–55,21.

70,20 früher] Siehe 52,1–53,30.

74,19 hatten sie] Siehe 26,1–27,32.

81,2–3 Von der sauren Atmosphäre der Metalle spricht z. B. *Winterl: Darstellung der vier Bestandtheile der anorganischen Natur.* 312 Anm. Zur elektrischen Atmosphäre vgl. z. B. *Zweytes Schreiben des Herrn Alexander Volta an den Herausgeber, über die sogenannte thierische Electrizität.* In: *Neues Journal der Physik.* Hrsg. von Friedrich Albert Carl Gren. Bd. 4. Leipzig 1797. 130. Vgl. auch *Schelling: Von der Weltseele.* 105.

82,18–19 Überschrift am Rande; diese Überschrift ist nicht unterstrichen.

85,25–27 Hegel verweist hier auf *Berthollet: Essai de statique chimique.* Bd. 2. 342f: „Quoique le mercure soit parfaitement liquide, il ne jouit cependant que d'une très-faible tension à une température ordinaire; de là vient qu'il peut pendre l'état de vapeur élastique dans le vide, et se condenser en globules par un abaissement de temperature; mais cet effet est beaucoup moins considérable que celui de la plupart des autres liquides. / Comme il arrive aux autres liquides, il doit s'en dissoudre, à une même température, une égale quantité dans un espace donné, soit que cet espace soit vide, soit qu'il soit rempli d'un air plus ou moins comprimé (172); ce qui explique l'observation que Monge et Vandermonde ont faite, de la dissolution du mercure dans l'air atmosphérique. / Sa tension s'accroît avec la température, et à 600 degrés du thermomètre de Fahreneith, elle peut le maintenir en vapeurs; de sorte qu'elle équivaut alors au poids de l'atmosphère: comme elle augmente proportionnellement avec la température, on voit que dans les arts où l'on expose le mercure et ses amalgames à une haute chaleur, l'air qui se trouve plus ou moins échauffé, peut en tenir une quantité notable en dissolution; cependant la dissolution du mercure par l'air, ne doit se comparer que jusqu'à un certain point avec celle des autres liquides, à cause de la combinaison plus intime que ce métal peut former avec l'oxigène en s'oxidant. / Cette dernière propriété distingue principalement les métaux qui exercent une action énergique sur l'oxigène: quelques-uns, et particulièrement le zinc, ont une tension considérable, dès que la force de cohésion cède à l'action du calorique, de manière qu'ils se volatilisent abondamment, dès qu'ils sont en fusion; mais cette tension ne produit aucun effet de dissolution avec le contact de l'air, parce qu'une combinaison intime avec l'oxigène succède, ou même précède l'entière liquéfaction; de sorte que ce principe, qu'une substance qui est devenue gazeuse se trouve en quantité égale, à même température, dans un espace vide ou rempli d'air, ne peut être appliqué à cette circonstance. / On n'apperçoit donc une dissolution par l'air, que dans les métaux qui n'ont qu'une faible action sur l'oxigène; ainsi l'or exposé au foyer d'une lentille puissante, se réduisait, selon l'observation de Macquer, en vapeur qui dorait des lames d'argent exposées à cette exhalaison."

85,32–34 Zur Verunreinigung des Quecksilbers durch Zinn vgl. *Neue Versuche und Bemerkungen über den Galvanismus von J. W. Ritter. In Briefen an den Herausgeber. Erster Brief. Über die Spannungsreihe der Leiter und über die Stelle des Palladium und anderer Metallgemische in ihr.* In: *Annalen der Physik.* Hrsg. von Ludwig Wilhelm Gilbert. Bd. 16. Halle 1804. 309–311, und *J. W. Ritter: Das electrische System der Körper.* Leipzig 1805. 162–167. 185f. 218. In beiden Arbeiten ist allerdings nicht das von Hegel angeführte Barometer erwähnt.

85,39 Hegel bezieht sich hier auf Richter als Quelle für seine Darstellung der Auflösung von Gold in Königswasser. Vgl. *J. B. Richter: Über die neuern Gegenstände der Chymie. Drittes Stück. Enthaltend den Versuch einer Critik des antiphlogistischen Systemes nebst einem Anhange.* Breßlau und Hirschberg 1793. 141: „Es ist, wie auch Hr. Girtanner pag. 216. anmerkt, außer Zweifel, daß wenn das Königs-Wasser Metalle auflöst, letztere auf Kosten der Salpetersäure gesauerstofft werden; allein die Sauerstoffung wird nicht bei allen Metallen unmittelbar, sondern zuweilen nur mittelbar von der Salpetersäure, jedoch aber immer auf Kosten der letzteren zu stande gebracht. Metalle, welche in reiner Salpetersäure auflösbar sind, oder auch nur durch sie gesauerstofft werden, können auch im Königs-Wasser unmittelbar von der noch unzerlegten Salpetersäure gesauerstofft werden, ob zwar auch zugleich durch die dephlogistisierte Salzsäure: allein so verhält es sich auf keine Weise mit Metallen, welche in bloßer Salpetersäure nicht gesauerstofft werden können, z. B. mit Gold und Platina, diese werden nur mittelbar nämlich durch die Salzsäure von der Salpetersäure gesauerstofft, die Salzsäure wird von der Salpetersäure entbrennstofft und gesauerstofft, und die Metalle hinwiederum von der Salzsäure, welche hiedurch gebrennstofft und entsauerstofft wird; dieser Umstand ist sehr merkwürdig und beruht ohne Zweifel auf dem Verhältnisse derer Verwandschafts-Unterschiede, welche sich zwischen den Elementen der Salpetersäure, des Metalles und der Salzsäure findet."

87,5–6 Hegel verweist hier wohl auf Gegner der Phlogistontheorie, die nicht die Existenz eines brennbaren Grundstoffes (des Phlogistons) annehmen wollen, sondern den Sauerstoff als besonderen Grundstoff, d. h. als Basis, der reinen Luft betrachten. Vgl. dazu z. B. *Lavoisier: Physikalisch-chemische Schriften.* Bd. 4. 285ff.

87,34 vorhin] Siehe 84,26–85,16.

89,3–5 Hegel bezieht sich hier vermutlich auf Paracelsus, der zwar hauptsächlich die Lehre von den drei Elementen – Quecksilber (Mercurius), Salz und Schwefel – vertritt, daneben aber auch die antike Theorie der vier Elemente kennt, deren eines die Erde ist. Der Ausdruck „jungfräuliche Erde" stammt aus der jüdisch-christlichen Tradition der Antike und kann Hegel aus verschiedenen Quellen bekannt geworden sein, u. a. aus den Schriften J. Böhmes. Nähere Angaben zur Elementarlehre, auf die Hegel hier verweist, finden sich in *G. W. F. Hegel, Jenaer Systementwürfe I (Philosophische Bibliothek* Bd. 331) 252 f.

94,11–13 Zur Verbindung durch Wahlverwandschaft vgl. *Berthollet: Essai de statique chimique.* Bd. 1. 75f: „*De l'action d'un acide sur une combinaison neutre. / 52. Nous* venons de voir que tous les acides avaient la propriété de saturer les alcalis, et de former une combinaison neutre; mais qu'il fallait différentes quantités pour produire cet effet; de sorte que chaque acide, à poids égal, a une capacité de saturation qui lui est propre pour chaque espèce d'alcali. / Lorsqu'un sel neutre est dissous et qu'on ajoute un acide à sa dissolution, ou lorsqu'on opère sa dissolution par le moyen d'un acide, celui-ci entre en concurrence avec l'acide combiné, l'un et l'autre agissent sur la base alcaline, chacun en raison de sa masse, comme si la combinaison n'eût pas existé. Ils parviennent au même degré de saturation; de sorte que la saturation commune est égale à celle qu'on aurait obtenue, si l'on eût employé une quantité d'un seul acide qui eût égalé par sa capacité de saturation les deux qui sont mis en action. / On ne peut donc pas dire, si toutes les circonstances restent égales, qu'un acide en chasse un autre de la base avec laquelle il était combiné; mais il partage l'action qui était exercée sur la base pour produire la saturation en raison des masses employées: le premier qui était en combinaison perd de son union avec la base, autant que le second en acquiret, et par cette perte il recouvre de son énergie pour agir sur d'autres substances en raison de l'acidité qu'il conserve. / 53. Ce sont là les conséquences qui se déduisent immédiatement des propriétés de l'affinité, mais on a établi une théorie différente; on a regardé l'affinité d'un acide pour une base comme *élective,* c'est-à-dire qu'on lui a attribué la propriété d'éliminer entièrement un acide d'une combinaison pour le substituer à sa place, et l'on a construit les tables d'affinité sur cette puissance comparative."

97,11 Vorhin] Siehe 95,21–31.

99,28 Hegel denkt hier an *Winterl: Darstellung der vier Bestandtheile der anorganischen Natur.* 343ff. (Vgl. die Anm. zu 65,32).

104,34 Die Angabe Gr. 807 ist von Hoffmeister als ein Verweis auf Gren aufgefaßt worden (vgl. *G. W. F. Hegel: Jenenser Realphilosophie II.* Hrsg. von J. Hoffmeister. Leipzig 1931. 106, Fußnote 4). Die Durchsicht der Schriften Grens, soweit sie zugänglich waren, konnte die Hoffmeistersche Vermutung nicht bestätigen, sodaß die Annahme eines Verweises auf Gren wenigstens dann als nicht gesichert gelten kann, wenn man davon ausgeht, daß die Hegelsche Angabe sich auf einen Autor bzw. eine Stelle bezieht, der bzw. die die Bitterkeit als Eigenschaft der Erdharzes behauptet. Es bleibt also unausgemacht, auf wen Hegel sich hier bezieht.

109,21–22 Hegel bezieht sich hier auf *Heim: Geologische Beschreibung des Thüringer Waldgebürgs.* Bei der Erläuterung seines terminologischen Verfahrens beschreibt Heim die von Hegel erwähnten Übergänge wie folgt (Bd. 1: „Von der äussern Gestalt des Thüringer Waldgebürgs." XVII–XIX): „Nur das Gestein das an den Grenzen und bei Übergängen vorkommt, und eben deswegen für den Geologen am lehrreichsten ist, besteht größtenteils aus Anomalien, von welchen oft ein und eben dasselbe Stück, zum Granit, zum Porphyr, zu einer

Schieferart, oder auch zu keinem von allen dreien gezählt werden kann, sondern einen eigenen Namen erfordert. In einem solchen Fall habe ich mir vorgenommen, denjenigen Teil des Gemenges oder der Masse einer Gebirgsart, der bei dem Übergang in eine andere hauptsächlich eine Veränderung leidet, genau zu bemerken, und dann die stufenweise Fortbildung desselben, bis dahin, wo die andere Gebirgsart daraus entsteht, – so viel wie möglich ist – deutlich zu beschreiben. Wenn z. B. am Thüringer Wald der Granit in roten Porphyr übergeht, so trifft die Veränderung zuerst und vorzüglich den Feldspat. Gewöhnlich fängt sie bei der Farbe an. Der Feldspat, der sonst weiß, grau oder fleischrötlich war, wird rot und immer röter, bis er oft in das Dunkelrote fällt. Nun kommt die Veränderung in die Textur. Der Feldspat verliert sein blättriges spätiges Gefüge. Seine Masse wird *dicht,* und das mehr oder weniger, eine tonige oder eine hornsteinige Porphyrmasse. Jetzt ist es ein Granit mit Porphyrflecken. Geht die Veränderung weiter und ergreift das Ganze, so werden durch diese Porphyrmasse die Gemengteile, die sonst durch unmittelbare Berührung unter einander zusammenhingen, und eben dadurch den Stein bildeten, der Granit genannt wird, aus einander gerückt und getrennt. Sie erscheinen nun isoliert und nur noch hie und da einzeln in die Porphyrmasse eingewachsen. Der Stein ist nicht mehr Granit: er ist Porphyr. Oder aber – und dieser Gang der Veränderung ist gewöhnlicher – der grobkörnige feldspätige Granit wird kleinkörnig; dann feinkörnig; dann noch fein körniger, und diese Verfeinerung des Korns nimmt immer mehr zu, bis die Teile zusammenfließen, und das Auge selbst durch ein Vergrößerungsglas nicht mehr im Stande ist, sie einzeln zu unterscheiden. Das *Ganze* stellt eine *dichte* Hauptmasse dar, von welcher noch immer eben der Stoff, der vorhin im Granit den Feldspat bildete, die Basin ausmacht. Aber er hat seine blättrige spätige Textur, und mit derselben seinen Glanz und Schimmer verloren. Er hat ein mattes toniges Ansehen bekommen, und ist zu einem Porphyr geworden, in welchem man selten noch ein Feldspatpünktchen, gewöhnlich nur einzelne kleine Quarzkörner bemerkt. Von dieser Art der Porphyrmasse, die ihren Ursprung aus dem veränderten Feldspat im Granit nimmt, kann man, glaube ich, sehr richtig sagen, daß sie sich zu dem Feldspat verhalte, wie Kalkstein zu Kalkspat."

109,34–35 Hegel bezieht sich hier auf *F. W. H. von Trebra: Erfahrungen vom Innern der Gebirge, nach Beobachtungen gesammlet und herausgegeben.* Dessau und Leipzig 1785. 7: „Daraus begriff ich, daß doch wohl das Zusammenkommen mehrerer Gänge allein den Punkt der Edelkeit nicht bestimmen müsse. Ich nahm dann die äußere Gestalt der Gebirge mit dazu, und suchte nach sanften, oder sanft ansteigenden Gebirgen, um in diesen den gemeinschaftlichen Punkt mehrerer zusammen gekommener Gänge edel zu finden, und fand das wohl an mehreren Orten. An einigen anderen Orten fand ich indessen doch auch, daß dergleichen edle Punkte auf Gängen in solchen Gegenden der Gebirge zuweilen lagen, die mit einemmale sehr prallend anstiegen, nichts weniger als sanft zu benennen waren. Bei genauerem Besehen dieser Gegenden von allen Seiten fand sich, daß das Gebirge, es mochte so prallend aus einem Hauptteile ansteigen als es wollte, dennoch nicht ganz, sondern eben da, wo der edle Punkt lag, und oft in der Linie, nach welcher der Gang durch dasselbe sich erstreckte, durch eine sanfte Schlucht, die aus dem Haupttale mit dem Gebirge zugleich aufstieg, getrennt war, und wenn gleich nicht nach dem Haupttale, doch nach jener abfallend, war das Gebirge an beiden Seiten sanft. In dergleichen sanften Schluchten, doch nicht oft in ihrer Mitte, mehr an dem Abhange des Gebirges nach ihr, an der einen oder an der anderen Seite, wiewohl immer ziemlich parallel mit ihnen, zogen sich die edlen Gänge hin. Oft zog sich die vorzüglichere Edelkeit auf den Gängen fort, welche in der sanften Schlucht lagen, und diese wurden durch andere übersetzende Gänge veredelt, welche parallel mit dem Haupttale liefen. Oft hielt *der mehr edle, oder der darum so benannte Hauptgang* sein Streichen mit dem Haupttale, lag an dem Abhange der Gebirge nach selbigen, und wurde zuweilen durch Gänge veredelt, welche in den aus diesem Haupttale die Gebirge hinauf laufenden sanften Schluchten lagen, und auf ihnen übersetzten."

109,36 Hegel mag sich hier auf Heims Beobachtung beziehen, daß Nebengesteine manchmal als Nieren von der sie umgebenden Gesteinsschicht abgesondert sind. Vgl. *Heim: Geologische Beschreibung des Thüringer Waldgebürgs.* Bd. 2, Erste Abteilung: „Von der innern Einrichtung des Gebürgs nach seinen Gebürgslagern." 251.

117,11–22 Hegel bezieht sich bei dieser Schilderung verschiedener Versuche wohl auf Spallanzani und Autenrieth. Zum Röhren-Versuch vgl. *L. Spallanzani: Versuche über das Verdauungs-Geschäfte des Menschen, und verschiedener Thier-Arten; nebst einiger Bemerkungen des Herrn Senebier.* Übersetzt von Chr. F. Michaelis. Leizpzig 1785. 85: „Und endlich scheint auch nicht die Unterbrechung der Gemeinschaft der äußerlichen Luft mit der innerlichen eine Hinderung der Auflösung der Nahrungsmittel in dem mit Siegellack verschlossenen Röhren zu sein." In die erwähnten Röhren war allerdings zuvor Magensaft gebracht worden (vgl. 84, 85). Zum Herausnehmen des Magens vgl. ebenda 109f, 215f. Zum Versuch mit der Bauchhöhle und dem Muskelfleisch vgl. vor allem *Autenrieth: Handbuch der empirischen menschlichen Physiologie.* T. 2. 50f (§ 597): „Man hat gesehen, daß Stückchen von Fleisch, in kleinen Beuteln von Leinwand eingeschlossen, und in die Bauchhöhle einer lebenden Katze gebracht, sich auf ähnliche Art wie im Magen bis auf kleine Knochenstückchen in einen Brei auflösten. Eben dieses geschah, wenn solches Fleisch unter die Haut lebendiger Tiere auf die bloße Muskeln gebracht, und eine Zeitlang daselbst gelassen wurde."

118,9 vorhin] Siehe 116,18–117,32.

119,10 vorher] Siehe 112,11–119,6.

120,16 vorher] Siehe 102,26–104,4.

124,3–11 Zur Assimilation der Pflanzen vgl. *Kurt Sprengel: Anleitung zur Kenntniß der Gewächse, in Briefen. Erste Sammlung.* Halle 1802. 290: „Wenn also die Pflanzen Kohlensäure aus Erde und Luft anziehen, so wird sie in ihnen durch den Einfluß des Lichts zersetzt. Das Licht zieht den Sauerstoff an, dessen die Kohlensäure fast zwei Dritteile enthält, und der Kohlenstoff wird von den Bestandteilen der Pflanzen angezogen und vereinigt sich mit denselben zu festen Stoffen." Bei seiner Kritik an der Auffassung des vegetabilischen Prozesses als eines desoxydierenden mag Hegel an Schelling: *Von der Weltseele,* gedacht haben, für den „die Vegetation in einer steten Desoxydation besteht" (181). Daß neben Schelling auch noch andere Naturforscher diese These vertreten haben, zeigt eine Bemerkung von Akkermann, dessen Kritik an dieser These der Hegelschen ziemlich ähnlich ist. Vgl. *J. F. Ackermann: Versuch einer physischen Darstellung der Lebenskräfte organisirter Körper.* Nachträge und Zusätze zu beiden Bänden der ersten Ausgabe von 1797 und 1800. Jena 1805. 95: „Es scheint mir, daß vorzüglich der *Ingenhousische* Pflanzenversuch die Ursache war, warum die Naturforscher in unseren Tagen auf den Einfall gerieten, in den Pflanzen einen Desoxydationsprozeß anzunehmen." Wie Ackermann scheint auch Hegel den Ingenhousischen Versuch für den Grund der von ihm kritisierten Annahme zu halten. *Johann Ingen-Houß: Versuche mit Pflanzen, hauptsächlich über die Eigenschaft, welche sie in einem hohen Grade besitzen, die Luft im Sonnenlichte zu reinigen, und in der Nacht und im Schatten zu verderben; nebst einer neuen Methode, den Grad der Reinheit und Heilsamkeit der atmosphärischen Luft zu prüfen.* Aus dem Französischen übersetzt von Johann Andreas Scherer. Verbesserte und vermehrte Auflage. Wien 1786. Er beschreibt und deutet seinen Versuch mit unter Wasser getauchten Pflanzenblättern wie folgt (33f): „Was die aus Pflanzen gesammelte Luft betrifft, so sieht man sie deutlich aus den Luftlöchern derselben hervorkommen, bisweilen selbst in Gestalt eines ununterbrochenen Springbrunnens, und die Menge, die sich auf diese Art aus einigen Pflanzen losmacht, ist so groß, daß man aus der Menge Wasser, womit die Pflanze umhüllt war, bei weitem nicht so viel, selbst durchs Kochen nicht, bekommen könnte. Überdem ist die aus bloßem Wasser ohne Pflanze erhaltene Luft sehr von derjenigen verschieden, welche die Pflanzen auf die gesagte Art geben. Es erhellt also klar, daß die solcher Gestalt aus den Pflanzen erhaltene dephlogistisierte Luft nicht in dem Wasser steckt, sondern eine Fortsetzung desjenigen Stromes oder derjenigen unsichtbaren Luftfäden ist, die die Pflanzen, so lange sie sich in der freien Luft befinden, ausströmen; daß man durch das Untertauchen der Pflanze ins Wasser nur ihre Vermischung mit der atmosphärischen Luft verhütet hat, und daß folglich die Erzeugung dieser gereinigten Luft einer in den Blättern durch den Einfluß des Sonnenlichtes erweckten Lebensbewegung zukommt."

128,15 vorhin] Siehe 125,23–126,14.

132,24 Vgl. *Carl von Linné: Vollständiges Pflanzensystem.* Nach der dreyzehnten lateinischen Ausgabe und nach Anleitung des holländischen Houttuynischen Werks übersetzt und mit einer ausführlichen Erklärung ausgefertiget. Erster Theil: „Von den Palmbäumen und anderen Bäumen." Nürnberg 1777. 21ff.

146,27 Zur Sache vgl. z. B. *Schelling: Von der Weltseele.* 207 (Schelling verweist in diesem Zusammenhang auf *Ploucquet's Skizze der Physiologie* § 927) und *Autenrieth: Handbuch der empirischen menschlichen Physiologie.* T. 1. 138f (§214), 312–315 (§ 513).

147,13–15 Hegels Bemerkung mag sich auf eine Position beziehen, wie sie z. B. vertreten worden ist von *Christoph Girtanner: Abhandlungen über die Irritabilität, als Lebensprincip in der organisirten Natur.* In: *Journal der Physik.* Hrsg. von Friedrich Albrecht Carl Gren. Bd. 3. Leipzig 1791. 317–351: „Die ganze organisierte Natur ist aus festen und flüssigen Teilen zusammengesetzt. Die festen Teile der Tiere und Pflanzen bestehen aus drei Arten primitiver Fibern, der *erdigten,* der *sensibeln,* und der *irritabeln Fiber*" (318f). „Die *irritabele Fiber,* welche uneigentlich Muskelfiber genannt wird, ist allgemein in der organisierten Natur verbreitet. Von ihr hängen organische Bewegung, Empfindung, endlich das Leben der organisierten Natur ab" (320f). „Da die irritabele Fiber von dem ersten Augenblick ihres Daseins an bis zu dem ihrer Zerstörung beständig von Körpern umgeben ist, die auf sie wirken, indem sie dieselbe reizen, und auf welche sie durch ihre Zusammenziehung zurückwirkt, so folgt, daß während des ganzen Lebens die irritabele Fiber in einer beständigen Wirksamkeit ist, daß das Leben in Tätigkeit besteht, und daß es nicht ein leidender Zustand ist, wie verschiedene Schriftsteller behauptet haben" (331). Girtanner spricht allerdings nicht davon, daß Säfte als Ausgeschiedenes bzw. Unorganisches zu betrachten seien. Vgl. dazu *Brown: System der Heilkunde.* 32: „Die erste Ursache der Bildung der festen Teile, und die einzige Ursache ihrer nachmaligen Erhaltung ist die Erregung. Unter dem Einflusse der Erregung erzeugen die lebenden festen Teile Blut aus einer von außen in das System aufgenommenen Materie, erhalten es in Bewegung, bilden seine Mischung, und sondern mannigfaltige Flüssigkeiten von demselben ab und aus, so wie sie andere einsaugen, im Kreislauf hereinführen, und endlich auch wieder austreiben."

147,19–21 Vgl. *Marthin Luther: Biblia: das ist: Die gantze Heilige*

Schrifft: Deutsch. Wittenberg 1545. 65 (Lev. 17,10–12 und 14): „Vnd welcher Mensch / er sey vom haus Jsrael oder ein Frembdlinger vnter euch / jrgent Blut isset / wider den wil ich mein Andlitz setzen / vnd wil jn mitten aus seinem volck rotten. Denn des Leibs leben ist im blut / vnd ich habs euch zum Altar gegeben / das ewre Seelen damit versünet werden / Denn das blut ist die versünung furs leben. Darumb hab ich gesagt den kindern Jsrael / Keine Seele vnter euch sol blut essen / auch kein Frembdlinger der vnter euch wonet. /Vnd welcher Mensch / er sey vom haus Jsrael oder ein Frembdlinger vnter euch / der ein Thier oder Vogel fehet auff der jaget / das man isset / der sol desselben blut vergiessen vnd mit erden zuscharren. Denn des Leibs leben ist in seinem blut / so lang es lebet / Vnd ich hab den kindern Jsrael gesagt / Jr solt keins leibs blut essen / Denn des leibs leben ist in seinem blut / Wer es isset / Der sol ausgerottet werden."

147,26–148,3 Hegel spielt hier auf Theorien über den Blutkreislauf an, wie sie z. B. von A. von Haller, Sömmerring und besonders deutlich von Autenrieth vertreten worden sind. Vgl. *Autenrieth: Handbuch der empirischen menschlichen Physiologie.* T. 1. 214–240 (§ 359–§ 393); *Albrecht von Haller: Anfangsgründe der Phisiologie des menschlichen Körpers.* Bd. 1: „Die Faser; die Gefässe; der Umlauf des Blutes; das Herz." Aus dem Lateinischen übersetzt von Johann Samuel Haller. Berlin 1759. 812–854 (§ 25–§ 41), und *S. Th. Sömmerring: Vom Baue des menschlichen Körpers.* T. 4: „Gefäßlehre." Frankfurt am Main 1792. 88–91 (§ 76).

149,19–23 Siehe *S. Th. Sömmerring: Vom Baue des menschlichen Körpers.* T. 4: „Gefäßlehre." Frankfurt am Main 1792. 83: §. 72. „Eine *andere Art der Endigung* der Arterien ist, daß sie in feinere, kein rotes Blut mehr führende, Zweigchen fortgesetzt werden, welche anfangs in eine gleiche Vene, endlich aber in rotes Blut führende Venchen übergehen. Dies scheint am Auge der Fall zu sein, wo wegen der Durchsichtigkeit bloß feinere Flüssigkeiten hingelangen. Doch werden diese Gefäßchen bisweilen so sehr erweitert, daß sie rotes Blut durchlassen, z. B. bei der Entzündung."

149,37 Siehe *Autenrieth: Handbuch der empirischen menschlichen Physiologie.* T. 1. Hegel bezieht sich auf den letzten Teil des § 346 (209): „Nur bei den Insekten und anderen niederen Tierklassen scheint ohne Kreislauf eine Bewegung der Säfte auf die Art statt zu haben, daß immer nur von der Fläche des Speisekanals aus, Säfte in den Körper aufgenommen werden, welche zum Wachstum der Teile angewandt; und dann nach und nach wieder durch die Oberfläche, oder andere Wege als Auswurfstoffe aus dem Körper geschafft werden."

150,11–12 Zum Unterschied zwischen arteriellem und venösem Blut nach dem Grade ihres Sauerstoff- bzw. Kohlenstoffanteils vgl.

z. B. *Autenrieth: Handbuch der empirischen menschlichen Physiologie.* T. 1. 138f (§ 214) und besonders 303–316 (§ 505–§ 514); sowie *Conrad Joseph Kilian: Entwurf eines Systems der Gesammten Medizin. Zum Behuf seiner Vorlesungen und zum Gebrauch für praktizirende Aerzte.* Bd. 2. Jena 1802. 384.

151,38–152,25 Hegel gibt hier eine kurze Zusammenfassung folgender Passage aus *Anthelme Richerand: Nouveaux Élémens de Physiologie.* Bd. 2. Dritte Auflage. Paris 1804. 252–255: „CLXXV. *Usages du périoste et des sucs médullaires.* Quelle que soit leur situation, leur grandeur, leur figure et leur composition, tous les os sont enveloppés par le périoste, membrane blanchâtre, fibreuse, dense et serrée, que traversent les vaisseaux et les nerfs qui pénètrent dans leur propre substance. Le périoste est une membrane parfaitement distincte des autres parties molles, et de l'os lui-même, à la surface duquel il adhère par le moyen des vaisseaux et du tissu cellulaire, qui passent de l'un à l'autre, d'une manière d'autant plus intime que l'on est plus avancé en âge. Les fibres nerveuses et vasculaires, qui traversent la substance de l'os, établissent un commerce sympathique très-étroit entre son périoste et la membrane très–mince qui tapisse ses cavités intérieures, secrète la moëlle, et a reçu le nom de périoste interne. C'est en vertu de cette liaison intime, que la membrane médullaire, étant détruite par l'introduction d'un stilet dans le canal intérier, le périoste, comme l'a le premier expérimenté Troja, se détache de l'os qu'il recouvre, s'approprie le phosphate calcaire qu'y portoient les vaisseaux ramisiées dans son tissu, s'encroûte de ce sel, et forme un nouvel os autour de l'ancien, qui, malgré qu'il n'ait pas exactement sa forme, en remplit assez bien les usages. Privé de nourriture, mort et desséché dans cette nécrose artificielle, l'os sequestré se remue au centre de la nouvelle production osseuse, dont on l'extrait après une térébration préliminaire. C'est en vertu de la même sympathie que les douleurs ostéocopes sourdes, profondes et nocturnes, qui tourmentent les malades échauffés par la chaleur du lit, dans les dernières périodes de l'affection vénérienne, douleurs qui paroissent avoir leur siège dans le centre des os longs, occasionnent le gonflement de ces os et du périoste. / L'expérience suivante, due au professeur Chaussier, jette le plus grand jour sur les véritables usages du périoste. Elle consiste à détacher cette membrane de certains points des surfaces osseuses, ou bien à soustraire les os eux-mêmes, après une dissection complète de leur membrane extérieure. On provoque, par ce procédé, la formation d'un nouvel os, et la naissance de concrétions très-variées, lorsqu'on s'est contenté de décoller simplement le périoste. Cette membrane a donc, pour principal usage, de régulariser la distribution des sucs nourriciers des os; puisque, dès qu'on l'enlève, il se forme à l'endroit dénudé des végétations plus ou moins irrégulières. Cette propriété est d'ailleurs commune à toutes les membranes fibreuses, dont la destruction est suivie d'excroissances qui s'élèvent des organes qu'elles enveloppent. Un phénomène absolument semblable se passe après l'écorcement partiel des arbres. Peut-être même le périoste, comme l'écorce des végétaux, contribuet-il à l'accroissement des os, en grosseur, par le durcissement successif de ses lames les plus intérieures. / La moëlle qui remplit la cavité centrale des os longs, et les sucs médullaires contenus dans les cellules de la substance spongieuse, ont, avec la graisse, la plus grande analogie, par leur nature chimique, et sans doute aussi par leurs usages (CIV). La proportion de ces deux humeurs est constamment relative; dans les personnes très-maigres, les os ne contiennent qu'une moëlle aqueuse, très-fluide; et, quoique cette liqueur remplisse toujours les cavités intérieures de ces organes, dont les parois solides ne peuvent s'affaisser sur elles-mêmes, elle contient bien moins de particules sous le même volume; et sa quantité, comme celle de la graisse, est véritablement diminuée. Elle est le produit de l'exhalation artérielle, et ne sert point à la nutrition immédiate de l'os, comme le pensoient les anciens, au moins d'une manière exclusive, puisque, dans la classe nombreuse des volatiles, la plupart des os longs, percés par des conduits aériens, sont dépourvus de cette humeur. Il est très-difficile d'assigner les usages de la moëlle et du suc médulaire; n'existeroient-ils que pour remplir les cavités dont la nature a creusé les parties dures, afin de les rendre plus légères? Une partie de ces liquides peut-elle transsuder à travers l'épaisseur des cartilages articulaires, et venir, au moins dans les grandes articulations, se mêler à la synovie, en augmenter la quantité, en la rendant plus onctueuse, plus glissante et plus propre à adoucir les frottemens des surfaces articulaires? Si cette transsudation peut avoir lieu après la mort, pourquoi ne s'opéreroit – elle pas lorsque toutes les parties sont dans l'état de chaleur et d'expansion vitale?"

159,30–31 Hegel bezieht sich hier auf *Xaverius Bichat: Physiologische Untersuchungen über Leben und Tod.* Aus dem Französischen frey übersetzt. Tübingen 1802. Im Zusammenhang seiner Beschreibung des Sympathikus „als eine Reihe von Verbindungen zwischen mehreren Nervenzentra" (78) sagt Bichat: „Diese Nervenzentra sind die Ganglions. In verschiedenen Gegenden herum zerstreut, haben sie eine unabhängige und eigentümliche Wirkungsweise. Ein jedes Ganglion ist ein besonderer Fokus, welcher eine Menge Ästchen nach allen Richtungen abschickt. Diese überbringen dann die strahlenförmigen Ausströmungen aus diesem Fokus in die betreffenden Organe. / Einige dieser Ästchen gehen von einem Ganglion zum anderen, und weil denn diese Zweige, wodurch die Ganglions unter sich zusammenhängen, im Ganzen einen fortlaufenden Strang bilden, so betrachte man diesen als einen einzelnen Nerven; aber diese Zweige sind nichts als Verbindungen, einfache Einmündungen (Anastomoses), und keinesweg ein Nerve, welcher mit der anderen Ähnlichkeit hat. / Dieses ist wirklich wahr; denn diese Verbindungszweigchen sind öfters unterbrochen; es gibt Subjekte z. B., wo man einen sehr deutlichen Zwischenraum zwischen der Brust- und der Hüftportion des sogenannten großen Sympathikus antrifft, wo dieser entzwei geschnitten zu sein scheint. Ich sah auch diesen vermeintlichen Nerven ganz aufhören, und in der Hüft- oder Kreuzbeinsgegend wieder neu anfangen. Wem ist es ferner unbekannt, daß bald ein Zweigchen, bald mehrere von einem Ganglion zum anderen gehen, besonders zwischen dem letzten Hals- und dem ersten Rückenwirbelganglion; daß die Dicke dieser Zweigchen sehr verschieden ist, und daß der Sympathikus dicker ist, nachdem er eine Menge Zweige abgegeben hat, als vor seiner Verteilung?“ (78–80).

160,20–29 Vgl. *Infantis androgyni historia et ichnographia accedunt de sexu et generatione disquisitiones physiologicae auctore Jacobo Fidele Ackermann*. Jena 1805. Caput VII. „De structura genitalium aphroditica“. 93ff. Vgl. auch *M. J. Petry: Hegel's Philosophy of Nature*. Bd. 3. London 1970. 354.

160,31–38 Hegel gibt hier eine Zusammenfassung folgender Passage aus *G. H. Schubert: Ahndungen einer allgemeinen Geschichte des Lebens*. T. 1. Leipzig 1806. 188: „Bei einigen Insekten kann man die inneren männlichen Geschlechtsteile von den inneren weiblichen kaum unterscheiden. So sind nicht allein in einigen Heuschrecken (z. B. Gryllus verruccivorus) die großen Testikel aus bündelweis zusammengerollten Gefäßen den eben so großen Ovarien aus ähnlichen bündelweis gerollten Eileitern bestehend auffallend ähnlich (nach *Blumenbach),*) sondern sogar in Insekten, welche sonst die deutlichste Geschlechtsverschiedenheit zeigen, unterscheidet auch der geübte Zergliederer bei dem ersten Einblick die weiblichen inneren Geschlechtsteile kaum von den männlichen. Es ist dies der Fall bei einigen nicht längst aus der Puppe gekrochenen Tagefaltern, welche sich, wenn ihre Verwandlung verspätet worden, nicht gleich nach dem Ausfliegen begatten, sondern erst eine günstigere Jahreszeit erwarten müssen *(S. Schwammerdamm* Bib. d. N. p. 258.). / So erkennt man auch bei dem Männchen der Breme in den inneren Zeugungsorganen ganz dieselben Teile wieder, welche bei dem Weibchen den Eierstock und seine Ausgänge vorstellen. (Man sehe die Beschreibung und Kupfer bei *Schwammerdamm).* Schon äußerlich ist bei diesem Insekt zwischen Männchen und Weibchen kein Unterschied, außer daß jenes kleiner ist. Die Hoden sind nicht nur in ihrem Umriß ganz ebenso gestaltet als die gröberen, größeren Eierstöcke (welche nur durch etwas kürzere Eierleiter mit dem äußeren Ausgang der Geschlechtssteile verbunden sind), sondern sie bestehen auch, wie man nach hinweggenommenen äußeren Hüllen erkennt, aus fast eiförmigen länglichen, zarten Bläschen, die mit ihrer Basis auf der Substanz der Hoden aufstehen, wie Eier an einem Eierstock."

162,18 gesehen] Siehe 158,13–161,19.

163,34 Was Hegel hier als „Brownisches Verdienst" bezeichnet, ist nicht genau auszumachen. Der Kontext legt es jedoch nahe anzunehmen, daß Hegel sich auf Brown's Bestimmung von Gesundheit und Krankheit bezieht. Vgl. dazu *Brown: System der Heilkunde.* 32–35.

164,35 Hegel bezieht sich hier auf einen (unechten) Brief Heraklits, der in einer der ersten Sammlungen vorsokratischer Texte zu finden ist und in dem es heißt (144): ὥστε ὅσα ἐν ἡμῖν, ἑκάστου τὸ κράτος νόσημα. ὑπερβολὴ θερμοῦ, πυρετός· ὑπερβολὴ ψυχροῦ, παράλυσις· ὑπερ- βολὴ πνεύματος, πνῖγος, ἡ νῦν ἐμὴ ὑγρὰ νόσος. Vgl. *Poesis philosophica, vel saltem, Reliquiae poesis philosophicae, Empedoclis, Parmenidis, Xenophanis, Cleanthis, Timonis, Epicharmi. Adiuncta sunt Orphei illius carmina qui à suis appellatus fuit* ὁ θεολόγος. *Item, Heracliti et Democriti loci quidam, et eorum epistolae. Excudebat Henricus Stephanus.* Basel 1573.

168,8–10 Daß Schweiß von den Älteren – und Hegel scheint dabei an Vertreter der antiken Medizin zu denken – als gekochte Krankheitsmaterie bzw. als kritische Ausscheidung betrachtet worden ist, ist schwer zu belegen. Am nächsten kommt dieser Vorstellung die Bestimmung: „sudor, est aqueum et humidum tertiae coctionis excrementum per cutim erumpens." In: *Oeconomia Hippocratis, alphabeti serie distincta. In qua dictionum apud Hippocratem omnium, praesertim obscuriorum, usus explicatur, et velut ex amplissimo penu depromitur: ita ut Lexicon Hippocrateum meritur dici possit. Anutio Foesio Mediomatrico Medico, Authore.* Frankfurt 1588. 278. Die Ausdrücke „gekochte Krankheitsmaterie" bzw. „kritische Ausscheidung", verwendet als Ausdrücke der hippokratischen Medizin, können Hegel über *Kurt Sprengel: Apologie des Hippokrates und seiner Grundsätze.* T. 1. Leipzig 1789. 136, 153f, 158, 170, 172f, 341 u. ö. und T. 2. Leipzig 1792. 239, 383, 472 u. a., bekannt geworden sein. Sprengel spricht allerdings häufiger von „Krankheitsstoff" als von „Krankheitsmaterie", und anstelle des Ausdrucks „kritische Ausscheidung" verwendet er den der „kritischen Ausleerung".

169,28 Krise] hier bricht das Manuskript der *Naturphilosophie* ab, s. dazu Einleitung.

169,31 Vgl. *Friedrich Wilhelm von Hoven: Versuch über das Wechselfieber und seine Heilung besonders durch die Chinarinde.* T. 1. Winterthur 1789. 179f, wo von Hoven die These vertritt, daß die Erschütterung der Magennerven durch Brechmittel die Bedingung für das Abklingen des Wechselfiebers ist.

187,9 oben] Siehe 186,6–7.

188,12 vorher] Siehe 173,19–175,29.

194,8 vorher] Siehe 186,2–189,15.

197,7 Hegel bezieht sich hier auf Hobbes' Lehre vom Naturzustand. Vgl. *Elementa Philosophica De Cive, Auctore Thom. Hobbes Malmesburiensi.* Amsterdam 1647. 14–16: „XII. Ad naturalem hominum proclivitatem ad se mutuo lacessendum, quam ab effectibus, præsertim verò ab inani sui æstimatione derivant, si addas jam jus omnium im omnia, quo alter *jure* invadit, alter *jure* resistit, atque ex quo oriuntur omnium adversus omnes perpetuæ suspiciones & studium & quam difficile sit præcavere hostes parvo numero & apparatu, cum animo nos prævertendi opprimendique invadentes, negari non potest, quin status hominum naturalis antequam in societatem coiretur, Bellum fuerit; neque hoc simpliciter, sed bellum omnium in omnes. BELLUM enim quid est, præter tempus illud in quo voluntas certandi per vim verbis factisve satis declaratur?Tempus reliquum PAX vocatur. / XIII. Sempiternum autem *Bellum* quam parum idonea res sit ad conversationem vel humani generis, vel uniuscujuscumque hominis, facile judicator. At suâ naturâ sempiternum est, quod prae certantium æqualitate victoriâ nullâ potest finiri; in eo enim ipsis victoribus periculum semper adeò imminet, ut pro miraculo haberi debeat, si quis, quamquam fortissimus, annis & senectute conficiendus sit. Exemplum huic rei sæculum præsens Americanos exhibet; sæcula antiqua cæteras gentes, nunc quidem civiles florentesque, tunc verò paucos, feros, brevis ævi, pauperes, fœdos, omni eo vitæ solatio atque ornatu carentes, quem *pax* & societas ministrare solent. Quicumque igitur manendum in eo statu censuerit, in quo omnia liceant omnibus, contradicit sibimet ipsi. Nam unusquisque naturali necessitate bonum sibi appetit, neque est quisquam qui *bellum* istud omnium contra omnes, quod tali statui naturaliter adhæret, sibi existimat esse bonum. Atque ita evenit, ut mutuo metu, è tali statu exeundum & quærendos socios putemus; ut si *bellum* habendum sit, non sit tamen contra omnes, nec sine auxiliis."

205,1 vorher] Siehe 194,12–195,8.

208,21 nachher] Siehe 221,1–25.

209,31 nachher] Siehe 218,13–221,32.

219,2–7 Hegel bezieht sich hier auf *Immanuel Kant: Metaphysische Anfangsgründe der Rechtslehre.* Königsberg 1797. 106–111 (§24–§27). Vgl. besonders 106ff (§24): „*Geschlechtsgemeinschaft* (commercium sexuale) ist der wechselseitige Gebrauch, den ein Mensch von eines anderen Geschlechtsorgan und Vermögen macht (vsus membrorum et facultatum sexualium alterius), und entweder ein *natürlicher* (wodurch seines Gleichen erzeugt werden kann), oder *unnatürlicher* Gebrauch, und dieser entweder an einer Person ebendesselben Geschlechts, oder einem Tiere von einer anderen als der Menschen-Gattung; welche Übertretungen der Gesetze, unnatürliche Laster (crimina carnis contra naturam), die auch unnennbar heißen, als

Läsion der Menschheit in unserer eigenen Person, durch gar keine Einschränkungen und Ausnahmen wider die gänzliche Verwerfung gerettet werden können. / Die natürliche Geschlechtsgemeinschaft ist nun entweder die nach der bloßen tierischen *Natur* (vaga libido, venus volgiuaga, fornicatio), oder nach dem *Gesetz*. – Die letztere ist die *Ehe* (matrimonium), d. i. die Verbindung zweier Personen verschiedenen Geschlechts zum lebenswierigen wechselseitigen Besitz ihrer Geschlechtseigenschaften. – Der Zweck, Kinder zu erzeugen und zu erziehen, mag immer ein Zweck der Natur sein, zu welchem sie die Neigung der Geschlechter gegeneinander einpflanzte; aber daß der Mensch, der sich verehlicht, diesen Zweck sich vorsetzen *müsse,* wird zur Rechtmäßigkeit dieser seiner Verbindung nicht erfordert; denn sonst würde, wenn das Kinderzeugen aufhört, die Ehe sich zugleich von selbst auflösen. / Es ist nämlich, auch unter Voraussetzung der Lust zum wechselseitigen Gebrauch ihrer Geschlechtseigenschaften, der Ehevertrag kein beliebiger, sondern durchs Gesetz der Menschheit notwendiger Vertrag, d. i., wenn Mann und Weib einander ihren Geschlechtseigenschaften nach wechselseitig genießen wollen, so *müssen* sie sich notwendig verehelichen, und dieses ist nach Rechtsgesetzen der reinen Vernunft notwendig." 110f. (§ 27): „Der Ehe-Vertrag wird nur *durch eheliche Beiwohnung* (copula carnalis) *vollzogen*. Ein Vertrag zweier Personen beiderlei Geschlechts, mit dem geheimen Einverständnis entweder sich der fleischlichen Gemeinschaft zu enthalten, oder mit dem Bewußtsein eines, oder beider Teile, dazu unvermögend zu sein, ist ein *simulierter Vertrag* und stiftet keine Ehe; kann auch durch jeden von Beiden nach Belieben aufgelöst werden. Tritt aber das Unvermögen nur nachher ein, so kann jenes Recht durch diesen unverschuldeten Zufall nichts einbüßen. / Die *Erwerbung* einer Gattin oder eines Gatten geschieht also nicht facto (durch die Beiwohnung) ohne vorhergehenden Vertrag, auch nicht pacto (durch den bloßen ehelichen Vertrag, ohne nachfolgende Beiwohnung) sondern nur lege: d. i. als rechtliche Folge aus der Verbindlichkeit, in eine Geschlechtsverbindung nicht anders als vermittelst des wechselseitigen *Besitzes* der Personen, als welcher nur durch den gleichfalls wechselseitigen Gebrauch ihrer Geschlechtseigentümlichkeiten seine Wirklichkeit erhält, zu treten."

221,21 Hegel spielt hier auf das damals in England vieldiskutierte Testament des Bankiers Thellusson an. Seine Quelle für diesen aufsehenerregenden Fall könnte die *Allgemeine Zeitung,* Jg. 1799. Nr. 2 vom 2. Januar 1799, gewesen sein. Dort heißt es unter dem Titel „Miscellen aus England" (Spalte 1f): „Ein Gegenstand allgemeiner Unterhaltung, besonders unter den Herren mit langen Röcken, oder den Rechts-Gelehrten, ist das merkwürdige Testament des jüngstverstorbenen, ungeheuer reichen Bankiers *Thellusson*. Dieser Mann hat seine ganze VermögensMasse zu einem FideiCommiß gemacht, und einen Geistlichen, *Mr. Wootford* und noch einige andere zu *Trustres* eingesetzt. Nach dem Willen des Erblassers müssen die Aufseher, so lange die drei Söhne des Verstorbenen, und auch deren Söhne, die beim Tode des GroßVaters schon am Leben waren, lebendig sind, das ganze Vermögen immer aufhäufen, und um es auf das sicherste und lukratifste unterzubringen, immer neue Ländereien damit ankaufen. Holz können sie auf den Gütern schlagen lassen, aber auch die dadurch gewonnenen Summen müssen auf GüterKauf gewandt werden. Wenn nun alle izt lebende männliche Deszendenten tot sein werden, dann soll die ganze so angewachsene Masse in drei gleiche Teile unter die drei ältesten Deszendenten der drei Söhne verteilt werden. Sollte aber dann kein männlicher Erbe mehr vorhanden sein, so fällt alles an die Krone für den TilgungsFond. Natürlich haben sowohl die Witwe des Verstorbenen, als die Söhne, sogleich nach Bekanntmachung des Testaments einen Prozeß dagegen erhoben, der den 23. Nov. in der *Court of Chancery* vor einer ungemein zahlreichen Versammlung eröffnet wurde. *H. Mansfield,* der Sachwalter im Namen der Söhne, zeigte die Abgeschmacktheiten, die aus der Vollstreckung dieses Testaments hervorgehen, in ihrem vollsten Lichte. Die Verteilung der Masse könnte schwerlich unter 70 Jahren statt finden; denn es müßten erst 7 Personen sterben, wovon einige erst in den KinderJahren sind. Nun könnte man berechnen, daß dann leicht auf jedes der drei Teilenden 18 Millionen und einige hunderttausend Pf. St. kommen könnten, eine ungeheure Summe, die, außer Zirkulation gesetzt, dem ganzen Reiche gefährlich, und in der Hand eines Privatmannes höchst bedenklich werden müsse. Der Lord Kanzler bezeugte hierauf, daß dies ein völlig neuer und so wichtiger Fall sei, daß reifste Überlegung dabei statt finden müsse. Er werde sich noch zwei Richter zu besonderen Gehilfen bei diesem Falle ausbitten. Seitdem ist nun alles in voller Bewegung für und wider die Gültigkeit eines Testaments, das dem geldaufhäufenden Wucherer auch nach seinem Tode eine furchtbare Fortdauer geben würde. Der berühmte, seit 30 Jahren in England ansässige Genfer, *de Lolme,* dessen Werk über die britische Konstitution selbst von den Engländern für klassisch gehalten wird, hat schon ein Pamphlet über dieses Testament herausgegeben, worin er die gesetzwidrigen Ungereimtheiten, die dieser Wille involviert, dartut, und so weit geht, die Exekutoren des Testaments für Staatsverbrecher zu erklären, wenn sie auf der Vollstreckung desselben bestehen wollten." Daß Hegel die *Allgemeine Zeitung* gekannt und benutzt hat, zeigen die zuerst von Rosenkranz mitgeteilten *Aphorismen aus der Jenenser Periode,* in denen Hegel die *Allgemeine Zeitung* ausdrücklich als Quelle für ein von ihm herangezogenes Zitat erwähnt. Vgl. *K. Rosenkranz: Georg Wilhelm Friedrich Hegel's Leben.* Berlin 1844. 542.

228,30 vorhin] Siehe 209,9–212,25.

234,21–24 Die These, daß die Mehrheit den allgemeinen Willen ausdrücke, wird vor allem von Sieyès vertreten, auf den sich Hegel hier auch beziehen wird. Vgl. *Emmanuel Sieyes: Politische Schriften*. Vollständig gesammelt von dem deutschen Übersezer, nebst zwei Vorreden über Sieyes Lebensgeschichte, seine politische Rolle, seinen Charakter, seine Schriften etc. Bd. 1. o.O. 1796. 207: „Sobald wir eine gesellschaftliche Verbindung annehmen, so muß sie die Freiheit haben, zu wollen, und sich zu verpflichten, es sei nun gegen andere Gesellschaftsverbindungen, oder gegen ihre eigenen Glieder, oder gegen fremde Individuen. Für gemeinschaftliche Bedürfnisse ist ein gemeinschaftlicher Wille nötig. Dieser Wille soll natürlich die allgemeine Summe des Willens aller Einzelnen sein; und der erste gemeinschaftliche Wille einer Anzahl Menschen, die sich in eine politische Gesellschaft vereinigen, ist ohne Zweifel genau die Summe des Willens aller Einzelnen. Aber man würde für die Zukunft der Möglichkeit, gemeinschaftlich zu wollen, entsagen, man würde die gesellschaftliche Vereinigung auflösen, wenn man verlangte, daß der gemeinschaftliche Wille beständig die genaue Summe des Willens Aller sei. Man muß sich also durchaus entschließen, alle Merkmale des gemeinschaftlichen Willens in einer bewilligten Mehrheit zu erkennen.

234,34 Siehe *Aristoteles. Politik.* A 2. 1253 a20: τὸ γὰρ ὅλον πρότερον ἀναγκαῖον εἶναι τοῦ μέρους.

235,1–6 Hegel wird sich hier auf Positionen beziehen, wie sie von Rousseau, Kant und Fichte vertreten worden sind. Vgl. *Rousseau: Du contract social.* Buch 1. Kap. 7. 24f.:„Afin donc que le pacte social ne soit pas un vain formulaire, il renferme tacitement cet engagement qui seul peut donner de la force aux autres, que quiconque refusera d'obéir à la volonté générale y sera contraint par tout le corps: ce qui ne signifie autre chose sinon qu'on le forcera d'être libre: car telle est la condition qui donnant chaque citoyen à la patrie le garantit de toute dépendance personelle; condition qui fait l'artifice et le jeu de la machine politique, et qui seule rend légitimes les engagemens civils, lesquels sans cela seroient absurdes, tyranniques, et sujets aux plus énormes abus." Vgl. *Immanuel Kant: Über den Gemeinspruch: Das mag in der Theorie richtig sein, taugt aber nicht für die Praxis.* In: *I. Kant: Gesammelte Schriften.* Bd. 8. Hrsg. von der Königlich Preußischen Akademie der Wissenschaften. Berlin 1923. 297: „Hier ist nun ein *ursprünglicher Kontrakt,* auf den allein eine bürgerliche, mithin durchgängig rechtliche Verfassung unter Menschen gegründet und ein gemeines Wesen errichtet werden kann. – Allein dieser Vertrag (contractus originarius oder pactum sociale genannt), als Koalition jedes besonderen und Privatwillens in einem Volk zu einem gemeinschaftlichen und öffentlichen Willen (zum Behuf einer bloß rechtlichen Gesetzgebung), ist keineswegs als ein *Faktum* vorauszusetzen nötig (ja als ein solches gar nicht möglich); gleichsam als ob allererst aus der Geschichte vorher bewiesen werden müßte, daß ein Volk, in dessen Rechte und Verbindlichkeiten wir als Nachkommen getreten sind, einmal wirklich einen solchen Aktus verrichtet und eine sichere Nachricht oder ein Instrument davon uns mündlich oder schriftlich hinterlassen haben müsse, um sich an eine schon bestehende bürgerliche Verfassung für gebunden zu achten. Sondern es ist eine *bloße Idee* der Vernunft, die aber ihre unbezweifelte (praktische) Realität hat: nämlich jeden Gesetzgeber zu verbinden, daß er seine Gesetze so gebe, als sie aus dem vereinigten Willen eines ganzen Volks haben entspringen *können,* und jeden Untertan, so fern er Bürger sein will, so anzusehen, als ob er zu einem solchen Willen mit zusammen gestimmt habe." Vgl. *Johann Gottlieb Fichte: Das System der Sittenlehre nach den Principien der Wissenschaftslehre.* Jena und Leipzig 1798. 317: „Da ein Handeln gar nicht möglich ist, ehe ein Staat errichtet worden, und dennoch es schwer sein möchte, die ausdrückliche Einwilligung aller, oder auch nur einer beträchtlichen Menge zu erhalten, so ist der höhere ausgebildetere Mensch durch die Not getrieben, ihr *Stillschweigen* zu gewissen Verfügungen, und ihre Unterwerfung unter dieselben, für Einwilligung zu halten."

236,10–14 Vgl. *Le Prince de Macchiavel, Citoyen et Secretaire de Florence.* Revue, corrigé, et mis en plus beau François en cette derniere Edition, que dans le precedentes. Rouen 1664. Bes. Kap. 8, 15, 17–19.

236,14 Die Diskussion um die richtige Einschätzung der Schrift von Machiavelli begann unmittelbar nach deren Erscheinen und wurde auch in Deutschland verhältnismäßig breit geführt. Zur Auseinandersetzung mit dem Vorwurf der Ironie vgl. z. B. *Christoph Martin Wieland: Macchiavelli.* (1790). In: *C. M. Wielands sämmtliche Werke.* Bd. 48. Hrsg. von J. G. Gruber. Leipzig 1826. 81–83, und *Johann Gottfried Herder: Briefe zu Beförderung der Humanität.* Brief 58. Riga 1795. Hegel mag hier aber auch an Äußerungen über das Buch von Machiavelli denken, wie sie etwa von Rousseau formuliert worden sind. Vgl. *Rousseau: Du contrat social.* Buch 3. Kap. 6. 101 Anm.: „Machiavel étoit un honnête homme et un bon citoyen; mais attaché à la maison de Médicis, il étoit forcé, dans l'oppression de sa patrie, de déguiser son amour pour la liberté. Le choix seul de son exécrable Héros manifeste assez son intention secrette, et l'opposition des maximes de son livre du Prince à celle de ses discours sur Tite-Live et de son histoire de Florence, démontre que ce profond Politique n'a eu jusqu'ici que des lecteurs superficiels ou corrumpus. La Cour de Rome a sévérêment défendu son livre, je le crois bien; c'est elle qu'il dépeint le plus clairement."

236,33–34 Vgl. *Diogenis Laertii de Vitis, Dogmatibus et Apophthegmatibus clarorum philosophorum libri decem.* Leipzig 1759. Buch 1. 31–35 (Abschn. 45–52), sowie *Des Plutarchus von Chäroneia vergleichende Lebensbeschreibungen.* Aus dem Griechischen übersetzt mit Anmerkungen von Joh. Friedr. Sal. Kaltwasser. T. 1. Magdeburg 1799. 359–367, bes. 365. Vgl. auch Hegels Darstellung in *G. W. F. Hegel's Werke.* Vollständige Ausgabe durch einen Verein von Freunden des Verewigten. Bd. 13: Vorlesungen über die Geschichte der Philosophie. Hrsg. von Karl Ludwig Michelet. Bd. 1. Berlin 1833. 183.

240,36–241,23 Vgl. *Platon. Politeia.* VI.

263,2 Diese Überschrift stammt vom Herausgeber.

265,1–2 Diese Überschrift stammt vom Herausgeber.

SACHVERZEICHNIS

Das Sachverzeichnis bezieht sich nur auf die Texte Hegels und erhebt keinen Anspruch auf Vollständigkeit. Gedankenstrich bzw. ff verweisen nicht unbedingt auf sachlichen Zusammenhang, sondern zunächst nur darauf, daß der verzeichnete Begriff in der angegebenen Passage bzw. den folgenden Seiten wiederholt auftritt.

PERSONENVERZEICHNIS

Das Personenverzeichnis bezieht sich nur auf den Textteil und berücksichtigt nur historische Personen. Stellen, die ausdrücklich auf eine bestimmte Person anspielen oder als Anspielung auf eine bestimmte Person aufgefaßt werden können sowie Zitierungen aus Werken, die ohne Nennung des Autors gebracht werden, sind in ( ) aufgeführt. Wendungen wie z.B. homerisch sind bei dem betreffenden Namen mit verzeichnet.